सर्वशिक्षा अभियान के आयाम

सर्वशिक्षा अभियान के आयाम

संपादक

डॉ. बृजेश कुमार पाण्डेय

असिस्टेण्ट प्रोफसर, शिक्षाशास्त्र विभाग
संत विनोबा स्नातकोत्तर महाविद्यालय,
देवरिया (उ.प्र.)

राधा पब्लिकेशन्स

नई दिल्ली - 110002

प्रथम संस्करण : 2016
ISBN : 978-81-7487-987-5

ISBN 81-7487-987-0
9 788174 879875

राधा पब्लिकेशन्स
4231/1, अंसारी रोड, दरियागंज,
नई दिल्ली-110002
फोनः 23247003, 23254306
Email : radhapublications@rediffmail.com
Website : www.radhapublications.com

श्री नितिन गर्ग द्वारा राधा पब्लिकेशन्स के लिए प्रकाशित तथा
एशियन ऑफसेट प्रिंटर्स, मौजपुर, शाहदरा, दिल्ली में मुद्रित।

सम्पादकीय

शिक्षा मनुष्य के जीवन का महत्वपूर्ण लक्ष्य होने के साथ-साथ वांछनीय लक्ष्यों की पूर्ति का एक उपयोगी साधन भी है। यह व्यक्ति के व्यक्तित्व व बुद्धि का विकास करके उसे आर्थिक, राजनीतिक व सांस्कृतिक कार्यों को सम्पन्न करने के योग्य बनाती है। बच्चे किसी भी राष्ट्र के नागरिक होते हैं तथा प्राथमिक शिक्षा सुयोग्य नागरिक निर्माण की आधारशिला एवं शिक्षक शिल्पकार की भूमिका निर्वहन करते हैं।

सर्वशिक्षा योजना भारत में जिला आधारित विशिष्ट विकेन्द्रित योजना है। इसके माध्यम से प्रारम्भ शिक्षा का सार्वभौमीकरण करने की योजना है। सर्वशिक्षा अभियान में सरकार ने आठ कार्यक्रमों को शामिल किया है। सर्वशिक्षा अभियान प्रारम्भिक शिक्षा को सामुदायिक स्वामित्व वाली स्कूल प्रणाली के साथ सर्वव्यापी बनाने का प्रयास है। भारत में अब शिक्षा का अधिकार अधिनियम संसद में पारित होकर कानून का रूप ले चुका है। इस अधिनियम में सभी बच्चों के लिए गुणवत्तापूर्ण और अनिवार्य शिक्षा प्रदान करने का प्रावधान है, जिसमें ज्ञान, कौशल और मूल्यों से सम्पन्न करके भारत का प्रबल नागरिक बनाया जा सके।

संविधान के अनुच्छेद 21 के तहत शिक्षा का अधिकार मौलिक अधिकार है, साथ ही अनुच्छेद 21 (क) अनुच्छेद जोड़कर बच्चों को शिक्षा देना माता-पिता का मौलिक कर्तव्य भी बना दिया गया है। प्राथमिक शिक्षा को अनिवार्य एवं निःशुल्क बनाने के सरकारी प्रयास सराहनीय हैं। यदि इन प्रयासों को पूरी ईमानदारी एवं प्रतिबद्धता के साथ लागू किया जाय तो पूरी प्राथमिक शिक्षा की दिशा एवं दशा बदल सकती है, किन्तु यह भी सत्य है कि कानूनी रूप से शिक्षा को अधिकार बनाने और सरकारी योजनायों से हम पूर्ण लक्ष्य को प्राप्त नहीं कर सकते। इस बात को समझते हुए सरकार को स्वयं सेवी संस्थाओं, व्यक्तियों को ज्ञान की लौ जलाने के लिए आगे आने के लिए प्रेरित करना होगा।

सर्वशिक्षा अभियान के चुनौतियों को ध्यान में रखते हुए महाविद्यालय में "सर्वशिक्षा अभियान की चुनौतियाँ" विषय पर विश्वविद्यालय अनुदान आयोग,

नई दिल्ली के सहयोग से दिनांक 19 एवं 20 फरवरी, 2015 को दो दिवसीय राष्ट्रीय संगोष्ठी का आयोजन किया गया। संगोष्ठी में सर्वशिक्षा अभियान से सम्बन्धित पैंसठ शोध पत्र प्रस्तुत किये गये थे। शोध पत्रों की गुणवत्ता के आधार पर अड़तालिस शोध पत्र का संकलन किया गया तथा उसे ''सर्वशिक्षा अभियान'' शीर्षक से पुस्तक के रूप में प्रकाशित करने का निर्णय लिया गया। प्रस्तुत संकलन सर्वशिक्षा अभियान के विविध पक्षों से है।

मैं सर्वप्रथम विश्वविद्यालय अनुदान आयोग, नई दिल्ली के उच्च पदस्थ अधिकारियों का विशेष आभारी हूँ, जिनके वित्तीय सहयोग से राष्ट्रीय संगोष्ठी सफलतापूर्वक सम्पन्न हुआ तथा इसकी कार्यवृत्त (Proceeding) छप पा रही है। मैं प्रो. प्रकाश चन्द्र शुक्ल, पूर्व अध्यक्ष एवं अधिष्ठाता-शिक्षा संकाय, दीनदयाल उपाध्याय गोरखपुर विश्वविद्यालय, गोरखपुर के प्रति श्रद्धा निवेदित करता हूँ जो मुझे अकादमिक कार्यों के लिए सदैव प्रेरित एवं प्रोत्साहित करते रहते हैं। मैं पूर्व अध्यक्ष एवं अधिष्ठाता, शिक्षा संकाय, कुमायूँ विश्वविद्यालय, अल्मोड़ा, उत्तराखण्ड का विशेष रूप से आभारी हूँ, जो मुझे अपने बहुमूल्य सुझाव देती रहती हैं। दीनदयाल उपाध्याय गोरखपुर विश्वविद्यालय, गोरखपुर के अध्यक्ष एवं अधिष्ठाता शिक्षा संकाय, प्रो. लालजी त्रिपाठी का विशेष आभारी हूँ, जिनके व्याख्यान से संगोष्ठी के प्रतिभागियों को एक दिशा मिली। मैं विभाग के वरिष्ठ आचार्य प्रो. (श्रीमती) शैलजा सिंह, प्रो. सुमित्रा सिंह, प्रो. नरेश प्रसाद भोक्ता का आभारी हूँ जो मुझे महत्वपूर्ण सुझाव देते रहते हैं।

मैं प्रो. आर.पी. पाठक, संकाय प्रमुख एवं विभागाध्यक्ष, शिक्षा विभाग, लाल बहादुर राष्ट्रीय संस्कृत विद्यापीठ, नई दिल्ली का विशेष आभारी हूँ, जिन्होंने हमारे आमंत्रण पर संगोष्ठी में अपना विशिष्ट व्याख्यान देने के लिए पधारे। मैं अपने महाविद्यालय के प्रबन्धक श्री अशोक कुमार मिश्र जी का हृदय से कृतज्ञता ज्ञापित करता हूँ जो मुझे शैक्षिक गतिविधियों के लिए प्रोत्साहित करते रहते हैं। मैं महाविद्यालय के प्राचार्य डॉ. सच्चिदानन्द शुक्ल के प्रति हृदय से आभार प्रकट करता हूँ, जिनके मार्गदर्शन के बिना शैक्षिक गतिविधियाँ सम्भव ही नहीं हैं। मैं डॉ. धर्मव्रत तिवारी, परियोजना अधिकारी, प्रौढ़ सतत एवं प्रसार शिक्षा विभाग, दीनदयाल उपाध्याय गोरखपुर विश्वविद्यालय, गोरखपुर का कृतज्ञ हूँ, जिन्होंने पुस्तक के प्रकाशन में मेरी मदद की।

परिवार के समस्त सदस्यों एवं आत्मीयजनों के प्रति धन्यवाद ज्ञापित करता हूँ, जिन्होंने सदैव पारिवारिक दायित्वों एवं जिम्मेदारियों से मुक्त रखा। पुस्तक के

प्रकाशन में जिन सुधी जनों ने प्रत्यक्ष एवं परोक्ष रूप से मुझे सहयोग, सुझाव, परामर्श एवं नैतिक समर्थन दिया है, मैं उन सभी के प्रति कृतज्ञ हूँ। मैं श्री राम रूप चौरसिया जी के प्रति आभार प्रकट करता हूँ, जिनके बिना इस पुस्तक का प्रकाशन सम्भव ही नहीं था।

अन्त में मैं इस पुस्तक के मुद्रण के लिए राधा पब्लिकेशन्स, नई दिल्ली के निदेशक श्री नितिन गर्ग एवं उनके सहयोगियों के प्रति आभार प्रकट करता हूँ।

दिनांक - 15/10/2015 **डॉ. बृजेश कुमार पाण्डेय**

अनुक्रम

लेखक परिचय

1. **प्रो. आर. पी. पाठक :** संकाय प्रमुख एवं विभागाध्यक्ष, शिक्षाशास्त्र विभाग, श्री लाल बहादुर राष्ट्रीय संस्कृत विद्यापीठ, नई दिल्ली।

   डॉ. अमित पाण्डेय, भारद्वाज : एसोसिएट प्रोफेसर, शिक्षाशास्त्र विभाग, श्री लाल बहादुर राष्ट्रीय संस्कृत विद्यापीठ, नई दिल्ली

2. **डॉ. सुषमा पाण्डेय :** एसोसिएट प्रोफेसर, शिक्षाशास्त्र विभाग, दीनदयाल उपाध्याय गोरखपुर विश्वविद्यालय, गोरखपुर।

   सुरभि मिश्रा : छात्रा, दिल्ली विश्वविद्यालय, दिल्ली

3. **डॉ. सुजीत कुमार :** एसोसिएट प्रोफेसर, शिक्षाशास्त्र विभाग, गुरु घासीदास विश्वविद्यालय, बिलासपुर, छत्तीसगढ़

   अखिलेश यादव : जे.आर.एफ. गुरु घासीदास विश्वविद्यालय, बिलासपुर

4. **डॉ. रमेश धर द्विवेदी :** एसोसिएट प्रोफेसर, बी.एड. विभाग, उदय प्रताप कालेज, वाराणसी

5. **डॉ. दीप्ती जौहरी :** असिस्टेण्ट प्रोफेसर, शिक्षाशास्त्र विभाग, बरेली कालेज, बरेली,

6. **डॉ. आदित्य चौबे :** असिस्टेण्ट प्रोफेसर, शिक्षाशास्त्र विभाग, किसान पी. जी. कालेज, हाटा, कुशीनगर, उ.प्र.

7. **डॉ. अमित कुमार राय :** असिस्टेण्ट प्रोफेसर, बी.एड. विभाग, राजा देवी महिला पी.जी. कालेज, भटनी, देवरिया, उ.प्र.

8. **डॉ. अंजु पाण्डेय :** असिस्टेण्ट प्रोफेसर, गृहविज्ञान विभाग, संत तुलसीदास पी.जी. कालेज, कादीपुर, सुल्तानपुर, उ.प्र.

9. **डॉ. राम पाण्डेय :** असिस्टेण्ट प्रोफेसर, हिन्दी विभाग, लाल बहादुर स्मारक पी.जी. कालेज, आनन्दनगर, महराजगंज, उ.प्र.

10. **डॉ. रश्मि सिंह :** असिस्टेण्ट प्रोफेसर, बी.एड. विभाग, यू.पी. कालेज, वाराणसी, उ.प्र.

11. **डॉ. ब्रजेश कुमार पाण्डेय** : असिस्टेण्ट प्रोफेसर, शिक्षाशास्त्र विभाग, संत विनोबा स्नातकोत्तर महाविद्यालय, देवरिया, उ.प्र.

12. **डॉ. चमन कुमार** : असिस्टेण्ट प्रोफेसर, बी.एड. विभाग, लाल बहादुर शास्त्री पी.जी. कालेज, आनन्दनगर, महराजगंज, उ.प्र.

13. **डॉ. संजीता कुमार** : प्राचार्य, ग्रिजली कालेज आफ एजूकेशन, झुमरी तिलैया, कोदरमा (झारखण्ड)

चन्द्रशेखर नाथ झा : असिस्टेण्ट प्रोफेसर, ग्रिजली कालेज आफ एजूकेशन, झुमरी तिलैया, कोदरमा (झारखण्ड)

14. **डॉ. अशोक सिंह** : असिस्टेण्ट प्रोफेसर, समाजशास्त्र विभाग, संत विनोबा स्नातकोत्तर महाविद्यालय, देवरिया, उ.प्र.

15. **डॉ. मनोज कुमार श्रीवास्तव** : एसोसिएट प्रोफेसर, शिक्षाशास्त्र विभाग, सेण्ट एण्ड्रयूज कालेज, गोरखपुर, उ.प्र.

16. **संतोष कुमार पाण्डेय** : असिस्टेण्ट प्रोफेसर, शिक्षाशास्त्र विभाग, संत तुलसीदास पी.जी. कलोज, कादीपुर, सुल्तानपुर, उ.प्र.

17. **डॉ. वीरेन्द्र शरण** : अध्यापक, बेसिक शिक्षा परिषद्, देवरिया, उ.प्र.

18. **डॉ. गुलाब सिंह** : एसोसिएट प्रोफेसर, बी.एड. विभाग, यू.पी. कालेज, वाराणसी

19. **डॉ. (श्रीमती) किरन सिंह** : प्राचार्या, लाल बहादुर शास्त्री महिला पी.जी. कालेज, आनन्दनगर, महराजगंज, उ.प्र.

20. **डॉ. महेश यादव** : असिस्टेण्ट प्रोफेसर, शारीरिक शिक्षा विभाग, एम.जी. पी.जी. कालेज, गोरखपुर

21. **डॉ. मंशा देवी** : असिस्टेण्ट प्रोफेसर, हिन्दी विभाग, संत विनोबा स्नातकोत्तर महाविद्यालय, देवरिया

22. **डॉ. नीलिमा सिंह** : असिस्टेण्ट प्रोफेसर, बी.एड. विभाग, यू.पी जी. कालेज, वाराणसी

23. **डॉ. ओम प्रकाश द्विवेदी** : असिस्टेण्ट प्रोफेसर, बी.एड. विभाग, शुकदेव प्रसाद त्रिपाठी महाविद्यालय, कुशीनगर, उ.प्र.

24. **डॉ. राजकुमार यादव** : असिस्टेण्ट प्रोफेसर, बी.एड. विभाग, बी.आर.डी. पी.जी. कालेज, देवरिया, उ.प्र.

25. **ब्रजेश लाल दिवाकर :** शोध छात्र, शिक्षाशास्त्र विभाग, दीनदयाल उपाध्याय गोरखपुर विश्वविद्यालय, गोरखपुर, उ.प्र.

26. **धन्नजय मद्धेशिया :** शोध छात्र, विधि विभाग, दीनदयाल उपाध्याय गोरखपुर विश्वविद्यालय, गोरखपुर, उ.प्र.

27. **डॉ. (श्रीमती) ममता चौधरी :** असिस्टेण्ट प्रोफेसर, शिक्षाशास्त्र विभाग, सेण्ट जोसेफ कालेज फार वूमेन, गोरखपुर, उ.प्र.

28. **मुकेश कुमार सिंह :** शोध छात्र, विधि विभाग, दीनदयाल उपाध्याय गोरखपुर विश्वविद्यालय, गोरखपुर, उ.प्र.

29. **डॉ. रेनू सिंह :** असिस्टेण्ट प्रोफेसर, बी.एड. विभाग, यू.पी. कालेज, वाराणसी

30. **डॉ. राकेश कुमार सिंह :** असिस्टेण्ट प्रोफेसर, शिक्षाशास्त्र विभाग, नन्दिनी नगर पी.जी. कालेज, नाबाबगंज, गोण्डा, उ.प्र.

31. **डॉ. रामकृष्ण पाण्डेय :** असिस्टेण्ट प्रोफेसर, शिक्षाशास्त्र विभाग, बलवन्त सिंह पी.जी. कालेज, गंगापुर, वाराणसी, उ.प्र.

32. **डॉ. आर.डी. पाण्डेय :** असिस्टेण्ट प्रोफेसर, शिक्षाशास्त्र विभाग, दीनदयाल उपाध्याय गोरखपुर विश्वविद्यालय, गोरखपुर

    वरुण कुमार त्रिपाठी : शोध छात्र, शिक्षाशास्त्र विभाग, दीनदयाल उपाध्याय गोरखपुर विश्वविद्यालय, गोरखपुर

33. **डॉ. रेखा श्रीवास्तव :** एसोसिएट प्रोफेसर, एम.एड. विभाग, सी.आर.डी. पी.जी. कालेज, गोरखपुर, उ.प्र.

    ऋचा पाण्डेय : एसोसिएट प्रोफेसर, बी.एड. विभाग, सी.आर.डी.पी.जी. कालेज, गोरखपुर, उ.प्र.

34. **डॉ. मधु सत्यदेव :** असिस्टेण्ट प्रोफेसर, संस्कृत विभाग, दीनदयाल उपाध्याय गोरखपुर विश्वविद्यालय, गोरखपुर, उ.प्र.

35. **डॉ. प्रवीण कुमार मिश्र :** असिस्टेण्ट प्रोफेसर, समाजशास्त्र विभाग, लाल बहादुर शास्त्री पी.जी. कालेज, आनन्दनगर, महराजगंज, उ.प्र.

36. **डॉ. मीतू सिंह :** असिस्टेण्ट प्रोफेसर, शिक्षाशास्त्र विभाग, सी.आर.डी. पी. जी. कालेज, गोरखपुर

37. **सतीश चन्द्र उपाध्याय :** शोध छात्र, विधि विभाग, दीनदयाल उपाध्याय गोरखपुर विश्वविद्यालय, गोरखपुर

38. **डॉ. विजय लक्ष्मी मिश्र :** एसोसिएट प्रोफेसर, एम.एड. विभाग, सी.आर.डी. पी.जी. कालेज, गोरखपुर, उ.प्र.

39. **डॉ. त्रियुगी नारायण :** बी.एड. विभाग, द्रौपदी देवी त्रिपाठी पी.जी. कालेज, खजनी, गोरखपुर, उ.प्र.

40. **डॉ. समीर कुमार पाण्डेय :** असिस्टेण्ट प्रोफेसर, संत तुलसी दास पी.जी. कालेज, कादीपुर, सुल्तानपुर, उ.प्र.

41. **संदीप कुमार वर्मा :** एम.एड. छात्र, अवध विश्वविद्यालय, फैजाबाद, उ.प्र.
डॉ. महेन्द्र कुमार : एसोसिएट प्रोफेसर, शिक्षा संकाय, डॉ. राम मनोहर लोहिया अवध विश्वविद्यालय, फैजाबाद, उ.प्र.

42. **संजय कुमार :** असिस्टेण्ट प्रोफेसर, बी.एड. विभाग, बी.आर.डी. पी.जी. कालेज, देवरिया, उ.प्र.

43. **डॉ. (श्रीमती) सरिता सिंह :** प्राचार्या, महाराणा प्रताप महिला महाविद्यालय, गोरखपुर

    डॉ. अखण्ड प्रताप सिंह : असिस्टेण्ट प्रोफेसर, शिक्षाशास्त्र विभाग, बी. आर.डी.बी.डी. पी.जी. कालेज, बरहज, देवरिया, उ.प्र.

44. **सत्येन्द्र कुमार पाल :** विन्ध्याचल शोध छात्र, शिक्षाशास्त्र विभाग, दीनदयाल उपाध्याय गोरखपुर विश्वविद्यालय, गोरखपुर, उ.प्र.

    कुंवर प्रताप मल्ल : शोध छात्र, शिक्षाशास्त्र विभाग, गोरखपुर विश्वविद्यालय, गोरखपुर,

    विन्ध्याचल : उ.प्र.असिस्टेण्ट प्रोफेसर, बी.एड. विभाग, पब्लिक महिला पी. जी. कालेज, मुहम्मदाबाद, मऊ, उ.प्र.

45. **डॉ. सतीश चन्द्र गौड :** एसोसिएट प्रोफेसर, बी.आ.डी. पी.जी. कालेज, देवरिया

    डॉ. संजय् कुमार : असिस्टेण्ट प्रोफेसर, बी.आ.डी. पी.जी. कालेज, देवरिया

46. **सौम्या तिवारी :** शोध छात्रा, गोरखपुर विश्वविद्यालय, गोरखपुर
सुमित कुमार शुक्ला : शोध छात्रा, गुरु घासी दास विश्वविद्यालय, बिलासपुर

47. **शालिनी पाण्डेय :** विकास नगर, गोरखपुर

48. **विनोद कुमार गौतम :** शोध छात्र, शिक्षाशास्त्र विभाग, गोरखपुर विश्वविद्यालय, गोरखपुर

1

उत्तर प्रदेश में प्राथमिक स्तर पर सर्व शिक्षा अभियान की समीक्षा

*प्रो.आर.पी.पाठक

**डॉ. अमिता पाण्डेय भारद्वाज

भूमिका

बच्चे किसी भी राष्ट्र के नागरिक होते हैं तथा प्राथमिक शिक्षा सुयोग्य नागरिक निर्माण की आधारशिला एवं शिक्षक, शिल्पकार की भूमिका का निर्वहन करते हैं। शिक्षक वह प्रकाशपुंज हैं, जो कक्षा में मात्र शिक्षण कार्य ही नहीं करता अपितु वह अपने श्रम से बच्चों को ऐसी दहलीज पर खड़ा कर देता हैं जहां से किसी राष्ट्र के विकास का क्रम आरम्भ होता हैं। प्रत्यक्ष अथवा परोक्ष रूप से यह स्वीकार्य है कि राष्ट्र के विकास का प्रथम प्रणेता नेता के बाद शिक्षक है। शिक्षक ही शिक्षा के द्वारा बच्चों का सर्वांगीण विकास करने हेतु प्रयत्नशील रहता हैं। शिक्षा ही सर्वागीण विकास की आधारशिला है।

प्राथमिक शिक्षा के अन्तर्गत बालको को मानसिक एवं शारीरिक सभी दृष्टियों से पूर्णतयाः समुन्नत एवं आत्मनिर्भर बनाना हमारा लक्ष्य हैं ताकि वे भावी चुनौतियों का सामना कर युग की अपेक्षाओं के अनुरूप राष्ट्र के विकास में योगदान दे सकें। संविधान की भावनाओं के अनुरूप राष्ट्र एवं प्रदेश की सरकारें शिक्षा के सार्वभौमीकरण की दिशा में निरन्तर प्रयत्नशील हैं। बालकों को गुणवत्त्तायुक्त शिक्षा प्रदान करने के लिए सुयोग्य एवं अनुभवी अध्यापकों को विद्यालय में पदस्थापन, पठन-पाठन की वैज्ञानिक प्रगति पर आधारित पाठ्यक्रम और भौतिक संसाधन एवं सुविधाओं से युक्त विद्यालय की परिकल्पना साकार करने के लिए प्राथमिक शिक्षा विभाग द्वारा अनेक महत्वपूर्ण कदम उठाये

जा रहे हैं। साथ ही साथ शिक्षा को सार्वभौमिक बनाने का प्रयास भी किया जा रहा है।

शिक्षा मनुष्य के जीवन का महत्वपूर्ण लक्ष्य होने के साथ-साथ वांछनीय लक्ष्यों की पूर्ति का एक उपयोगी साधन भी है। यह व्यक्ति के व्यक्तित्व व बुद्धि का विकास करके उसे आर्थिक, राजनीतिक व सांस्कृतिक कार्यों को सम्पन्न करने के योग्य बनाती है। शिक्षा को एक ऐसे उदाहरण के रूप में भी मान्यता दी गयी है जिसकी सहायता से समाज में परिवर्तन व विकास के अभीष्ट लक्ष्यों को प्राप्त किया जा सकता है। यही कारण है कि मानव अधिकारों के सार्वभौमिक घोषणा-पत्र में शिक्षा को प्रत्येक मनुष्य के मूल अधिकारों में से एक माना गया है।

शिक्षा एक प्रक्रिया के रूप में

शिक्षा वस्तुतः वह प्रक्रिया है जिससे मनुष्य बेहतर बनता है यह वह प्रक्रिया है जिसके द्वारा मनुष्य अपनी इस दुनिया को और बेहतर दुनिया बनाने का संकल्प और कौशल अर्जित करता है। शिक्षा अनवरत चलने वाली प्रक्रिया है। सिखाने वाला(शिक्षक) और सीखने वाला(विद्यार्थी) सदैव एक दूसरे से कैसे सीखने को तत्पर रहें, यानि शिक्षक को भी विद्यार्थी की तरह सिखाने की प्रक्रिया में संलग्न रहते हुए सीखने के कार्य में भी जुटा रहना चाहिए। शिक्षा के इस रूप से ही समाज का विकास अवरूद्ध नहीं होता और शिक्षा का ढांचा भी समय के अनुरूप अपने को ढाल सकता है।

शिक्षा के मौलिक अधिकार के रूप में

प्रत्येक भारतीय नागरिक को शिक्षा सम्बन्धी मौलिक अधिकार अनुच्छेद-21 व संविधान में एक नये अनुच्छेद-21 ख को जोड़ा गया है जिसके अनुसार राज्य 6 से लेकर 14 वर्ष तक के बच्चों को अनिवार्य एवं निःशुल्क शिक्षा देने को बाध्य होगा। इसके बावजूद भी देश में शिक्षा का प्रचार-प्रसार उचित ढंग से नहीं हो पा रहा है आज़ादी के 68 वर्षों बाद भी हमारे देश की कुल साक्षरता 65.38 प्रतिशत है उत्तर प्रदेश की कुल साक्षरता 60.40 प्रतिशत है। प्रदेश की साक्षरता देश में नीचे से पांचवा स्थान रखती है। उत्तर प्रदेश भारतीय मानचित्र का महत्वपूर्ण हिस्सा है पूरे देश की सामाजिक-आर्थिक स्थिति को परिलक्षित करने में अहम भूमिका निभाता है। चूँकि उत्तर प्रदेश जनसंख्या की दृष्टि से देश का सबसे बड़ा राज्य है। ऐसे में

यहां के शिक्षा स्तम्भ का सुदृढ़ होना समाज की चुनौती है, जिससे एक जागरूक परोपकारी समाज की स्थापना हो, इसका एक ही रास्ता है सर्वसुलभ-शिक्षा।

लार्ड मैकाले के विवरण-पत्र 1835 के रूप में शुरू हुआ शिक्षा का सफर अब तक तमाम करवटें बदल चुका है। साक्षरता दर सुधारने के लिए सरकार ने लगातार कई कार्यक्रम चलाये हैं यथा सर्व शिक्षा अभियान, स्कूल चलो अभियान आदि। 1986 में संसद द्वारा पारित राष्ट्रीय शिक्षा नीति के तहत स्कूलों में बेहतर सुविधा मुहैया कराने के लिए ऑपरेशन ब्लैक बोर्ड कार्यक्रम तैयार किया गया। इसके अन्तर्गत प्राथमिक एवं पूर्व माध्यमिक विद्यालयों में कम से कम तीन शिक्षक, दो कमरे एवं बरामदें और शौचालय सहित समस्त शिक्षा सामग्री उपलब्ध कराने का वादा था। यह कार्यक्रम घुटनों के बल चल रहा था कि 1994-95 में विश्व बैंक ने अपना एक अन्य निर्णय थोप दिया। इसे जिला प्राथमिक शिक्षा कार्यक्रम नाम दिया। इसी प्रकार 1997 में शिक्षा गारंटी योजना शुरू की गयी परन्तु इन सब कार्यक्रमों के बावजूद भी प्रदेश की सरकारी प्राथमिक शिक्षा के स्तर में कोई बदलाव नहीं परिलक्षित हो रहा है।

अध्ययनों से स्पष्ट ह कि विभिन्न प्रकार के विद्यालयों की शिक्षा प्रणाली, इनमें उपलब्ध भौतिक एवं मानवीय संसाधनों, शिक्षकों की कार्य सन्तुष्टि, शिक्षकों के शिक्षण के प्रति अभिवृति, शिक्षकों की उनकी विद्यालयों के प्रति अभिवृति विद्यार्थियों की शैक्षिक सम्प्राप्ति तथा इन विद्यालयों के प्रति समाज की अभिवृति में सार्थक अन्तर है, जो इनके समाज द्वारा स्वीकारिता तथा अस्वीकारिता का द्योतक है।

देश के नागरिकों को अपनी इच्छानुसार विचारों की अभिव्यक्ति एवं अपने पाल्यों की शिक्षा व्यवस्था करना मौलिक अधिकारों की श्रेणी में आता है तथा संविधान में यह भी व्यवस्था है कि भाषा या धर्म पर आधारित सभी अल्पसंख्यकों को अपनी रूचि के अनुसार शिक्षा संस्थाओं को स्थापित करने तथा उनका प्रशासन करने का अधिकार है। संभवतः यही कारण है कि आज सम्पूर्ण देश एवं प्रदेश में सरकार द्वारा संचालित शैक्षिक संस्थाओं के अतिरिक्त भी भाषा एवं धर्म पर आधारित अल्पसंख्यकों द्वारा संचालित शैक्षिक संस्थाओं स्वयंसेवी संस्थाओं द्वारा संचालित शैक्षिक संस्थायें कार्य करते चले आ रहे है। इसमें उल्लेखनीय है कि अल्पसंख्यकों के विद्यालय एवं कुछ मान्यता प्राप्त विद्यालयों की कार्यप्रणाली एवं पाठ्यक्रम प्रदेश में संचालित मान्यता प्राप्त विद्यालयों एवं सरकारी विद्यालयों से भिन्न होने के कारण उनकी सम्पूर्ण शैक्षिक व्यवस्था समीचीन नहीं है।

प्राथमिक शिक्षा के क्षेत्र में कार्यरत विद्यालय

इस प्रकार हम देखते है कि प्राथमिक शिक्षा के क्षेत्र में चार प्रकार के विद्यालय कार्यरत है। एक तो वे जो सरकार द्वारा गठित बेसिक शिक्षा परिषद् द्वारा संचालित प्राथमिक विद्यालय, जिनके संचालन का सम्पूर्ण व्यय एवं प्रबन्धक बेसिक शिक्षा परिषद एवं प्रदेश सरकार होता है। दूसरे वे मान्यता प्राप्त प्राथमिक विद्यालय जो स्वयं सेवी संस्थाओं द्वारा संचालित है और बेसिक शिक्षा परिषद द्वारा वित्त विहीन मान्यता प्राप्त है जिनका वित्तीय भार स्वयं सेवी संस्था द्वारा वहन किया जाता है। तीसरे वे अमान्यता प्राप्त प्राथमिक विद्यालय जिनको मान्यता प्राप्त नहीं है और इनके संसाधनों की पूर्ति निजी संस्थाओं द्वारा की जाती है तथा चौथी शासकीय एवं स्वायत्त सेवी संस्थाओं द्वारा संचालित अनौपचारिक शिक्षा केन्द्र है।

आज इन अमान्यता प्राप्त विद्यालयों का प्रचलन इतना बढ़ गया है कि प्रदेश के हर भाग, हर शहर यहां तक कि गांव मुहल्लों में इनको देखा जा सकता है । यह एक व्यवसाय बन गया है और अब भी इनकी वृद्धि निरन्तर हो रही है, जो शिक्षा के महत्त्व का द्योतक है S.C.E.R.T. (U.P) Lucknow के एक शोध अध्ययन के दौरान पाया गया कि शहरी एवं ग्रामीण क्षेत्रों में इस प्रकार के गैर मान्यता प्राप्त विद्यालयों की संख्या फफूंदी की तरह बढ़ी है जिनमें मान्टेसरी पद्धति से शिक्षा देने का असफल प्रयास किया जाता है अथवा ये अंग्रेजी माध्यम के स्कूल कहलाने का भरसक प्रयास करते है।

इन विद्यालयों की स्थापना निजी संस्थाओं एवं व्यक्तियों द्वारा केवल अपने स्वार्थ सिद्ध और लाभ के लिए की जाती है। इनके कार्यों में सरकार की ओर से कोई हस्तक्षेप नहीं होता है। ये अपने नियम स्वयं बनाते है जिन पर किसी भी बाहरी शक्ति का नियंत्रण नहीं होता है। इनमें से अधिकांश स्कूलों में भौतिक संसाधनों जैसे मकान, फर्नीचर, क्लास रूम, प्रशिक्षित अध्यापक अध्ययन में प्रयुक्त सहायक सामग्री इत्यादि की कमी पायी जाती है और इन विद्यालयों में अपने पाल्यों को शिक्षा दिलाने में गौरव का अनुभव करती है और गैर मानयता प्राप्त विद्यालयों का प्राथमिक शिक्षा के लोक व्यापीकरण में कम योगदान नहीं है किन्तु प्रश्न यह उठता है कि आखिर कौन से कारण है कि जिससे सरकार द्वारा संचालित संस्थाओं की तुलना में इन विद्यालयों की संख्या अधिक है जैसा कि इनकी दिन प्रतिदिन की वृद्धि से प्रदर्शित होता है, या केवल यह समाज का भ्रम मात्र है।

इन विद्यालयों की बढ़ोतरी के साथ ही साथ गुणवत्ता पर प्रश्न चिन्ह लगा हुआ है। इस गुणवत्ता को प्रभावित करने वाल शिक्षकों तथा अभिभावकों की

अभिवृत्तियों में परिवर्तन आवश्यक है। अभिवृत्तियों के परिवर्तन से ही सार्वभौमिक प्राथमिक शिक्षा का लक्ष्य प्राप्त किया जा सकेगा। केन्द्र एवं राज्य सरकारें प्रयत्नशील है कि सर्व शिक्षा अभियान से प्राथमिक शिक्षा को सार्वभौम एवं गुणवत्तापरक बनाया जाय। 2030 तक प्राथमिक शिक्षा को कैसे उपयोगी एवं सार्थक बनाया जाय! समुदाय की सक्रिय सहभागिता कैसे ली जाय! समाजिक क्षेत्रीय एवं बालक-बालिका की असामनता को कैसे दूर किया जाय। 2020 तक सभी बच्चे किस प्रकार प्राथमिक विद्या ग्रहण कर सकेंगे! किस प्रकार 2030 तक सभी बच्चे कक्षा 8 तक प्रारम्भिक शिक्षा पूरी कर सकेगें। शिक्षकों की अभिवृत्ति विभिन्न सामाजिक एवं आर्थिक स्तर की अभिभावकों की तुलना में अधिक सकारात्मक है। अभिभावकों को और अधिक जागरूक किये जाने की आवश्यकता है जिससे सर्व शिक्षा अभियान का लक्ष्य प्राप्ति की जा सके।

शैक्षिक निहितार्थ

सर्व शिक्षा अभियान के प्रति प्राथमिक शिक्षकों एवं अभिभावकों की अभिवृत्ति के विभिन्न अध्ययनों से स्पष्ट है कि सर्व शिक्षा अभियान के प्रति हिन्दू तथा मुस्लिम धर्म के शिक्षकों की अपेक्षा सिक्ख धर्म के शिक्षक अधिक धनात्मक अभिवृत्ति रखते है। हिन्दू तथा मुस्लिम धर्म के शिक्षको में और अधिक जागरूकता लाकर एवं प्रोत्साहित कर सर्व शिक्षा अभियान के प्रति अभिवृत्ति को अधिक सकारात्मक किया जा सकता है। इसी प्रकार हिन्दू तथा सिक्ख धर्म के अभिभावकों की अभिवृत्ति की मुस्लिम धर्म के अभिभावकों की अपेक्षा अधिक सकारात्मक है मुस्लिम धर्म के अभिभावकों की अभिवृत्ति पर्याप्त सकारात्मक न होने के कारणों की जानकारी की जा सकती है तथा अभिवृत्ति विकास हेतु प्रयास किया जाना अपेक्षित है। हिन्दू धर्म के शिक्षक हिन्दू धर्म के अभिभावकों की अपेक्षा अधिक, मुस्लिम एवं सिक्ख धर्म के शिक्षक भी अभिभावकों की अपेक्षा, मुस्लिम तथा सिक्ख धर्म के शिक्षक भी अभिभावकों की अपेक्षा अधिक जागरूक है जो कि सर्व शिक्षा अभियान के प्रति सकारात्मक अभिवृत्ति को प्रदर्शित करता है।

अब आवश्यक यह है कि सभी धर्मों के अभिभावकों में सर्व शिक्षा अभियान के प्रति जागरूकता को बढ़ाते हुये लक्ष्य प्राप्त किया जाना चाहिए। सामान्य जाति के शिक्षकों में पिछड़ी जाति एवं अनुसूचित जाति के शिक्षकों की अपेक्षा धनात्मक अभिवृत्ति है सभी जाति के शिक्षकों में सर्व शिक्षा अभियान के प्रति अभिवृत्ति समान होनी चाहिए। अतः पिछड़ी तथा खासतौर से अनुसूचित जाति को जागरूक

किये जाने की आवश्यकता है। इसी प्रकार सामान्य जाति के अभिभावकों में पिछड़ी जाति एवं अनुसूचित जाति के अभिभावकों की अपेक्षा अधिक धनात्मक अभिवृत्ति है इसीलिए पिछड़ी जाति एवं अनुसूचित जाति के अभिभावकों को अभियान के बारे में जागरूक एवं प्रोत्साहित किये जाने की आवश्यकता है। प्रत्येक जाति के शिक्षकों (सामान्य, पिछड़ी एवं अनुसूचित) में सर्व शिक्षा के प्रति उसी जाति के अभिभावको की अपेक्षा अधिक सकारात्मक अभिवृत्ति प्रदर्शित होती है। परन्तु ये सर्व शिक्षा अभियान के प्रति एकांगी प्रयास है। जब तक प्रत्येक जाति के अभिभावक उसी अनुपात में जागरूक नहीं होगें। जिस अनुपात में शिक्षक, तब तक सर्व शिक्षा अभियान का लक्ष्य-प्राप्ति करना मुश्किल होगा। अतः सभी जातियों के अभिभावकों को जागरूक किये जाने की पर्याप्त आवश्यकता है।

अध्ययन से स्पष्ट होता है कि महिला अभिभावकों की अभिवृत्ति पुरूष अभिभावकों की अपेक्षा न्यून है जिसे बढ़ाकर लक्ष्य प्राप्ति का प्रयास किया जा सकता है अध्ययन में एक और महत्वपूर्ण चर आय के आधार पर भी अध्यापक एवं अभिभावक की अभिवृत्तियों का अध्ययन किया गया है। अध्ययन से प्राप्त परिणामों के आधार पर कहा जा सकता है कि निम्न एवं मध्यम आय वर्ग के अध्यापकों एवं अभिभावकों की अपेक्षा उच्च आय वर्ग के अध्यापकों एवं अभिभावकों की अभिवृत्ति सर्व शिक्षा अभियान के प्रति अधिक सकारात्मक है। इसलिए निम्न एवं मध्यम आय वर्ग के अध्यापकों खासतौर से अभिभावकों की अभिवृत्ति में जागरूकता एवं प्रोत्साहन आदि के माध्यम से वृद्धि करके निम्न एवं मध्य आय वर्ग के छात्रों को शिक्षा को जोड़ा जा सकता है।

परिवार के आकार के आधार पर किये गये अध्ययन से स्पष्ट है कि संयुक्त एवं एकल परिवार के अध्यापकों के मध्य अभिवृत्ति लगभग समान प्रकार की है। इसी तरह संयुक्त एवं एकल परिवार के अभिभावकों की अभिवृत्ति भी समान प्रकार की है। संयुक्त एवं एकल परिवार के आधार पर अध्यापक एवं अभिभावक के मध्य अभिवृत्ति में अन्तर दृष्टिगोचर है जिसमें अध्यापक वर्ग अधिक सकारात्मक अभिवृत्ति प्रदर्शित करता है। अतः अभिभावकों को जागरूक किये जाने की आवश्यकता है।

विभिन्न अध्ययन में भौगोलिक स्थिति के आधार पर भी शिक्षक एवं अभिभावक की अभिवृत्ति का अध्ययन किया गया है जिससे यह प्राप्त हुआ है कि ग्रामीण क्षेत्र के अभिभावकों में जागरूकता का अभाव है । इसी प्रकार व्यवसाय के आधार पर शैक्षिक स्तर के आधार पर अभिभावकों की अभिवृत्ति का अध्ययन

किया गया है। जिससे यह स्पष्ट है कि कम पढ़े-लिखे तथा कृषि पेशागत अभिभावकों की अभिवृत्ति सर्व शिक्षा अभियान के प्रति कम है जो लक्ष्य प्राप्ति में बाधक है। अतः समुचित प्रयास कर जागरूकता में वृद्धि कर सर्व शिक्षा अभियान के लक्ष्य की प्राप्ति का प्रयास किया जाना आपेक्षित है।

इस शोध पत्र से प्राथमिक स्तर के अध्यापकों एवं अभिभावकों की सर्व शिक्षा अभियान के प्रति अभिवृत्तियों की जानकारी हो जायेगी जिससे यह लाभ होगा कि अध्यापकों एवं अभिभावकों का लगाव इस योजना के प्रति किस सीमा तक है। अभिवृत्तियों की जानकारी प्राप्त होने के बाद इन्हें उचित निर्देशन एवं परामर्श दिया जा सकेगा। इसका यह भी लाभ होगा कि अध्यापकों की समय-समय पर इन-सर्विस ट्रेनिंग दी जा सकेगी। सरकारी तथा गैर सरकारी योजनाओं के निर्माण हेतु इस शोध पत्र का अच्छा उपयोग किया जा सकेगा।

सन्दर्भ ग्रन्थ सूची

1. अमरनाथ : प्राथमिक शिक्षा का भयावह परिदृश्य, दैनिक जागरण, साप्ताहिक परिशिष्ठ, 13-12-1998 लखनउ संस्करण।
2. अग्रवाल, डा. उमेशचन्द्रः कुरूक्षेत्र पत्रिका, प्रकाशन विभाग, पटियाला हाउस, नई दिल्ली वर्ष 47, अंक 11, पृ. 12-13।
3. उदयशंकर व एस.वी अहलूवालियाः 1990 रिसर्च नीड्स इन दि स्टडी आफ एजूकेशन कुरूक्षेत्र विद्यालय, कुरूक्षेत्र।
4. उत्तर प्रदेश बेसिक शिक्षा परिषद संग्रह (2003) बेसिक शिक्षा परिषद, इलाहाबाद।
5. उपाध्याय, प्रतिभाः (2000) शिक्षा में उदीयमान प्रवृत्तियां, शारदा पुस्तक भवन इलाहाबाद।
6. ओटावे ए.के.सी. एवं ब्रजभूषण शर्मा (1972) शिक्षा एवं समाज उ0प्र0 हिन्दी ग्रन्थ अकादमी लखनउ।
7. गुप्ता ए.केः आजमगढ़ जनपद के प्राथमिक विद्यालयों की स्थिति का एक सर्वेक्षणात्मक अध्ययन, न्यू डायमेन्सन्स इन एजूकेशनल रिसर्च (शोध पत्रिका) पृ. सं. 63।
8. नन्दिता के. मार्च (2000) ए सर्वे रिपोर्ट आन प्राइमरी एण्ड सेकेण्डरी स्कूल क्लाइमेट राजस्थान पब्लिशिंग हाउस
9. बुच, एम.बी. (1991) : फोर्थ सर्वे आफ रिसर्च इन एजूकेशन (1983-88) एन.सी.इ.आर. टी. नई दिल्ली।
10. बुच, एम.बी. (1992) : सर्वे आफ रिसर्च इन एजूकेशन आन लिटरेसी शिक्षा का सांख्यिकी विभाग सी.बी.ई. 78 यूनेस्को, पेरिस।
11. भारत का संविधान, भारत सरकार विधायी विभाग राजभाषा खण्ड दिल्ली द्वितीय संस्करण (1990) लखनऊ, मंगलवार 15 मार्च 2005।
12. पाठक, आर.पी. (2011): भारतीय समाज में शिक्षा, नई दिल्ली, कनिष्का प्रकाशन।

2

Use of Training Experiences In Parishadiya Schools Under SSA- An Analytic Study

*Dr. Sushma Pandey

**Surabhi Mishra

According to Kothari commission, a teacher who unlike an ordinary worker, acts as a master, crafts man, an artist, a strategist and a powerful motivator. The environment of a classroom is enlivened by the inspiring, dynamic, enthusiastic, encouraging, skilful and dedicated teacher. It is he who shapes the destiny of students and that of the future citizens who eventually shape the destiny of the country. Such a teacher only can successfully in culture among children values that strengthen the ideals of social justice, equity, secularism and pluralism. This is why the need of teacher education program takes a shape.

Need of In-Service Teachers Training

Professional development is the enrichment training provided to teachers over a period of time to promote their development in all aspects of content and pedagogy. It begins with the selection of an aspirant teacher and includes his initial preparation induction into the profession and his continuous development throughout his teaching carrier In the last few years, major in-service professional development programmes have been conceptualized and implemented. DPEP and subsequently SSA have brought in the possibility of continuous capacity building exercise for primary school teachers. There are formal and informal programmes of in-service education organized from time to time

Knowledge is power. Well versed teachers of a country are its asset. Next generation will play an important role to improver the future of a nation. Taking this view in mind subject related In-service training programs are organized under SSA.

Objectives

The study achieved the following objectives –

1. To study the Problems of teachers in using gained knowledge into the classroom situations.
2. To identify some ways of making Training Programme more effective and useful.

Hypothesis

In the context of above objectives of the selected study this hypothesis could be framed:-

- Many problems and barriers are affecting in proper use of gained knowledge into the classroom situation.

Relevance of The Study : To provide better and effective school environment teacher are to be prepared through In-service Teacher Training. Teacher's Training Programs are also a part of supportive programs of SSA to enhance and make more effective Teaching Learning Process in Primary School Classrooms. The Training Programs are going on it was very necessary to know this present status importance effectiveness, use and related problems. So that important decision can be taken regarding that so this study. This study will highlight these facts-

- Training programs are actually useful and effective if gained knowledge is applied in classroom interaction this study will highlight the actual situation.
- The study will highlight the effectiveness of gained competencies through training in teaching learning process.
- The study will also highlight the barriers between use of gained knowledge and training received. So that important efforts can be made.
- Teacher training are supportive programs for SSA so administration will come to know the progress of SSA programs.
- The study will give a path to do new efforts to make and use of Training Programme effective.

Limitation of Study : This study concerns with the primary education system and Teacher Education programs of Uttar Pradesh

Research Methodology : The present study is primarily aimed on the study of the In- service teacher training programs organized by DIET. To fulfill this objective, it was the need to go to the field and observe the real situations and practices going on. Researcher found **Descriptive Survey Research Design** to be the most suitable for this investigation.

Sample : All the teacher's trainers of D.I.E.T OF Uttar Pradesh and the participants attending the in-service teacher training constitute the population.

It was not easy to work on the above given population because of limited resources and duration. So researcher has directly taken over the 5% the total districts Stratified Random Sample, the selected District were from five different commissionaires. Selected Nine districts were from leading, developing and backward areas of U.P. with special reference to Primary Education.

After selection of districts, researcher made a list of their blocks and selected 50 percent of block in our sample. In this way 9 DIETs and 50 percent of Block Resource Centers were selected for survey. During Survey the teacher found in these selected schools were chosen . Selected sample description is given below –

Sl. No.	Selected District	DIETs	Teachers	Trainers
1.	Gorakhpur			
2.	Kaushambi			
3.	Meerat		1960	68 were selected
4.	Gaziabad			
5.	Mathura	09		
6.	Varanasi			
7.	Chitrkoot			
8.	Kanpur			
9.	Moradabad			

Preparation of Measuring Tools : In the absence of suitable tools researcher herself developed these tools for the investigation and gathering data. So an institutional questionnaire **"Teachers attitude scale towards use of teacher's training in school"** was

Table-2

Results Related To Barrier In Using Gained Knowledge In Teaching

Sl. No	Problem related items	Agree	Disagree	Uncertain
1.	Difficult to create suitable environment in school.	75	12.5	12.5
2.	Having less time for using gained knowledge.	90	5	5
3.	Creates problems in completing the course in time.	100	0	0
4.	Less number of teacher according to the class.	95	0	5
5.	Lack of Teaching learning material in school.	65	25	10
6.	Improper management of TLM in school.	87.5	12.5	0
7.	Irregularity of student's attendance	100	0	0
8.	Student curiosity more in TLM less in subject.	72.5	2.5	2.5
9.	Difficulties in demonstration without proper sitting arrangements of student.	68.75	6.25	25
10.	Less awareness of students towards eductions.	77.5	20	2.5
11.	Lack of reading Material among students.	50.25	47.5	2.25
12.	Extra duties for the teacher.	100	0	0
13.	Student less co-operation.	65	10	25
14.	Student low interest	70	2.5	27.5
15.	Unsuitable school timing of summer.	81.25	6.2	12.5
16.	Parent's unawareness and less interest towards education.	95	5	0

prepared and duly validated by experts in the field of Education After validation, some items were revised as per the suggestions of the experts, some were ignored and some new one's got included.

Collection of Data : *The researchers team visited each of the selected schools and the questionnaire was personally administered to the concerned teachers.*

Major Findings : *The analysis, discussion and interpretation of the data collected from School records, Facilitators, direct from students with their parents and teachers of UPS of selected districts of Uttar Pradesh, leads to major findings-*

Hypothesis : Many problems and barriers are affecting in proper use of gained knowledge into the classroom situation.

To test this hypothesis of the study, researcher interviewed 1960 teachers with self made ***Questionnaire Teachers attitude scale towards use of teacher's training in school****. Responses drawn on this tool were analyzed and results drawn are shown below.*

Discussion : Above table is presenting the thoughts related to the barriers realized by according to the teacher working in school.

- About 75% of teachers informed that they are working in that environment in which there is no awareness to education exists among student and parents so it becomes a challenge for a teacher to build appropriate environment for teaching and learning in subject.
- 90% of teachers explained that periods divided are not very suitable for using gained knowledge. Most of the schools are not having proper no of teacher who teaches all the subjects so it was difficult to manage all the classes per day.
- At this spot about cent percent teachers reacted that if they use the technique of training received with other school works it will difficult to complete the courses in time.
- 95% of teacher reacted that of teachers of most of the school are not having separate subject teachers. Single teacher has to manage five classes per day with the management of Mid Day Meal so it becomes impossible to use gained knowledge in classroom situation.
- 65% of teachers informed that schools are not having proper teaching learning materials.

  87.5% of the examine reacted that mostly limited room are there in schools so it is very difficult to manage TLM in schools but 12.5% of examinee disagreed.

- Cent percent teachers revealed that many effort have been made to increase students attendance but the results are not satisfactory. Students are irregular so this makes teachers efforts false and mostly teacher were demoralized.
- 72.5% of teacher accepted the when any matter is taught with the help of TLM mostly student do not pay attention toward content for which TLM is used mostly they became curious toward TLM but 25% of the teachers disagreed.
- 68.75% of the teachers accepted that in about 90% of the schools student sit on the floor they are not having proper sitting arrangement. So it becomes too problematic for the teacher for presenting demonstration that every student sees it properly on the table but 26.25 % of the teachers were against this reason.
- 77.5% of the teachers accepted that mainly children of rural area do not have much awareness towards importance of education than it becomes a hard task to create interest and curiosity.
- 50.25% of teachers accepted that although student were provided book but most of the students don't bring it daily or do not manage the reading materials properly so it becomes a tough task to give any exercise or class work with proper books or copies.
- All the teachers accepted that teachers are having extra work load. Pandey (2004) explained in the study the extra duties like Pulse-Polio, Makan Garana Jansankhaya Grarana, election duty and MDM preparation are over loads work on primary school working teachers. All these duties effect school teaching learning environment. Teacher can not pay full attention towards teaching with these extra duties.
- 65% of teacher explained that mostly student do not pay more interest and attention towards education. They are more interested in facilities provided to them so they do not give good response mostly during teaching. 70% of the teachers also accepted that student show less interest in study and more interest in facilities provided to them by government.
- 95% of the teachers informed that parent are having less awareness towards education so they do not motivate their student, students are not taken care in their homes so this creates a problem for teacher teaching.

- 95% of the teachers informed that education administration shows no interest in giving direction and forcing teachers for qualitative teaching.

At last we can conclude that mostly all the problem related responses got above 65% of positive responses hence our research hypothesis has been selected that there are many barriers in using gained knowledge in class room teaching.

Suggestions by The Researcher For Making Inservice Teacher Training More Impressive And useful

- A Training Programme officer should be appointed if possible at District level having some administrative power, Training officers should attached to Department of In-Service and Pre-Service Training Programme in DIETs and all teacher working in DIETs should be a part of his supervision team. This Training Programme officer should be made fully responsible for the better organization of every Training Programme organized by DIETs.
- Facilities provided to the trainers are not up to the mark and no body cares about it administration should be aware of how much and in which way funds are utilized. If the facilities are provided to the trainees are not good it creates unrest among trainees.
- One experiment which might help to bridge appropriate environment and some positive pressure if possible the Trainers should be detailed to other nearest District and others to this. This transfer might some time make free the training environment from local pressure.
- One main Problem affects the whole training Programme is suffering with teachers irregularity and disinterest. Some strict rule can be made if teacher is absent during training without any unavoidable reason it should be questioned to them and forced to present show cause notice. This solution might effect.
- Training Programmes should be something different from traditional classroom teaching. Trainer should be trained in such a way that they might able to make the whole training Programme Task Oriented. Projectors, Film, Videos and Computer Presentation should be added to make Training Programme more interesting and fruitful.
- Actual classroom teaching Presentation by the trainer should be

added to programmes so that related subject teacher can easily observe the whole classroom interaction system as whole and solve hisè her problem themselves related to use of TLM, Communication skill, Teaching skill method and principles.

- To check out the status of use of Training Programme a evaluation checklist should administered on examinees last day to know the real position of use of training. Training should be organized in vacations so this will be fruitful for the school having one or two teachers.
- Education administration should develop a active monitoring system for checking the actual use of training experiences of the teachers.
- A continuous and comprehensive survey should be made by the responsible authorities to ensure the proper use training experience in the schools.
- Well Trained and effective teachers of the Parishadiya schools should be awarded at district and state level to motivate teachers to do for better work and teaching.
- To build up importance and curiosity towards training Programmes among teacher if it is possible the Training Experience should be added to the Promotion and increment in job. No doubt this will activate the teachers.
- A combined team from SCERT SIEMAT, SIET and SISE can also visits once or twice in a year accidentally to some school so to assess the real situation and teacher attitude of taking the training forcibly but not using in classroom might change.
- If administration wants to produce competent teacher with new glowing mind our Training Programmes should be more effective. Administration should find out the way that how teachers learning and teaching go side by side effectively.

References

1. In-service and Pre-service teacher training: retrieved from educational-system.blogspot.comè...èpre-service-and-in-service-training .on 22April2015
2. Teacher Education : retrieved from mhrd .gov. in › School Education .on 22April2015
3. In-service and Pre-service teacher education program in India: retrieved from wikieducator.orgèimagesè9è92èPID_526.pdf on 22 April2015

3

सर्व शिक्षा अभियान के प्रति प्राथमिक शालाओं के शिक्षकों का दृष्टिकोण

*डॉ. संजीत कुमार

**अखिलेश यादव

शिक्षा अंधकार में उस प्रकाश की तरह है जो मानव जीवन के विभिन्न क्षेत्रों में पथ प्रदर्शित करती है। मनुष्य में अन्तर्निहित शक्तियों के सम्यक्, प्राकृतिक, सुसम्बन्ध तथा उत्तरोत्तर विकास का नाम ही शिक्षा है। शिक्षा का सम्बन्ध भले ही व्यक्ति से हो, पर समाज और संस्कृति ही उसका आधार व साध्य होते हैं।

शिक्षा एक ऐसी प्रक्रिया है जो मनुष्य को जन्मजात शक्तियों के सामंजस्यपूर्ण और स्वाभाविक विकास में योग देती है। उसकी वैयक्तिकता का पूर्ण विकास करती है। उसे जीवन और नागरिकता के कर्तव्यों और दायित्वों के लिए तैयार करती है और उसके आचार-विचार व दृष्टिकोण में ऐसा परिवर्तन करती है जो समाज, देश और विश्व के लिये हितकर होती है।

शिक्षा व्यक्ति के विचार, व्यवहार और स्वभाव में स्थायी परिवर्तन लाता है। यह एक गतिशील प्रक्रिया है। इसकी गतिशीलता निरन्तर बनाये रखने को शिक्षक की महत्वपूर्ण भूमिका होती है।

विद्यार्थी राष्ट्र व देश की सम्पत्ति और भावी कर्णधार होते हैं, उसके शारीरिक, मानसिक, बौद्धिक, नैतिक, आध्यात्मिक आदि गुणों का निर्माण व विकास का उत्तरदायित्व शिक्षकों पर होता है। शिक्षाशास्त्रियों ने अब एक स्वर में यह बात स्वीकार की है कि नवयुग में शिक्षा से साक्षरता तो बढ़ती ही रहेगी, कुछ ही दिनों में हम निरक्षरता की कालिख से अपना मुंह धोकर साफ कर लेंगे। किन्तु चरित्र-निष्ठा और भाव संवेदना युक्त व्यक्तित्व का निर्माण करना विद्या का काम है।

अतः ऐसे शिक्षकों की आवश्यकता है जो शिक्षा भले ही सामान्य रखते हों, परन्तु अपने चुम्बकीय व्यक्तित्व और चरित्र से निकटवर्ती क्षेत्र को अपनी विशिष्टताओं से भर देने के विद्या के धनी हों। राष्ट्रीय विचारधारा व चरित्र निर्माण में जितना महत्वपूर्ण स्थान प्राथमिक शिक्षा का है, उतना किसी दूसरी सामाजिक राजनैतिक या शैक्षणिक गतिविधि का नहीं।

प्राथमिक शिक्षा का महत्व :

कम से कम प्राथमिक स्तरों तक निःशुल्क एवं अनिवार्य शिक्षा प्राप्त करना प्रत्येक बच्चे का अधिकार है। बच्चों को ऐसी शिक्षा दी जाय, जिससे वह अपनी क्षमताओं, वैयक्तिक निर्णय और नैतिक सामाजिक दायित्व की भावना का विकास करने में सक्षम हो सकें।

प्राथमिक शिक्षा के उद्देश्य :

1. शिक्षा के मूल आधारों मो पर्याप्त जानकारी प्राप्त करना।
2. बालक में देश प्रेम, अपने रीति-रिवाजों और संस्कृतिक के प्रति प्रेम भाव तथा उसमें नागरिक गुण उत्पन्न करना, जिससे वह देश प्रेमी तथा कर्तव्यनिष्ठ नागरिक बन सके।
3. बालक में अन्तर्राष्ट्रीय भाव तथा भाईचारे के भाव का विकास करना।
4. वैज्ञानिक भाव उत्पन्न करना।
5. श्रम के प्रति आदर भाव उत्पन्न करना।

नयी राष्ट्रीय शिक्षा नीति के अन्तर्गत सरकार द्वारा सम्पूर्ण साक्षरता के लक्ष्य को प्राप्त करने हेतु निम्न योजनायें एवं कार्यक्रम संचालित किये गये हैं—

1. ऑपरेशन ब्लैक बोर्ड योजना (1987) : सरकार द्वारा 1987-88 में केन्द्र प्रवर्तित योजना ओ.बी.बी. आरम्भ किया गया। इस योजना में दो कमरों का बरामदा युक्त भवन में 4403 शला भवन तथा 2577 शालाओं का निर्माण हुआ।

2. औपचारिकेत्तर शिक्षा योजना (1987) : निर्धन कामकाजी एवं घुमन्तू प्रवृत्ति के बच्चों को औपचारिक शिक्षा की जटिलता एवं रूढ़िवादिता से बचाते हुए बच्चों को सुविधानुसार शिक्षा हेतु 1989 में इस योजना का क्रियान्वयन किया गया। इसका मुख्य उद्देश्य किसी भी प्रकार से 6-14 आयु वर्ग के बच्चों को निःशुल्क प्राथमिक शिक्षा प्रदान कराना था।

3. बेसिक शिक्षा योजना (1989) : राज्य के प्राथमिक विद्यालयों को बाल मित्र शाला का स्वरूप प्रदान कर शिक्षकों को ऐसी गतिविधियों का प्रशिक्षण दिया गया, जिससे कक्षा शिक्षण बच्चों के लिए मनोरंजन आनन्ददायक व रुचिकर हो।

4. जिला प्राथमिक शिक्षा कार्यक्रम (1994) : भारत सरकार ने मानव संसाधन विकास मंत्रालय के माध्यम से प्राथमिक शिक्षा के लोकव्यापीकरण के लिए मध्य प्रदेश के छत्तीसगढ़ राज्य सहित 24 जिलों में डी.पी.ई.पी. के अन्तर्गत स्कूल चलो अभियान लोक सम्पर्क अभियान नवीन प्राथमिक शालाओं तथा ग्रामीण अंचलों के मजदूरी में संलग्न बच्चों के लिए वैकल्पिक शालायें आरम्भ की गयीं।

5. मध्यान्ह भोजन योजना : राष्ट्रीय शैक्षिक अनुसंधान और प्रशिक्षण परिषद् के सुझाव से भारत सरकार के मानव संसाधन व विकास मंत्रालय द्वारा निम्न आर्थिक सामाजिक श्रेणी के बच्चों में शिक्षा के लोक व्यापीकरण हेतु 1995 से मध्यान भोजन योजना लागू की गयी।

15 अगस्त, 1995 को एक केन्द्रीय योजना छात्रों के नामांकन को बढ़ाने, ड्राप आउट को रोकने, बच्चों के पोषण में सुधार के लिये प्राथमिक शालाओं में प्रारम्भ की गयी।

6. सीखना सिखाना पैकेज (1996-97) : प्राथमिक शिक्षा को सर्वसुलभ बनाने एवं बच्चों के शालात्यागी प्रवृत्ति पर नियंत्रण के लिये यशपाल समिति की अनुशंसा पर बच्चों के बस्तों का बोझ कम करने एवं सीखने-सिखाने की प्रक्रिया द्वारा प्राथमिक शिक्षा को खेल-खेल में प्राप्त करने हेतु इस योजना को लागू किया गया।

7. शिक्षा गारंटी योजना (1997) : इस योजना के अन्तर्गत ऐसे गाँव या टोले, जिसमें 1 कि.मी. के भीतर प्राथमिक शिक्षा की सुविधा नहीं है, वहाँ सामान्यतः 40 बच्चे और आदिवासी अंचलों में होने पर स्थानीय निकाय (पंचायत) की माँग पर ई.जी.एस. स्कूल की स्थापना की जाती है।

8. सर्व शिक्षा अभियान : स्वतंत्रता प्राप्ति के साथ ही शिक्षा के व्यापक प्रसार के लिये वर्ष 1950 में भारतीय संविधान में नीति निर्देशक तत्वों के अन्तर्गत यह व्यवस्था की गयी कि राज्य 10 वर्षों के भीतर 6-14 वर्ष आयु के बच्चों के लिए व्यवस्था करेगा। यह समय सीमा कालान्तर में 1960 से बढ़कर फिर 1976, तत्पश्चात 1990 और पुनः बढ़ाकर वर्ष 2000 तक निश्चित किया गया।

देश में प्राथमिक शिक्षा की सर्वव्यापकता और सर्वसुलभता हेतु इसे मौलिक अधिकारों में समाहित करने हेतु सर्वोच्च न्यायालय के निर्देशों पर भारत सरकार

द्वारा वर्ष 2002-03 में प्राथमिक शिक्षा को बच्चों के मौलिक अधिकार में शामिल कर देश के 6-15 वर्ष की आयु वर्ग के प्रत्येक बच्चों को वर्ष 2010 तक प्रत्येक दशा में कक्षा 1 से 8 तक की अनिवार्य शिक्षा उपलब्ध कराने के महत्वाकांक्षी लक्ष्य को लेकर केन्द्र सरकार द्वारा नवम्बर, 2003 में सर्वशिक्षा अभियान के क्रियान्वयन की घोषणा की गयी।

सर्व शिक्षा अभियान की सफलता सुनिश्चित करने हेतु आवश्यक है कि इसके कार्य योजना के क्रियान्वयन का नियमित परीक्षण किया जाता रहे। सर्व शिक्षा अभियान की सफलता को निश्चित करने में सबसे बड़ा व मुख्या योगदान प्राथमिक शाला के शिक्षकों का होगा। चूँकि प्राथमिक शाला के छात्रों को ध्यान में रखकर बनायी गयी योजनाओं में भले ही विभिन्न स्तर पर भिन्न-भिन्न लोगों को जिम्मेदारी प्रदान की गयी है, परन्तु शिक्षक वह व्यक्ति है जो प्रत्यक्ष व अप्रत्यक्ष दोनों रूप में इस अभियान का सबसे सक्रिय व करीबी है। सर्व शिक्षा अभियान के लक्ष्य को निर्धारित समय में प्राप्त करने हेतु बनाये गये कार्य योजना में प्राथमिक शिक्षकों का प्रशिक्षण व छात्रों के शैक्षिक उपलब्धि में गुणात्मक सुधार भी एक है। शिक्षक शिक्षकीय अभिवृत्ति या शिक्षकीय दृष्टिकोण विकसित होने पर ही छात्रों में शिक्षा के प्रति सकारात्मक दृष्टिकोण का विकास कर सकता है।

शिक्षा के लोक व्यापीकण के उद्देश्या को पूर्ण करने के लिए आवश्यक है कि केन्द्र प्रभारी, निरीक्षक, जिला शिक्षा अधिकारी एवं अभिभावकों में योजना के प्रति विश्वास व अभिरुचि उत्पन्न किया जाय।

सन्दर्भ :

1. पचौरी, गिरीश (2009), उदीयमान भारतीय समाज में शिक्षक, लाल बुक डिपो, मेरठ।
2. भट्नागर, सुरेश (2003), डेवलपमेण्ट आफ एजूकेशन इन इण्डिया, चतुर्थ संस्करण, पृष्ठ : 75-103
3. कमल, पियूष एवं चौशरी, एल.डी. (2010), सर्व शिक्षा अभियान के सन्दर्भ में प्राथमिक विद्यालयों की स्थिति का समीक्षात्मक अध्ययन, भारतीय आधुनिक शिक्षा, पृष्ठ : 89-98
4. एन.सी.आर.टी.- सर्व शिक्षा अभियान, वृहद लक्ष्य कमजोर प्रयास, आधुनिक शिक्षा, जनवरी, 2004, पृष्ठ-4
5. एन.सी.आर.टी.- भारतीय आधुनिक शिक्षा, पृष्ठ : 9-14, अंक-3

4

गोरखपुर जनपद में सर्व शिक्षा अभियान की प्रगति

*डॉ. रमेशधर द्विवेदी

प्रत्येक व्यक्ति एवं राष्ट्र के जीवन में प्राथमिक शिक्षा वह सीढ़ी है जिसे सफलतापूर्वक पार करके ही व्यक्ति अपने अभीष्ट लक्ष्य तक पहुँचता है। राष्ट्रीय जीवन के साथ जितना घनिष्ठ सम्बन्ध प्राथमिक शिक्षा का है उतना माध्यमिक या उच्च शिक्षा का नहीं है। प्राथमिक शिक्षा का राष्ट्रीय विचारधारा एवं चरित्र निर्माण में बहुत योगदान हैं।

स्वतंत्रता प्राप्ति के बाद सरकार द्वारा किये गये विभिन्न प्रयासों के फलस्वरूप, ब्रिटिश काल में उपेक्षित, प्राथमिक शिक्षा के क्षेत्र में उल्लेखनीय रूप से बढ़ोत्तरी हुई परन्तु जनसंख्या में इससे अधिक तेजी से वृद्धि होने के कारण यह अप्रभावी रही है। आजादी के बाद पचास वर्षों में प्राथमिक शिक्षा हेतु अनेकों योजनायें लागू की गयी परन्तु नामांकन एवं शिक्षा स्तर में अपेक्षित सुधार नहीं हो पानें के कारण वर्ष 2001 में 6-14 आयुवर्ग के प्रत्येक बालक को कक्षा 1-8 तक की अनिवार्य शिक्षा उपलब्ध करानें हेतु सर्व शिक्षा अभियान नामक एक महत्वाकांक्षी योजना लागू की गयी। साथ ही इस अभियान को बल प्रदान करनें के लिए प्राथमिक शिक्षा को बच्चों के मौलिक अधिकार के रूप में मान्यता देते हुए संविधान में धारा 21A की व्यवस्था की गयी है जिसके द्वारा 6-14 वर्ष की आयु के बच्चों को निःशुल्क एवं अनिवार्य शिक्षा प्रदान करना स्पष्ट एवं सुनिश्चित किया गया।

सर्व शिक्षा अभियान के उद्देश्यों को प्राप्त करने हेतु सरकार ने 10 वर्षों की समय सीमा निर्धारित की थी जिसे पुनः पाँच वर्षों के लिए बढ़ाया गया है। अब जबकि यही बढ़ी हुई समय सीमा भी समाप्त होनें को है, यह जानना समीचीन है कि इस अभियान के उद्देश्यों कि किस सीमा तक प्राप्ति हुई है। प्रस्तुत अध्ययन

में उत्तर प्रदेश के गोरखपुर जनपद में सर्व शिक्षा अभियान के अन्तर्गत प्राथमिक शिक्षा में हुई प्रगति का अध्ययन करने का प्रयास किया गया है।

तलिका-1 से स्पष्ट है कि गोरखपुर उत्तर प्रदेश के बड़े जिलों में से एक है। इसकी जनसंख्या लगभग 44.41 लाख (2001) है। यह मुख्यतः ग्रामीण जिला है। इसकी शहरी जनसंख्या 20 प्रतिशत से कम है। यहां का लिंगानुपात 960 है जो संतोषप्रद है, किन्तु 0-6 वर्ष के वय वर्ग में यह अनुपात 934 है, जो यह दर्शाता है कि लड़कियों की संख्या घट रही है। जिले की साक्षरता दर 70.83 है। यह राष्ट्रीय औसत से कम है। महिला साक्षरता दर 59.36 है जो यह इंगित करता है कि साक्षरता विशेष रूप से महिला साक्षरता के क्षेत्र में बहुत कुछ किया जा सकता है।

तालिका संख्या-1

	2001	2011
सम्पूर्ण जनसंख्या	3769456	4440895
लिंग अनुपात	960	950
लिंग अनुपात (0-6)	933	909
दशकीय वृद्धि दर	22.94	17.81
सम्पूर्ण साक्षरता	58.49	70.83
महिला साक्षरता	42.88	59.36
ब्लाकों की संख्या	20	20
क्लस्टर की संख्या	218	194
ग्रामों की संख्या	1854	2118
विद्यालयों की संख्या	2088	3845

2011 की जनगणना के अनुसार इस जिले में 2118 गांवों में 3845 विद्यालय हैं, जो यह इंगित करता है कि औसतन प्रत्येक गांव में कम से कम एक विद्यालय अवश्य है। किन्तु गांवों के आकार एवं जनसंख्या को देखते हुए यह स्थिति संतोषप्रद नहीं कही जा सकती है। बहुत से गांव ऐसे हैं जिनकी जनसंख्या बहुत ज्यादा है, ऐसे में एक विद्यालय 6-14 वय वर्ग के सभी छात्रों की आवश्यकता को

पूरा करने में सक्षम नहीं है। जिले की साक्षरता दर 70.83 प्रतिशत एवं महिला साक्षरता 59.38 प्रतिशत है। यह आंकड़ा स्वयं संकेत करता है कि शिक्षा विशेष रूप से प्रारम्भिक शिक्षा के क्षेत्र में अभी काफी काम करना है। जब हम जिले की सम्पूर्ण साक्षरता दर की तुलना राज्य के साक्षरता दर से करते हैं तो ज्ञात होता है कि यह आंकड़ा राज्य के औसत साक्षरता दर से थोड़ा ही ऊपर है। जिले में 0-6 वय वर्ग के बच्चों की संख्या सम्पूर्ण जनसंख्या का 20 प्रतिशत है। जिले की वास्तविक साक्षरता एवं वांछित साक्षरता में व्यापक अन्तर है। यहां की महिला साक्षरता लगभग 59 प्रतिशत है जो जिले एवं राज्य की सम्पूर्ण साक्षरता दर के निम्न होने का एक बहुत बड़ा कारण है।

हमारे संविधान में 6-14 वय वर्ग के बच्चों को अनिवार्य एवं निःशुल्क प्रारम्भिक शिक्षा प्रदान करने की घोषणा की गयी है। प्रारम्भिक शिक्षा के सार्वभौमीकरण के लक्ष्य को प्राप्त करने हेतु हमारे सरकार ने अनेक कार्यक्रम चलाये, जिसमें से सर्वशिक्षा अभियान एक महत्वपूर्ण योजना है, जो गोरखपुर जिले में भी चलायी जा रही है। अब हम सर्व शिक्षा अभियान कार्यक्रमों के परिणामस्वरूप गोरखपुर जिले में प्रारम्भिक शिक्षा के क्षेत्र में क्या विकास हुआ, इसका विश्लेषण करने का प्रयास करेंगे।

विद्यालयी सुविधाओं में वृद्धि :

6-14 वय वर्ग के सभी छात्रों को निःशुल्क एवं अनिवार्य शिक्षा उपलब्ध कराने में सबसे बड़ी और प्राथमिक आवश्यकता है विद्यालयों की उपलब्धता। सम्पूर्ण देश एवं गोरखपुर जिले के उन क्षेत्रों में जहां विद्यालयीय सुविधाओं का अभाव है, इसकी पूर्ति हेतु प्रति वर्ष एक बड़ी संख्या में विद्यालय खोले जा रहे हैं। सर्व शिक्षा अभियान लागू होने के पश्चात गोरखपुर जिले में विद्यालयीय सुविधाओं में हुई वृद्धि को तालिका संख्या-2 में प्रदर्शित किया गया है।

तालिका संख्या 2 से स्पष्ट है कि वर्ष 2002-03 जब से सर्व शिक्षा अभियान लागू होने के बाद विद्यालयों की संख्या में पर्याप्त वृद्धि हुई है। 2002-03 की तुलना में 2003-04 में 500 से अधिक विद्यालय खुले । इसी प्रकार प्रति वर्ष 100 की संख्या में नये विद्यालय खोले गये। सन् 1995 में जिस समय प्रारम्भिक शिक्षा के सार्वभौमीकरण की योजना लागू की गयी, से वर्तमान स्थिति की तुलना करें तो हम पाते हैं कि सम्पूर्ण विद्यालयों का 45: भाग नये खुले विद्यालयों का है। फिर भी विद्यालयों की संख्या की पर्याप्तता आज भी विचारणीय प्रश्न है।

तालिका 2

विद्यालयीय सुविधाओं में वृद्धि

	2002–03	03–04	04–05	05–06	06–07	07–08	08–09	09–10	10–11	11–12
ब्लाक	20	20	20	20	20	20	20	20	20	20
संकुल	220	227	236	236	234	191	190		192	194
ग्राम	1854	1854	1850	1846	1948	1950	1994	2043	2061	2118
विद्यालय	2065	2619	2728	2823	3023	3083	3228	3533	3545	3845

विद्यालयों का वितरण :

प्रस्तुत अध्ययन में यह भी देखने का प्रयास किया गया कि प्रबन्धन (सार्वजनिक एवं निजी) के लिहाज से विद्यालयों की संख्या क्या है? और स्थान (शहरी एवं ग्रामीण) के लिहाज से विद्यालयों की संख्या कितनी है। तालिका संख्या 3 में विद्यालयों के वितरण सम्बन्धी आंकड़े प्रस्तुत हैं।

तालिका 3

विद्यालयों का वितरण (प्रबन्धन एवं स्थान के अनुसार)

	02–03	03–04	04–05	05–06	06–07	07–08	08–09	09–10	10–11	11–12
कुल विद्यालय	2065	2619	2728	2823	3023	3083	3228	3545	3533	3845
सरकारी	1893	2250	2343	2434	2489	2526	2637	2772	2877	2907
निजी	172	369	385	389	534	557	592	773	656	938
ग्रामीण विद्यालय										
सरकारी	1846	2180	2272	2346	2409	2446	2582		2783	2832
निजी	164	348	370	381	520	542	579		606	813

तालिका संख्या 3 से स्पष्ट है कि गोरखपुर जिले के अधिकांश विद्यालय ग्रामीण क्षेत्र में है। यह भी स्पष्ट है कि इनमें से 80 प्रतिशत विद्यालय सरकारी हैं। इस स्थिति के लिए दो कारक मुख्य रूप से उत्तरदायी हैं। प्रथमतः गोरखपुर शहर को ही शहरी इलाके के रूप में लिया गया है। शेष जिले को ग्रामीण इलाका माना गया है। शहरी क्षेत्र के स्कूलों की संख्या कम है। साथ ही निजी क्षेत्र से सम्बन्धित आंकड़ों में काफी अनियमितता भी पायी जाती है। इसका सम्भव कारण यह हो सकता है कि अधिकांश शहरी क्षेत्र के विद्यालय एवं उनके प्रबन्धक एक बार आंकड़े देने के बाद अन्य वर्षों में कोई जानकारी नहीं देते।

दूसरा कारण सम्भवतः यह हो सकता है कि शहर में कुकुरमुत्तों की तरह उग आयी निजी संस्थाओं ने बेसिक शिक्षा परिषद् में पंजीकरण नहीं कराया, जिससे बेसिक शिक्षा परिषद के पास उनसे जुड़े आंकड़े उपलब्ध नहीं होते।

वर्ष 2002-2006 के मध्य विद्यालयों की संख्या में वृद्धि संतोषजनक है। 2002-03 से 2003-04 के मध्य यह वृद्धि काफी तीव्र गति से हुई। इसका कारण यह हो सकता है कि सर्व शिक्षा अभियान को सफल बनाने के लिए एक बड़ी संख्या में विद्यालय पूरे देश में खोले गये। गोरखपुर जिला इस लाभ को प्राप्त करने वाले जिलों में एक था। अतः इस काल में अनेक नये विद्यालय खोले गये।

विद्यालयों में नामांकन की स्थिति :

एक विद्यालय उस समय तक एक अनुपयोगी भवन के रूप में रहता है जब तक कि उसमें छात्रों का नामांकन न हो। अब हम यह देखने का प्रयास करेंगे कि इस समय छात्रों के नामांकन की क्या स्थिति है। सम्बन्धित आंकड़े तालिका संख्या 4 में प्रस्तुत हैं।

छात्रों के नामांकन सम्बन्धी तालिका को देखने से यह स्पष्ट है कि प्रारम्भिक शिक्षा के क्षेत्र में नामांकन में प्रति वर्ष कमी दिख रही है। जहां 2003-04 में लगभग 70000 नये छात्रों ने प्रवेश लिया वहीं, 2004-05 में 44000 एवं 2005-06 में मात्र 17000 नये प्रवेश हुए। इसका कारण यह हो सकता है कि सर्व शिक्षा अभियान के आरम्भिक वर्ष में विद्यालय न जाने वाले छात्रों की संख्या अधिक रही हो। अतः सर्व शिक्षा अभियान के शुरू करने पर इन छात्रों का नामांकन विद्यालय में कराया गया होगा। अन्य वर्षों में स्कूल न जाने वाले छात्रों की संख्या कम रही होगी, अतः नामांकन में कमी दिखी।

छात्र नामांकन में वृद्धि की प्रवृत्ति को समझने का सबसे बढ़िया तरीका है सकल नामांकन अनुपात ज्ञात करना। इसे हम अग्रलिखित सूत्र से ज्ञात कर सकते हैं—

तालिका 4
छात्रों के नामांकन में वृद्धि (प्रबन्धन एवं स्थान के अनुसार)

वर्ष	कुल नामांकन		ग्रामीण क्षेत्र में नामांकन		कुल नामांकन अनुपात
	सरकारी विद्यालय	निजी विद्यालय	सरकारी विद्यालय	निजी विद्यालय	
2002-03	343646	42806	334462	40008	55.9
2003-04	411716	84596	400812	80326	68.6
2004-05	455064	92965	441020	90446	74.7
2005-06	472563	94955	458563	91491	88.4
2006-07	479330	115893	463541	113243	91.9
2007-08	509349	116957	499220	114310	98.7
2008-09	483691	147758	469398	145148	99.3
2009-10	359059	233162	351207	153888	91.7
2010-11	377252	133769	365244	126544	80.0
2011-12	364951	178124	356773	168335	
2012-13	365962	209937	362424	192076	87.1
2013-14	349523	209869	341133	192442	85.8

$$\text{सकल नामांकन अनुपात} = \frac{\text{कुल नामांकन (1-5 तक)}}{\text{6-14 वय वर्ग की कुल जनसंख्या}} \times 100$$

तालिका में दिये गये सकल नामांकन अनुपात से स्पष्ट है कि पिछले 4 वर्ष में यह 55.9 प्रतिशत से बढ़कर 88.4 प्रतिशत हो गया। यह संकेत देता है कि इन वर्षों में शिक्षा खासकर नामांकन के क्षेत्र में अच्छी वृद्धि हुई है। यद्यपि सर्वशिक्षा अभियान में सकल नामांकन दर को 100 प्रतिशत तक ले जाना है। सन् 2002-03 में सकल नामांकन दर 55.9 प्रतिशत था। यह वह समय था जिस समय धारा 21 ए लागू किया गया था। यह संकेत देता है कि उस समय तक 6-11 आयु वर्ग के

लगभग 45 प्रतिशत बच्चे विद्यालय नहीं जाते थे। यह सकल नामांकन दर 2005-06 तक बढ़कर 88.4 प्रतिशत तक पहुंच गया। जिस समय सर्व शिक्षा अभियान को चालू किया गया यह लक्ष्य रखा गया कि 2007 तक 6-14 आयु वर्ग के सभी बच्चे 5 वर्ष की स्कूली शिक्षा पूरी कर लेंगे। नामांकन दर में हो रही बढ़ोत्तरी यह इंगित करती है कि 2007 तक न सही, किन्तु आने वाले 2-3 वर्षों में हम 100 प्रतिशत नामांकन के लक्ष्य को प्राप्त कर लेंगे और 2015 तक हम सभी के लिए शिक्षा के लक्ष्य को प्राप्त करने में समर्थ होंगे।

शिक्षकों की संख्या :

सिर्फ विद्यालय भवन और विद्यार्थी शिक्षण प्रक्रिया को पूरा नहीं करते। शिक्षण प्रक्रिया को सफल बनाने में शिक्षक की भूमिका सबसे अहम होती है। शिक्षक को शिक्षण प्रक्रिया की धुरी के रूप में माना जा सकता है। पिछले पांच वर्षों में विद्यालयों में शिक्षकों की संख्या दूनी हुई है। पिछले पांच वर्षों में प्राथमिक विद्यालयों में शिक्षकों की संख्या में क्या प्रगति हुई, यह तालिका संख्या 5 में प्रदर्शित है।

तालिका 5

विद्यालयों में शिक्षकों की स्थिति

वर्ष	02–03	03–04	04–05	05–06	06–07	07–08	08–09	09–10	10–11	11–12
सरकारी विद्यालय	4023	5965	6452	7821	8916	9224	9737	10881	11932	11816
निजी विद्यालय	528	1706	1822	2182	2509	2569	3095	4118	4270	5862

तालिका से स्पष्ट है कि वर्ष 2003-04, 2005-06 एवं 2006-07 में शिक्षकों की संख्या में तेजी से वृद्धि हुई है। इन वर्षों में शिक्षकों की भर्ती के लिए विशेष अभियान चलाये गये। सरकार ने प्रत्येक विद्यालय में कम से कम दो शिक्षामित्रों की नियुक्ति की भी योजना चलायी। गोरखपुर जिले में प्रत्येक विद्यालय में औसत शिक्षकों की संख्या 3.5 है। यह आंकड़ा स्पष्ट करता है कि कुछ ही विद्यालय ऐसे हैं जहां एक से अधिक स्थायी अध्यापक हैं। पूरे राज्य में प्रारम्भिक शिक्षा से जुड़ा यह बहुत बड़ा तथ्य है। शिक्षकों के भर्ती की प्रक्रिया चालू है और यह अनुमान

किया जाता है कि आने वाले दिनों में प्रत्येक विद्यालय में शिक्षकों का औसत बढ़कर 4 हो जायेगा। शिक्षकों की तैनाती के सन्दर्भ में एक बहुत बड़ी कमी यह है कि प्रत्येक विद्यालय में शिक्षकों का फैलाव समान नहीं है। कुछ विद्यालयों में शिक्षकों की संख्या आवश्यकता से अधिक है तो कुछ विद्यालय शिक्षकों की कमी से बन्द हैं। इसका मुख्य कारण जिले की भौगोलिक स्थिति है। सभी शिक्षक या तो सड़क के नजदीक का विद्यालय चाहते हैं या ऐसे विद्यालय जो शहर के नजदीक हों जहां वे आसानी से पहुंच सकें और उन्हें कुछ अतिरिक्त भत्ते भी प्राप्त हों। अतः आवश्यक है कि शिक्षकों की तैनाती चक्रीय हो, उन्हें कुछ समय के लिए दूरस्थ गांवों में भी भेजा जाय। यह नीति किसी विशेष अध्यापक पर न लागू हो और जो बन्द विद्यालय हैं, वे शिक्षकों के आने से सुचारू रूप से चल सकें।

तैनाती से समबन्धित समस्यायें सबसे अधिक महिलाओं के समक्ष आती है। यह सरकार की नीति है कि सम्पूर्ण शिक्षकों का आधा महिलायें हों। इसकी वास्तविक स्थिति जानने के लिए जब हमने एक सर्वेक्षण किया तो पाया कि सत्र 2002 03 में 26.6 प्रतिशत विद्यालयों में एक भी महिला शिक्षिका नहीं है जहां अध्यापकों की संख्या 2 से ज्यादा है। यह अनुपात आने वाले वर्षों में घटकर क्रमशः 25.4, 24.1,19.7 और 17.2 हो गया। आदर्श स्थिति ऐसी होनी चाहिए कि प्रत्येक विद्यालय में कम से कम एक महिला शिक्षिका अवश्य हो। किन्तु अभी यह दूर की बात लगती है।

प्रारम्भिक शिक्षा की गुणवत्ता :

संविधान की धारा 21ए और उसके अधीन चलाये जा रहे सर्वशिक्षा अभियान से सिर्फ पर्याप्त विद्यालयों की व्यवस्था और 6-14 वय वर्ग के बच्चों का 100 प्रतिशत नामांकन ही नहीं आता है, बल्कि सभी बच्चों को गुणवत्ता पूर्ण शिक्षा प्रदान करना भी आता है। प्रस्तुत अध्ययन में प्रारम्भिक शिक्षा की गुणवत्ता का अध्ययन विभिन्न प्राचलों पर किया गया जो इस प्रकार है–

1. एक कक्षीय विद्यालयों का प्रतिशत।
2. एक शिक्षक वाले विद्यालय का प्रतिशत।
3. ऐसे विद्यालय जहां एक कक्षा में 60 छात्र हों।
4. ऐसे विद्यालय, जिसमें श्यामपट्ट हों।
5. ऐसे विद्यालय, जिसमें शौचालय एवं पीने का पानी हो।
6. ऐसे विद्यालय, जिसमें शिक्षक पर 100 छात्र हों।

7. वर्गवार नामांकन।

8. शिक्षकों की योग्यता एवं वर्ग

विद्यालयों में शिक्षकों एवं कक्षाओं की अपर्याप्तता प्रारम्भिक शिक्षा की सबसे बड़ी कमी के रूप में उभर कर सामने आ रहा है। यद्यपि उत्तर प्रदेश में प्रत्येक विद्यालय में कक्षाओं का औसत तीन है फिर भी कुछ विद्यालय ऐसे हैं, जिनमें सिर्फ एक कक्षा है। 2002-03 में एक कक्षीय विद्यालयों का प्रतिशत 1 था जो वर्ष 2003-04 में बढ़कर 1.4 प्रतिशत हो गया और फिर यह घटकर वर्ष 2004-05, 2005-06 एवं 2005-06 में क्रमशः 1.2, 0.7 एवं 0.6 प्रतिशत हो गया। 2003-04 में एक कक्षीय विद्यालयों की संख्या में बढ़ोत्तरी का एक बड़ा कारण यह हो सकता है कि इस वर्ष एक बड़ी संख्या में नये विद्यालय खुले थे। अब सरकार ने यह निश्चय किया है कि विद्यालयों में अतिरिक्त कक्षों का निर्माण किया जायेगा, जिससे प्रत्येक विद्यालय में कम से कम दो कमरे, एक कार्यालय और एक बरामदा अवश्य रहे। यह विश्वास किया जा रहा है कि आने वाले वर्ष में एक कक्षीय विद्यालय की संख्या शून्य हो जायेगी।

एक अति गम्भीर समस्या जो शिक्षा की गुणवत्ता को प्रभावित करती है वह है एक शिक्षक वाले विद्यालय। वर्ष 2002-03 में 33.2 प्रतिशत विद्यालयों में मात्र एक शिक्षक थे। किन्तु अब स्थिति में तीव्र गति से सुधार हो रहा है। आने वाले वर्षों में यह प्रतिशत 19.5, 18.6 4.7 एवं 0.2 हो गया है। इसका कारण यह था कि उस समय सरकार ने नियमित शिक्षकों एवं शिक्षामित्रों की बड़े पैमाने पर नियुक्ति की।

प्रारम्भिक शिक्षा की गुणवत्ता को बढ़ाने में शिक्षक-छात्र अनुपात एवं महिला शिक्षिकाओं का अनुपात भी अहम् भूमिका निभाता है। शिक्षक छात्र अनुपात 1:40 और महिला-पुरुष शिक्षक अनुपात 50:50 एक आदर्श स्थिति है। किन्तु 2002-03 में गोरखपुर जिले में एक शिक्षक पर 94 छात्र थे, अगले तीन वर्षों में यह क्रमशः 75, 69, 66 एवं 59 हो गया। जिले में अभी भी कई विद्यालय ऐसे हैं, जहाँ एक शिक्षक पर 100 से अधिक छात्र हैं। वर्ष 2002-03 में लगभग 40 प्रतिशत विद्यालय ऐसे हैं जहां 1 शिक्षक पर 100 से अधिक छात्र हैं। अगले वर्षों में घटकर यह क्रमशः 30.8, 31.5, 20.4 एवं 13.9 हो गया।

2002-2009 के मध्य महिला शिक्षकों के प्रतिशत में भी वृद्धि हुई है। 2002-03 में जहां मात्र 32.8 प्रतिशत महिला शिक्षिका थीं वही 2008-09 में

आते-आते यह बढ़कर 42.3 प्रतिशत हो गयी। आशा की जाती है कि आने वाले वर्षों में होने वाली भर्तियों के पश्चात् यह अनुपात 50 प्रतिशत का हो जायेगा।

शिक्षा की गुणवत्ता को निर्धारित करने में छात्र कक्षा अनुपात की भी महत्वपूर्ण भूमिका है। प्रत्येक छात्र को कक्षा में पर्याप्त जगह मिलनी चाहिए। ऐसे में एक कक्षा में 35 से 40 छात्र को आदर्श माना गया है। किन्तु इस जिले में एक कक्षा में छात्रों का औसत लगभग 58 है। यह औसत आँकड़ा हमें विद्यालयों की सही स्थिति को नहीं बताता। आज भी अनेक ऐसे विद्यालय हैं, जहां एक कक्षा में 60 से अधिक छात्र हैं और यह स्थिति वर्ष दर वर्ष बढ़ती ही जा रही है। 2002-03 में 38.8 प्रतिशत विद्यालय ऐसे थे, जहां एक कक्षा में 60 से अधिक छात्र हैं। अगले वर्षों में यह क्रमशः 38.4, 42.2 और 46.1 प्रतिशत है। स्पष्टतः प्रारम्भिक शिक्षा में नामांकन तीव्र गति से बढ़ रहा है। किन्तु उस अनुपात में कक्षाओं की संख्या में वृद्धि नहीं हो रही है। इन कारणों से बहुधा कक्षायें विद्यालय भवन से बाहर खुले में चल रही हैं। अतः यदि हम प्रारम्भिक शिक्षा में नामांकन एवं गुणवत्ता बढ़ाना चाहते हैं तो हमें नये कक्षाओं को सम्पूर्ण साजसज्जा के साथ निर्मित कराना होगा।

तालिका 6

प्रारम्भिक शिक्षा के गुणवत्ता निर्धारक

गुणवत्ता निर्धारक	वर्ष	02–03	03–04	04–05	05–06	06–07	07–08	08–09	09–10	10–11	11–12
एक कक्षीय विद्यालय का प्रतिशत		1.0	1.4	1.2	0.7	0.6	0.6	0.6	1.1	0.9	0.9
एक शिक्षक वाले विद्यालय का प्रतिशत		33.2	19.5	18.6	4.7	0.2	1.3	2.2	1.4	1.7	2.1
शिक्षक छात्र अनुपात		94	75	79	66	59	61	58	45	36	35
शिक्षक–छात्र अनुपात 100 वाले विद्यालय का प्रतिशत		40.3	30.0	31.5	20.4	13.9	15.8	13.7	8.0		
महिला शिक्षकों का प्रतिशत		32.8	37.6	38.3	40.7	41.1	42.2	42.3	44.4	44.8	44.8
कक्षा छात्र अनुपात		57	56	58	58	54	54	52	43	37	35
कक्षा छात्र अनुपात > 60 वाले विद्यालय का प्रतिशत		38.8	38.4	42.2	46.1	37.2	30.6	26.6	17.1		
पीने का पानी		–	94.7	97.0	98.8	99.7	100	100	100	100	100
शौचालय		69.1	79.2	80.6	91.5	99.4	99.8	99.9	99.9	93.8	94.1
श्यामपट्ट		96.3	94.4	97.7	99.5	100	100	100	100	100	100

प्रारम्भिक शिक्षा की गुणवत्ता को निर्धारित करने में कुछ अन्य सुविधाओं यथा-श्यामपट्ट, पीने का पानी एवं शौचालय व्यवस्था की अपनी भूमिका है।

यह कहा गया है कि प्रत्येक विद्यालय में पीने की पानी की व्यवस्था की जानी चाहिए और शौचालय जो सामान्यतया छात्रों के लिए बन्द रहते हैं, उन्हें छात्रों के लिए खोल दिया जाय। शौचालयों एवं पीने के पानी से सम्बन्धित आंकड़े सिर्फ विद्यालयों में उनकी उपलब्धता को दर्शाते हैं, छात्रों की संख्या के आधार पर उनकी पर्याप्तता से सम्बन्धित अध्ययन यहां नहीं किया गया है।

वर्गवार नामांकन :

छात्र नामांकन सम्बन्धी आंकड़ों का अध्ययन करते समय हमने यह भी देखने का प्रयास किया कि वर्गवार एवं लिंगवार नामांकन की क्या स्थिति है। वर्गवार नामांकन का अध्ययन करते समय देखा गया कि अन्य पिछड़ा वर्ग से जुड़े आंकड़े हमें सिर्फ 2005-06 के ही प्राप्त हुए। वर्गवार नामांकन की स्थिति को तालिका-7 में दर्शाया गया।

तालिका 7

वर्गवार नामांकन

वर्ग / वर्ष	02–03	03–04	04–05	05–06	06–07	07–08	08–09	09–10	10–11	11–12
अनुसूचित जाति	37.0	37.3	35.6	32.8	30.8	29.6	28.8	31.7	32.3	32.6
अनु.जाति लड़कियां	50.2	50.1	50.2	50.7	51.4	50.8	51.7	51.8	51.8	51.9
अनुसूचित जनजाति	0.4	0.0	0.0	0.07	0.14	0.12	0.268	0.99	0.58	0.66
अनु.ज0जा0लड़कियां	5.0	–	42.5	45.8	39.2	48.4	55.1	51.4	50.7	55.1
अन्य पिछड़ा वर्ग	–	–	–	55.2	55.7	50.0	45.8	54.4	57.1	58.9
अ0पि0व0 लड़कियां	–	–	–	51.2	52.6	52.2	53.1	52.8	53.5	53
लड़कियां	50.6	50.6	50.8	51.3	52.2	51.7	52.1	52.3	52.8	52.7

आंकड़ों का विश्लेषण करने पर स्पष्ट है कि सरकारी प्राथमिक विद्यालयों में प्रवेश लेने वाले छात्रों में 88 प्रतिशत छात्र अन्य पिछड़ा वर्ग एवं अनुसूचित जाति के हैं। मात्र 12 प्रतिशत छात्र सामान्य वर्ग से जुड़े हैं। यह भी स्पष्ट है कि अन्य पिछड़ा वर्ग के छात्रों से ज्यादा छात्राएं हैं। ये आंकड़े स्पष्ट रूप से इंगित करते हैं कि अधिकांश सामान्य वर्ग के बच्चे एवं अन्य पिछड़ा वर्ग के लड़के निजी क्षेत्र के विद्यालयों में दाखिला ले रहे हैं। सरकार के सम्मुख यह एक गम्भीर समस्या के रूप में उपस्थित है, जिस पर उसे विचार करना होगा।

लिंग एवं वर्गवार शिक्षकों का विवरण :

कुल शिक्षकों का 35-40 प्रतिशत महिला शिक्षक हैं। नियमित शिक्षकों में 30 प्रतिशत से कम शिक्षिकायें महिला हैं जब कि शिक्षामित्रों में 50 प्रतिशत से ज्यादा महिलायें है। सरकार ने नयी भर्तियों में 50 प्रतिशत महिलाओं की भर्ती की नीति बनायी है, जिसे नयी भर्तियों में लागू किया जा रहा है।

तालिका 8

शिक्षकों का लिंगवार एवं जातिवार विवरण

	2002–03	03–04	04–05	05–06	07–08	08–09	09–10	10–11	11–12
औसत अध्यापक	–	2.5	2.6	3.2	3.6	3.7	4.1	4.5	4.6
कुल अध्यापक	3394	5239	5616	6684		12832	14999	16202	17678
पुरुष	2047	2687	2742	3013		7844	7559	8302	9138
महिला	922	1334	1347	1525		4988	4044	4775	5283
शिक्षामित्र									
पुरुष	219	570	718	941		1401	1348	1201	1244
महिला	69	114	106	326		1950	2048	1924	2013
अनुसूचित जाति शिक्षक									
पुरुष	237	309	309	582		1127	1342	1557	1708
महिला	69	114	106	326		629	778	906	972
अनुसूचित जनजाति शिक्षक									
पुरुष	5	9	7	28		96	129	173	183
महिला	5	5	5	13		45	70	112	115

कुल प्राथमिक शिक्षकों का 10 प्रतिशत अनुसूचित जाति के हैं जबकि इनके लिए 22 प्रतिशत आरक्षण लागू है। यह आंकड़ा बताता है कि आरक्षण के बाद भी प्राथमिक विद्यालयों के शिक्षक के रूप में भर्ती हेतु पर्याप्त मात्रा में योग्य अभ्यर्थी उपलब्ध नहीं हो पा रहे हैं।

उपरोक्त विश्लेषण के आधार पर हम कह सकते हैं कि गोरखपुर जनपद में सर्व शिक्षा अभियान लागू होनें के बाद प्राथमिक शिक्षा के क्षेत्र में उल्लेखनीय प्रगति हुई है परन्तु यह प्रगति सर्व शिक्षा अभियान के मानकों के अनुरूप नहीं है। तमाम सुविधायें होने के बाद भी उनका समुचित लाभ छात्रों को नहीं मिल पा रहा

है। सम्भवतः ऐसा समाज में अध्यापकों एवं सरकारी विद्यालयों के बारे में व्याप्त भ्रान्तियों के कारण है। यदि समाज के विभिन्न वर्गो के लोग अपने बच्चो को सरकारी विद्यालयों में अध्ययन हेतु नामांकित कराये तथा विद्यालय की कार्यप्रणाली में सक्रिय सहयोग दें तो निश्चित रूप से जनपद, प्रदेश एवं देश में प्राथमिक शिक्षा की गुणवत्ता में उल्लेखनीय वृद्धि होगी और सर्व शिक्षा अभियान अपने समस्त लक्ष्यों को सही अर्थ में प्राप्त कर सकेगा।

सन्दर्भ :

1. www. ssa.nic.in
2. NUEPA(2003) Elementary Education in India: Progress towards UEE District Report Cards
3. NUEPA(2003) Elementary Education in India: Progress towards UEE District Report Cards
4. NUEPA(2004) Elementary Education in India: Progress towards UEE District Report Cards
5. NUEPA(2005) Elementary Education in India: Progress towards UEE District Report Cards
6. NUEPA(2006) Elementary Education in India: Progress towards UEE District Report Cards
7. NUEPA(2007) Elementary Education in India: Progress towards UEE District Report Cards
8. NUEPA(2008) Elementary Education in India: Progress towards UEE District Report Cards
9. NUEPA(2009) Elementary Education in India: Progress towards UEE District Report Cards
10. NUEPA(2010) Elementary Education in India: Progress towards UEE District Report Cards
11. NUEPA(2011) Elementary Education in India: Progress towards UEE District Report Cards
12. NUEPA(2012) Elementary Education in India: Progress towards UEE District Report Cards
13. NUEPA(2013) Elementary Education in India: Progress towards UEE District Report Cards
14. NUEPA(2014) Elementary Education in India: Progress towards UEE District Report Cards

5

Addressing Gender Issues In Sarva Shiksha Abhiyan (SSA)

***Dr. Deepti Johri**

The status of Girl Education is considered to be the most sensitive index of social and economic development of a nation. It is directly related to improvement in quality of life in all respects. Girls' education immensely influences fertility rate, infant mortality, population growth, marriage age, life expectancy and national productivity. Education is regarded as a panacea of most of the cultural maladies such as sexual discrimination, prejudices, superstitions and ill will which have been prevailing through centuries in many developing countries. With a view to equalise the status of women with men and removing the disparities and prejudices, the constitution provides equal rights and privileges for men and women and also special provisions for their development and upliftment of their social, economic and political status. Article 15(i),16(i) and 16(ii) respectively state that the state shall not discriminate against any citizen on grounds of only religion, caste, sex, place of birth or any of them. In pursuance of the constitutional directives, various attempts have been made by the government at the national and state levels; necessary provisions have been made in the five year plans to improve the infrastructure and quality of education at its different stages and aspects.

Constitution of India though calls for free and compulsory education to all children up to the age of 14 years, illiteracy is the major problem of India, particularly in rural India even today. Though there are many barriers to overcome this problem, gender disparity and gender inequality need to be addressed with special efforts on an urgent basis. Significantly, there are dozens of causes which keep the children away from schools and the quantum of these causes emerges more from girls' side than that of boys. Problems of illiteracy among girl children vary from place to place and region to region and across the groups as well. Current status of girls' education in India particularly in rural India draws the attention of all stakeholders to serve for rural development and reconstruction here in one way or the other. Drawing upon the Constitution and other policy statements articulated in the years that followed, the Government of India in partnership with State Governments has designed different strategies, interventions, schemes and programmes with specific objectives that impinge on girls' education which includes one of the major step in form of Sarva Shiksha Abhiyan (SSA) that has begun to change the face of India.

An overview of Sarva Shiksha Abhiyan (SSA)

Sarva Shiksha Abhiyan, the first ever nation-wide programme for Universal Elementary Education, was launched to reach every child in every hamlet in the country in a prescribed time frame. The Constitution was amended in 2002 to make *education a fundamental right of every child*. SSA is an effort to universalize elementary education by community ownership of the school system. It is a response to the demand for quality basic education all over the country.

Sarva Shiksha Abhiyan is:

- A programme with a clear time frame for universal elementary education.
- A response to the demand for quality basic education all over the country.
- An opportunity for promoting social justice through basic education.
- An effort effectively involving the Panchayati Raj Institutions, School Management Committees, Village and Urban Slum-level Education Committees, Parent-Teacher Associations, Mother-Teacher Associations, Tribal Autonomous Councils and other grassroot-level structures in the management of elementary schools.
- An expression of political will for universal elementary education across the country.
- Cooperation among the Central, State and local governments.

- An opportunity for States to develop their own vision of elementary education.
- An effort to bridge social, regional and gender gaps, with the active participation of the community in the management of schools.

The objectives of SSA are:

- All children to be enrolled in school.
- Education Guarantee Centre, Alternative School, 'Back to School' camp by 2003.
- All children to complete five years of primary schooling by 2007.
- All children to complete eight years of schooling by 2010.
- Bridge all gender and social category gaps at primary stage by 2007 and at elementary education level by 2010.
- Universal retention by 2010.
- Focus on elementary education of satisfactory quality with emphasis on education for life.

SSA And Gender Issues

Since independence the Indian Government has been trying to improve the situation of girls. The National Policy on Education (NPE) says:

Education will be used as an agent of basic change in the status of women. In order to neutralise the accumulated distortions of the past, there will be a well-conceived edge in favour of women. The National Education System will play a positive, interventionist role in the empowerment of women. It will foster the development of new values through redesigned curricula, textbooks, the training and orientation of teachers, decision-makers and administrators, and the active involvement of educational institutions. This will be an act of faith and social engineering. The removal of women's illiteracy and obstacles inhibiting their access to and retention in, elementary education will receive overriding priority, through provision of special support services, setting of time targets and effective monitoring. [NPE 1986]

Also The Millennium Development Goals (MDGs) along with the Education For All provided an agreed international framework for achieving gender equality in education. Although admission of girls in schools has gone up significantly over the past few years (because of SSA), attendance and retention rates are still low. Approximately 2000 Kasturba Gandhi Balika Vidyalayas (residential schools under the KGBV Scheme) were set up for under-privileged girls in difficult-to-reach areas. The National Programme for Education of Girls at the Elementary Level (NPEGEL), launched in September 2003, provided additional provisions to enhance the education of under/privilegedèdisadvantaged girls at the primary level through more intense community mobilisation, the development of model schools in clusters, gender sensitisation of teachers, development of gender-sensitive learning materials, early child care and education facilities and provision of need-based incentives for girls. All Educationally Backward Blocks have been included under NPEGEL and KGBVS. The latter scheme was merged with Sarva Shiksha Abhiyan in the Eleventh Plan with effect from April 1, 2007.

Despite such ambitious plans, the harsh reality is that government-run schools are hardly in a position to act as agents of progressive social transformation—even when most of them have a larger presence of girls than of boys. Government schools suffer from a variety of problems such as lack of facilities for girls. Most of schools offer a non-conducive environment for learning, particularly for girls. Most of the time there exist a gender-bias. In some schools, girls are denied access to games and sports facilities while the boys enjoy. Some teachers address their lessons exclusively to boys, paying no attention to the girls. In addition, only girls may be allotted works like sweeping and cleaning the school premises, or sometimes cooking of mid-day meals.

Here we will discuss some of the key issues that affect girls education and give rise to gender disparities particularly in rural areas :

Issues Affecting Girl Education

The National Programme of Nutritional Support to Primary Education, commonly known as the *Mid-day Meals Scheme*, was launched to give a boost to universalisation of primary education by increasing enrolment, retention and attendance, and simultaneously improving the nutritional status of students in primary classes. Undoubtedly school attendance has improved since its inception; however, the programme with all its noble intentions has always faced criticism at the ground level. The reasons may vary related to supply, quality, cooking places or storage etc. In many schools teachers spent lot of teaching time in distributing mid-day meals, and in some schools *girl students* are involved in preparation and distribution of these meals in rural areas.

The framework for the implementation of SSA envisaged providing one teacher for every 40 primary school students and at least two teachers in every primary school. In the 2007 study by PRIA observed that out of 29 gram panchayat schools in Haryana this requirement was fulfilled only in 11. In seven of the schools the ratio was more than 50 students per teacher. This revealed a considerable gap in the deployment of teachers in schools. According to the CAG report (2006), 6 75, 884 primary schools in 15 StatesèUnion Territories were operating with only one teacher. Also *it has been seen presence of less female teachers in schools makes girl child feel less comfortable.*

Primary education in even unrecognised private schools is becoming increasingly popular, which leads to a decline in enrolment in government schools. This is significant in terms of girls' enrolment where most of the families who can afford private schools prefer to send at least their male child to those schools, sparing government schools for poor boys and *for girls* .(who may or may not be poor).

The pressure to maintain 100 per cent enrolment in primary schools often leads to neglect of the quality aspect of education. A Citizens' Report (2005-06) by the NGO Pratham reflects upon issues of quality and enrolment, where 40 per cent of school children studying in standard V could not read a story of standard II level, though 93.4 per cent of children in the age group 6-14 were enrolled in school.

Many schools still do not have a building of its own and classrooms are held in all seasons in a temporary shed or in the open ground. Cleanliness is a matter of concern in most primary schools, especially those in villages or in interior areas. Drinking water, sanitation facilities and electricity is a big problem. Such infrastructural issue sometimes serves as big barrier towards *girl's education.*

Many a times schools are situated at distance and lack of proper roads enable students to travel everyday. In this case *most of the girls*, particularly those at puberty, drop out because of their parents' concerns about their safety. National data indicates that around 10.21 per cent of habitations or villages do not have a school or an alternative school facility within a one kilometer radius.

Although it is claimed each year that free textbooks for *girls students* are provided yet various reports suggest that in most places the timely supply of an adequate number of books is not achieved. Same is the case with uniforms. SSA has funds for scholarships but they are not generously given.

In UP, in some villages for example, scholar-ships for *Muslim girls* were being provided by two different departments in 2008. Scholarships for Muslims belonging to general category are given through the Minority Welfare Department, whereas Muslims belonging to the OBC category get the benefit from the Social Welfare Department. So such subcategories leads to confusion and chaos.

The girl child is one of the poorest and most marginalised categories of Indian society, who finds it hard to exercise her rights. There is a lack of understanding and a negative attitude towards girl child education at all levels of society. In India, very few girls have access to primary education.

Conclusion

The SSA framework pays special attention to the education of the girl child, noting that mere changes in the education system are inadequate to ensure that every girl goes to school. It has to be backed up with a transformation in societal norms and attitudes as well. For this, SSA lists several measures such as providing free textbooks to girls till class VIII, organising teacher-sensitisation programmes to promote equitable learning opportunities and mobilising the community in awareness about the importance of education for girls. Even after National Programme for Education of Girls at Elementary Level (NPEGEL), and the Kasturba Gandhi Balika Vidyalaya Scheme (KGBVS) were launched yet the condition of girls has not improved significantly.

Over the past two decades, much emphasis has been placed by the Indian government on enrolment. As a result, it has indeed increased, but related structures such as schools, class-rooms, trained teachers, books and learning materials— "all things crucial to the delivery of meaningful education" —have not kept up with the numbers registering for school.

Even among those enrolled, many studies and statistics have noted very clearly that there is gender discrepancy in participation— it is heavily biased in favour of boys. Private schools see high numbers of boys coming in, while girls are mostly registered in government schools. This suggests that parents believe that quality education is more important and beneficial to their sons than to their daughters, although the perceived substantive difference in quality between public and private schools may be questionable in reality. Many other cultural and economic constraints also make parents hesistant to send their daughters to school: poverty, girls' security, marriage, perceived and real complaints about schooling, and so on.

Gender sensitivity is not, in many cases, a main area of concern for teachers and others engaged in the area of education. It is not a subject of inquiry that has been given much special attention over more practical issues of pedagogy and method. At home, girls are expected to do household chores and take care of siblings, important factors that result in their not being enrolled at school or in their frequent absence and eventual dropping out.

There must be qualitative discourse on girl's education. It is felt that too much attention is focused on numbers, in trying to ensure that as many girls are enrolled as boys, without giving thought to issues such as the quality of education and the practices to be followed to ensure gender equality inside and outside the classroom. How girls are seen and treated in school is another important contributor in their education.

Thus SSA needs to be viewed critically as most of its goals remain unaccomplished even after its target years have passed and India still has a very long way to go towards girls education. Sadgopal (2007) says that after the Jomtien Conference, India unfortunately gave up its progressive policy on women's education in favour of the international framework that was guided more by the considerations of market than by women's socio-cultural and political rights. Similarly Kumar (2006) mentions that the slogan of autonomy and empowerment is narrowed down to certain decontextualised categories like work participation rate and literacy without considering the multiple variables that constitute the paradigm of empowerment. Thus it is imperative that girls education must not be seen as an add-on. To achieve both participatory and inclusive growth we need to see development as an expansion of opportunities for both boys as well as for girls .

References

1. Arnot, M. & Mairtin Mac An Ghaill(eds). (2006), *The RoutledgeFalmer Reader in Gender and Education,* Routledge, London.
2. ASER (2005), *Citizens Report on Status of Education,* Pratham, New Delhi.
3. Chopra, R. and Patricia J.(eds) (2005), *Educational Regimes in Contemporary India,* Sage Publications, New Delhi.
4. GOI (1974), Towards Equality: Report of the Committee on the Status of Women in India, September, New Delhi.
5. GOI (2006b), Performance Audit of SSA, Report Prepared by Comptroller and Auditor General of India (CAG).
6. Karlekar, M.(ed.) (2000), *Reading the World: Understanding the Literacy Campaigns in India,* Sage Publications, New Delhi.
7. Kumar R. (2006). *The crises of elementary Education in India*, Sage Publications, p.27.
8. *National Policy on Education,1986,* Government of India.
9. *National Policy on Education, 1992,* Government of India.
10. Pradhan,S.R.(2015) *Impact of SSA on Girl education in Punjab.*accessed from http:èèwww.academia.eduè10276917èImpact_ of_S arva_ Shiksha_ Abhiyan_SSA_On_Girls_Education_in_Punjab_Mrs.Shikha_Rani_Pradhan
11. PRIA Report (2002). *Workshop on Formal Primary Education and Panchayats: A Study on Devolution in Haryana,* Haryana.
12. Sadgopal .A.(2003) 'Education for too few', *Frontline,* 20, p.99.
13. Saxena,S. (1994).Educational Dilemma, *Economic and Political Weekly*, May 21.
14. Sharma, S (2014) An Assessment of Girls Education under Sarva Shiksha Abhiyaan. *Mainstream*, VOL LII No 26.
15. Shukla, S., & Kaul R.(1998), *Education Development and Under development,* Sage Publications, New Delhi.
16. UNESCO (2004). *Gender and Education for All: The Leap to Equality,* EFA Global Monitoring Report 2003/4, Paris.
17. Wazir, R.(ed.) (2000), *The Gender Gap in Basic Education,* Sage Publications, New Delhi.

6

सर्व शिक्षा अभियान के दस वर्ष

*डॉ. आदित्य कुमार चौबे

प्रारम्भिक शिक्षा के क्षेत्र में सर्व शिक्षा अभियान का तात्पर्य 6 से 14 आयु वर्ष के सभी बच्चों को निःशुल्क एवं अनिवार्य शिक्षा उपलब्ध कराना है।

'सर्व शिक्षा अभियान' भारत सरकार का एक प्रमुख कार्यक्रम है, जिसकी शुरूआत अटल बिहारी वाजपेयी द्वारा एक निश्चित समयावधि के तरीके से प्राथमिक शिक्षा के सार्वभौमिकरण को प्राप्त करने के लिए किया गया, जैसा कि भारतीय संविधान के 86 वें संशोधन द्वारा निर्देशित किया गया है। जिसके तहत 6-14 साल के बच्चों की मुफ्त और अनिवार्य शिक्षा के प्रावधान को मौलिक अधिकार बनाया गया है। इस कार्यक्रम का उद्देश्य 2010 तक **संतोषजनक गुणवत्ता वाली प्राथमिक शिक्षा** के सार्वभौमिकरण को प्राप्त करना था। एसएसए (SSA) में 8 मुख्य कार्यक्रम है। इसमें आईसीडीएरा (ICD) और आंगनवाडी आदि शामिल है। इसमें केजीबीवीवाई (KGBVY) भी शामिल है। कस्तूरबा गांधी बालिका विद्यालय योजना की शुरूआत 2004 में हुई जिसमें सभी लड़कियों को प्राथमिक शिक्षा देने का सपना देखा गया, बाद में यह योजना एसएसए के साथ विलय हो गई।

प्रत्येक व्यक्ति एवं बालक को अपने आवश्यक्ता की पूर्ति हेतु उपलब्ध शैक्षिक अवसरों से लाभ प्राप्त करने का प्रयास करना चाहिए। मानव जीवन में अपने क्षमताओं के विकास सम्मान पूर्ण जीवन, सभी कार्यो में भागीदारी साक्षरता पर आधारित दृष्टि कोण जीवन की गुणवत्ता में सुधार बुद्धि पूर्ण निर्णय की क्षमता अंक ज्ञान मानवीय शिक्षा की मूलभूत अधिगम पाठ्य वस्तु है।

इस दृष्टि के अनुसार जीवन के स्तर में सुधार एवं प्रगति के लिए अंकन क्षमता अक्षर ज्ञान एवं किसी कौमल का सीखना आवश्यक है जिससे व्यक्ति अपने जिवन को ठीक से संचालित कर सके यह कार्य शिक्षा द्वारा ही सम्भव है।

भारतीय संविधान मे 6 से 14 वर्ष तक के बच्चो के लिए निःशुल्क एवं अनिवार्य शिक्षा का प्रावधान है परन्तु आज भी देश में निरक्षरता है और अर्द्ध साक्षरो की संख्या भी अधिक है जबकि अब तक सम्पूर्ण देश के नागरिको को शिक्षित हो जाना चाहिए था।

शिक्षा को सभी तक पहुँचाने के लिए हो संविधान में प्राथमिक शिक्षा को अनिवार्य एवं निःशुल्क किया गया। इसमें प्रगति तो हुई परन्तु उतनी प्रगति नहीं हुई जितनी समय के अनुसार होनी चाहिए।

इसी को दृष्टि में रखते हुए 2001 में सर्व शिक्षा अभियान की योजना शुरू की गयी। एक राष्ट्रीय योजना के रूप में यह देश में लागू किया गया। इस योजना का उद्धेश्य 2010 तक लगभग 10 वर्षो में 14 आयु वर्ग वाले सभी बच्चों को उपयोगी एवं प्रासंगिक प्राथमिक शिक्षा उपलब्ध करना था यह अभियान प्राथमिक शिक्षा के सर्व सुलभीकरण के लिए भारत के सामाजिक क्षेत्र के महत्वपूर्ण कार्यक्रमों मे से एक है। इस अभियान में सभी राज्य तथा केन्द्र शासित राज्य शामिल है इसमें देश के 19.2 करोड़ बच्चे इसके अर्न्तगत आते है।

सर्व शिक्षा अभियान के उद्धेश्य--

1. 2005 तक सभी स्कूल में हों।
2. 2005 तक प्राथमिक शिक्षा का 5 साल पूरा कराना और 2010 तक स्कूली शिक्षा का 8 साल पूरा करना।
3. संतोशजनक गुणवत्ता और जीवन के लिए शिक्षा पर बल देना।
4. 2007 तक प्राथमिक स्तर पर और 2010 तक प्रारंभिक स्तर पर सभी लैंगिक और सामाजिक अंतर को समाप्त करना।
5. वर्ष 2010 तक सार्वभौमिक प्रतिधारण।

सर्व शिक्षा अभियान कार्यक्रम के अनुसार उन बस्तियों में नए स्कूल बनाने का प्रयास किया जाता है जहां स्कूली शिक्षा की सुविधा नहीं है और अतिरिक्त कक्षा, शौचालय, पीने का पानी, रखरखाव अनुदान और स्कूल सुधार अनुदान के माध्यम से मौजूदा स्कूलों की बुनियादी ढांचे में विकास करना है। जिन मौजूदा स्कूलों में अपर्याप्त शिक्षक हैं उनमें अतिरिक्त शिक्षक मुहैया कराना है, जबकि मौजूदा शिक्षकों की क्षमता को व्यापक प्रशिक्षण, विकासशील शिक्षण अधिगम सामग्री अनुदान और ब्लॉक और जिला स्तर पर एक क्लस्टर पर अकादमिक सहायता संरचना को मजबूत बनाने के लिए अनुदान से सुदृढ़ बनाया जा रहा है।

सर्व शिक्षा अभियान, जीवन कौशल सहित गुणवत्ता युक्त प्रारंभिक शिक्षा प्रदान करता है। सर्व शिक्षा अभियान द्वारा लड़कियों और विशिष्ट आवश्यकता वाले बच्चों पर विशेष रूप से ध्यान केंद्रित किया जाता है। सर्व शिक्षा अभियान, डिजिटल अंतराल को खत्म करने के लिए कम्पीयूटर शिक्षा भी प्रदान करने का प्रयास करता है। बच्चों की उपस्थिति कम होने के चलते मध्याह्न भोजन की शुरूआत की गई थी।

अच्छे परिणमों के लिए, सर्व शिक्षा अभियान के परिव्यय को 2005-06 में 7156 करोड़ रूपये से 2006-07 में 10,004 करोड़ रूपये तक कर दिया गया है। साथ ही 500,000 अतिरिक्त क्लास रूम का निर्माण और 1,50,000 अतिरिक्त शिक्षकों की नियुक्ति करना लक्ष्य था। वर्ष 2006-07 के दौरान शिक्षा उपकर के माध्यम से राजस्व से प्रारम्भिक शिक्षा कोश के लिए 8746 करोड़ हस्तांतरण करने का फैसला किया गया।

सर्व शिक्षा अभियान की प्रगति विगत दस वर्षो में–

इस प्रक्रिया के अन्तर्गत चलाए गए कार्यक्रम 'सर्वशिक्षा अभियान' ने सम्पूर्ण देश में सन्तोषजनक प्रगति की है। इस कार्यक्रम में बालिकाओं, अनुसूचित जाति एवं जनजाति के छात्रों एवं कठिन परिस्थतियों में रह रहे छात्रों की शैक्षिक आवश्यताओं पर विशेष ध्यान दिया गया सन् 2001 में प्रारम्भ इस अभियान की प्रभाव परिधि गें भारत संघ के समस्त राज्य और संघ क्षेत्र आते हैं जिसमें लगभग 19.4 करोड़ बच्चे लाभान्वित हो रहे हैं। वर्तमान समय में 8.5 लाख प्राथमिक तथा उच्च प्राथमिक विद्यालय इस योजना के अन्तर्गत कार्यरत हैं। इसमें 33 लाख शिक्षक जुड़े हैं। कार्यक्रम के अर्न्तगत ऐसी बस्तियो में, जहाँ विद्यालयीय सुविधाएँ उपलब्ध नहीं हैं, वहाँ नवीन विद्यालयों की व्यवस्था के साथ अतिरिक्त कक्षा-कक्षों, शौचालयों, पीने का पानी, रख-रखाव, अनुदान और विद्यालय सुधार अनुदान द्वारा बुनियादी ढांचे को मजबूत बनाये जाने की व्यवस्था सुनिश्चित है। सन् 2001 से दिसम्बर 2006 तक लगभग 1.81 लाख नए विद्यालय खोले जा चुके है। 1,49,683 लाख नई विद्यालय इमारतें तथा 6,50,442 लाख अतिरिक्त कमरे बनाए जा चुके हैं और सन् 2007 तक 8.14 लाख नए शिक्षकों की नियुक्ति सर्वशिक्षा अभियान के अर्न्तगत जा चुकी है। सरकार ने इस कार्यक्रम के लिए गयारहवीं योजना में 576.45 करोड़ रूपये की धनराशि मुहैया करायी थी।

सर्वशिक्षा अभियान के द्वारा विद्यालय छोड़ने वाले बच्चों की संख्या में बहुत कमी आई है। 2001-02 में विद्यालय छोड़ने वाले 3.20 करोड़ बच्चों की तुलना में 2007 में घटकर यह संख्या लगभग 70 लाख रही इसी अवधि में प्राथमिक स्तर पर लड़कियों के नामांकन में 19.2 प्रतिशत तथा उच्च प्राथमिक स्तर पर 15 प्रतिशत की वृद्धि हुई। वर्तमान में 67 लाख बच्चे उन दूर-दराज के स्थानों पर खोले गये विद्यालयों में नामांकित हैं जो कामकाजी बच्चों, दूसरे स्थानों से आए एवं शहरी वंचित बच्चों की शिक्षा की व्यवस्था करते हैं। शिक्षकों की क्षमता को गहन प्रशिक्षण, शैक्षिक-प्रशिक्षण सामग्री के विकास के लिए अनुदान के प्रावधान और शैक्षिक ढाँचे के विकास के माध्यम से उन्नत किया जा रहा है।

सर्वशिक्षा अभियान में कमजोर वर्गो के बालक-बालिकाओं पर विशेष ध्यान दिया गया है। इन बच्चों के लिए निःशुल्क पाठ्य-पुस्तकों सहित अन्य कार्यक्रमों की पहल की गयी है।

सर्वशिक्षा अभियान के अन्तर्गत ग्रामीण क्षेत्रों में भी कम्प्यूटर शिक्षा प्रदान करने का प्रयास किया जा रहा है।

बलिकाओं, अनुसूचित जातियों/जनजातियों एवं कठिन परिस्थितियों में रहने वाले बच्चों की शिक्षा सम्बन्धी आवश्यकताओं पर विशेष रूप से ध्यान दिया जाता है।

लक्ष्य–

- 2003 तक शिक्षा गारंटी केन्द्र वैकल्पिक स्कूल में सभी बच्चों का स्कूल में होना।
- 2007 तक सारे बच्चों द्वारा पांच साल के प्राथमिक स्कूल शिक्षा पूरा करना।
- 2010 तक सभी बच्चों का 8 साल का स्कूली शिक्षा पूरा करना।
- जीवन के लिए शिक्षा पर बल देते हुए संतोशजनक गुणवत्ता में प्रारंभिक शिक्षा पर जो देना।
- 2007 तक प्राथमिक स्तर पर और 2010 तक प्रारंभिक शिक्षा स्तर पर सभी लैंगिक और सामाजिक अंतराल को खत्म करना।

हस्तक्षेप या नितिगत कार्यक्रम–

सर्व शिक्षा अभियान के अनेक हस्ताक्षेप हैं

1. BRC (ब्लॉक रिसोर्स सेंटर)
2. सीआरसी (क्लस्टर रिसोर्स सेंटर)

3. **एमजीएलसी एंड एआईई** — सारे बच्चों को प्राथमिक शिक्षा देने के लिए सर्व शिक्षा अभियान को अभिगम देने का एक प्रमुख हस्ताक्षेप वैकल्पिक और अभिनव शिक्षा (एआईई) है। जनजातीय और तटीय क्षेत्रों में वंचित और हाशिए पर रहे समूहों के बच्चों के भागीदारी सुनिश्चित करने के लिए विभिन्न रणनीतियों को विकसित किया गया है।

4. **नगरिक कार्य** — नागरिक कार्य घटक सर्व शिक्षा अभियान के तहत महत्वपूर्ण है। इस घटक के अधीन, बड़े पैमाने पर कुल परियोजना के बजट का 33 प्रतिशत तक का निवेश है। स्कूल की बुनियादी सुविधाओं को बच्चों तक पहुंचाने का प्रावधान और उन्हें बनाए रखने में मदद करना, दोनों में ही सर्व शिक्षा अभियान का एक महत्वपूर्ण उद्धेश्य हैं। उप जिला स्तर पर संसाधन केन्द्रों के लिए बुनियादी सुविधाओं का प्रावधान जो कि शैक्षिक समर्थन में मदद करता है, जिसकी भूमिका गुणवत्ता में सुधार की दिशा में एक उत्प्रेरक के रूप में कार्य करता है। निम्नलिखित निर्माण सिविल कार्य के तहत रखें गए हैं।

5. **निःशुल्क पाठ्य पुस्तक** — इस स्तर पर निःशुल्क पाठ्य पुस्तक का वितण किया जा रहा है।

6. **अभिनव क्रियाकलाप** — अभिनव कार्यक्रमों को स्कूलों में लागू करने की भूमिका 6-14 आयु के सारे बच्चों के लिए उपयोगी और प्रासंगिक प्राथमिक शिक्षा प्राप्त करने की प्रक्रिया और समुदाय की सक्रिय भागीदारी में सामाजिक, क्षेत्रीय और लैंगिक अंतराल के बीच पुल बनाने के लिए एक उत्प्रेरक के रूप में होती है। यह कार्यक्रम शिक्षा के प्रति छात्रों में रूचि पैदा करने में सफल रहे हैं बचपन की देखभाल और शिक्षा, बालिका शिक्षा, अनुसूचित जनजाति शिक्षा और कम्प्यूटर शिक्षा दिया जाता है।

7. **आरएंडई (R&E) (अनुसंधान और मूल्यांकन)** — इस हस्तक्षेप में अनुसंधान, मूल्यांकन, निगरानी और पर्यवेक्षण होते हैं। एक प्रभावी EMIS पर क्षमता के विकास के लिए और संसाधन/अनुसंधान संस्थानों के माध्यम से प्रति स्कूल 1,500/- की राशि सामान्यतः प्रस्तावित है। इसमें घरेलू डेटा को अद्यतन करने के लिए नियमित रूप से स्कूल मानचित्रण/माइक्रो योजना का प्रावधान हैं। राशि का इस्तेमाल सरकारी और सरकारी सहायता प्राप्त दोनों स्कूलों के लिए उपयोग किया जा सकता. निम्नलिखित गतिविधियां हस्तक्षेप के तहत प्रस्तावित हैं। 1) प्रभावी क्षेत्र आधारित जांच के लिए संसाधन व्यक्तियों के एक सेघ का

निर्माण करना, 2) समुदाय आधारित डेटा का नियमित उत्पादन प्रदान कराना, 3) उपलब्धि परीक्षण आयोजन, मूल्यांकन अध्ययन, 4) अनुसंधान गतिविधि उपक्रम, 5) न्यून महिला साक्षरता और लड़कियो की विशेष निगरानी, अनुसूचित जाति, अनुसूचित जनजाति आदि के लिए विशेष कार्य बल की स्थापना, 6) शिक्षा प्रबंधन सूचना प्रणाली पर उत्तरदायी व्यय, 7) दृश्य जांच प्रणाली के लिए चार्ट, पोस्टर स्केच पेन, ओएचपी कलम आदि का आकस्मिक व्यय उपक्रम, 8) समूह अध्ययन आयोजन।

8. **विद्यालय अनुदान** – परियोजना के तहत स्कूल के लिए 2,000 रूपए प्रति स्कूल अनुदान दिया गया था। विद्यालय अनुदान में से 1000 स्कूल पुस्तकालय सुविधाओं के सुधार के लिए दिया गया था। बाकी निधि को गैरकार्यात्मक उपकरण को कार्यात्मक बनाने में, स्कूल सौंदर्यीकरण, मरम्मत और फर्नीचर अनुरक्षण, संगीत वाद्ययंत्र और स्कूलों के संपूर्ण पर्यावरण के विकास पर खर्च किया गया था।

9. **शिक्षक अनुदान** - कक्षा कार्रवाई के विकास और शिक्षक सहायता की तैयारी के क्रम के लिए 500 रूपये का अनुदान सभी एलपी/यूपी शिक्षकों को दिया जाता है। प्रभावी कक्षा कार्रवाई के लिए शिक्षको ने अनुदान का प्रयोग उत्पादन और टीएलएम उपलब्ध कराने में किया। 2007-2008 के दौरान एलपी/यूपी दोनों मिलाकर 547590 शिक्षक लाभान्वित हुए।

10. **शिक्षक प्रशिक्षण** – शिक्षा में गुणवत्ता लाना सर्व शिक्षा अभियान का सबसे महत्वपूर्ण लक्ष्य हैं। प्रशिक्षण में सुधार लाने की कई रणनीतियां हैं: 1) शिक्षकों का प्रशिक्षण और पुनः प्रशिक्षण, 2) नए पाठ्यक्रम और पाठ्यपुस्तकों के साथ अभिज्ञता प्रशिक्षण, 3) नेशनल करिकुलम फ्रेम वर्क (एनसीएफ 2005) में अभिज्ञता प्रशिक्षण, 4) परीक्षा सुधार, 5)ग्रेडिंग प्रणाली और ग्रेडिंग प्रणाली के प्रभाव का मूल्य निर्धारण, 6) शैक्षिक और गैर शैक्षिक क्षेत्रों में सुधार, 7) विशेष ध्यानयोग्य बच्चों के लिए समावेशी शिक्षा पर शिक्षकों का प्रशिक्षण, 8) गुणवत्ता शिक्षा मापदंड योजना और गुणवत्ता की शिक्षा का कार्यान्वयन, 9) संसाधन समूहों को सभी स्तरों पर मजबूती (प्रत्येक विषम के लिए अलग संसाधन समूह) 300-350 संसाधन व्यक्ति प्रति जिला) जिसमें गतिविधियां, स्थान समर्थन और समीक्षा बैठकों को सुनिश्चित किया जा रहा है। डीआईईटी ने परीक्षण आवश्यकताओं की पहचान की–प्रशिक्षण मॉड्यूल का विकास किया। इस प्रक्रिया से प्रशिक्षण की गुणवत्ता में सुधार करने में मदद मिलती

है। प्रशिक्षकों और ब्लॉक कार्यक्रम अधिकारियों के लिए प्रशिक्षण आयोजित किया जाता है।

11. **दूरस्थ शिक्षा** – दूरस्थ शिक्षा कार्यक्रम (डीईपी) सर्व शिक्षा अभियान का राष्ट्रीय मानव संसाधन मंत्रालय, भारत सरकार, द्वारा प्रयोजित है। इसे भारत के सभी राज्य/संघ क्षेत्रों की सहायता से इंदिरा गांधी नेशनल ओपन युनिवर्सिटी (आईजीएनओयू) द्वारा लागू किया गया है। प्राथमिक शिक्षा के क्षेत्र में शिक्षकों के कार्यरत-शिक्षा और अन्य कर्मचारी वर्ग में डीईपी-एसएसए का एक महत्वपूर्ण इनपुट होगा। ऑडियो-वीडियो कार्यक्रम, रेडियो प्रसारण, टेलीकॉन्फ्रेसिंग आदि जैसे मल्टी-मीडिया पैकेज का इस्तेमाल करते हुए आमने-सामने प्रशिक्षण की आपूर्ति करता है। प्रशिक्षण का दूरस्थ मोड़ केवल सर्वाधिक संख्या में छात्रों को प्रशिक्षित नहीं करता बल्कि प्रशिक्षण इनपुट में एकरूपता प्रदान करता है और संचारण नुकसान को कम करता है, जो कि आमतौर पर फेश-टू-फेश प्रशिक्षण के सोपानी मॉडल में अनुभव प्राप्त करता है।

संदर्भ ग्रन्थ

1. विकिपीडिया - सर्व शिक्षा अभियान।
2. भाई योगेन्द्र जित (2013) - शिक्षा में नवीन प्रवृतियाँ एवं नावाचार।
3. राणा बलवन्त (2014) - शिक्षा में नवीन प्रवृतियॉं।
4. पी.डी. पाठक (2010) - भारतीय शिक्षा का इतिहास एवं उसकी समस्या।
5. गुरूसरन दास लागी - शिक्षा के आधुनिक सागान्य सिद्धान्त।

7

सर्वशिक्षा अभियान की संरचना एक अवलोकन

*डॉ. अमित कुमार राय

नवीं पंचवर्षीय योजना (1997-2002) में प्राथमिक शिक्षा के विकास एवं उन्नयन पर 16,365 करोड़ रूपए व्यय हुए। इस योजना के दौरान अक्टूबर 1998 में सम्पन्न हुए राज्यों के शिक्षा मंत्रियों के सम्मेलन में लिए गए निर्णयों के आधार पर 'सर्व शिक्षा अभियान' योजना विकसित की गई, जिसमें सभी को प्राथमिक शिक्षा उपलब्ध कराने का लक्ष्य रखा गया। नवम्बर 2000 में सर्वशिक्षा अभियान को स्वीकृति दी गई और 2001 में इसे शुरू किया गया। इस अभियान का लक्ष्य था वर्ष 2003 तक प्राथमिक शिक्षा को सर्वसुलभ बनाना, 2007 तक सभी बच्चों का प्राथमिक शिक्षा पूर्ण कराना और 2010 तक सभी बच्चों का उच्च प्राथमिक शिक्षा पूर्ण कराना अर्थात सर्व शिक्षा अभियान से अभिप्राय 6 से 14 आयु वर्ग के सभी बच्चों को अनिवार्य, प्राथमिक एवं निःशुल्क शिक्षा हेतु उनका नामांकन करना एवं उन्हें 2010 तक कक्षा 8 की शिक्षा में सम्मिलित करना है।

वर्तमान में भारत सरकार के सहयोग से सर्व शिक्षा अभियान कार्यक्रम पूरे देश में संचालित है। इस कार्यक्रम के माध्यम से भारत सरकार ने 6 से 14 वर्ष तक के सभी बच्चों को निःशुल्क शिक्षा प्रदान करने का निर्णय लिया है। राष्ट्रीय स्तर पर सर्वशिक्षा अभियान लागू करने के पूर्व इसके निम्न उद्‌देश्य निर्धारित किए गए—

1. सन् 2003 तक प्राथमिक विद्यालयों, शिक्षा गारंटी केन्द्रों, वैकल्पिक और वापस विद्यालय/शिविरों के सभी बच्चों का प्रवेश।
2. सन् 2007 तक सभी 6 से 11 वर्ष के बच्चे कक्षा 5 तक की प्राथमिक शिक्षा पूरी कर लें।
3. सन् 2010 तक 14 वर्ष के सभी बच्चे 8 वर्ष की शिक्षा पूरी कर लें।
4. नामांकित सभी बच्चों को सन्तोषजनक एवं गुणवत्तापरक प्राथमिक शिक्षा प्रदान करना।

5. प्राथमिक स्तर पर सन् 2007 तक सभी लिंग सम्बन्धी तथा सामाजिक असमानताओं को दूर करने तथा 2010 तक प्रारम्भिक शिक्षा पूरी करने पर बल देना।
6. सन् 2010 तक विद्यालयों में शिक्षार्थियों की सार्वभौम नियमित उपस्थिति सुनिश्चित किया जाना।

सर्वशिक्षा अभियान कार्यक्रम की केन्द्रीय व्यूह रचना – सर्व शिक्षा अभियान कार्यक्रम के लिए केन्द्र द्वारा निम्नलिखित व्यूह रचना बनायी गयी–

1. **संस्थापक सुधार :** सर्व शिक्षा अभियान के एक भाग के रूप में केन्द्रीय तथा राज्य सरकारें आपूर्ति प्रणाली की दक्षता में वृद्धि करने के लिए सुधार हेतु उपाय करेंगी।
2. **दीर्घकालीन वित्त पोषण :** सर्व शिक्षा अभियान इस मान्यता पर आधारित है कि प्राथमिक शिक्षा का वित्त पोषण दीर्घकालिक होना चाहिए। इस हेतु केन्द्र एवं राज्य सरकारों में सहयोग आवश्यक है।
3. **सांरथनिक क्षमता निर्माण :** सर्वशिक्षा अभियान नीपा, एन.सी.टी.ई., एस.सी.ई. आर. टी. तथा डायट के लिए एक प्रमुख क्षमता निर्माण भूमिका परिकल्पित करता है।
4. **शैक्षिक प्रशासन में सुधार :** मुख्य धारा शैक्षिक प्रशासन में सुधार लाना। यह संस्थागत विकास द्वारा नवीन उपागमों लागू करके तथा लागत प्रभावी व उत्तम विधियों को अपना कर शैक्षिक प्रशासन में सुधार की संकल्पना करता है।
5. **लड़कियों की शिक्षा को प्राथमिकता :** लड़कियों, विशेषकर अनुसूचित जाति एवं जनजाति एवं अल्पसंख्यक वर्गों की लड़कियों की शिक्षा, सर्वशिक्षा अभियान का प्रमुख सरोकार होगी।
6. **सामुदायिक स्वामित्व :** प्रभावी विकेन्द्रीकरण के माध्यम से इस लक्ष्य की प्राप्ति संभव है। महिला समूहों, ग्राम शिक्षा समिति तथा पंचायती राज्य संस्थाओं के सदस्यों की सहभागिता सुनिश्चित कर विकेन्द्रीकरण की प्रक्रिया को गतिशील बनाया जाएगा।
7. **समुदाय के प्रति जवाबदेही :** सर्व शिक्षा अभियान शिक्षकों, अभिभावकों के मध्य सहयोग तथा साथ ही समुदाय के प्रति जवाबदेही एवं पारदर्शिता सुनिश्चित करता है।
8. **इकाई बस्ती नियोजन के आधार पर :** सर्वशिक्षा अभियान बस्ती को एक नियोजन इकाई के रूप में मानकर समुदाय आधारित नियोजन उपागम को कार्य रूप देता है। ये बस्ती योजनाएं जिला योजनाओं के निर्माण का आधार होंगी।

9. **नान प्रोजेक्ट चरण :** सर्वशिक्षा अभियान सम्पूर्ण देश में एक सुनिश्चित प्रोजेक्ट पूर्व फेज के साथ प्रारम्भ होगा। इसमें डिलीवरी एवं मानीटरिंग प्रणाली क्षमता विकास व्यापक हस्तक्षेप उपलब्ध कराए जाएंगे। इसमें गृहपयोगी वस्तु सर्वेक्षण, समुदाय आधारित सूक्ष्म नियोजन व स्कूल मैपिंग, समुदाय के नेताओं का प्रशिक्षण, विद्यालय स्तरीय क्रियायें, सूचना प्रणाली उपस्कर तथा निदानात्मक अध्ययन सम्मिलित है।

10. **गुणवत्ता पर बल :** सर्व शिक्षा अभियान पाठ्यक्रम में सुधार, बालक केन्द्रीत क्रियायें व प्रभावकारी शिक्षण, अधिगम व्यूह रचनाओं के उपयोग द्वारा प्राथमिक स्तर पर बालकों की शिक्षा को अधिक उपयोगी एवं सार्थक बनाने पर विशेष बल देता है।

11. **शिक्षकों की भूमिका :** सर्व शिक्षा अभियान शिक्षकों की विशिष्ट एवं केन्द्रीय भूमिका को स्वीकार करता है तथा उनकी विकास आवश्यकताओं का समर्थन करता है। शिक्षकों में मानव संसाधन का विकास करने की दृष्टि से संसाधन केन्द्रों/संकुल संसाधन केन्द्रों, प्रशिक्षित शिक्षकों की नियुक्ति, पाठ्यक्रम आधारित सामग्री विकास, कक्षा प्रक्रिया पर ध्यान देकर तथा शिक्षकों को अनुभव प्रदान करने वाले सर्वेक्षणों के द्वारा शिक्षक के विकास के अवसर उपलब्ध कराने की व्यवस्था करके शिक्षकों का विकास किया जाएगा।

सर्वशिक्षा अभियान में निजी सरकारी सहभागिता –

सर्व शिक्षा अभियान इस तथ्य को स्वीकार करता है कि प्राथमिक शिक्षा का प्रावधान प्रधानतया सरकारी एवं गैर सरकारी अनुदान प्राप्त विद्यालयों द्वारा किया जा रहा है। देश के विभिन्न भागों में अनेकोनक निजी अशासकीय अनुदानित विद्यालय भी प्राथमिक शिक्षा प्रदान कर रहे हैं। निर्धन वर्ग इन निजी विद्यालयों द्वारा लिए जाने वाला शुल्क देने में सक्षम नहीं है। ऐसे निजी विद्यालय भी है जो अपेक्षाकृत कम शुल्क लेते हैं तथा इनमें गरीब बच्चे शिक्षा प्राप्त कर रहे हैं। इनमें से कुछ विद्यालयों के अधिसंरचनात्मक सुविधाओं का अभाव है तथा अल्प वेतन पर शिक्षक कार्यरत है। निजी व सरकारी सहभागिता के क्षेत्रों को चिन्हित करने का प्रयत्न किया जाएगा। जैसा कि मध्यावकाश भोजन व डीपीईपी में किया जाता है। सर्व शिक्षा अभियान के अन्तर्गत सरकारी, स्थानीय निकायों द्वारा संचालित एवं निजी विद्यालय अनाच्छादित किए जाएंगे। यदि निजी क्षेत्र सरकारी व स्थानीय निकाय के विद्यालय या अनुदानित विद्यालय की कार्यक्षमता में सुधार की इच्छा

व्यक्त करेगा तो इन संदर्भ में राज्य-नीति के व्यापक प्रचार के भीतर भागीदारी विकास के प्रयास किए जाएंगे। यदि निजी संस्थान अतिरिक्त व्यय प्रदान करेंगे तो राज्य नीतियों के अन्तर्गत डायट व अन्य राजकीय शिक्षण-प्रशिक्षण संस्थान प्राइवेट अनुदानित संस्थाओं को संसाधन सहयोग प्रदान करेंगे।

सर्व शिक्षा अभियान में राज्य का अंश – राज्य स्तर पर जिला योजनाओं में राज्य स्तरीय अभिमुखीकरण व प्रशिक्षण कार्यक्रमों की लागत समाहित की जा सकती है। इसका तात्पर्य यह नहीं है कि राज्य का कोई अंश नहीं होगा। राज्यांश को जिलों की जरूरतों में एकीकृत किया जाना है। राज्य अंश दान का लक्ष्य कार्यक्रम कार्यान्वयन को संभव बनाना एवं सभी स्तरों पर क्षमता विकास के लिए सहयोग प्रदान करना है।

प्रभावी मानीटरिंग के लिए राज्य स्तर पर सघन पुनरावलोकन व नियोजन की एक प्रणाली की आवश्यकता होगी। राज्य स्तरीय टीमें कार्यक्रम कार्यान्वयन की गुणवत्ता सुनिश्चित करने हेतु निरन्तर क्षेत्र दौरे करेंगे। सर्वशिक्षा अभियान के उद्देश्यों के संदर्भ में प्रगति का अनुश्रवण करने के लिए सूचना तंत्र, वित्तीय प्रबन्ध एवं अंकेक्षण के लिए प्रभावी संरचनाएं क्षमता विकास हेतु जिलों को सहयोग, ये कुछ क्षेत्र हैं जिनमें राज्य स्तरीय टीम से सहभागिता अपेक्षित है।

सभी स्तरों पर सर्व शिक्षा अभियान के अन्तर्गत प्रबंधकीय संरचना शिक्षा के विकेन्द्रीकृत प्रबंध के लिए राज्य विशेष की व्यवस्थाओं के प्रति जवाबदेही होगी। उसके लिए सभी क्रियायों में पारदर्शिता आवश्यक होगी। चूंकि प्रयास मुख्य धारा संरचनाओं को मजबूत करने का है, सर्व शिक्षा अभियान शिक्षा विभाग के संगठन में मानव संसाधन विकास की दृष्टि से विनियोग करेगा।

राज्य स्तरीय टीमों को जिलों में वैविध्य को प्रेरित करना होगा तथा अच्छे कार्यों को प्रकाशित करना होगा ताकि इन्हें अन्य क्षेत्रों में भी अपनाया जा सके। सभी स्तरों पर लेखा एवं अंकेक्षण का प्रबंध ऐसा महत्वपूर्ण क्षेत्र होगा, जिस पर ध्यान दिया जाना आवश्यक होगा। कार्यक्रम कार्यान्वयन की प्रभावशीलता को बनाए रखने के लिए सभी स्तरों पर लिखे पुस्तकों अद्यतन रख-रखाव, वित्तीय प्रगति रिर्पोटों, उपभोग, प्रमाण-पत्रों, कार्यक्रमों के वित्तीय व सामाजिक अंकक्षेण की उचित निष्कर्षों की पारदर्शिता, सतत सुधार की व्यवस्था विकसित करनी होगी।

राज्य, जिला व उपजिला स्तर पर एक प्रबन्ध संरचना : सर्व शिक्षा अभियान की राज्य, जिला व उपजिला स्तर पर प्रबन्ध संरचना निम्न है-

1. विभिन्न राज्यों में प्रबन्धकीय संरचनाओं में वर्तमान पारस्परिक भिन्नता को समुचित सम्मान देते हुए सर्वशिक्षा अभियान राज्यों/संघ शासित प्रदेशों की अपनी स्वयं की प्रबंध संरचना रखने की अनुमति देता है। तथापि इसका अर्थ यह नहीं है कि विकेन्द्रीकरण लागू नहीं किया जाएगा। वस्तुतः प्रयास एक राज्य/संघ शसित प्रदेश के समग्र प्रबंधकीय संदर्भ में विद्यालयों को स्वनिर्णय लेने में सफल बनाना ही है।
2. राज्य को एक राज्य स्तरीय कार्यान्वयन समिति गठित करनी है। DPEP राज्यों में, वर्तमान DPEP सोसायटीज को सार्वजनिक प्रारम्भिक शिक्षा की मांगों को पूरा करने की दृष्टि से रूपान्तरित किया जाना जरूरी होगा।
3. राज्य स्तरीय कार्यान्वयन सोसायटीज को प्रभावी मानीटरिंग व कार्यात्मक इकाईयां रखनी होगी। राज्य स्तरीय कार्यान्वयन सोसायटी द्वारा एक प्रभावशाली DPEP इकाई के निर्माण के साथ ही विशिष्ट कार्यात्मक क्षेत्रों में सहयोग प्रदान करने, नियमित मानीटरिंग, पर्यवेक्षण तथा मूल्यांकन कार्यों के लिए विशेषज्ञों की एक टीम संगठित करनी होगी। ये संरचनाएं सर्वशिक्षा अभियान के अन्तर्गत उपलब्ध 6 प्रतिशत प्रबन्धकीय लागत से पूरी की जा सकेंगी। ऐसा करते समय, राज्यों को यह सुनिश्चित करना होगा कि कार्यक्रम गतिविधियों में शैक्षिक मुख्य ध्यान पूर्णतया शामिल रहे। तथापि इससे विशेषज्ञों को शामिल करते हुए तंत्र को विशिष्ट मजबूती प्रदान करने की आवश्यकता कम नहीं हो जाती है।
4. प्रत्येक राज्य स्तरीय व्यवस्था को मिशन भावना के साथ पुनर्गठित करने को इच्छुक होगा। राष्ट्रीय मिशन की भांति, राज्य स्तर को बड़ी संख्या में मानीटरिंग व संचालन संबंधी सहयोगकारी कार्य करने होंगे, कुछ राज्यों के वर्तमान व्यवस्था द्वारा संचालन प्रदान किया जा सकता है और कुछ राज्यों में राज्य स्तरीय कार्यक्रम सहयोगकारी इकाईयाँ स्थापित करनी होंगी। पर्याप्त रूप से यह कार्यालय सर्वशिक्षा अभियान को क्रियान्वित करने का अतिरिक्त दायित्व वहन करेगा।
5. राज्य द्वारा इसी प्रकार जिला एवं उपजिला इकाईयाँ भी गठित की जायेंगी। सरकारी व गैर-सरकारी कर्मियों से निर्मित्त जिला खण्ड व संकुल टीमें प्रभावशाली संरचनाओं के निर्माण में योगदान देंगी। कोर टीम का चयन अत्यन्त सजगता से करना होगा। चूंकि यही कार्यक्रम कार्यान्वयन की गुणवत्ता को सुनिश्चित करेगा। एक प्रभावशाली प्रबंध सूचना तंत्र की स्थापना हेतु EMIS टीम का

गठन प्राथमिकता के आधार पर करना होगा। अतिरिक्त आनुबंधिक स्टाफ को वर्तमान स्टाफ शक्ति का आकलन करने के बाद ही शामिल करना होगा। अत्युत्तमत्ता रखने वाले गैर सरकारी संगठनों के प्रतिनिधियों को विभिन्न स्तरों पर कार्यक्रम कार्यान्वयन के लिए टीमें गठित करते समय शामिल करने का प्रयास किया जाएगा।

सर्वशिक्षा अभियान में गैर सरकारी संगठनों की भूमिका — सर्व शिक्षा अभियान क्षमता निर्माण के क्षेत्र में समुदाय में तथा संसाधन दोनों में ही, गैर सरकारी संगठनों के साथ सक्रिय भागेदारी की आशा रखता है। ये भागीदारियाँ शैक्षिक गतिविधियों में सतत् सहभागिता द्वारा ही विकसित हो सकेंगी। शिक्षा के क्षेत्र में गैर सरकारी संगठन बहुत सार्थक योगदान दे रहे हैं। बाल शिक्षा शास्त्र से संबंधित कार्य, विद्यालय से बाहर रहे बालकों को शिक्षा की मुख्य धारा में लाना, प्रभावशाली शिक्षक-प्रशिक्षण कार्यक्रमों का विकास, नियोजन एवं कार्यान्वयन हेतु क्षमता विकास हेतु समुदाय को संगठित करना, लिंग संबंधी सरोकारों की अभिव्यक्ति, बाल विकलांगता व वंचना के कुछ प्रमुख उदाहरण निम्न हैं—

1. राष्ट्र एवं राज्य सरकारों द्वारा प्रत्यक्ष रूप से वित्त पोषण करके।
2. चिन्हित राष्ट्रीय व राज्य संस्थान, संस्थानों द्वारा वित्तपोषण के माध्यम से।
3. ग्राम शिक्षा समिति द्वारा वित्त पोषित सामुदायिक गतिविधियों में सहभागिता द्वारा।

गैर सरकारी संगठन सर्वशिक्षा अभियान के समर्थन के साथ-2 उसकी जवाबदेही में एक महत्वपूर्ण भूमिका निर्वहन कर सकते हैं।

शिक्षा गारंटी योजना (EGS) तथा वैकल्पिक एवं नवाचार शिक्षा (AIE) के अंतर्गत राज्य कार्यान्वयन सोसायटीज के माध्यम से गैर सरकारी संगठनों के प्रोजेक्टों के योगदान को रिकार्ड करना भी संभव होगा। इन सबकी सहभागिता भी DPEP में होगी। इससे गैर सरकारी संगठनों की गतिविधियों की पारदर्शिता को स्थापित करने में भी मदद मिलेगी। सामुदायिक संगठनों से गैर सरकारी संगठनों की भागीदारी सुनिश्चित की गई है। ऐसा सुझाव इसलिए दिया गया है ताकि गैर सरकारी संगठन सामुदायिक क्षमताओं के विकास के वास्तविक रूप से भागीदारी कर सकें। निरन्तरता के लिए एक सुपरिभाषित व्यवस्था के अन्तर्गत गैर सरकारी संगठनों की एक दीर्घकालीन सहभागिता के उपाय के खोजों के प्रयास लिए जाएंगे।

सर्वशिक्षा अभियान की प्रबन्ध संरचना, केन्द्र और राज्यों के प्रयास, सरकारी एवं गैर सरकारी संगठनों के सराहनीय कार्यों के बावजूद अनेक समस्यायें बाधित कर रही है। प्राथमिक शिक्षा के क्षेत्र में जो समस्यायें विभिन्न अवलोकनों, सर्वेक्षणों व शोधों के द्वारा प्रकाश में लाई जाती रही हैं, उनमें से अनेक सर्व शिक्षा अभियान के कार्यान्वयन में भी सामने आ रही है। पूर्व में संचालित कार्यक्रमों के मूल्यांकन से प्राप्त पृष्ठ पोषण के द्वारा सर्वशिक्षा अभियान की रूप रेखा को अधिक जनोन्मुखी, यर्थाथपरक व सर्वसमावेशी बनाने का प्रयास किया गया था। सर्व शिक्षा अभियान में संस्थागत सुधार, दीर्घकालीन वित्त पोषण, सामुदायिक सहभागिता व संस्थागत क्षमता निर्माण के साथ-2 शैक्षिक प्रशासन में सुधार लाने के लक्ष्यों को सामने रखकर कार्यक्रम की कार्यनीतियॉ सुनिश्चित की गई थी। कार्यक्रम को विकेन्द्रीकृत करते हुए अभिभावकों व समुदाय का अधिकाधिक सहयोग लेने का प्रयास किया जा रहा है। बालिकाओं, विकलांग बालकों, अनुसूचित जाति एवं जनजाति, अल्पसंख्यक व वंचित सुविधाविहीन तथा विशेष आवश्यकताओं वाले बालकों के समावेशन आदि पर कार्यक्रम में विशेष बल दिया जा रहा है।

उपर्युक्त लक्ष्यों की प्राप्ति में सर्वशिक्षा अभियान कितना सफल रहा है, मार्ग में क्या-2 समस्यायें व अवरोध है, इसके मूल्यांकन की व्यवस्था भी कार्यक्रम में ही रखी गई है। ऐसे प्रावधान किसी भी कार्यक्रम में रखे जाने चाहिए परन्तु सरकारी आंकड़ों के प्रति सामान्य जन ही नहीं अनेक जागरूक शिक्षाविद् व सामाजिक कार्यकर्ता सदैव सन्देह की दृष्टि से देखते हैं और अक्सर जमीनी अध्ययनों के द्वारा सत्य का उजागर भी करते रहते है।

संदर्भ :

1. भारत सरकार - सबके लिए शिक्षा, मानव विकास संसाधन मंत्रालय, नई दिल्ली, 2000
2. भारत, सूचना एवं प्रसारण मंत्रालय - भारत 1998 नई दिल्ली, 1999 मंत्रालय प्रकाशन विभाग, भारत सरकार।
3. सद्‌गोपाल, अनिल- शिक्षा में बदलाव का सवाल, ग्रन्थ शिल्पी, लक्ष्मी नगर, नई दिल्ली, 2004
4. रामकिशन-भारत में साक्षरता अभियान, कल्याणी पब्लिकेशन्स, सत्यवथी नगर, दिल्ली 2006।
5. त्यागी, वी.डी. - प्रसार शिक्षा एवं सामुदायिक शिक्षा, रामा पब्लिशिंग हाऊस, बडौत 1999।

6. लाल, रमनबिहारी- शिक्षा के दार्शनिक एवं समाजशास्त्रीय आधार रस्तोगी पब्लिकेशन्सन, मेरठ 2008।
7. श्रीवास्तव, टी.सी. प्रारम्भिक शिक्षा के मूल तत्व, वि.वि. प्रकाशन, वाराणसी, 2006
8. सक्सेना पी.के.- प्रारम्भिक शिक्षा के उभरते आयाम एवं शैक्षिक मूल्यांकन, विनोद पुस्तक मन्दिर, आगरा, 2001।
9. कुमार, संजय- सर्व शिक्षा अभियान, अल्फा पब्लिकेशन, नई दिल्ली, 2009।

8

सर्वशिक्षा अभियान :
समन्वय की आवश्यकता

*अंजू पाण्डेय

शिक्षा एक ऐसा अनोखा माध्यम है जो अज्ञानता रूपी अन्धकार को हमेशा के लिए समाप्त कर देना है। अन्धकार में दूर भगाने के लिए शिक्षा रूपी दीप जलाने की आवश्यकता है। सर्वशिक्षा अभियान अज्ञानता रूपी अन्धकार भगाने का एक ऐसा ही दीप है जिसके लिए सरकार प्रतिबद्ध है। इस अभियान का यही उद्देश्य है कि जिन क्षेत्रों में बच्चे अभी पिछड़े है और किसी कारण वश अभी अक्षर और किताबों से दूर की दुनिया में है, उन्हें शिक्षा से जोड़ना और उनका मार्ग प्रशस्त करना है। बिहार, बंगाल, उत्तर प्रदेश, झारखण्ड, मध्य प्रदेश, आदि राज्यों मे आधी से ज्यादा औरते आज भी निरक्षर है। आदिवासी इलाकों और दुर्गम ग्रामीण क्षेत्रों में रहने वाली औरतों की स्थिति और भी दयनीय है। ऐसी ही लोगों को शामिल करने के लिए सरकार ने सर्वशिक्षा अभियान नामक कार्यक्रम प्रारम्भ किया जिसमे समेकित बाल विकास कार्यक्रम, आँगनवाड़ी, तथा प्राथमिक विद्यालय के शिक्षकों को प्रशिक्षण देकर स्कूल-पूर्व शिक्षा को सब तक पहुचाने का एक प्रयास-योजना है।

सर्व शिक्षा अभियान के उदेश्य

इस अभियान का मूल उद्देश्य ऐसे स्थानों बस्तियों में स्कूल खेलना है जहाँ 1 किलोमीटर के दायरे में कोई विद्यालय नहीं है। जो बच्चे किसी कारणवश विद्यालयी शिक्षा से वंचित रह गये है, स्कूल नहीं जा सकते है, अथवा विद्यालयी शिक्षा बीच में ही छोड़ देते है, जो निर्धनता के कारण अपने बच्चे को पढ़ा-लिखा नहीं सकते, उन सभी को शिक्षा की मुख्य धारा से जोड़ना है। उनके लिए अनिवार्य और निःशुल्क शिक्षा की व्यवस्था करना है। इस अभियान का लक्ष्य 2007 तक सभी

बच्चों को शिक्षा देना था और 2010 तक सभी भेदभाव (लैंगिक, जाति, धर्म इन्यादि) को समाप्त कर प्राथमिक शिक्षा से जोड़ना है।

बालिका शिक्षा पर जोर

बालिका शिक्षा को बढ़ावा देने के लिए सर्वशिक्षा अभियान में कई महत्वाकांक्षी योजनाये शामिल की गयी है। कक्षा-8 तक सभी बालिकाओ को मुफ्त किताबें और अधिक उम्र की छात्राओं हेतु सेतु पाठ्यक्रम की व्यवस्था की गयी है। इनके अध्ययन हेतु 50 प्रतिशत महिला अध्यापकों की नियुक्ति का प्रावधान है। शिक्षकों को प्रशिक्षण दिया जा रहा है जिससे वे छात्र-छात्राओं को समान रूप से शिक्षा देने हेतु संवेदनशील हों। स्कूल से बाहर की बालिकाओं को विद्यालय में लाने हेतु शिविर का आयोजन किया जाता है। उच्चतर प्राथमिक शिक्षा को बढ़ावा देने के लिए 2004 में बालिकाओं हेतु कस्तूरबा गांधी बालिका विद्यालय की शुरूआत की गयी। सर्व शिक्षा अभियान के तहत कस्तूरबा गांधी बालिका विद्यालयों का वित्त पोषण 01 अप्रैल 2007 से एक घटक के रूप में किया जाने लगा।

अल्प संख्यको एवं वंचित वर्गो हेतु शिक्षा का प्रावधान

अनुसूचित जाति एवं जनजातियों के लिए सर्वशिक्षा अभियान द्वारा देश के दो सौ जिलों के बालक-बालिकाओं की प्राथमिक शिक्षा पर विशेष ध्यान दिया जा रहा है। वहाँ पर्याप्त संख्या में स्कूल खोले जा रहे है। निःशुल्क पाठ्य पुस्तक की व्यवस्था की जा रही है। शिक्षकों की भर्ती की जा रही है विशेषकर आरक्षित वर्गो के शिक्षकों की भर्ती की जा रही है और इन वर्गो की लड़कियो की शिक्षा पर विशेष ध्यान दिया जा रहा है । इसके साथ ही मुस्लिम व अन्य अल्प संख्यक बहुल राज्यो-क्षेत्रों मे प्राथमिक शिक्षा के विकास पर ध्यान दिया जा रहा है। मुस्लिम समुदाय हेतु अलग से श्रेणी नामांकन हेतु रखी गयी और मदरसों-मकतबो में दी जाने वाली शिक्षा को भी सर्वशिक्षा अभियान में जोड़ा गया है। इस समुदाय की बालिकाओं को कक्षा-8 तक मुफ्त पुस्तकें उपलब्ध कराई जा रही है। साथ ही साथ इस अभियान के तहत शारीरिक रूप से असमर्थ बच्चों को 1200.00 रुपये प्रति बालक प्रति वर्ष आर्थिक सहायता और विकलाँग बाल-बालिकाओं की आवश्यकता के ध्यान में रखकर विद्यालय भवनों के निर्माण पर जोर दिया जा रहा है।

कम्प्यूटर शिक्षा व्यवस्था

इस अभियान को अधिक सार्थक और कारगर बनाने के लिए प्राथमिक शिक्षा में कम्प्यूटर की सहायता ली जा रही है। इस कार्यक्रम के तहत सार्वजनिक निजी साझेदारी को प्रोत्साहित किया जा रहा है। शहरों कार्यशालाएँ आयोजित होती है जिससें भागीदारी बढ़े और राज्य परियोजना निवेश व निजी उद्यमियो को जोड़ा जा सके। शिक्षा की गुणवत्ता में सुधार हेतु कम्प्यूटर की सहायता के साथ ही साथ स्वतन्त्र प्रशिक्षण की व्यवस्था की जा रही है।

भावी योजनाएँ

सर्वशिक्षा अभियान को और सुलभ बनाने के लिए देश के सभी जिलों में द्रुत गति से काम किया जा रहा है। ग्रामीण क्षेत्रों में 4 वर्ष से 16 वर्ष के बच्चों को सर्वसुलभ नामांकन सुनिश्चित कराने के लिए मध्यान्ह भोजन की व्यवस्था की जा रही है।

देश के अधिकांश ग्रामीण क्षेत्रों में एक किलोमीटर के दायरे में प्राथमिक स्कूल और शेष ग्रामीण बस्तियों में वैल्पिक स्कूली शिक्षा की व्यवस्था की गई जिसमें शिक्षा गारंटी योजना भी शामिल है। इस योजना के तहत बीच का कोई भी ऐसा इलाका जहाँ 4-11 आयु वर्ग के स्कूल से बाहर घट बच्चों की संख्या 25 है वहां शिक्षा गारंटी योजना चलाई जाएगी और जब तक प्राथमिक स्कूल नहीं खोला जाता तब तक इस योजना की अस्थायी व्यवस्था बनी रहेगी। इन केन्द्रों में बच्चों को औपचारिक पाठ्यक्रम पढ़ाया जाता है तथा निःशुल्क पाठ्य पुस्तकें और दोपहर का भोजन उपलब्ध कराया जाता है।

सर्वशिक्षा अभियान में समुदाय आधारित कार्यान्वयन और स्कूलों का स्वामित्व सुनिश्चित करने के लिए जमीनी स्तर पर विकेंद्रकरण और विचार-विमर्श पर बल दिया गया है। समुदाय आधारित दृष्टिकोण के जरिये बस्ती स्तर पर आयोजन, स्कूल कार्यकलायों का निष्पादन ग्राम शिक्षा समितियों अथवा इसके समकक्ष संस्थाओं द्वारा किया है।

समन्वय की आवश्यकता

हालांकि सर्वशिक्षा अभियान देश के कई राज्यों में पिछले वर्षों से चलाया जा रहा है, प्रदेश का हर बालक-बालिका शिक्षित हो, इसके लिए सरकार द्वारा मोटी धनराशि भी व्यय की जा रही है, लेकिन इस योजना में कहीं-न-कहीं समन्वय की

कमी देखने को मिलती हैं। कई स्वयंसेवी संस्थाएं भी इस अभियान को सफल बनाने में योगदान कर रही हैं, परंतु अभी भी शिक्षा का प्रवाह गाँवों में पूरी तरह नहीं हो पाया है। गौर से देखा जाए तो इसमें कुछ दोष नजर आता है। प्राथमिक विद्यालय अपेक्षित रूप सें अपने काम का दायित्व पूरा नहीं कर पा रहे है। ये विद्यालय अपनी अधिगम एवं जनसम्पर्क में आने वाली कठिनाइयों पर विचार-विमर्श न कर के सरकारी परिपत्रों के वाचन एवं विद्यालय प्रदत्त विभिन्न मदों की राशि के उपयोग एवं उनकी प्रगति का प्रतिवेदन एकत्र करने पर जोर देते हैं। फलतः विद्यालय के शिक्षक अपने शिक्षण अनुभवों के आदान-प्रदान से प्रशिक्षण प्राप्त करने से वंचित रह जाते हैं। होना यह चाहिए कि इन बैठकों में विद्यालय शिक्षा समिति के अध्यक्षों को भी आमंत्रित किया जाए तभी इस शिक्षा अभियान में जनता की भागीदारी संभव है। जो शिक्षक प्रशिक्षित और योग्य है उनसे धन के लिए विद्यालय में पुस्तके नहीं हैं।

'डायट' जैसी संस्थाओं को पूर्ण सक्रिय होकर कई चरणों में प्रत्येक शिक्षक को प्रशिक्षित करना चाहिए ताकि शिक्षकों को प्रशिक्षित करना चाहिए ताकि शिक्षकों पर किया गया व्यय व्यर्थ न जाए। शिक्षा की गुणवत्ता के लिए शिक्षकों के कार्यक्षमता एवं प्रशिक्षण के विभिन्न आयामों के प्रबन्धन पर विशेष ध्यान दिया जाना चाहिए।

विद्यालय शिक्षा समिति एवं पंचायत के बीच वर्चस्व की लड़ाई नहीं बल्कि समन्वय की बात होनी चाहिए। स्वैच्छिक संस्थाओं एवं विभागों के बीच आपसी तालमेल की भी आवश्यकता है।

निष्कर्ष

सारतः कहा जा सकता है कि सर्वशिक्षा अभियान के द्वारा शिक्षा के स्तर में सुधार हुआ है। बालिका शिक्षा को बढ़ावा देने का नतीजा कई राज्यों में दिखने भी लगा है। केरल, तमिलनाडु, आन्ध्र प्रदेश जैसे कई प्रांतों में लड़कियाँ उन सभी क्षेत्रों में काम कर रही हैं जहाँ पहले पुरुषों का दबदबा था। लड़कियों को ताड़ और पेड़ पर चढ़ने का भी प्रशिक्षण दिया जा रहा है। छत्तीसगढ़ से महिलाएँ स्वयंसेवी संस्थाएं चलाकर स्वावलंबी बन रही है। देश के छः राज्यों में बच्चों के स्कूल छोड़ने की दर में भारी कमी आई है। इससे भी ज्यादा अच्छी खबर यह है कि स्कूल छोड़ने वालो की दर में कमी आयी है। इससे भी ज्यादा अच्छी खबर यह है कि स्कूल छोड़ने वालों में लड़कियों की संख्या लड़कों के मुकाबले कम है। अनुसूचित जाति/जनजाति

वर्ग के बच्चों में भी स्कूल छोड़ने की प्रवृत्ति कम देखी जा रही है। केन्द्रीय संसाधन विकास मंत्रालय की ताजा रिपोर्ट में यह दावा किया गया है।

देशभर के राज्यों की बात करें तो 2004 की तुलना में स्कूल छोड़ने की दर 2008 में चार फीसदी कम हुई है। इसका मतलब हुआ कि स्कूल छोड़ने वाले बच्चों की संख्या 205 करोड़ से घटकर अब सिर्फ 76 लाख ही रह गई है। 2004 से 2007 तक के तीन साल में सर्वशिक्षा अभियान की प्रगति के चलते 23 राज्यों और दो केन्द्र शासित प्रदेशों में पहली कक्षा से पांचवी कक्षा तक स्कूल छोड़ने की दर 29 प्रतिशत से कम होकर 25 प्रतिशत रह गई। इन राज्यों में मध्य प्रदेश, केरल और दिल्ली समेत पाँच राज्य ऐसे है, जहां स्कूल छोड़ने वाले बच्चों की संख्या शून्य तक आ गई है। पंजाब और जम्मू-कश्मीर जैसे राज्यों में भी स्कूल छोड़ने की दर गिरी है, लेकिन बिहार, हरियाणा, चंडीगढ़, मणिपुर और उत्तर प्रदेश आदि राज्यों में यह दर बढ़ी है।

इस प्रकार पूरे मनोयोग और जागरूकता पूर्वक यदि सर्वशिक्षा अभियान को लागू कर सभी अपने-अपने दायित्वों का ईमानदारी से प्रयोग करें तो वह दिन दूर नहीं जब इस अभियान की सफलता देश के हर गाँव में देखने को मिलेगी।

सन्दर्भ

1. योजना पत्रिका : सितम्बर 2009
2. दैनिक जागरण एवं हिन्दुस्तान : समाचार पत्र, लखनऊ संस्करण।
3. उदीयमान भारतीय समाज में शिक्षक।
4. नेट माध्यम।

9

सर्व शिक्षा अभियान और शिक्षा का अधिकार कानून

*डॉ. राम पाण्डेय

राष्ट्रपिता महात्मा गांधी ने 'नवजीवन' पत्र में लिखे एक लेख में कहा था कि "मैं भारत के लिए निःशुल्क और अनिवार्य शिक्षा का समर्थक हूँ।" उनके अनुसार इस लक्ष्य की प्राप्ति हेतु बच्चों को दी जाने वाली शिक्षा ऐसी होनी चाहिए जिससे बच्चों का शारीरिक, मानसिक एवं आध्यात्मिक विकास हो सके। महात्मा गांधी भी देश में निःशुल्क और अनिवार्य शिक्षा के समर्थक थे। गांधी जी ने 1937 में डॉ. जाकिर हुसैन के साथ मिलकर 'नई तालीम' की अवधारणा प्रस्तुत की थी। आज इसे वर्धा शिक्षा योजना, बुनियादी तालीम, बुनियादी शिक्षा, बेसिक शिक्षा और बेसिक एजूकेशन आदि कई नामों से जाना जाता है। इसके अंतर्गत 7 से 14 आयु वर्ग के सभी बच्चों के लिए अनिवार्य एवं निःशुल्क प्राथमिक शिक्षा की व्यवस्था की गयी थी और इस बात पर बल दिया गया था कि सम्पूर्ण शिक्षा किसी आधारभूत शिल्प अथवा उद्योग पर आधारित हो।

सन् 1966 में कोठारी आयोग ने बच्चों के लिए समान शिक्षा की सिफारिश की थी। 1986 की शिक्षा नीति के अंतर्गत प्राथमिक शिक्षा को सर्वसुलभ बनाने के लिए एक किलोमीटर दूरी के अंदर प्राथमिक स्कूल और तीन किलोमीटर के अंदर उच्च प्राथगिक स्कूल खोलने की बात कही गयी थी। साथ ही स्कूलों की दशा सुधारने के लिए 'ऑपरेशन ब्लैकबोर्ड योजना' प्रस्तुत की गयी थी।

भारत में बाल शिक्षा के क्षेत्र में नई अवधारणाओं का जन्म 1992-93 में तब हुआ जब भारत ने संयुक्त बाल अधिकार चार्टर पर हस्ताक्षर किए। इस चार्टर का हस्ताक्षरकर्ता देश होने के कारण भारत को बाल शिक्षा को मौलिक अधिकार के रूप में मान्यता प्रदान करना आवश्यक हो गया। 1993 में सर्वोच्च न्यायालय द्वारा 'उन्नीकृष्णन बनाम आंध्र प्रदेश' के मामले में कहा गया कि शिक्षा का अधिकार

संविधान के अध्याय तीन के अनुच्छेद 21 में उल्लिखित जीवन के मौलिक अधिकार का एक भाग है। 1993 के इस फैसले के बाद भारतीय संविधान के 86वें संशोधन द्वारा वर्ष 2002 में 6-14 साल के बच्चों को मुफ्त और अनिवार्य शिक्षा के प्रावधान को मौलिक अधिकार बना दिया गया। इस मौलिक अधिकार को प्राप्त करने के लिए शुरू की गई योजना को सर्व शिक्षा अभियान नाम दिया गया। जिसे भारत सरकार ने प्राथमिक शिक्षा के सार्वभौमीकरण को प्राप्त करने के लिए शुरू किया। इस अभियान के तहत सरकार ने यह तय किया कि वर्ष 2005 तक 6-14 साल तक के सभी बच्चों का नामांकन हर हाल में स्कूलों में हो जाय। इस लक्ष्य को पूरा करने के लिए उन बस्तियों में जहां स्कूली शिक्षा की सुविधा नहीं है वहां नए स्कूल खोलने का भी प्रस्ताव किया गया। साथ ही छात्र शिक्षक अनुपात को ठीक करने के लिए नये शिक्षकों की नियुक्ति तथा मौजूदा शिक्षकों की क्षमता को बढ़ाकर उन्हें और कार्यकुशल बनाने की योजना शुरू की गयी।

सर्व शिक्षा अभियान के तहत ही केन्द्र सरकार ने ग्रामीण शिक्षा व्यवस्था में सुधार के लिए शिक्षा का अधिकार कानून लागू किया। यह कानून संसद में 04 अगस्त 2009 को पारित हुआ। इसके तहत 06 से 14 वर्ष की आयु के सभी बच्चों को स्कूल में पूर्ण कालिक प्राथमिक शिक्षा प्राप्त करने का अधिकार मिल गया। एक अप्रैल 2010 से सम्पूर्ण देश में शिक्षा का अधिकार अधिनियम लागू कर दिया गया है।

शिक्षा का अधिकार कानून 2009

शिक्षा के अधिकार कानून के प्रमुख प्रावधान निम्नलिखित हैं–

1. छह से चौदह वर्ष तक के हर बच्चे को निःशुल्क एवं अनिवार्य शिक्षा प्राप्त करने का अधिकार होगा।
2. बच्चों को शिक्षा देना माता-पिता का मौलिक कर्तव्य बना दिया गया है।
3. बच्चों के लिए घर से एक किमी. दूरी के दायरे में ही स्कूल की व्यवस्था करानी होगी।
4. सभी निजी स्कूलों में पहली कक्षा में प्रवेश के समय कमजोर वर्ग के बच्चों के लिए 25 प्रतिशत सीटें आरक्षित रखी जायेंगी।
5. निजी स्कूलों में बच्चों से किसी प्रकार की कैपिटेशन फीस नहीं ली जायेगी व बच्चों का स्क्रीनिंग टेस्ट नहीं लिया जायेगा।

6. बच्चों को न तो अगली कक्षा में जाने से रोका जायेगा और न ही स्कूल से निकाला जायेगा। उनके लिए बोर्ड परीक्षा पास करना भी अनिवार्य नहीं होगा।
7. प्रशिक्षित शिक्षक ही बच्चों को पढ़ाने का कार्य करेगें व अप्रशिक्षित शिक्षकों को प्रशिक्षण दिया जायेगा।
8. कोई भी स्कूल बच्चों को प्रवेश देने से मना नहीं करेगा।
9. प्रत्येक 40 बच्चों को पढ़ाने के लिए कम से कम दो प्रशिक्षित शिक्षक होगें। विकलांग, मंदबुद्धि छात्रों के लिए विशेष प्रशिक्षित शिक्षकों की व्यवस्था की जायेगी।
10. शिक्षकों की ड्यूटी जनगणना, चुनाव कार्य एवं आपदा राहत के अलावा अन्य किसी भी कार्य में नहीं लगायी जायेगी।
11. शिक्षा अधिकार कानून लागू करने में जो भी खर्च आयेगा उसे केन्द्र एवं राज्य सरकार दोनों मिलकर वहन करेगें।

शिक्षा का अधिकार कानून 2009 एवं प्राथमिक शिक्षा की वर्तमान दशा

शिक्षा का अधिकार कानून लागू होने के बाद से सरकार की स्कूली शिक्षा में सुधार करने की गंभीरता तो दिखायी दे रही है परन्तु इस कानून का जो वास्तविक लाभ बच्चों को मिलना चाहिए वह अब भी नहीं मिल पा रहा है। कानून की सक्रियता जितनी कागजों में दिखाई देती है उसका एक चौथाई भी जमीन पर नहीं दिखाई देता है।

हलाँकि निःशुल्क एवं बाल शिक्षा अधिकार अधिनियम के प्रावधानों को यथार्थ के धरातल पर उतारने के लिए उत्तर प्रदेश सरकार ने उ.प्र. निःशुल्क एवं बाल शिक्षा का अधिकार नियमावली 2011 अधिसूचित की है। बावजूद इसके बेसिक शिक्षा विभाग इसमें भी व्यवहारिक कठिनाइयां महसूस कर रहा है। शिक्षा के अधिकार अधिनियम की अनुसूची में दिए गए मानको के अनुसार न तो स्कूलों में पढ़ाई हो रही है और न ही पर्याप्त शिक्षक ही हैं। नियमावली में प्रावधान है कि स्थानीय प्राधिकारी (ग्राम पंचायत/नगर पंचायत/नगर पालिका/नगर निगम) अपने अधिकार क्षेत्र के अंतर्गत 6 से 14 वर्ष तक के सभी बच्चों को जन्म से लेकर 14 वर्ष तक की आयु प्राप्त होने तक के अभिलेखों का सर्वेक्षण के माध्यम से अनुरक्षण करेगा। इस प्रावधान का भी अनुपालन नहीं हो पा रहा है। इतना ही नही निजी स्कूलों में आज भी गरीब बच्चों के 25 प्रतिशत प्रवेश के नियम का पालन नही हो

पा रहा है। स्कूलों में जो शिक्षक नियुक्त भी हैं उनकी उपस्थिति नहीं के बराबर है। इसके लिए आजतक कोई ऐसी प्रणाली नहीं विकसित हो पायी जो शिक्षकों की उपस्थिति को नियमित कर सके।

सच तो यह है कि शिक्षा का अधिकार कानून आज भी सिर्फ कानून ही बनकर रह गया है इसकी प्रासंगिकता आज भी नहीं के बराबर ही है। आंकड़ों पर गौर करें तो आज भी देश के 19 करोड़ बच्चे स्कूलों से वंचित हैं। यह हाल पूरे देश का है। किसी राज्य में अधिक तो किसी में थोड़ा कम। छत्तीसगढ, उड़ीसा, अरूणांचल, मध्य प्रदेश, बिहार आदि राज्यों में यह संख्या आज भी बहुत अधिक है। सरकारी आंकड़ों के अनुसार जिन बच्चों द्वारा स्कूल में दाखिला ले लिया जाता है वे भी बीच में ही पढ़ाई छोड़ देते हैं। मानव संसाधन विकास मंत्रालय के आंकड़े के अनुसार बच्चों के स्कूल छोड़ने का प्रतिशत आज भी बहुत ज्यादा है।

गौरतलब है कि निःशुल्क एवं अनिवार्य शिक्षा का अधिकार कानून देश के बच्चों के लिए उठाया गया एक प्रशंसनीय कदम है। बावजूद इसके सबको मिलकर यह सुनिश्चित करना होगा कि देश के हर बच्चे को इस कानून का लाभ मिल सके। केवल कागजों में अभियान की सफलता दिखाकर अपनी पीठ थपथपा लेने से इस देश के बच्चों के साथ न्याय नहीं हो सकेगा। इसे जमीन पर उतारने के लिए सभी को जिम्मेदारी लेते हुए आगे आना पड़ेगा तभी जाकर शत प्रतिशत साक्षरता का सपना साकार होगा।

संदर्भ ग्रंथ

1. भटनागर सुरेश 2004 'भारत में शिक्षा व्यवस्था का विकास'।
2. गुप्ता वृंदासेन एवं मधुकर एस. के. 2009 'मध्याह्न भोजन एवं योजना का सामाजिक दृष्टिकोण'।
3. एन.सी.ई.आर.टी भारतीय आधुनिक शिक्षा अंक-3।
4. एन.सी.ई.आर.टी सर्व शिक्षा अभियान वृहत् लक्ष्य कमजोर प्रयास।
5. भारतीय आधुनिक शिक्षा जनवरी 2004।

10

Kasturba Gandhi Balika Vidayalaya : An Effective Mode of SSA For Girl Education

***Dr. Rashmi Singh**

After Independence India tried to move rapidly on the path of progress so an attempt was made to overhaul the educational system, during which it was found that about half of the Indian population was lagging behind at every level of education. This population consisted mainly Indian women who had a literacy rate of 8.86 and it became 54.16 in 2001. The government has made many effects by introducing various commissions to upgrade girl education. In 1958, National Women Education commission was appointed under the presidentship of Durgabai Deshmukh. The major objective of the commission was to give suggestions for various problems of women education. As per the recommendations of the commission, National Council of Women's Education was established in 1965. This commission suggested solutions to educational problems of girls and women and gave recommendations regarding expansion, correction and implementation of policies and programmes of women education. Smt. Hansa Mehta Committee, 1962, emphasized upon similar curriculum for boys and girls at primary level. Shri Bhakt Vatsalam Committee, 1963 recommended that the states should provide facilities in all fields to promote women education. Kothari Commission, 1966 emphasised upon women education by recommending separate schools, free hostels, frees hip, scholarship for girl. It further suggested administrative setup at state level and central level to promote women education. In National Education Policy, 1986 it was included that all barriers preventing primary education of girl should be removed.

The policy has paid attention to the basic issue of women's equality in the section titled 'Education for Women's Equality'. In 1991, Prof. Ramamurthy Committee suggested providing financial assistance especially and separately for women education. Mahila Samakhya Yojana was initiated in 1989 to empower women and it was related to girl education.

The purpose of providing education to girls is to make them play a positive role in their own development or in the development of the nation. Girl education in particular has assumed special significance in the context of India's planned development. Expanding educational opportunities for girls is desirable for increasing productivity in the farm, greater labour force participation, late marriage, lower fertility, child health and nutrition. Educationally developed women have been shown to be a critical ingredient in breaking the various multi-generational cycles of poor child health, lower educational performance, low income and high fertility. So efforts should be made to link girl education for longer social and economic development. Literacy for poor women is a tool for empowerment in a wider struggle against inequality and injustice in society.

Realising the fact that women's education is an important agent of social change, the makers of the constitution made some vital provisions for the spread of women's education in India. The Constitution guarantees on certain fundamental rights in article 14, article 15 prohibits any discrimination and article 15 (3) empowers the states to make a special provision for women and children. Article 45 of the part IV of the Constitution provides free and compulsory education to all the children upto the age of 14. In 1976, through ninety third constitutional amendment act, it made education a fundamental right.

The programme of Action, 1992 gave stress on literacy, UEE and making education an effective way for women's equality. On the basis of this policy the government has taken several educational initiatives such as Operation Black Board, District Primary Education Programme (DPEP), Mid-Day Meal Scheme (MDM) and Sarva Shiksha Abhiyan (SSA) etc.

The Sarva Shiksha Abhiyan (SSA) was conceived as a centrally sponsored scheme at the end of the Ninth Five Year Plan to improve the educational status in the country through interventions designed to improve accessibility, reduce gender and social gaps and improve quality of learning. The SSA laid down a framework for achieving the goals of universal enrolment through time bound targets and was conceived in a mission mode.

The objectives of Sarva Shiksha Abhiyan were :

- All children in school, Education Guarantee Centre, Alternate School, 'Back-to-School' camp by 2003; extended to 2005.
- Bridge all gender and social category gaps at primary stage by 2007 and at elementary education level by 2010.
- Universal retention by 2010.
- Focus on elementary education of satisfactory quality with emphasis on education for life.

With the implementation of SSA the overall literacy rate increased gradually but dropout rate of girls of deprived section and rural areas has increased at upper primary level. Various attempts, such as providing freeship, scholarship, books, dress, mid-day meal, made by govt. showed an increase in literacy rate but the goal is quite far. To accelerate the increase in literacy rate of girls, Kasturba Gandhi Balika Vidyalaya (KGBV) Scheme was launched in July, 2004, for setting up residential schools at upper primary level for girls belonging predominantly to the SC, ST, OBC and minority communities. The scheme is being implemented in educationally backward blocks of the country where the female rural literacy is below the national average and gender gap in literacy is above the national average. The scheme provides for a minimum reservation of 75% of the seats for girls belonging to SC, ST, OBC or minority communities and priority for the remaining 25% is accorded to girls from families below poverty line.

It was decided that the scheme will be coordinated with the existing schemes of Department of Elementary Education & Literacy viz. Sarva Shiksha Abhiyan (SSA), National Programme for Education of Girls at Elementary Level (NPEGEL) and Mahila Samakhya (MS).

The scheme would be applicable only in those identified Educationally Backward Blacks (EBBs) where, as per census data of 2001, the rural female literacy is below the national average and gender gap in literacy is more than the national average. Among these national average and gender gap in literacy is more than the national average. Among these blocks, schools may be set up in areas with: concentration of tribal population, with low female literacy andèor a large number of girls out of school; concentration of SC, OBC and minority populations with low female literacy andèor a large number of girls out of school areas with low female literacy; or areas with a large number of small, scattered habitations that do not qualify for a school.

Gender disparity still persists in rural areas and among disadvantaged communities. Looking at enrolment trends, there remain significant gaps in the enrolment of girls at the elementary level as compared to boys, especially at the upper primary levels which can be seen in the table given below :

Table – 1

Gross Enrolment Ratio In Std. VI-VIII For India (1998-99 & 2004-05)

Year	Classes VI-VIII	
	Boys	Girls
1998-99	65.27	49.08
2004-05	74.84	65.76

Source : Selected Educational Statistics, Ministry of HRD, GOI (1998-99, 2004-05)

There are various reasons for this gap in enrolment of boys and girls as :

- Girls help in domestic chores.
- They take care of siblings in the absence of parents.
- Parents hesitate to send their daughters to schools far away.
- Parents are concerned about the safety of their daughters.
- Girls take care of family elders.
- Girls go to work in the fields with parents.
- Some parents consider educating girls a waste as they are not future bread winners.

Therefore the problem of wastage and stagnation becomes acute at this stage. KGBVs are residential schools for girls providing remedies to many problems especially at the upper primary level.

Objective

The objective of KGBV is to ensure access and quality education to the girls of disadvantaged groups of society by setting up residential school with boarding facilities at elementary level especially at the upper primary level.

Strategies

Between 500 to 750 residential school will be opened in a phased manner over the Xth plan period at an estimated cost of Rs. 19.05lakh as recurring cost and Rs. 26.25lakh as non-recurring cost, per school. Initially, the proposed schools shall be opened in rented or other available Government building after deciding the location.

Such residential schools will be set up only in those backward blocks that do not have residential schools for elementary education of girls under any other scheme of Ministry of Social Justice and Empowerment and Ministry of Tribal Affairs. This shall be endured by the distract level authority of SSA at the time of actual district level planning of KGBV initiatives by co-ordinating with the other DepartmentsèMinistries. A list of educational complex being run by Ministry of Tribal Affairs is enclosed for facilitating selection of KGBV.

Setting up of residential schools where are a minimum of 50 girls predominantly from the SC, ST and minority communities available to study in the school at the school at the elementary level. The number can be more than 50 depending on the number of eligible girls. Three possible models for such school have been identified and given at.

- To provide necessary infrastructure for these schools.
- To prepare and procure necessary teaching learning material and aids for the schools.
- To put in place appropriate systems to provide necessary academic support and for evaluation and monitoring.
- At the primary level the emphasis will be on the slightly older girls who are out of school and were unable to complete schools

(10+). However, in difficult areas (migratory populations, scattered habitations that do not qualify for primaryèupper primary school) younger girls can also be targeted.

- At the upper primary level, emphasis will be on girls, especially, adolescent girls who are unable to go to regular schools.
- In view of the targeted nature of the scheme, 75% girls from SC, ST, OBC or minority communities would be accorded priority for enrolment in such residential school and only thereafter, 25% girls from families below poverty line.
- Established NGOs and other non-profit making bodies will be involved in the running of the schools, wherever possible. These residential schools can also be adopted by the corporate groups.

The scheme is being implemented in 27 StatesèUTs namely: Assam, Andhra Pradesh, Arunachal Pradesh, Bihar, Chhattisgarh, Dadara & Nagar Haveli, Delhi, Gujrat, Haryana, Himachal Pradesh, Jammu and Kashmir, Jharkhand, Karnataka, Madhya Pradesh, Maharashtra, Manipur, Meghalaya, Mizoram, Nagaland, Orissa, Punjab, Rajasthan, Tamil Nadu, Tripura, Uttar Pradesh, Uttarakhand and West Bengal.

2578 KGBVs were sanctioned by Government of India till date. Of these, 427 KGBVs have been sanctioned in Muslim concentration blocks, 612 in ST blocks , 688 in SC blocks. As on 31st January, 2009, 2423 KGBVs are reported to be functional (i.e. 94%) in the State and 1,90,404 girls enrolled in them; 50,630 SC girls (27%); 58,682 ST girls (31%); 50,161 OBC girls (26%); 18,206 BPL girls (9%); 12,725 Minority girls (7%). Out of the total 2578 sanctioned KGBVs, 547 KGBVs have been constructed + 1262 are in progress and 769 have not been started. The Kasturba Gandhi Balika Vidhyalaya scheme is merged with Sarva Shiksha Abhiyan in the XIth Plant with effect from 1st April, 2007.

With the implementation of SSA the overall literacy rate increased gradually but dropout of girls from deprived section and rural areas has increased at Upper Primary Level. Various attempts such as providing freeship, scholarship books, dresses, mid-day meal made by govt. showed an increase in the literacy rate but the goal is quite far.

Various Studies have shown that the KGBV Scheme has been quite fruitful. A number of promising initiatives can be seen in the

KGBVs. The KGBVs are well embedded as an integral part of the overall strategy for out of school children. In the Final Report of 'National Evacuation of KGBV, 2007' it has been observed that the KGBVs are playing an active role in overall development of under privileged girls with the enriched curriculum. The KGBV buildings are being built everywhere. In a study 'Kasturba Gandhi Balika Vidyalaya- Balika Shiksha Ke Liye Ek Sarthak Pahal,' by Mona Yadav, 2009, the functioning of KGBV was observed minutely and it was found that the confidence of the girl-students increased due to their stay in the school where they had same basic facilities which they were deprived of. Mona Yadav in her study on "Kasturba Gandhi Balika Vidyalaya in Allahabad District of U.P.- A Comparative Study' (2010) Studies KGBVs run under SSA, by Mahila Samnakhya & NGO. She found that all the KGBVs through being run by different organizations are functioning adequately and playing an important role in education of girls from deprived sections. Kajal Das, Sayed Nurus Salam & Samirranjan Adhikari Conducted a study on 'KGBV Scheme- A Facilitator in To Academic Motivation of the Female Learners' in 2013. The main objective of the study was to compare the motivational aspects between the girl students of Kasturba Gandhi Balika Vidyalaya and their counterparts. They concluded that the Kasturba Gandhi Balika Vidyalays seemed to be effective in making the deprived group to rise up to the level of general group in case of Self Efficacy and Intrinsic Value. National Report of KGBV Evaluation, Dec. 2013, found out that the KGBVs have definitely been addressing the needs of the girls from educationally backward areas and deprived sections.

If we are interested in increasing the enrolment and preventing wastage and stagnation, we must make the school vibrant and responsive. KGBV is an attempt in this direction by providing academic and infrastructural facilities to girls from underprivileged sections. Well-kept, clean schools that function regularly motivate students for enrolment and attendance. These schools help in controlling dropout rate which is high among girls in rural and backward areas. There is still a good difference between the literacy rate of males (82.14%) and females (65.46). This gap can be minimized by educating girls as it expands intellectual horizons and empowers the people to have better quality of life (Tilak 2003).

Education is the principle means of promoting welfare of individuals and quality of life. It is also considered as the key element of human development, the only and the greatest liberating force (Dhawan 1997).

Table- 2

Literate Persons As Percentage of All Persons In India (1995-2011)

Year	Males	Females
1951	25.0	12.9
1961	34.3	12.9
1971	39.5	18.7
1981	46.7	24.9
1991	52.7	32.1
2001	75.96	54.28
2011	82.14	65.46

Source : Census of India, Various Volumes.

This table shows literacy rates unequal across the sexes. Establishment of KGBVs is a right step to fill this gap and empower our daughters.

India is a signatory to the United Nations Millennium Declaration 2000 so it must initiate measures to achieve MDGs by 2015. The MDG No. 2 is to achieve universal primary education and 3A is to eliminate gender disparity in primary and secondary education preferably by 2005 and at all levels by 2015. As we envisage towards scaling new horizons in 21st century we must pay due attention to education which has always been the strongest medium to realize the social aspirations in effective and speedy manner. Without a viable and authentic education system the achievement of other MDGs also seem to be a distant dream. By educating our girls we would be able to achieve the targets of universal primary education as well as promoting gender equality and women empowerment. SSA & KGBV ensure a healthier and richer nation as those who have gone to school are healthier and less likely to live in poverty (UNESCO, 2008, World Bank, 2006).

References

- Report of SSA, GOI.
- ssa.ap.nic.in>girlseduation>kgbvs.
- https.èèen.m.wikipedia.org>wiki>kastu.
- Selected Educational Statistics, Ministry of HRD, GOI (1998-99, 2004-05)
- Ramchandran Vimala, Mehrotra Nishi, Jandhyala Kamleshwari (2007) : Incentives in Elementary Education : Do They Make a Difference? Journal of Education planning & Administration Vol. XXI, No.2, April.
- Census of India 2011.
- Tilak JBG (2003) : Education in Orissa : A Review of Progress, Problems & Perspectives for Future on School Education, Background Paper for Orissa UNICEF Development Report, Bhubneshwar.
- Dhawan G. (1997) : Educational Policy Since Independence, Kurukshetra Vol. XLV, No.11, August.
- Final Report of National Evaluation of KGBV, 2007.
- Yadav Mona (2009) : Kasturba Gandhi Balika Vidyalaya – Balika Shiksha Ke Liye Ek Sarthak Pahal, Prathamik Shikshak.
- Yadav Mona (2010) : Kasturba Gandhi Balika Vidyalaya in Allahabad District of U.P.- A Comparative Study, Primary Teacher.
- Das Kajal, Sayed Nurus Salam & Adhikari Samirranjan (2013) : KGBV Scheme – A Facilitator to Academic Motivation of the Female Learners.
- Census Reports of India, GOI (1991 to 2011).
- United Nations Millennium Declaration 2000.
- National Report KGBV Evaluation, 2013.

11

सर्वशिक्षा अभियान की चुनौतियाँ

*डॉ. बृजेश कुमार पाण्डेय

अंधकार को कोसने से अच्छा है एक दीपक जला दिया जाए और शिक्षा ही एक ऐसा दीप है जो अज्ञानता रूपी अंधकार को हमेशा के लिए खत्म कर सकता है। सर्वशिक्षा अभियान के रूप में सरकार इसी लक्ष्य पर काम कर रही है। इस अभियान का उद्देश्य है उन सभी पिछड़े बच्चों को शिक्षित करना जो कल तक अक्षर और किताबों की दुनिया से अनजान थे।

जहाँ वर्ष 1951 में हमारे देश में साक्षरता की दर सिर्फ 18.33 प्रतिशत थी, वहीं वर्ष 2011 में यह दर 75.8 प्रतिशत आंकी गयी। बावजूद इसके आज भी हमारे राष्ट्र के पिछड़ेपन का सबसे बड़ा और महत्वपूर्ण कारण निरक्षता ही है। बिहार, उत्तर प्रदेश, राजस्थान, मध्य प्रदेश, झारखण्ड जैसे कई राज्यों में आधी से ज्यादा महिलाएं आज भी निरक्षर हैं। यहाँ तक कि आदिवासी इलाकों में दुर्गम ग्रामीण क्षेत्रों में रहने वाली औरतों का अभी भी शिक्षा से कोई वास्ता नहीं है।

ऐसे ही लोगों को शिक्षित करने के लिए सरकार ने अपने आठ प्रमुख कार्यक्रमों में सर्वशिक्षा कार्यक्रम को शामिल किया है। इस कार्यक्रम के तहत समेकित बाल विकास योजना, आंगनबाड़ी तथा प्राथमिक विद्यालय के शिक्षकों को प्रशिक्षण देकर स्कूल-पूर्व शिक्षा को प्रोत्साहित किया जाता है। सर्वशिक्षा अभियान प्रारंभिक शिक्षा को सामुदायिक स्वामित्व वाली स्कूल प्रणाली के साथ सर्वव्यापी बनाने का एक प्रयास है।

उद्देश्य

सर्वशिक्षा अभियान का मुख्य उद्देश्य ऐसी बस्तियों में स्कूल खोलना है, जहाँ करीब एक किलोमीटर के दायरे में एक भी स्कूल नहीं है। इन स्कूलों में ऐसे बच्चों को

शिक्षा दी जाती है, जो स्कूल नहीं जाते हैं या फिर गरीबी के कारण जिनकी पढ़ाई बीच में ही छूट जाती है। इस अभियान का लक्ष्य वर्ष 2007 तक सभी बालक-बालिका को शिक्षा उपलब्ध कराना था और वर्ष 2010 तक सामाजिक भेदभाव दूर कर सभी को प्राथमिक स्तर की शिक्षा से जोड़ना था। बेहतर शिक्षा के अलावा कम्प्यूटर युक्त अध्ययन और बच्चों की देखभाल तथा इसके साथ ही लड़कियों की शिक्षा को प्रोत्साहित करना भी निहित है।

सर्वशिक्षा अभियान में बालिकाओं के लिए कई महत्वाकांक्षी योजनाएं शामिल की गयी हैं। आठवीं कक्षा तक की बालिकाओं के लिए मुफ्त पाठ्य-पुस्तकें और अधिक उम्र की बालिकाओं के लिए हेतु पाठ्यक्रम की व्यवस्था है। इनके अध्यापन के लिए 50 प्रतिशत महिला शिक्षकों की नियुक्ति का प्रावधान रखा गया है। लड़के-लड़कियों में एक समान शिक्षा देने के लिए शिक्षकों को संवेदनशील बनाने पर जोर दिया जा रहा है। स्कूल से बाहर ही बालिकाओं को विद्यालय में लाने के लिए शिविर का आयोजन भी किया जाता है।

बालिका शिक्षा को बढ़ावा देने के लिए चलाई गयी एक और योजना का नाम है- कस्तूरबा गांधी बालिका विद्यालय योजना। सन् 2004 में इस योजना की शुरूआत की गयी थी, जिसका उद्देश्य लड़कियों को उच्चतर प्राथमिक स्तर पर शिक्षा हासिल करने के लिए प्रोत्साहित करना है। सर्वशिक्षा अभियान के तहत कस्तूरबा गांधी बालिका विद्यालयों का वित्तपोषण 01 अप्रैल, 2007 से एक घटक के रूप में किया जाता है।

बालिका शिक्षा को बढ़ावा देने का नतीजा कई राज्यों में दिखने भी लगा है। केरल, तमिलनाडु, आन्ध्र प्रदेश जैसे कई प्रान्तों में लड़कियां उन सभी क्षेत्रों में काम कर रही हैं, जहाँ पहले पुरुषों का दबदबा था। यहाँ तक कि लड़कियों को ताड़ के पेड़ पर चढ़ने का भी प्रशिक्षण दिया जा रहा है। छत्तीसगढ़ में महिलायें स्वयंसेवी संस्थायें चलाकर स्वावलम्बी बन रही हैं।

अनुसूचित जाति एवं जनजाति और अल्पसंख्यक वर्गों के लिए विशेष प्रावधान

सर्वशिक्षा अभियान के अन्तर्गत देश के करीब दो सौ जिलों में अनुसूचित जाति एवं जनजाति के बच्चों पर विशेष ध्यान दिया जा रहा है। जहाँ इनकी संख्या अधिक है, वहाँ पर्याप्त संख्या में स्कूल खोले जा रहे हैं। इनके लिए निःशुल्क पाठ्यपुस्तकें भी उपलब्ध करायी जा रही हैं। अनुसूचित जाति व अनुसूचित जनजाति के

शिक्षकों की भर्ती के लिए आरक्षण की व्यवस्था है। इन वर्गों की लड़कियों को भी शिक्षा उपलब्ध कराने में प्राथमिकता दी जाती है।

सर्वशिक्षा अभियान में मुस्लिम बहुल राज्यों पर भी विशेष ध्यान दिया जा रहा है। स्कूलों में नामांकन के लिए मुस्लिम समुदाय के लिए अलग से श्रेणी रखी गयी है। मदरसों और मकतबों में दी जाने वाली शिक्षा को भी सर्वशिक्षा अभियान में शामिल किया गया है। मुस्लिम समुदाय के लड़कियों को कक्षा एक से आठ तक मुफ्त किताबें उपलब्ध करायी जाती हैं और जहाँ उर्दू माध्यम स्कूल हैं, वहाँ उर्दू पाठ्य पुस्तकें भी मुहैया करायी जाती हैं। अल्पसंख्यक बहुल पिछड़े इलाकों में केवल लड़कियों के लिए कस्तूरबा गांधी बालिका आवासीय विद्यालय बहुतायित से खोले गये हैं।

सर्वशिक्षा अभियान के अन्तर्गत सामाजिक, आर्थिक और शारीरिक रूप से असमर्थ बच्चों के लिए 1200 रूपये प्रति बालक प्रति वर्ष का प्रावधान भी किया गया है। इस योजना के तहत विकलांग बच्चों और विकलांग बालिकाओं की आवश्यकतानुसार स्कूल भवनों के निर्माण पर विशेष ध्यान दिया जा रहा है।

मध्याह्न भोजन योजना

नामांकन बढ़ाने, उन्हें बनाये रखने और उपस्थिति के साथ-साथ बच्चों के बीच पोषण स्तर सुधारने की दृष्टिकोण के साथ प्राथमिक शिक्षा के लिए राष्ट्रीय पोषण कार्यक्रम 15 अगस्त, 1995 से शुरू किया गया। केन्द्र द्वारा प्रायोजित इस योजना को पहले देश के 2408 ब्लाकों में शुरू किया गया। वर्ष 1997-98 के अंत तक एनपी-एनएसपीई को देश के सभी ब्लाकों में लागू कर दिया गया। वर्ष 2002 में इसे बढ़ाकर न केवल सरकारी सहायता प्राप्त और स्थानीय निकायों के स्कूलों में भी लागू कर दिया गया।

सर्वशिक्षा अभियान को और सुलभ बनाने के लिए देश के सभी जिलों में द्रुतगति से काम किया जा रहा है। ग्रामीण क्षेत्रों में 4 वर्ष से 16 वर्ष के बच्चों को सर्वसुलभ नामांकन सुनिश्चित कराने के लिए मध्याह्न भोजन की व्यवस्था की जा रही है।

शिक्षा गारंटी योजना तथा वैकल्पिक शिक्षा योजना

देश के अधिकांश ग्रामीण क्षेत्रों में एक किलोमीटर के दायरे में प्राथमिक स्कूल और शेष ग्रामीण बस्तियों में वैकल्पिक स्कूल शिक्षा की व्यवस्था की गयी है, जिसमें

शिक्षा गारंटी योजना भी शामिल है। इस योजना के हतहत बीच का कोई भी ऐसा इलाका जहाँ 6-14 आयुवर्ग के स्कूल से बाहर घट गये बच्चों की संख्या 25 है, वहाँ शिक्षा गारंटी योजना चलाई जायेगी और जब तक प्राथमिक स्कूल नहीं खुल जाता, तब तक इस योजना की अस्थायी व्यवस्था बनी रहेगी। इन केन्द्रों में बच्चों को औपचारिक पाठ्यक्रम पढ़ाया जाता है तथा निःशुल्क पाठ्य पुस्तकें और दोपहर का भोजन उपलब्ध कराया जाता है।

सर्वशिक्षा अभियान में समुदाय आधारित कार्यान्वयन और स्कूलों का स्वामित्व सुनिश्चित करने के लिए जगीनी स्तर पर विकेन्द्रीकरण और विचार-विमर्श पर बल दिया गया है। समुदाय आधारित दृष्टिकोण के जरिये बस्ती स्तर पर आयोजन, स्कूल कार्यकलापों की निगरानी और बड़ी संख्या में कार्यकलापों का निष्पादन ग्राम शिक्षा समितियों अथवा इनके समकक्ष संस्थाओं द्वारा किया गया है।

कम्प्यूटर शिक्षा पर जोर

सर्वशिक्षा अभियान को और अधिक कारगर बनाने के लिए प्राथमिक स्कूलों में कम्प्यूटर सहायक अध्ययन पद्धति को अपनाया जा रहा है। इस कार्यक्रम के तहत सावजनिक-निजी साझेदारी को प्रोत्साहित किया जाता है। ऐसी भागीदारी की सुविधा के लिए राज्य परियोजना निदेशकों और निजी उद्यम के प्रतिनिधियों के राथ शहरों में कार्यशालायें आगोजित की जाती हैं। शिक्षा की गुणवत्ता में सुधार के लिए उच्च प्राथमिक स्तर पर कम्प्यूटर की सहायता से शिक्षा और बच्चों के स्वतन्त्र प्रशिक्षण की व्यवस्था भी की जाती है।

समन्वय की आवश्यकता

हालांकि सर्वशिक्षा अभियान देश के कई राज्यों में पिछले कई वर्षों से चलाया जा रहा है, प्रदेश का हर बालक-बालिका शिक्षित हो, इसके लिए सरकार द्वारा मोटी धनराशि भी व्यय की जा रही है, लेकिन इस योजना में कहीं-न-कहीं समन्वय की कमी देखने को मिलती है। कई स्वयंसेवी संस्थायें भी इस अभियान को सफल बनाने में योगदान कर रही हैं, परन्तु अभी भी शिक्षा का प्रवाह गाँवों में पूरी तरह नहीं हो पाया है। गौर से देखा जाय तो इसमें कुछ दोष नजर आता है। प्राथमिक विद्यालय अपेक्षित रूप से अपने काम का दायित्व पूरा नहीं कर पा रहे हैं। ये विद्यालय अपनी अधिगम एवं जनसम्पर्क में आने वाली कठिनाइयों पर विचार-विमर्श

न करके सरकारी परिपत्रों के वाचन एवं विद्यालय प्रदत्त विभिन्न मदों की राशि के उपयोग एवं उनकी प्रगति का प्रतिवेदन एकत्र करने पर जोर देते हैं। फलतः विद्यालय के शिक्षक अपने शिक्षण अनुभवों के आदान-प्रदान से प्रशिक्षण प्राप्त करने से वंचित रह जाते हैं। होना यह चाहिए कि इन बैठकों में हमें विद्यालय शिक्षा समिति के अध्यक्षों को भी आमंत्रित किया जाये, तभी इस शिक्षा अभियान में जनता की भागीदारी सम्भव है, जो शिक्षक प्रशिक्षित और योग्य हैं, उनके धन के लिए विद्यालय में पुस्तकें नहीं है।

'डायट' जैसी संस्थाओं को पूर्ण सक्रिय होकर कई चरणों में प्रत्येक शिक्षक को प्रशिक्षित करना चाहिए, ताकि शिक्षकों पर किया गया व्यय व्यर्थ न जाय। शिक्षा की गुणवत्ता के लिए शिक्षकों की कार्यक्षमता एवं प्रशिक्षण के विभिन्न आयामों के प्रबन्धन पर विशेष ध्यान दिया जाना चाहिए।

विद्यालय शिक्षा-समिति एवं पंचायत के बीच वर्चस्व की लड़ाई नहीं, बल्कि समन्वय की बात होनी चाहिए। स्वैच्छिक संस्थाओं एवं विभागों के बीच आपसी तालमेल की भी आवश्यकता है।

यदि इन सभी बातों पर ध्यान दिया जाय और समीक्षा की जाय तो वह दिन दूर नहीं, जब इस अभियान की सफलता देश के हर गाँव में देखने को मिलेगी। इसी को ध्यान में रखते हुए इस संगोष्ठी का आयोजन किया गया है और इसमें निम्नलिखित बिन्दुओं पर चर्चा होगी—

1. सर्वशिक्षा अभियान का उद्देश्य, लक्ष्य
2. सर्वशिक्षा अभियान के घटक
3. मध्याह्न भोजन
4. सर्वशिक्षा अभियान के दस वर्ष
5. सर्वशिक्षा अभियान के वित्तीय संसाधन
6. सर्वशिक्षा अभियान के लक्ष्य की प्राप्ति कब तक
7. जिला प्राथमिक शिक्षा कार्यक्रम (डीपीइपी)

12

शिक्षा अधिकार अधिनियम :

सभ्य समाज की आवश्यकता

*डॉ. चमन कुमार

शिक्षा किसी सभ्य समाज की एक प्रमुख आवश्यकता है, बल्कि कहना चाहिए कि शिक्षा ही समाज को सभ्य बनाती है। शिक्षा से ही राष्ट्र की, समाज की और व्यक्ति की उन्नति सम्भव है। इसीलिए दुनिया के अनेक देशों में शिक्षा को मौलिक अधिकार के रूप में मान्यता प्रदान की गयी है। वस्तुतः शिक्षा के अधिकार के साथ-साथ शिक्षा में बराबरी की बात भी की जानी चाहिए। एक जैसी शिक्षा ही समतामूलक समाज का मजबूत आधार हो सकती है।

भारत में अब 'शिक्षा का अधिकार अधिनियम' संसद में पारित होकर कानून का रूप ले चुका है। इसके अन्तर्गत छः से चौदह की आयु के बच्चों को निःशुल्क शिक्षा प्रदान करने की व्यवस्था की गयी है। इस अधिनियम में बच्चों की शिक्षा के प्रति अध्यापकों, स्कूल और सरकार- सभी के कर्तव्य निश्चित कर दिये गये हैं। अब निःशुल्क शिक्षा प्राप्त करना सभी बच्चों का अधिकार है। शिक्षा का अधिकार अधिनियम में सभी बच्चों के लिए गुणवत्तापूर्ण और अनिवार्य शिक्षा प्रदान करने का प्रावधान है, जिससे ज्ञान, कौशल और मूल्यों से सम्पन्न करके उन्हें भारत का प्रबुद्ध नागरिक बनाया जा सके। बच्चों के लिए मुफ्त एवं अनिवार्य शिक्षा का अधिकार अधिनियम (Right to Education Act) 1 अप्रैल, 2010 से पूर्ण रूप से लागू हो गया।

शिक्षा से समाज को सभ्य बनाया जा सकता है। शिक्षा समाज के विकास, आर्थिक उन्नति और सार्वभौमिक सम्मान के लिए एक आवश्यक घटक है। हर नागरिक का यह मौलिक अधिकार होना चाहिए कि उसे जीने के अधिकार के रूप में शिक्षा का अधिकार भी हासिल हो।

यूनेस्को की शिक्षा के लिए वैश्विक मानिटरिंग रिपोर्ट-2010 के अनुसार- ''लगभग 135 देशों ने अपने संविधान में शिक्षा को अनिवार्य कर दिया है तथा मुफ्त एवं भेदभाव रहित शिक्षा सबको देने का प्रावधान किया है।'' भारत में सन् 1950 में 14 वर्ष तक के बच्चों को मुफ्त एवं अनिवार्य शिक्षा देने के लिए संविधान में प्रतिबद्धता का प्रावधान किया गया है। इसे अनुच्छेद 45 के तहत राज्य के नीति-निर्देशक सिद्धान्तों में शामिल किया गया है। 12 दिसम्बर, 2002 को संविधान में 86वां संसोधन किया गया और इसको संशोधित करके शिक्षा को मौलिक अधिकार बना दिया गया है। बच्चों के लिए मुफ्त एवं अनिवार्य शिक्षा का अधिकार अधिनियम 1 अप्रैल, 2010 से पूर्ण रूप से लागू हुआ। अब यह केन्द्र एवं राज्य के लिए कानूनी बाध्यता है कि मुफ्त एवं अनिवार्य शिक्षा सभी को सुलभ हो सके। तात्पर्य यह है कि सरकार प्रत्येक बच्चे की आठवीं कक्षा तक निःशुल्क पढ़ाई के लिए जिम्मेदार होगी। चाहे वह बालक हो या बालिका अथवा किसी भी वर्ग का हो। इस प्रकार इस कानून में देश के बच्चों को मजबूत साक्षर और अधिकार सम्पन्न बनाने का मार्ग प्रशस्त किया है।

शिक्षा का अधिकार अधिनियम सभी वर्ग के बच्चों तक शिक्षा पहुँचाने के लिए एक महत्वपूर्ण कदम है। इस अधिनियम का सर्वाधिक लाभ उनको है जिन तक अभी भी शिक्षा नहीं पहुँच सकी है अर्थात् श्रमिकों के बच्चों, बाल मजदूरों, प्रवासी बच्चों, विशेष आवश्यकता वाले बच्चों या फिर ऐसे बच्चों को जो सामाजिक, सांस्कृतिक, आर्थिक, भौगोलिक भाषायी अथवा लिंग कारकों की वजह से वंचित बच्चों में शामिल है- मिलेगा। इस अधिनियम के कार्यान्वयन के साथ ही यह उम्मीद भी है कि इससे विद्यालय छोड़ने तथा विद्यालय न जाने वाले बच्चों को अच्छी गुणवत्ता की शिक्षा प्रशिक्षित शिक्षकों के माध्यम से दी जायेगी।

आज यह सर्वाधिक विचारणीय प्रश्न है कि देश भर में स्कूलों से वंचित लगभग एक करोड़ बच्चों को शिक्षा प्रदान करना सचमुच हमारे लिए दुष्कर कार्य है। इसलिए इस लक्ष्य को साकार करने के लिए सभी हितधारकों—माता-पिता, शिक्षकों, स्कूल, गैरसरकारी संगठनों और कुल मिलाकर समाज और राज्य सरकार एवं केन्द्र सरकार की ओर से एकजुट एवं समन्वित प्रयास करना होगा तथा शिक्षा के अधिकार अधिनियम का लाभ जन-जन तक पहुँचाने के लिए संकल्पित होना पड़ेगा ताकि शिक्षा द्वारा सभ्य समाज का निर्माण हो सके।

शिक्षा अधिकार अधिनियम में इस बात का प्रावधान किया गया है कि पहुँच के भीतर वाला कोई निकटवर्ती स्कूल किसी भी बच्चे को प्रवेश देने से इंकार नहीं

करेगा। इसमें यह भी प्रावधान किया गया है कि प्रत्येक 30 छात्र के लिए एक शिक्षका अनुपात काय रखते हुए पर्याप्त संख्या में सुयोग्य शिक्षक स्कूलों में मौजूद होने चाहिए। स्कूलों को पांच वर्ष के भीतर अपने सभी शिक्षकों को प्रशिक्षित करना होगा। उन्हें तीन वर्षों के भीतर समुचित सुविधायें भी सुनिश्चित करनी होंगी, जिसमें खेल का मैदान, पुस्तकालय, पर्याप्त संख्या में अध्ययन कक्ष, शौचालय, शारीरिक विकलांग बच्चों के लिए निर्बाध पहुँच तथा पेयजल सुविधायें शामिल है। स्कूल प्रबन्धन समितियों के 75 प्रतिशत सदस्य छात्रों की कार्यप्रणाली और अनुदानों के इस्तेमाल की देखरेख करेंगे। स्कूल प्रबन्धन समीतियों अथवा स्थानीय अधिकारी स्कूल से वंचित बच्चों की पहचान करेंगे और उन्हें समुचित प्रशिक्षण के बाद उनकी उम्र के अनुसार समुचित कक्षाओं में प्रवेश दिलायेंगे। सम्मिलित विकास को बढ़ावा देने के उद्देश्य से निजी स्कूल भी सबसे निचली कक्षा में समाज के गरीब और हासिये पर रहने वाले वर्गों के लिए 25 प्रतिशत सीटें आरक्षित करेंगे। इसे साकार करना एक बड़ी चुनौती है।

मौजूदा स्थिति में लगभग 45 प्रतिशत स्कूलों में बालिकाओं के लिए शौचालय नहीं है। देश भर में 12.5 लाख शिक्षकों के पद खाली हैं। देश के 12.9 मान्यता प्राप्त प्रारम्भिक स्कूलों में अप्रशिक्षित शिक्षकों की संख्या लगभग 7.72 लाख है। जो कुल शिक्षकों की संख्या का 40 प्रतिशत है। लगभग 53 प्रतिशत स्कूलों में अधिनियम के प्रावधान के अनुसार निर्धारित छात्र शिक्षक अनुपात 1:30 से कम है।

जहाँ तक धन की कमी का प्रश्न है, इस अधिनियम में राज्यों के साथ हिस्सेदारी का प्रावधान है, जिसमें कुल व्यय में केन्द्र सरकार का हिस्सा 55 प्रतिशत है। वस्तुतः इस परियोजना की सफलता के लिए सभी हितधारकों की ओर से एक ईमानदार पहल की आवश्यकता है। सामने कई चुनौतियाँ भी हें। निम्न आय समूह वाले माता-पिता परिवार की आय बढ़ाने के लिए अपने बच्चों को काम करने के लिए भेजते हैं। अभी भी इस आयु वर्ग के बच्चों का विवाह होना और जीविका के लिए प्रवास करना भी एक ज्वलंत समस्या है।

कहा जाता है कि भारत की आत्मा गाँवों में निवास करती है। 'गाँव' शब्द सुनते ही हमारी आँखों में एक ऐसी छवि उभरती है जहाँ मूलभूत सुविधाओं का हमेशा अभाव रहता है, खासकर चिकित्सा और शिक्षा के क्षेत्र में। शिक्षा के क्षेत्र में स्थिति और भयावह है। गाँवों में प्राथमिक शिक्षा की स्थिति से आप और हम पूरी तरह से परिचित हैं। हर 30 बच्चों पर एक शिक्षक की योजना शायद ही कहीं

नजर आती है। कई जगह तो पूरा का पूरा स्कूल एक शिक्षक के भरोसे चल रहा है। ऐसे में शिक्षा के स्तर के सुधार या जिस प्रकार की शिक्षा हम हमारे स्कूलों में दे रहे हैं क्या वाकई वह ग्रामीण इलाके के बच्चों को फर्राटेदार अंग्रेजी बोलने वाले गुणवत्तापूर्ण निजी स्कूलों के बच्चों से मुकाबला करने के लिए तैयार कर पायेगी। ऐसे समय में सरकारी स्कूलों के बच्चों में आने वाली हीनभावना का जिम्मेदार आखिर कौन होगा। शिक्षा की असमानता आज मुख्य समस्या बनी हुई है। निजी स्कूलों और सरकारी स्कूलों में शिक्षा के स्तर में जमीन आसमान का अन्तर है। यही कारण है कि आज भी अभिभावक सरकारी स्कूलों की अपेक्षा निजी स्कूलों को ज्यादा तरजीह देते हैं।

शिक्षा के अधिकार अधिनियम पर तत्कालीन प्रधानमंत्री डॉ. मनमोहन सिंह ने कहा था कि मैं चाहता हूँ कि हर भारतीय बच्चा-लड़की और लड़का शिक्षा की रोशनी से रोशन हो। मैं चाहता हूँ कि हर भारतीय एक बेहतर भविष्य का सपना देखे और उस सपने को पूरा करने के लिए काम करे। प्रधानमंत्री ने अपने बचपन के दिनों को याद करते हुए कहा है कि उन्हें लम्बी दूरी तय करके विद्यालय जाना पड़ता था। मैं आज जो कुछ भी हूँ वह शिक्षा की वजह से हूँ। प्रधानमंत्री देशवासियों से अपील की थी कि वे शिक्षा के जरिये देश को मजबूत बनायें।

शिक्षा का अधिकार अब मौलिक अधिकार बन गया है, लेकिन इसको पूर्णाकार लेने में आज भी अनेकानेक अड़चने हैं। आज भी हम अपने आस-पास अनेक मासूम बच्चों को चाय की दुकान पर खाली कप उठाते और ढाबे पर बर्तन साफ करते देख सकते हैं। सरकार का यह प्रयास इस कानून के माध्यम से इन मासूमों को स्कूल की राह दिखाना है, लेकिन न तो अकेली सरकार और न ही अभिभावक इस प्रयास को परवान चढ़ा सकते हैं, बल्कि सामूहिक प्रयास से ही शिक्षा के अधिकार के लक्ष्यों को हासिल किया जा सकता है। यदि ऐसा नहीं हुआ तो बाकी नियमों की तरह यह कानून भी कागजों में सिमट कर रह जाय तो कोई हैरानी वाली बात नहीं होगी।

जी हाँ, यह बात एकदम सही है कि विभिन्न शहरों से जगह-जगह रोजमर्रा के कानून में जुटे 6 से 14 वर्ष आयु के सैकड़ों बच्चों को शिक्षा के अधिकार का अता-पता तक नहीं है। हालांकि शिक्षा का अधिकार लागू होने से पहले भी सर्व शिक्षा अभियान के तहत इन बच्चों को स्कूलों तक पहुँचाने के लिए सर्वे के जरिये प्रयास हो चुका है। लेकिन यह सर्वे महज औपचारिकता बन कर रहा गये हैं। आज भी एक तरह टाटपट्टी पर और पेड़ के नीचे चलती वर्नाकुलर (देशी भाषाओं के

लिए औपनिवेशिक गाली) यानि देशी भाषाओं की पाठशाला जो बच्चों के साथ खिलवाड़ के शिवा शायद ही कुछ करती हो। दूसरी तरफ विदेशी बोलों के पाँच सितारा स्कूल शिक्षा के समानता के नियम पर प्रश्नचिन्ह लागते हुए प्रतीत होते हें। शिक्षा का अधिकार अधिनियम इसमें कितना सेंध लगा पाता है, यह अभी भविष्य के गर्त में छिपा है। शिक्षा द्वारा ही सभ्य समाज का निर्माण होता है। इस कथन को चरितार्थ करने के लिए शिक्षा के अधिकार अधिनियम का कार्यान्वयन जमीनी स्तर पर होना अपरिहार्य है।

सन्दर्भ ग्रन्थ

1. mifindia.org
2. xn-11b4e4a1c.blogspot.com
3. humsamvet.org.in
4. www.bbc.com
5. southasia.oneworld.net
6. www.pravakta.com
7. agradoot.blogspot.com
8. www.pressnote.in

13

2015 की प्राथमिक शिक्षा में गुणवत्ता की चुनौती : एक विश्लेषण

*डॉ. संजीता कुमारी

**चन्द्रशेखर नाथ झा

वर्तमान भारत सरकार प्राथमिक शिक्षा के राष्ट्रीय मुद्दे को उसी रूप में आगे लेकर जाए जिस रूप में उसका विकास पिछले कुछ वर्षों में हुआ है। विगत कुछ वर्षों के विचार विमर्श के बाद शिक्षा की गुणवत्ता में सुधार लाने की सख्त जरूरत अब हमारी नीति में दिखाई दे रही है। अतः यह अत्यंत आवश्यक है कि शिक्षा के परिणामों को दी गई प्राथमिकता न केवल बरकरार रखी जाए बल्कि उसकी महत्ता को और मजबूती दी जाए।

वाजपेयी सरकार ने 2000-2001 में सर्व शिक्षा अभियान शुरू किया जो उसके पहले चल रहे जिला प्राथमिक शिक्षा कार्यक्रम (DPEP) का ही विस्तार था। जिसे यूपीए सरकार ने न केवल जारी रखा बल्कि उस पर और बल दिया। देश के 90 फीसदी से ज्यादा गाँव, टोला व मुहल्ले में प्राथमिक विद्यालय तो बने ही बल्कि 2013 तक 6-14 आयु वर्ग के 96 फीसदी से ज्यादा बच्चे विद्यालय में नामांकित थे। वर्ष 2009 में शिक्षा का अधिकार कानून आने से इसमें हमें और भी मदद मिली। यह कानून बच्चों को निःशुल्क और अनिवार्य बुनियादी शिक्षा का अधिकार देता है और इसमें गुणवत्तापूर्ण शिक्षा की भी बात कही गई है। यह बच्चों के लिए ऐसी शिक्षा की मांग करता है जो भय और तनाव से मुक्त हो। इस कानून का लागू होना निःसंदेह एक स्वागत योग्य कदम है, जो पिछले लगभग चार वर्षों में सरकार की प्राथमिक शिक्षा में सुधार करने के प्रति गंभीरता का प्रदर्शन कर रही है, परन्तु यह संदेह ही प्रतीत होता है कि क्या इस कानून का वास्तविक लाभ उन बच्चों को

मिल सकेगा, जिनके लिए यह बनाया गया है या फिर यह कानून सिर्फ कागजों तक ही सिमट कर रह जाएगा?

संसद ने इस कानून को लागू करने के लिए 2013 तक की समय-सीमा निर्धारित की थी और इस समय तक सभी स्कूलों में आधारभूत सुविधाओं के साथ ही पठन-पाठन की व्यवस्था को पहले से अधिक बेहतर करना था। इतना ही नहीं बल्कि इस कानून में यह समय-सीमा भी निर्धारित की गई थी कि मार्च - 2015 तक स्कूलों में जो भी शिक्षक होंगे, वे सभी प्रशिक्षित होंगे। इसके पीछे यह सोच थी कि सभी छात्रों को गुणवत्तापूर्ण शिक्षा मिले।

आइए कुछ प्रमुख चुनौतियों पर क्रमशः प्रकाश डालते हैं

1. शिक्षक हैं नहीं, कैसे हो पढ़ाई? - सबसे बड़ा सवाल यह है कि नये स्कूल खोलने की बात तो दूर, शिक्षकों की भारी कमी के बीच विद्यालय में नामांकित बच्चों की पढ़ाई कैसे हो। सर्व शिक्षा अभियान के तहत देशों में शिक्षकों के करीब 20 लाख रिक्त पदों को भरने का लक्ष्य रखा गया था। सितम्बर 2013 तक करीब 14 लाख 35 हजार पदों को ही भरा जा सका। लोकसभा में दिसम्बर 2014 में पेश रिपोर्ट के मुताबिक देश में करीब साढ़े नौ लाख शिक्षकों के पद खाली हैं। सीबीएसई के अनुसार देश में करीब 12 लाख शिक्षकों की कमी है। **आर टी आइ फोरम** की रिपोर्ट कहती है कि नयी कक्षाओं के निर्माण के बावजूद करीब 60 प्रतिशत बच्चे छात्र-शिक्षक अनुपात की समस्या झेल रहे हैं।

यूनेस्कों ने पिछले साल आकलन किया था कि भारत समेत दुनिया के 93 देशों में प्राथमिक स्कूलों में शिक्षकों की भारी कमी के कारण 2015 तक सबको शिक्षा देने का लक्ष्य प्राप्त नहीं किया जा सकता है।

रिपोर्टें कहती हैं कि हमारे देश में 10 फीसदी स्कूल केवल एक शिक्षक के भरोसे चल रहे हैं। कई रिपोर्टों में यह बात भी सामने आ चुकी है कि पूरे देश में विज्ञान, गणित और भाषा के शिक्षकों की बहुत कमी है और इसका असर बच्चों के सीखने की क्षमता पर पड़ रहा है। हाल ही में **'असर' (Annual Status of Education Report) 2014** की सर्वे प्राथमिक शिक्षा की गुणवत्ता की पोल खोलते हुए यह बतलाती है कि पाँचवी कक्षा के आधे बच्चे सरल हिन्दी के वाक्य नहीं पढ़ सकते और ये वाक्य ऐसे हैं जो दूसरी कक्षा में सिखाए जाते हैं। कक्षा पाँचवी के आधे बच्चें दो अंको वाला घटाव नहीं कर सकते, जो दूसरी कक्षा में सिखाया जाता है। कक्षा आठवीं के आधे बच्चे साधारण से भाग नहीं कर सकते,

जो पाँचवी कक्षा में सिखाए जाते हैं। यह हाल है हमारी शिक्षा व्यवस्था का और यही हाल रहा तो शायद आगे की कक्षाओं में वैसे बच्चों की सारी किताबें उनके सिर के ऊपर से निकलेगी।

सवाल यह भी उठता है कि क्या हम केवल स्कूलों में भर्ती और मध्याह्न भोजन के आँकड़ों का ही जश्न मनाते रहेंगे कि क्या हम स्कूलों में शिक्षण की गुणवत्ता को भूल जाएँगे? क्या सिर्फ खुद का नाम लिख लेना या न्यूनतम स्तर पर पढ़ने और गणित के सामान्य सवालों को हल करने की योग्यता ही हम हासिल कर पाएँगे? हमें यह नहीं भूलना चाहिए कि पढ़ने और गणित की आधारभूत योग्यता इतनी महत्वपूर्ण इसलिए है कि बाद के वर्षों में कोई इसे नहीं सिखाता। ऐसी योग्यता से रहित छात्र केवल फिसड्डी छात्र ही कहलायेंगे और ये हमारी शिक्षा व्यवस्था में मंडराते रहेंगे। ऐसी शिक्षा भला किस काम की? इस पर आज सभी को विचार करने की अत्यंत आवश्यकता है।

2. अनुबंधित शिक्षकों के भरोसे कब तक? — शिक्षा के अधिकार कानून में अनुबंधित शिक्षकों की नियुक्ति पर पूरी तरह से रोक है लेकिन राज्य सरकारें शिक्षकों की कमी को दूर करने के नाम पर धड़ल्ले से अनुबंधित शिक्षक, गेस्ट शिक्षक और शिक्षामित्र नियुक्त कर रहे हैं। इन शिक्षकों को एक ओर कम वेतन दिया जाना एक भारी समस्या है तो दूसरी ओर ये खुद ही प्रशिक्षित नहीं हैं, इसलिए इसका असर सीधे तौर पर बच्चों के भविष्य पर पड़ रहा है।

योजना आयोग के अनुसार स्कूलों में पढ़ाने वाले करीब 8.1 लाख शिक्षक अप्रशिक्षित हैं। बिहार, मध्यप्रदेश और झारखण्ड जैसे राज्यों के प्राथमिक स्कूलों में 40 फीसदी शिक्षक पैराटीचर्स हैं। इनके प्रशिक्षण के लिए सरकारी प्रशिक्षण स्कूल तो हैं, लेकिन वहाँ शिक्षकों के प्रशिक्षण की पुख्ता व्यवस्था नहीं है और आज जिन प्रशिक्षण स्कूलों में शिक्षण का प्रशिक्षण दिया जा रहा है, वे निजी क्षेत्रों द्वारा संचालित किया जा रहे हैं और ताज्जुब इस बात का भी है कि देश में 92 फीसदी से अधिक शिक्षण प्रशिक्षण केन्द्र निजी क्षेत्रों द्वारा संचालित हो रहे हैं।

इन प्रशिक्षण केन्द्रों से शिक्षण-प्रशिक्षण की डिग्री लेकर निकले शिक्षकों की स्थिति का अंदाजा इसी बात से लगाया जा सकता है कि केन्द्र सरकार द्वारा ली जा रही **केन्द्रीय शिक्षक पात्रता परीक्षा** में मात्र 10 फीसदी छात्र ही पास हो पा रहे हैं।

3. आउट ऑफ स्कूल रेट में कोई बदलाव नहीं? — सरकारी आँकड़ों को ही मानें तो वर्ष 2000 से 2012 के बीच देश में प्राथमिक स्कूल जाने वाले बच्चे

1 करोड़ 60 लाख बढ़ गए परन्तु फिर भी करीब 14 लाख बच्चे अब भी स्कूल से बाहर हैं। देश में 6 से 11 साल की उम्र के करीब 12 करोड़ 50 लाख बच्चे हैं। इनमें 6.3 करोड़ लड़के और 5.9 करोड़ लड़कियाँ हैं। स्कूल नहीं जाने वाले लड़को का अनुपात जहाँ 14 फीसदी है, जबकि लड़कियों का 18 फीसदी है। इसके अलावा शारीरिक रूप से कमजोर बच्चों का एक बड़ा हिस्सा स्कूल से बाहर है। करीब 29 लाख बच्चे शारीरिक अक्षमताओं के शिकार हैं, जिनमें करीब 10 लाख बच्चों को स्कूल में प्रवेश ही नहीं मिला। इससे साफ झलकता है कि **ड्रॉप आउट रेट** को कम करने में अभी भी हमें कामयाबी हासिल नहीं हुई है क्योंकि आँकड़े यह स्पष्ट करते हैं कि प्राइमरी स्कूलों में 71.4 और अपर प्राइमरी स्कूलों में 71. 1 फीसदी छात्र ही स्कूल जाते हैं बाकी बच्चे अभी भी स्कूल से बाहर हैं।

4. शिक्षा में निजीकरण को बढ़ावा क्यों? – कुल मिलाकर यही स्थिति देखने को मिल रही है कि इस देश में शिक्षा व्यवस्था के सार्वजनीकरण को बढ़ावा देने के बजाय निजीकरण को प्रोत्साहित किया जा रहा है कभी **वाउचर सिस्टम** के जरिये गुणवत्तापूर्ण शिक्षा दिये जाने की बात हो रही है तो कभी **पब्लिक प्राइवेट मॉडल** को लागू करने की बात हो रही है। कई जगहों पर तो स्कूलों को संचालित करने की जिम्मेवारी **कॉरपोरेट सेक्टर** को दे दी गयी है। यहाँ तक कि दिल्ली में भी 55 स्कूलों के संचालन की जिम्मेवारी निजी क्षेत्र की कंपनियों के हवाले कर दिया गया है। ताज्जुब तो यह हैं कि लगभग एक लाख सरकारी स्कूलों को बंद कर दिया गया है। इन स्कूलों को बंद करने के पीछे तर्क यह दिया गया कि इन स्कूलों में बच्चे कम हैं। शिक्षा के अधिकार कानून में यह स्पष्ट प्रावधान हैं कि एक किलोमीटर के दायरे में स्कूल खोला जाना है, लेकिन यह तर्क देना कि स्कूलो में बच्चे नहीं हैं, इसलिए स्कूल बंद कर दिये जाएँ, यह किसी के गले नहीं उतरने वाला। असली बात तो शायद यह है कि शहरी इलाकों में स्कूलों की जमीन पर कॉरपोरेट की नजर है और वह बेहतर शिक्षा के बहाने इसे हासिल करने की कवायद में लग गया है। आँकडे यह भी बतलाते हैं कि प्राइवेट स्कूलों में पढ़ने वाले छात्रों का अनुपात 23.7 से बढ़कर 30.8 फीसदी हो गया वहीं शहरी इलाकों में तो 39 फीसदी छात्र प्राइवेट स्कूलों में पढ़ते हैं।

5. स्कीम की तर्ज पर लागू होना एक गलत सोच है? – दरअसल शिक्षा के अधिकार कानून को इस देश में एक अधिकार के रूप में लागू किया गया है और हम उस सोच से बाहर ही नहीं आ पा रहे हैं। दुनिया का कोई भी देश हो,

वहाँ शिक्षा के सार्वजनीकरण के जरिये ही देश का विकास हो सकता है और ऐसा सरकारी व्यवस्था के जरिये ही संभव है। निःशुल्क और अनिवार्य शिक्षा तभी लागू हो सकती है, जब इस पर सरकार पूरे तरीके से ध्यान दे और इसका सही-सही **मॉनिटरिंग** करे। एक तरफ जहाँ गरीब माँ-बाप अपने बच्चों को शिक्षित करना चाहते हैं तो वहीं दूसरी तरफ पिछले 10 सालों में स्कूली शिक्षा के खर्च में 10 गुना बढ़ोतरी हो गयी है और फिर भी शिक्षा आम लोगों के पहुँच से बाहर जा रही है। इसमें तो कोई संदेह नहीं कि नर्सरी से लेकर उच्च शिक्षा तक कॉरपोरेट का बोलबाला है और इसलिए शिक्षा काफी महँगी होती जा रही है।

6. मॉनीटरिंग की व्यवस्था क्यों नहीं? — आज दुनिया के कई देश 2015 के बाद के लक्ष्य को निर्धारित करने की दिशा में आगे बढ़ रहे हैं। ये देश माध्यमिक शिक्षा के सार्वजनीकरण की ओर आगे बढ़ रहे हैं जबकि हम इसके लक्ष्य से काफी दूर हैं। इसलिए हमें गंभीरता से इस लक्ष्य को पूरा करने की दिशा में आगे बढ़ना होगा। साथ हीं बेहतर प्रशिक्षण की व्यवस्था करनी होगी और **मॉनीटरिंग** के स्तर को सुधारना होगा। आजकल देश की निजी संस्थाओं द्वारा यह तर्क दिया जाता है कि वे शिक्षा की गुणवत्ता को बेहतर तरीके से अपने स्कूलों में लागू करते हैं। इस देश में **केन्द्रीय विद्यालयों, नवोदय विद्यालयों** में **गुणवत्तापूर्ण** शिक्षा दी जा रही है? आज इन स्कूलों में न केवल शिक्षा के अधिकार कानून के सभी मानक लागू किये जा रहे हैं बल्कि रिजल्ट के मामले में भी या शिक्षकों के ज्ञान के स्तर के मामले में भी ये स्कूल किसी भी मायने में बड़े-बड़े निजी स्कूलों से कम नहीं है। क्या कभी किसी ने ये सोचा कि ऐसा क्यों हो रहा है? दरअसल, इन स्कूलों को ज्यादा से ज्यादा फंड मुहैया कराया जाता है, क्योंकि वहाँ **मॉनीटरिंग** की उच्च व बेहतर व्यवस्था है। सोचिये अगर बाकी स्कूलों में भी यह किया जाये, तो शिक्षा के निजीकरण और इस कारण से गुणवत्तापूर्ण शिक्षा मिलने का तिलिस्म खत्म होगा और हमारे बच्चे बेहतर शिक्षा की ओर बढ़ेंगे।

निष्कर्ष — अंततः यही लगता है कि आपदा सर पर सवार है और सरकारें बेखबर है। माँ - बाप को लगता है कि परीक्षा खत्म होने की वजह से पढ़ाई का स्तर गिर रहा है। सरकार को भी यह काम आसान लगता है कि स्कूलों में योग्य अध्यापकों की नियुक्ति करना और उनसे काम लेना मुश्किल है जबकि परीक्षाएँ दुबारा शुरू कर देना आसान है। यह सत्य है कि 2009 में आरटीइ को गाजे-बाजे

के साथ शुरू किया गया था और इससे देश की जनता को काफी उम्मीदें थी किन्तु आज यह काननू लगभग फेल सा हो गया है और सरकारी स्कूलों में बच्चों को अच्छी शिक्षा देने के सपने को दफनाने की तैयारी चल रही है।

संदर्भ ग्रन्थ

1. दैनिक भास्कर, शुक्रवार, 02.01.2015
2. प्रभात खबर, शुक्रवार, 16.01.2015
3. दैनिक भास्कर, गुरूवार, 22.01.2015
4. दैनिक भास्कर, शुक्रवार, 23.01.2015
5. दैनिक भास्कर, सोमवार, 07.07.2014

14

आधुनिक सामाजिक परिवेश में सर्व-शिक्षा अभियान का प्रभाव

*डॉ. अशोक सिंह

सर्व शिक्षा अभियान के क्रियान्वयन से क्या हम उन लक्ष्यों को प्राप्त कर पायें जो पहले सोचा गया था? वर्तमान सामाजिक परिवेश पर इस महत्वाकांक्षी योजना का प्रभाव, बढ़ती साक्षरता दर से परिवर्तित सामाजिक पर्यावरण, परिवर्तित परिवेश में शिक्षा का महत्व सामाजिक समस्याओं के निराकरण में शिक्षा की भूमिका इत्यादि तथ्य इस अध्ययन के केन्द्र बिन्दु हैं। इस परिप्रेक्ष्य में प्रस्तुत अध्ययन आधुनिक परिवेश में सर्वशिक्षा अभियान का प्रभाव, शिक्षा का समाज पर पड़ रहे प्रभावों का समीक्षात्मक विश्लेषण है।

मानव द्वारा आदिकाल से ही ज्ञान का संचय किया जाता रहा है। प्रत्येक नई पीढ़ी को पुरानी पीढ़ी द्वारा कुछ ज्ञान सामाजिक विरासत में प्राप्त होते हैं और कुछ को वह स्वयं अर्जित करता है। मानव की प्रत्येक पीढ़ी में सीखने की प्रक्रिया की सहायता से और हस्तानान्तरण के द्वारा ज्ञान की बश्द्धि होती गयी। ज्ञान की यह परंपरात्मक श्रृंखला ही शिक्षा है, जिसके द्वारा मानव ने अपनी मानसिक, आध्यात्मिक और सामाजिक प्रगति की है। शिक्षा ने ही मानव का स्तर ऊँचा उठाया और श्रेष्ठ सांस्कृतिक प्राणी बनाया है। चीनी संत कनफ्यूसस ने कहा था कि ''अज्ञानता एक ऐसी रात्रि के समान है जिसमें न चांद है और न तारें'' शिक्षा का उद्देश्य ज्ञान रूपी प्रकाश को प्राप्त कर अज्ञान रूपी अंधेरी रात्रि के अंधकार को दूर करना है। फिलिप्स कहते है ''शिक्षा वह संस्था है जिसका केन्द्रिय तत्व ज्ञान संग्रह है।'' शिक्षा समाज की एक महत्वपूर्ण और प्रमुख संस्था है, जो व्यक्तियों के सामाजीकरण की एक प्रमुख एजेंसी है। इसी कारण अनेक समाजशास्त्री जैसे अगस्तकांम्ट, इमाईलदुर्खीम, मैक्स बेवर इत्यादि प्रारम्भिक समाजशास्त्रियों ने भी शिक्षा व्यवस्था के विश्लेषण में अपनी रूची दिखायी।

आधुनिक समाजशास्त्रियों में **टालकट पारसंस**[1] ने शैक्षणिक व्यवस्था की एक छोटी इकाई कक्षा का भी एक व्यवस्था के रूप में अध्ययन करके दिखाया है। भारतीय समाजशास्त्रीयों में एम.एस. गोरे, सूमा चिटनिस, आई. पी. देसाई, वाई.वी. दाम्ले इत्यादि ने शिक्षा को समाज की एक उपव्यवस्था एवं प्रक्रिया के रूप में अध्ययन करने का मार्ग प्रशस्त किया है।

सुमा चिटनिस[2] ने शिक्षा व्यवस्था को दो रूपों में प्रस्तुत किया है–

1. शिक्षा लक्ष्यों व्यवहारों और पद्धतियों की व्यवस्था के रूप में तथा
2. शिक्षा भूमिकाओं की व्यवस्था के रूप में।

इस दृष्टि से शिक्षा एक उपव्यवस्था के रूप में छात्रों, प्रबन्धकों, अधिकारियों, अभिभावकों के बीच परस्पर सम्बन्धों अर्थात उनकी सामाजिक परिस्थितियों एवं भूमिकाओं का अध्ययन किया जा सकता है।

पी. जिसवर्ट[3] ने लिखा है कि ''शिक्षा का अर्थ नई परिस्थितियों को औपचारिक रूप से सामाजिक विरासत को हस्तानान्तरित करना है।'' शिक्षा के द्वारा शिक्षार्थी समाज में प्रचलित मूल्यों से सरलता से अनुकूलन कर लेता है। इसका उद्‌देश्य शिक्षार्थी का भौतिक, बौद्धिक एवं मानसिक विकास करना तथा उसे समाज द्वारा स्वीकृत मान्यताओं के अुनसार व्यवहार करने के लिए प्रेरित करके एक अच्छा नागरिक बनाना है। यह मानव समाज के वयस्क सदस्यों द्वारा अपनी आने वाली पीढ़ियों के रूवरूप को अपने जीवन आदर्शो के अनुरूप ढालने का प्रयास है। इसलिए इस कौशल एवं स्वीकृत मनोवृत्तियों को हस्तानान्तरित करने की एक प्रक्रिया ही कहा गया है। **हरालाम्बोस एवं हेल्ड**[4] ने लिखा है कि ''स्कूल वह स्तम्भ प्रदान करता है जिसमें कुशलताओं को सीखा जाता है, इस तरह वह लघु रूप में समाज है। सामाजिक व्यवस्था का एक मॉडल है।''

साक्षरता के उठते स्तर ने सभी सामाजिक आर्थिक, राजनैतिक, एवं सांस्कृतिक क्षेत्रों को प्रभावित किया है। **हाल्से, फ्लाउर एवं एंडर्सन**[5] ने लिखा है कि शिक्षा व्यवस्था उत्तरोत्तर श्रम शक्ति के निर्माण के प्रति समर्पित होती गयी है। यह वह विशाल संयन्त्र है, जिसके माध्यम से व्यवसायिक भर्ती और प्रशिक्षण प्राप्त होता है।'' यह आम धारणा है कि देश एवं समाज की बढ़ती साक्षरता दर एवं गुणवत्तायुक्त शिक्षा समाज एवं देश की दशा एवं दिशा को बदल देगी। मगर कुछ प्रश्न समकालीन समाज में उठ रहे हैं जैसे क्या शिक्षित व्यक्ति ही सामाजिक, नैतिक एवं सांस्कृतिक मूल्यों के अनुरूप व्यवहार करता है ? समाज में व्याप्त दोषों

जैसे जातिवाद, क्षेत्रवाद, भाषावाद, धार्मिक संक्रिणता, दहेज, लैंगिक भेदभाव, भाई-भतीजावाद, व्यभिचार, भ्रष्टाचार एवं अपराध इत्यादि पर शिक्षित व्यक्ति, अशिक्षित व्यक्ति से क्या अलग राय रखता है? अथवा उससे भिन्न व्यवहार करता है ? ये कुछ ऐसे प्रश्न है जिसपर आम राय नहीं दिखती। कुछ लोग जैसे **लुईस अलथुसर, बाउलस एवं जिन्टिस**[6] कुछ अलग ही विचार रखते हैं। इनका मानना है कि बढ़ते शैक्षणिक स्तर से समाज में वर्गवादी विचारधारा का पुनरूत्पादन, वर्ग व्यवस्था का संरक्षण विशेषाधिकार का संरक्षण इत्यादि बढ़ता जा रहा है। **ईवान इलिच**[7] का सुझाव है कि समाज को स्कूल विहीन किया जाय और उनकी जगह **कुशलता विनिमय** की संस्थाएं स्थापित की जाय। जहां वे लोग शिक्षा दे जो व्यवहारिक जीवन में किसी कार्य को कर रहे हैं और बालक व्यवहारिक कार्य से गुजरते हुए उन कुशलताओं को अर्जित करें । सीखने का यह ताना-बाना ही बालकों में रचनात्मकता और खोजी प्रवृत्ति को प्रोत्साहन दे सकेगें।

किसी भी देश में शिक्षा की सुदृढ व्यवस्था के लिए शिक्षा की प्रशासनिक व्यवस्था का उत्तम होना आवश्यक है शिक्षा व्यवस्था के अच्छे होने का सीधा प्रभाव विद्यार्थियों पर पड़ता है। सुचारू शिक्षा व्यवस्था के अन्तर्गत छात्रों को शिक्षित करने के लिए विद्यालयों शिक्षिकों शैक्षिक सामाग्री व पाठ्यक्रमों इत्यादि की आवश्यकता पड़ती है शिक्षा हमारे जीवन की अनिवार्य जरूरत है। क्योंकि ज्ञान के क्षितिज शिक्षा ही खोलती है। शिक्षा व्यक्ति की सर्वांगिण विकास सामाजिक एवं राष्ट्रीय प्रगति तथा सभ्यता और संस्कृति के विकास के लिए अनिवार्य है। देश तथा समाज के लिए उपयोगी सुयोग्य संवेदनशील एवं उत्तरदायी नागरिकों के निर्माण में शिक्षा की भूमिका सर्वाधिक महत्वपूर्ण है। आज मनुष्य जो सभ्यता और संस्कृति के सर्वोच्च शिखर पर सुशोभित हो रहा है उसका मूल कारण शिक्षा ही है, शिक्षा की व्यवस्था इस प्रकार की हो जो व्यक्ति का सर्वांगिण विकास करें।

आजादी के बाद शिक्षा पर विशेष ध्यान दिया गया। विभिन्न पंचवर्षीय योजनाओं में शिक्षा पर विशेष बल दिया गया। वर्तमान में राष्ट्रीय व्यय का लगभग 6 प्रतिशत व्यय शिक्षा पर होने लगा है। आशय यह है कि भारतीय समाज का शैक्षणिक स्तर ऊपर उठ सके। राष्ट्रीय शिक्षा नीति 1986 में यह निर्धारित किया गया कि "यह सुनिश्चित किया जायेगा कि 21वीं सदी में प्रवेश के पहले 14 वर्ष के सभी बच्चों को सन्तोषजनक गुणवत्तायुक्त, मुफ्त और अनिवार्य शिक्षा प्रदान की जायेगी।" सर्व-शिक्षा अभियान (एस.एस.ए.) भारत सरकार का एक प्रमुख कार्यक्रम है जिसकी शुरूआत माननीय अटल बिहारी बाजपेयी द्वारा एक निश्चित

समयावधि के तरिके से प्राथमिक शिक्षा के सार्वभौमिकरण को प्राप्त करने के लिए किया गया। जैसा कि संविधांन के 86वें संशोधन द्वारा निर्देशित किया गया है। जिसके तहत 6 - 14 वर्ष के बच्चों को मुफ्त और अनिवार्य शिक्षा के प्रावधान को मौलिक अधिकार बनाया गया है। इस कार्यक्रम का उद्देश्य 2010 तक संतोषजनक गुणवत्ता वाली प्राथमिक शिक्षा के सार्वभौमिकरण को प्राप्त करना था। एस.एस.ए. में आठ मुख्य कार्यक्रम हैं जिनमें आई.सी.डी.एस. और आंगनबाड़ी प्रमुख हैं। इसमें कस्तूरबा गांधी बालिका विद्यालय योजना (के.जी.बी.वी.वाई.) की शुरूआत 2004 में हुई जिसमें सभी लड़कियों को शिक्षा देने का सपना देखा गया। बाद में यह योजना एस.एस.ए. के साथ विलय हो गयी।

सर्वशिक्षा अभियान का मुख्य उद्देश्य यह था कि –

1. 2005 तक देश के सभी बच्चें स्कूल से जुड़ सके ।
2. 2005 तक प्राथमिक शिक्षा का 5 वर्ष पूरा करना और 2010 तक स्कूली शिक्षा का 8 वर्ष पूरा करना।
3. सन्तोषजनक गुणवता व जीवन के लिए शिक्षा पर बल देना।
4. 2007 तक प्राथमिक स्तर पर और 2010 तक प्रारम्भिक स्तर पर सभी लैंगिक और सामाजिक अन्तर को समाप्त करना ।
5. वर्ष 2010 तक सार्वभौमिक प्रतिधारण, सर्वशिक्षा अभियान कार्यक्रम के अनुसार उन बस्तियों में नये स्कूल बनाने का प्रयास किया जाना जहां स्कूली शिक्षा की सुविधा नहीं है और अतिरिक्त कक्षा शौचालय, पीने का पानी रख-रखाव अनुदान और स्कूल सुधार अनुदान के माध्यम से मौजूदा स्कूलों की बुनियादी ढांचें में विकास करना है। जिस स्कूलों में अपर्याप्त शिक्षक है उनमें अतिरिक्त शिक्षक मुहैया कराना एवं उन शिक्षकों का व्यापक प्रशिक्षण करना है। ब्लाक और जिला स्तर पर एक क्लस्टर पर अकादमिक सहायता संरचना को मजबूत बनाने के लिए अनुदान से सुदृढ़ बनाया जाना है। सर्वशिक्षा अभियान, जीवन कौशल सहित, गुणवत्तायुक्त, प्रारम्भिक शिक्षा प्रदान करता है। सर्वशिक्षा अभियान द्वारा लड़कियों और विशिष्ट आवश्यकता वाले बच्चों पर विशेष रूप से ध्यान केन्द्रित किया जाता है। इसके अन्तर्गत डिजिटल अन्तराल को खत्म करने के लिए कम्प्यूटर शिक्षा प्रदान करने की व्यवस्था की गयी। बच्चों की उपस्थिति कम न हो, इस हेतु मध्यान्ह भोजन की शुरूआत की गयी थी। अच्छे एवं आशातित परिणामों के लिए सर्वशिक्षा अभियान के परिव्यय को 2005-06 में 7156 करोड़ रूपये से 2006-07 में 10004 करोड़

रूपये तक कर दिया गया। साथ ही 500000 अतिरिक्त क्लासरूम का निर्माण और 150000 अतिरिक्त शिक्षिकों की नियुक्ति करना लक्ष्य था। वर्ष 2006-07 के दौरान शिक्षा उपकर के माध्यम से राजस्व से प्रारम्भिक शिक्षा कोष के लिए 8746 करोड़ रूपये हस्तानान्तरण करने का फैसला लिया गया।

हस्तक्षेप : सर्वशिक्षा अभियान के 15 हस्तक्षेप हैं।

1. बी.आर.सी. की स्थापना ।
2. सी.आर.सी. की स्थापना।
3. एम.जी.एल.सी. एण्ड ए.आई.ई. सभी बच्चों को प्राथमिक शिक्षा देने के लिए एक प्रमुख हस्तक्षेप जो जनजातीय और तटीय क्षेत्रों में वंचित समूहों के बच्चों की स्कूल में भागीदारी सुनिश्चित करता है।
4. सर्वशिक्षा अभियान के तहत एक महत्वपूर्ण कार्य नागरिक कार्य है।
5. निःशुल्क पाठ्य पुस्तकों का वितरण।
6. अभिनव क्रियाकलाप की शुरूआत।
7. यह कार्यक्रम शिक्षा के प्रति छात्रों में रूची पैदा करना और उनकी पढ़ाई में मदद करता है।
8. प्रबन्धन और एम.आई.एस.।
9. आर.एन.आई अनुसंधान और मूल्यांकन। इस हस्तक्षेप में अनुसंधान, मूल्यांकन की निगरानी करना। इसमें प्रति स्कूल 1500 रूपये की धनराशि सामान्यतः प्रस्तावित थी। इस हस्तक्षेप के तहत कुछ अन्य गतिविधियां भी प्रस्तावित थी। जिसमें प्रभावी क्षेत्र आधारित जांच के लिए संसाधन व्यक्तियों के एक संघ का निर्माण करना, समुदाय आधारित डाटा का नियमित उत्पादन प्रदान करना, उपलब्धि परीक्षा आयोजन, मूल्यांकन करना, लड़कियों की विशेष रूप से निगरानी, अनुसूचित जाति एवं अनुसूचित जनजाति के लिए विशेष कार्यबल की स्थापना इत्यादि प्रमुख है।
10. विद्यालय अनुदान – परियोजना के तहत स्कूल के लिए 2000 रूपया प्रति स्कूल अनुदान दिया गया था।
11. शिक्षक अनुदान – कक्षा कार्यवायी के विकास और शिक्षक सहायता की तैयारी के क्रम के लिए 500 रूपये का अनुदान शिक्षकों को दिया जाना प्रस्तावित था। 2007-2008 के दौरान 547590 शिक्षक इससे लाभान्वित हुए।
12. शिक्षकों के प्रशिक्षण के लिए व्यवस्था की गयी जिसका उद्देश्य गुणवत्तायुक्त शिक्षा महत्वपूर्ण लक्ष्य था। प्रशिक्षण में सुधार लाने की अनेक रणनीतियां

अपनायी गयी। जिसमें शिक्षकों का प्रशिक्षण और पुर्नप्रशिक्षण नये पाठ्यक्रम और पाठ्यपुस्तकों के साथ परीक्षा सुधार, ग्रेडिंग प्रणाली, शैक्षिक और गैरशैक्षिक क्षेत्रों में सुधार, विशेषध्यान योग्य बच्चों के लिए समावेशी शिक्षा प्रशिक्षकों का प्रशिक्षण संसाधन समूहों को सभी स्तरों पर मजबूती इत्यादि प्रमुख थे।

13. दूरस्थ शिक्षा – दुरस्थ शिक्षा कार्यक्रम डी.ई.पी. सर्वशिक्षा अभियान का राष्ट्रीय घटक है जो कि राष्ट्रीय मानव संसाधन मंत्रालय भारत सरकार द्वारा प्रयोजित है। इसे भारत के सभी राज्यों/संघों की सहायता से इंदिरागांधी नेशनल ओपेन यूनिवर्सिटी द्वारा लागू किया गया। प्राथमिक शिक्षा के क्षेत्र में शिक्षकों के कार्यरत शिक्षा और अन्य कर्मचारी वर्ग में डी.ई.पी.-एस.एस.ए. का एक महत्वपूर्ण इनपुट होगा। आडियो-विडियो कार्यक्रम, रेडियो प्रसारण, टेली कांफ्रेसिंग आदि जैसे मल्टिमीडिया पैकेज का इस्तेमाल करते हुए आमने-सामने के प्रशिक्षण की आपूर्ति कराता है।

गतिविधियां

एस.एस.ए. की प्रमुख गतिविधियों में कक्षा का निर्माण पानी की सुविधा परिसर की साफ दीवार, विद्युतिकरण, भवन की मरम्मत इत्यादि को शामिल किया गया, क्योंकि गांव के अधिकांश स्कूल दयनीय स्थिति एवं असुरक्षित हालत में है। सर्वशिक्षा अभियान ग्रामिण क्षेत्रों में शिक्षा के स्तर में सुधार लाने के मूल में बुनियादी सुविधाओं में सुधार करने को महत्वपूर्ण मानता है। सर्वशिक्षा अभियान की प्रमुख पहल यह भी है कि प्राथमिक शिक्षकों को शिक्षा पद्धति, बाल-मनोविज्ञान, शिक्षा मूल्यांकन पद्धति, अभिभावक प्रशिक्षण पर सतत् शिक्षक प्रशिक्षण दिया जाता है। शिक्षक प्रशिक्षण के पीछे प्रमुख विचार शिक्षण एवं अधिगम प्रक्रिया के नये विकासक्रम के साथ शिक्षकों को अद्यतन करना है।

उपलब्धियां

इस कार्यक्रम ने ग्रामिण स्तर पर महत्वपूर्ण उपलब्धियां हासिल किया है। 2004 में भारत के कई गांवों को शामिल किया गया और प्रारम्भिक शिक्षा केन्द्र खोले गये। दक्षिण भारत के तमिलनाडु राज्य के सत्नाथापुरम् गांव जो नागपट्टिनम जनपद में स्थित है। यह एक ऐसा गांव है। जहां पहली बार इस कार्यक्रम को सफलतापूर्वक

लागू किया गया था। कुशल संचालन एवं दोपहर के भोजन योजना के चलते यहां की साक्षरता दर में उल्लेखनीय प्रगति देखी गयी।

सर्वशिक्षा अभियान ने संपूर्ण देश में संतोषजनक प्रगति की है। इस कार्यक्रम से बालिकायों अनुसूचित जाति एवं जनजाति के छात्रों एवं कठिन परिस्थितियों में रह रहे छात्रों की शैक्षणिक आवश्यकताओं पर विशेष ध्यान दिया गया। इस योजना को राष्ट्रीय स्तर पर लागू किया गया था। 11वीं पंचवर्षीय योजना में 57605 करोड़ रूपये की धनराशि मुहैया करायी गयी।

सर्वशिक्षा अभियान के क्रियान्वयन से साक्षरता दर में तेजी से बढ़ोत्तरी हुई है। उदारीकरण की नीति के लागू हो जाने के बाद शिक्षा में निजीकरण की प्रक्रिया ने शैक्षणिक संरचना को प्रभावित किया। संसाधनों की कमी एवं व्यवस्था के कुशल संचालन के अभाव में सहकारी शिक्षा तंत्र प्रभावित हुआ है। जिसके परिणाम स्वरूप व्यापक स्तर पर शिक्षा का निजीकरण हुआ है। वित्त-विहीन एवं खुली मान्यता देने की प्रक्रिया जोरों पर है, जो शैक्षणिक संरचना को प्रभावित कर रही है। ऐसे परिवेश में सर्वशिक्षा अभियान एक महत्वपूर्ण कदम था। जिसमें **''सब पढ़ें-सब बढ़ें''** का नारा दिया गया। इसके क्रियान्वयन से शिक्षा का प्राथमिक स्तर अवश्य प्रभावित हुआ है। साक्षरता दर तेजी से बढ़ी है, लेकिन सम्पूर्ण साक्षरता का लक्ष्य अभी बाकी है। विभागीय शिथिलता एवं भ्रष्टाचार इसके मार्ग में प्रमुख बाधा है। बढ़ती साक्षरता दर ने राष्ट्रीय स्तर पर प्रभाव छोड़ा है। समाज बड़ी ही तेजी से परिवर्तन की ओर अग्रसर है, लेकिन व्यक्ति निर्माण की प्रक्रिया दूषित है। उस व्यवहार एवं आचरण की कमी है, जो पढ़े लिखे समाज में दिखायी देनी चाहिए। आज के आधुनिक समाज में भी वे सभी सामाजिक समस्याएं दृष्टिगत हो रही है जो परम्परागत समाज में विद्यमान थी। आवश्यकता इस बात की है कि शैक्षणिक गुणवत्ता के साथ नैतिक उत्थान हेतु सजग प्रयास होने चाहिए। जिससे हम उन लक्ष्यों को प्राप्त कर सके जो इस अभियान के क्रियान्वयन के पूर्व निर्धारित थे।

सम्पूर्ण परिवेश के अवलोकनोंपरान्त चार पंक्ति की युक्ति होती है–

यह शिक्षकों का मूल्क है, स्कूल भी खूब है।
बच्चे पढ़ने जाते नहीं, पाठशालाएं निःशुल्क हैं।

सन्दर्भ ग्रंथ

1. Tallcat. Parsans – The Social System- 1951
2. Suma Chitnis ' Sociology of Education' in A survey of research in sociology and social Anthrapology. Vol-2 PP-232.
3. P. Gistbert- Fundamentals of Sociology- P. - 219.
4. Haralambos and RN Heald- Sociology : Themes and Perspective P. - 174.
5. H. Hatsey, Flout and C.A. Adersan, Education, Economy and Society 1961.
6. D. Mahajan- Sociology- Vivek Publication 1913- PP- 176
7. Ivan, Illich- Dischooling Society, 1973.

15

भारतीय शिक्षा नीति एवं सर्व शिक्षा अभियान

*डॉ. मनोज कुमार श्रीवास्तव

सर्वशिक्षा अभियान भारत सरकार का एक अत्याधिक महत्वपूर्ण कार्यक्रम है। इस कार्यक्रम उद्देश्य प्राथमिक शिक्षा को सार्वभौम तरीके से निश्चित समयावधि में प्राप्त करना है।

भारत के संविधान के अनुच्छेद 21 के अधीन शिक्षा का अधिकार एक विवक्षित अधिकार माना जाता है। अनुच्छेद 21 में कहा गया है कि किसी व्यक्ति को उसके प्राण अथवा दैहिक स्वतन्त्रता से विधि द्वारा स्थापित प्रक्रिया के अनुसार ही वंचित किया जा सकेगा। प्राण तथा दैहिक स्वतन्त्रता का यह मूल अधिकार नागरिको को अपने जीवन को अच्छी प्रकार से जीने के संरक्षण की प्रतिभूति कराता है। इस परिधि में शिक्षा प्राप्त करना एक अप्रमाणिक अधिकार के रूप में सम्मिलित हो जाता है।

जब से भारत ने स्वतन्त्रता प्राप्त की है तभी से शिक्षाविदो तथा राष्ट्र के नेताओं द्वारा तत्कालीन शिक्षा प्रणाली में परिवर्तन तथा संशोधन पर बल दिया। उनका मत था कि स्वतन्त्र राष्ट्र की जरूरतो को पूरा करने के लिए तत्कालीन शिक्षा प्रणाली में परिवर्तन करना आवश्यक है तथा ऐसा करके शिक्षा को राष्ट्रोपयोगी बनाया जा सकता है। सरकार ने समय-समय पर शिक्षा प्रणाली में सुधार करने के लिए आयोगों तथा समितियों को गठित किया तथा जिनके सुझावों के माध्यम से शिक्षा प्रणाली में सुधार का प्रयास किया।

कुछ मुख्य शिक्षा आयोग तथा समितियां हैं–

1. विश्वविद्यालय शिक्षा आयोग- 1948-49
2. माध्यमिक शिक्षा आयोग (मुदालियर आयोग)- 1952-53
3. शिक्षा आयोग (कोठारी आयोग) - 1964-66
4. संस्कृत आयोग- 1956-57
5. राष्ट्रीय अध्यापक आयोग- प्रथम - 1983-85

6. राष्ट्रीय अध्यापक आयोग- द्वितीय - 1983-85

इन आयोगों ने शिक्षा की समस्याओं पर विचार किया तथा शिक्षा के उद्देश्यों उसके स्तर अध्यापक कल्याण शिक्षा में अनुसंधान, शिक्षा प्रणाली, छात्र कल्याण, ग्रामीण क्षेत्र में विश्वविद्यालयों की स्थापना, परीक्षा प्रणाली, नारी शिक्षा सम्बन्धी सुझाव दिये। स्वतन्त्रता प्राप्ति के उपरान्त अधिकारों एवं कर्तव्यों के प्रति जागरूक करने के लिए नागरिक साक्षरता तथा समाज शिक्षा पर अत्याधिक बल दिया गया। साठ के दशक में कार्यवाहक साक्षरता तथा सत्तर के दशक में विकासात्मक साक्षरता पर बल दिया गया। कई वर्षो से प्राथमिक शिक्षा तथा प्रौण शिक्षा को बढ़ाने की कोशिश की जा रही है लेकिन आशा के अनुरूप परिणाम नहीं निकल पा रहे है। भारत में साक्षरता की दर को निम्नलिखित तालिका से समझा जा सकता है—

क्र.सं.	जनगणना वर्ष	कुल साक्षरता दर	पुरूष साक्षरता दर	महिला साक्षरता दर
1	1901	5.35 प्रतिशत	9.83 प्रतिशत	0.60 प्रतिशत
2	1911	5.92 प्रतिशत	10.56 प्रतिशत	1.05 प्रतिशत
3	1921	7.16 प्रतिशत	12.21 प्रतिशत	1.81 प्रतिशत
4	1931	9.50 प्रतिशत	15.59 प्रतिशत	2.93 प्रतिशत
5	1941	16.10 प्रतिशत	24.90 प्रतिशत	7.30 प्रतिशत
6	1951	16.67 प्रतिशत	24.95 प्रतिशत	7.93 प्रतिशत
7	1961	24.02 प्रतिशत	34.44 प्रतिशत	12.95 प्रतिशत
8	1971	29.45 प्रतिशत	39.45 प्रतिशत	18.69 प्रतिशत
9	1981	43.56 प्रतिशत	56.37 प्रतिशत	29.75 प्रतिशत
10	1991	52.11 प्रतिशत	63.86 प्रतिशत	39.42 प्रतिशत
11	2001	65.38 प्रतिशत	75.85 प्रतिशत	54.16 प्रतिशत
12	2008 (अनु.)	78.00 प्रतिशत	85.00 प्रतिशत	70.00 प्रतिशत

सर्व शिक्षा अभियान का उद्देश्य न केवल संतोषजनक गुणवत्ता वाली प्राथमिक शिक्षा को प्राप्त करना है बल्कि इसके कुछ कार्यक्रम भी है जिनमें आंगनबाड़ी तथा कस्तूरबा गांधी बालिका विद्यालय योजना भी शामिल है।

इस कार्यक्रम के द्वारा जिन स्कूलो में शिक्षा की बुनियादी सुविधा नहीं है वहां बुनियादी सुविधा मोहय्या कराना है तथा शौचालय, साफ पानी, यदि पर्याप्त शिक्षक नही है वहां अतिरिक्त शिक्षको की व्यवस्था करना इत्यादि है। सर्व शिक्षा अभियान कुछ विशेष पहलुओं पर ध्यान देता है।

1. जीवन कौशल सहित गुणवत्ता युक्त प्रारम्भिक शिक्षा देना।
2. विशिष्ट आवश्यकता वाले छात्र-छात्राओं पर विशेष ध्यान देना।
3. कम्प्यूटर शिक्षा देने का प्रयास करना।
4. मध्यान्हन भोजन
5. निःशुल्क पाठ्य पुस्तक

सर्व शिक्षा अभियान न केवल छात्र-छात्रओं को प्रारम्भिक शिक्षा देता है बल्कि वह उन्हें जीवन कौशल सहित गुणवत्ता युक्त प्रारम्भिक शिक्षा भी प्रदान करता है। आज के समय में कम्प्यूटर की शिक्षा के बिना क्रिसी भी स्तर की शिक्षा को पूर्ण कहना सम्भव नही है। वर्तमान समय में कम्प्यूटर शिक्षा का ज्ञान शिक्षा के हर स्तर (प्रारम्भिक, माध्यमिक तथा उच्च) पर आवश्यक हो गया है। सर्वशिक्षा अभियान के अन्तर्गत कम्प्यूटर शिक्षा प्रदान करने का भी लक्ष्य रखा गया है। सर्वशिक्षा अभियान के अन्तर्गत मध्यान्हन भोजन तथा निःशुल्क पाठ्य पुस्तको की भी व्यवस्था की गयी है।

सर्व शिक्षा अभियान अपने लक्ष्य को प्राप्त करने के लिए करोड़ो रूपये खर्च करता है। साथ ही इसमें पांच लाख अतिरिक्त कक्षाओं का निर्माण तथा डेढ़ लाख अतिरिक्त शिक्षको की नियुक्ति पर लक्ष्य रखा गया है। इस योजना के तहत स्कूलों को अनुदान, पुस्तकालय सुविधाओं में सुधार, स्कूल सौन्दरीकरण, मरम्मत और फर्नीचरों की रक्षा, स्कूलो के सम्पूर्ण पर्यावरण का विकास, चार्ट, पोस्टर इत्यादि की व्यवस्था पर बल दिया गया है। सर्वशिक्षा अभियान में प्राथमिक शिक्षको को शिक्षा की पद्धति, मूल्यांकन पद्धति, बाल मनोविज्ञान के प्रशिक्षण पर बल दिया जाता है।

इस प्रकार यह कहा जा सकता है कि सर्व शिक्षा अभियान का एक प्रमुख लक्ष्य शिक्षा की गुणवत्ता को बढ़ाना तथा शिक्षा की नीति में सुधार करना है। इसके लिए शिक्षको का प्रशिक्षण, नये पाठ्यक्रमों को उपलब्ध कराना, शैक्षिक क्षेत्र में सुधार, परीक्षा प्रणाली में सुधार तथा ग्रेडिंग प्रणाली इत्यादि का सहयोग लिया जाता है।

सर्व शिक्षा अभियान भारतीय शिक्षा नीति के उन लक्ष्यों को जिन्हें सदैव से भारतीय शिक्षा नीति के लिए आवश्यक माना जाता रहा था, उन्हें आगे बढ़ाने में अपना योगदान दे रहा है।

सन्दर्भ ग्रन्थ

1. भारतीय शिक्षा का इतिहास, विकास एवं समस्याएं, गुप्ता एस0पी0
2. भारतीय शिक्षा का इतिहास, विकास एवं समस्याएं, गुप्ता एस0पी0

16

सर्वशिक्षा अभियान में ग्राम शिक्षा समिति की भूमिका

*सन्तोष कुमार पाण्डेय

शिक्षा शिक्षार्थी एवं शिक्षक के बीच होने वाली अन्तर क्रियात्मक प्रक्रिया है। शिक्षा की प्राप्ति हेतु दोनों की अन्तःक्रिया के फलस्वरूप ही समाज की रचना होती है जिसका प्रभाव शैक्षिक आदर्शो पर पड़ता हैं। यही नहीं, शिक्षा एक ऐसा साधन है जो राष्ट्र की सामाजिक आर्थिक स्थिति में सुधार लाने में एक जीवित भूमिका निभा सकता है। यह नागरिकों की विश्लेषण क्षमता को बढ़ाता है, उसका सशक्तीकरण कर आत्मविश्वास बढ़ाकर शक्तियुक्त बनाकर दक्षता प्रान करता है। इन्हीं आवश्यकताओं की पूर्ति के लिए 'सर्व शिक्षा अभियान' प्रारम्भिक शिक्षा में सुधार-उन्नयन का सशक्त सघन है। महात्मा गांधी जी ने भी लिखा—"निरक्षरता हमारे लिए पाप और शर्मनाक है और इसका नाश किया जाना चाहिए।" हालांकि शिक्षा का क्षेत्र भारत सरकार के लिए अत्यन्त महत्वपूर्ण रहा है, जिसके द्वारा प्रारम्भिक शिक्षा को प्रोत्साहन देने के लिए अनेक योजनाएँ व प्रावधानों को तैयार किया जाता रहा है। कस्तूरबा गांधी बालिका विद्यालय एवं प्रारम्भिक स्तर पर बालिकाओं की शिक्षा हेतु राष्ट्रीय कार्यक्रम आदि इसी सर्वशिक्षा अभियान का अंग है। शिक्षा का अधिकार भारतीय संविधान द्वारा एक मूलभूत अधिकार के रूप में वर्णित है जिसमे यह अंकित है कि राज्य 6-14 वर्ष की आयु वाले बच्चे के लिए अनिवार्य और निःशुल्क शिक्षा की व्यवस्था करेगा। इसी की पूर्ति हेतु सर्व शिक्षा अभियान एक प्रयास है।

सर्व शिक्षा अभियान

सर्व शिक्षा अभियान की शुरूआत सन् 2000-2001 में की गयी। भारत सरकार द्वारा चलाये जा रहे इस अभियान को 'सभी के लिए शिक्षा अभियान' अथवा

'प्रत्येक व्यक्ति एक को पढ़ाये' भी कहा जाता है। इस योजना को 6-14 वर्ष की आयु समूह में सभी बच्चों को उपयोगी तथा सार्थक प्रारम्भिक शिक्षा प्रदान करने के उद्देश्य से सन् 2010 तक के लिए प्रारम्भ की गयी। सर्वशिक्षा अभियान का लक्ष्य विद्यालयों के प्रबन्धन में समुदाय की सक्रिय भागीदारी के साथ सामाजिक क्षेत्रीय और लिंग सम्बन्धी अंजरालों को पाटना है।

सर्वशिक्षा अभियान के लक्ष्योद्देश्य

सर्व शिक्षा अभियान शिक्षा में गुणवत्ता लाने के लिए प्रावधान द्वारा सुधार का एक मिशन है। इसमें बच्चों में मानवीय क्षमताओं के उन्नयन हेतु अवसर प्रदान करने का एक प्रयास है। इसमें शिक्षकों की नियुक्ति, उनका प्रशिक्षण, माता-पिता व छात्रों को प्रेरित करना, प्रोत्साहनों (छात्रवृत्ति, वर्दी, पुस्तके आदि) का प्रावधान शामिल है। यह कार्यक्रम जहां विद्यालय नही है, वहाँ विद्यालय खोलने , सुविधाये बढ़ाने, विशेषकर मूलभूत सुविधाएँ जैसे– शौचालय, पेयजल, कक्षायें आदि बढ़ाने और विद्यालयी मूल संरचना को सुदृढ़ करने पर बल दिया जाता है।

सर्व शिक्षा अभियान को अधिक सफल बनाने के लिए सरकार सरकारी स्कूलों के द्वारा शिक्षा को प्रसारित कर रही है, फिर भी सरकार और अधिक सफल बनाने हेतु सरकार गैर सरकारी संगठनों/स्कूलों को भी प्रारम्भिक शिक्षा में उन्नयन हेतु शामिल की है। हाल ही में सरकार ने सर्व शिक्षा अभियान के दूसरे चरण में 600 मिलियन अमेरिकी डालर की सहायता के लिए विश्व बैंक के साथ समझौता किया है। सर्वशिक्षा अभियान के लक्ष्योद्देश्य निम्नांकित है–

1. विद्यालयः शिक्षा गारण्टी केन्द्रो : वैकल्पिक विद्यालयों या 'विद्यालयो में वापस' अभियान द्वारा वर्ष 2003 तक सभी बच्चों को लाना।
2. वर्ष 2007 तक 5 वर्ष की आयु वाले सभी बच्चों को प्रारम्भिक शिक्षा प्रदान करना।
3. वर्ष 2010 तक 8 वर्ष की आयु वाले सभी बच्चों को प्रारम्भिक शिक्षा प्रदान करना।
4. जीवन के लिए शिक्षा पर बल देते हुए संतोषजनक गुणवत्ता की प्रारंभिक शिक्षा पर ध्यान केन्द्रित करना।
5. वर्ष 2007 तक प्राथमिक चरण और 2010 तक प्रारम्भिक शिक्षा स्तर पर आने वाले सभी लिंग सम्बन्धी और सामाजिक श्रेणी के अन्तराल पाट दिये जाएँ।
6. वर्ष 2010 तक सार्वत्रिक प्रतिधारण करना।

इन उद्देश्यों की प्राप्ति के लिए ऐसी कार्यनीतियाँ बनाई गई जिनमें ब्लॉक स्तर के संसाधन केन्द्रो की स्थापना हेतु स्थानीय समुदाय-समूहों एवं संस्थागत क्षमता निर्माण को सक्रिय रूप से शामिल करना है।

सर्वशिक्षा अभियान सरकार की अनेक महत्वकांक्षी योजना में से एक है। जिसका लक्ष्य एक निश्चित समय सीमा में सभी छात्रों का शत-प्रतिशत गुणवत्तायुक्त प्रारम्भिक शिक्षा सुनिश्चित करना है। इसके साथ ही सामाजिक भेद-भाव को दूर करना है। लैंगिक भेद-भाव किये बिना लड़कियों की शिक्षा पर विशेष ध्यान दिया जाता है।

उक्त सभी मुद्दे समुदाय से जुड़े हैं यानि समुदाय को उस बारे में बताये बिना तथा उन्हे कार्यक्रम से जोड़े बिना लक्ष्य की प्राप्ति नहीं की जा सकती। इसलिए सर्वशिक्षा अभियान के अन्तर्गत सामुदायिक सहभागिता की अनिवार्यता को जोरदार ढंग से रखा गया है। इसमें ऐसी व्यवस्था की गई है जिसमें प्राथमिक तथा मध्य विद्यालयों का स्वामित्व समुदाय के पास ही हो तथा इन विद्यालयों को कुछ हद तक पंचायतों के प्रति जिम्मेदार बनाया जाये। सामुदायिक भागीदारी को सुनिश्चित करने के लिए भी इसमें कई व्यवस्था की गई है। प्रत्येक विद्यालय में ग्राम शिक्षा समिति का गठन एक ऐसी ही व्यवस्था है। सर्व शिक्षा अभियान में कार्यक्रम कार्यान्वयन के प्रबंधकीय ढांचा के अन्तर्गत ग्राम शिक्षा समिति को महत्वपूर्ण स्थान दिया गया है और इस विकेन्द्रकृत प्रबंधकीय व्यवस्था के अन्तर्गत ग्राम समिति को महत्वपूर्ण जिम्मेदारी सौंपी गई है।

ग्राम शिक्षा समिति का संगठनात्मक स्वरूप

ग्राम शिक्षा समिति ग्राम स्तर पर गठित एक छोटा संगठनात्मक इकाई है जो खासकर प्राथमिक शिक्षा के प्रसार के प्रति समर्पित है। यह समिति 15 सदस्यों का एक संगठन है जिसका गठन प्रत्येक प्राथमिक विद्यालय एवं प्राथमिक कक्षा युक्त मध्य विद्यालय के लिए किया जाता है। सम्बन्धित विद्यालय के प्रधानाध्यापक ही इस समिति के पदेन सचिव होते है।

ग्राम शिक्षा समिति का उद्देश्य

प्राथमिक शिक्षा का सर्वव्यापीकरण एक व्यापक लक्ष्य है। इस लक्ष्य की प्राप्ति के लिये भागीदारी एवं लोक सशक्तीकरण के लक्ष्य को पूरा करेगी। इसके अलावा ग्राम शिक्षा समिति के निम्नलिखित उद्देश्य हैं—

- गाँव के प्राथमिक शिक्षा के विकास से अभिरूचि रखने वाले समर्पित एवं समय देने वाले व्यक्तियों को इसमें शामिल होने का अवसर देना।
- सम्बन्धित विद्यालय के संस्थागत चरित्र का उभारकर शत-प्रतिशत नामांकन ठहराव एवं उपलब्धि स्तर को अनवरत बनाए रखना।
- समुदाय के अभिवंचित वर्गो, यथा-महिला, अनुसूचित जनजाति, मजदूर, किसान, पिछड़ों को समुचित प्रतिनिधित्व देकर समाज के मुख्य धारा से जोड़ना ताकि साझा हितों की रक्षा के लिये उन्हें भी निर्णय लेने का अधिकार प्राप्त हो।

ग्राम शिक्षा समिति का कार्यकाल

- ग्राम शिक्षा समिति का कार्यकाल सामान्यत तीन वर्ष का है।
- अगर ग्राम शिक्षा समिति का कार्यो से/निष्क्रियता से अभिभाव असन्तुष्ट हो तो विद्यालय में नामांकित कम से कम 50 प्रतिशत बच्चों के अभिभावक की शिकायत पर आम सभा/ग्राम सभा द्वारा समिति को बीच सें ही भंग कर नई समिति का गठन किया जा सकता है। एक सफल आम सभा में 80 प्रतिशत अभिभावको की उपस्थिति होनी चाहिये।
- तीसरे वर्ष के अंतिम तीन महीने में आम सभा द्वारा नई समिति का गठन नियमानुसार अनिवार्य रूप से करा लिया जाये।

ग्राम शिक्षा समिति के कार्य एवं दायित्व

- ग्राम शिक्षा समिति प्राथमिक शिक्षा के सार्वजनिक करने की दिशा में अपने गांव के स्कूल के विकास हेतु हर संभव कार्य सम्पन्न कर सकती है। ग्राम शिक्षा समिति के सहयोग के बिना सार्वजनिक के लक्ष्य कतई प्राप्त नहीं किया जा सकता। अपने गांव, समाज एवं परिवार के विकास की जड़ शिक्षा में ही है। अतः शिक्षा को जन-जन तक पहुँचाकर राष्ट्रीय हित के इतने महान कार्य को सम्पन्न करने का दायित्व ग्राम शिक्षा समिति को ही प्राप्त है। जैसे—

प्राथमिक शिक्षा का सार्वजनिक

- 6 से 11 वर्ष के सभी बच्चो - बच्चियों का नामांकन विद्यालय मे करना।
- सभी नामांकित बच्चे-बच्चियो को विद्यालय में बनाये रखना, इसके लिए हर संभव प्रयास करना।
- उपलब्धि स्तर से वृद्धि हेतु प्रयास करना।

- बच्चे नियमित रूप से स्कूल आ रहे है। या नहीं, इसका देखभाल नियमित रूप से करना। इसके लिए प्रति दिन ग्राम शिक्षा समिति के दो अलग-अलग सदस्यों को जिम्मेवारी सौपना अच्छा है। उसके ऊपर भी अध्यक्ष एवं सचिव निगरानी रखें और अनुपस्थिति के कारणों का पता लगाकर उसका निदान खोजे।
- माता शिक्षक समिति/ अभिभावक शिक्षक समिति का गठन किया जाए, जो कि ग्राम समिति के कार्यो में मदद मिल सके।
- विद्यालय प्रबंधन में भागीदारी निभाना।
- मुफ्त पाठ्य-पुस्तक के वितरण की अच्छी तरह देखभाल करना।
- गाँव के दुर्बल एवं अपंग बच्चों का नामांकन करना।
- विद्यालय में मिल-जुलकर समारोह आयोजन करना।
- ग्राम शिक्षा समिति के निर्णयों के आलोक में विद्यालय कोष का संचालन करना।
- विद्यालय विकास एवं शैक्षणिक माहौल बनाने के लिए हरसंभव वित्तीय उपायों को सम्पादित करना।
- ग्राम शिक्षा योजना का निर्माण एवं इसका क्रियान्वयन करना आदि।

निष्कर्ष

सारतः यह कहा ता सकता है कि सर्वशिक्षा अभियान सरकार द्वारा एक अति सराहनीय प्राथमिक शिक्षा में सुधार का प्रावधान/प्रयास है हालाकि इस कार्य में अनेक कठिनाइयाँ है। सरकार नीति-नियम कानून तो बना देती है किन्तु उसके पालन में निष्क्रिय दिखाई पड़ती है। आज भी विद्यालयों में मूलभूत सुविधाओं की कमी है। शिक्षकों की संख्या न्यूनतम है। ऐसे में सर्व शिक्षा अभियान कितना सार्थक होगा निजी विद्यालयों पर भी सरकार को ध्यान देना होगा। सरकार स्कूलो की दशा सुधारने के प्रति प्रतिवता नहीं है, लेकिन निजी स्कूलों के भरोसे शिक्षा क्रान्ति सम्भव नहीं है। पूरी आबादी को शिक्षित करने का लक्ष्य निजी स्कूलों के दम पर हासिल नहीं हो सकता तथा भारत की शिक्षा समस्या का समाधान नहीं हो सकता, क्योकि जिन सस्ते निजी स्कूलों में गरीब और निम्न मध्य वर्ग के बच्चे जाते है, वहां भी काफी अत्याचारी, बाजारू एवं घटिया शिक्षा मिलती है।

01 अप्रैल 2010 से लागू शिक्षा अधिकार, कानून क्या सरकारी स्कूलों की दुर्दशा कम करने के उपाय करता है? सतही तौर पर ऐसा दिखाई देने पर भी

असलियत में ऐसा नहीं है, जैसा कि इस कानून में शिक्षक-विद्यार्थी अनुपात इतना कम रखा गया है कि देश के 70 प्रतिशत प्राथमिक स्कूलों से दो या तीन कक्षाओं को एक साथ पढ़ाना चमत्कार करने जैसा होगा।

प्राथमिक शिक्षा को सर्वसुलभ बनाने में ग्राम शिक्षा समितियों की भूमिक का अति महत्वपूर्ण है। ग्रामशिक्षा समिति के सहयोग के बिना शिक्षा को जन-जन तक पहुँचाने में अपनी महती योगदान देती है। ग्राम शिक्षा के द्वारा ही सर्वशिक्षा अभियान के क्रियान्वयन की कल्पना सम्भव है।

अतः आवश्यक है कि इस अभियान की सफलता हेतु शिक्षा के व्यावसायीकरण व शिक्षा में मुनाफाखोरी पर प्रतिबंध हो भेदभाव रहित शिक्षा की व्यवस्था हो साथ ही मूलभूत सुविधाओं पर ध्यान दिया जाय, शिक्षकों की संख्या बढ़ायी जाए और सभी अपने-अपने दायित्वों-कर्त्तव्यों पर ध्यान दें। शिक्षा का माध्यम मातृभाषा बनाया जाए। छात्रों के शारीरिक, मानसिक, आत्मिक विकास पर ध्यान दें। इससे उनका व्यक्तित्व संतुलित होगा। ऐसे लोग देश का नवनिर्माण कर सकेंगे और विश्व मानचित्र पर देश नाम नये रूप में स्थापित कर सकेंगे।

सन्दर्भ ग्रन्थ

पाठक पी.डी. : भारतीय शिक्षा का इतिहास एवं समस्या विनोद पुस्तक मंदिर आगरा।

- Elementary Education in India Progress Reward Uee P.G. 2008
- Kothari Commission Repart 250-262
- The Hindustan Times, 8th April. 1995
- शिक्षा का पुनर्गठन, योजना, सितम्बर 2009 पृ.33
- डॉ. गौरीशंकर पाण्डेय 'अरविन्द' सम्पादक- शिक्षा संवाद जर्नल अंक-12, पृ. 1117
- Dinkar Desai : Primary Education in India P. 30-32
- Manorama Year Book 1993. p.314
- नेट माध्यम।

17

सर्वशिक्षा अभियान

*डॉ. वीरेन्द्र शरण

सर्वशिक्षा अभियान भारत सरकार का एक प्रमुख कार्यक्रम है। इसकी शुरूआत 2001 में हुई। इस अभियान का लक्ष्य एक निश्चित समय अवधि में प्राथमिक शिक्षा के सार्वभौमिकरण के लक्ष्य को प्राप्त करना था। इसके तहत छः से चौदह वर्ष के आयु वर्ग वाले सभी बच्चों को उपयोगी तथा प्रासंगिक शिक्षा निःशुल्क उपलब्ध कराना है। सर्व शिक्षा अभियान प्रारम्भिक शिक्षा के सर्वसुलभीकरण के लिए भारत के सामाजिक क्षेत्र के महत्वपूर्ण कार्यक्रमों में से एक है। कार्यक्रम के तहत उन बस्तियों में नये स्कूल बनाने का प्रयास किया जाता है जहाँ स्कूली शिक्षा की सुविधा नहीं है। साथ ही साथ प्राथमिक विद्यालयों में अतिरिक्त कक्षा, शौचालय, पीने का पानी, आदि की व्यवस्था अनुदान के माध्यम से स्कूलों के बुनियादी ढांचे में गुणात्मक सुधार करने पर बल दिया गया। सर्वशिक्षा अभियान जीवन कौशल सहित गुणवत्ता युक्त प्रारम्भिक शिक्षा प्रदान करता है। बच्चों की उपस्थिति कम होने के चलते मध्यान्ह भोजन योजना की शुरूआत भी की गई है।

सर्व शिक्षा अभियान के लक्ष्य

इस कार्यक्रम का उद्देश्य 2010 तक संतोषजनक गुणवत्ता वाली प्राथमिक शिक्षा के सार्वभौमिकीकरण को प्राप्त करना है। सर्वशिक्षा अभियान में मुख्यतः आठ कार्यक्रम है। इसमें आगनबाड़ी, कस्तूरबा गाँधी बालिक विद्यालय योजना तथा आई.सी.डी.एस. भी सम्मिलित है। सर्वशिक्षा अभियान वर्तमान समय में प्रारम्भिक शिक्षा में सार्वभौमिक पहुँच एवं अवधारणा, लैंगिक एवं सामाजिक श्रेणी के अंतरों को पाटना तथा बच्चों के अध्ययन स्तर में सफल रहा है। इस अभियान के कुछ प्रमुख लक्ष्य इस प्रकार है–

1. 2003 तक शिक्षा गारंटी केन्द्र/वैकल्पिक स्कूल में सभी बच्चों का प्रवेश होना।
2. 2005 तक सभी बच्चों का स्कूल में नामांकन सुनिश्चित किया जाना।

3. 2007 तक सभी बच्चों द्वारा पाँच वर्ष के स्कूल शिक्षा को पूर्ण करना।
4. 2007 तक प्राथमिक स्तर एवं 2010 तक प्राथमिक शिक्षा स्तर पर सभी लैंगिक तथा सामाजिक अंतराल को खत्म करना।
5. 2010 तक सभी बच्चों का आठ वर्ष का स्कूली शिक्षा पूर्ण करना।
6. जीवन के लिए शिक्षा पर बल के साथ संतोषजनक गुणवत्ता वाली प्रारम्भिक शिक्षा पर बल देना।

सर्वशिक्षा अभियान की उपलब्धियाँ

इस अभियान की कुछ प्रमुख उपलब्धियाँ निम्नवत् हैं

1. 302872 नये विद्यालय खोले गये।
2. 281943 विद्यालयों का निर्माण किया गया।
3. 1277072 नये कक्ष बनाने में सहयोग दिया गया।
4. 190961 विद्यालयों में पीने के पानी की व्यवस्था कराने में सहयोग दिया गया।
5. 347852 स्कूलों में शौचालयों का प्रावधान किया।
6. 10 लाख 30 हजार शिक्षकों की नियुक्ति।
7. प्रतिवर्ष 10 करोड़ बच्चों को पाठ्य पुस्तक उपलब्ध करायी गयी।
8. 35 लाख शिक्षकों को शिक्षक प्रशिक्षण की व्यवस्था करायी गयी।
9. 2573 के.जी.बी.वी. (कस्तूरबा गाँधी बालिक विद्यालय) स्थापना हुयी, जिसमें 338600 बालिकाओं को प्रवेश मिला। ये बालिकायें पिछड़ी जाति, अनुसूचित जाति, अनुसूचित जनजाति, अल्पसंख्यक तथा बी.पी.एल. समूह से सम्बन्धित थी।

शिक्षा के अधिकार अधिनियम के प्रावधान सर्वशिक्षा अभियान के माध्यम से लागू किये जा रहे है। अधिनियम के आवश्यकताओं के अनुरूप मानक संशोधन किये गये है। 2010-11 की पंचवर्षीय योजना के लिए आर0टी0आई0-एस0एस0ए0 को संयुक्त रूप से लागू करने के लिए केन्द्र सरकार ने 231233 करोड़ रूपये का परिव्यय स्वीकृत किया है। केन्द्र और राज्य सरकारों को इन कार्यक्रमों के लिए 40 हजार करोड़ रूपये की वार्षिक आवश्यकता पड़ेगी। सर्वशिक्षा अभियान के अन्तर्गत न केवल 99 प्रतिशत बच्चों की प्राथमिक शिक्षा/प्राथमिक स्कूलों में भागीदारी बढ़ायी है बल्कि 4 प्रतिशत 6 से 14 वर्ष के बच्चों को स्कूल छोड़कर जाने से भी रोका है। इस कार्यक्रम के अन्तर्गत विशेषकर बालिका, पिछड़ी जाति/जनजाति के बच्चे अन्य कमजोर वर्ग, अल्पसंख्यक और शहरी गरीब बच्चों पर ध्यान दिया गया है।

सर्व शिक्षा अभियान की भौतिक प्रगति

प्राथमिक उच्च प्राथमिक विद्यालयों का भवन निर्माण

वर्ष	लक्ष्य			प्रगति			प्रतिशत उपलब्धि		
	प्राथमिक वि	उच्च प्राथमिक वि	योग	प्राथमिक वि	उच्च प्राथमिक वि	योग	प्राथमिक वि	उच्च प्राथमिक वि	योग
2001-2002	516	450	966	516	499	965	100.00	99.78	99.90
2002-2003	601	1843	2444	601	1841	2442	100.00	99.89	99.92
2003-2004	3781	5542	9323	3777	5517	9294	99.89	99.55	99.69
2004-2005	4757	2908	7665	4748	2892	7640	99.81	99.45	99.67
2005-2006	4141	2663	6804	4080	2608	6688	98.53	97.93	98.30
2006-2007	2970	4000	6970	1397	1829	3226	47.04	45.73	46.28
योग	16766	17406	34172	15199	15136	30255	90.18	86.18	88.54

अतिरिक्त कक्षा-कक्षों का निर्माण

वर्ष	लक्ष्य	प्रगति	प्रतिशत उपलब्धि
2001-2002	3174	3174	100
2002-2003	2773	2773	100
2003-2004	4282	4282	100
2004-2005	18552	18530	99.88
2005-2006	65398	65259	98.26
2006-2007	82117	44217	53.85
योग	**176296**	**137235**	**77.84**

शिक्षा गारंटी योजना तथा वैकल्पिक एवं अनूठी शिक्षा

शिक्षा गारंटी योजना तथा वैकल्पिक एवं अनूठी शिक्षा विद्यालय नहीं जा रहे बच्चों को बुनियादी शिक्षा कार्यक्रम के तहत लाने का सर्वशिक्षा अभियान का एक महत्वपूर्ण घटक है। इस योजना में विद्यालयी शिक्षा से अभी तक छूट गये प्रत्येक बच्चे के लिए अलग से योजना बनाने का प्रावधान है। यह योजना ऐसी बस्तियां में लागू की जाती है जहाँ एक किलोमीटर दूरी के अन्दर प्राथमिक विद्यालय नही है। वैकल्पिक शिक्षा की शुरूआत समाज के वंचित वर्ग के बच्चों, बाल श्रमिक, सड़कों पर जीवन यापन करने वाले बच्चों के लिए की गई है।

सन्दर्भ ग्रंथ

1. वर्ड एजुकेशन फोरम - डॉ. भास्कर राव
2. भारतीय शिक्षा के उभरते हुए क्षितिज - गुरूशरण दास त्यागी
3. भारतीय शिक्षा का इतिहास - बी.पी. जौहरी एवं पी.डी. पाठक
4. उदीयमान भारतीय समाज में शिक्षा - रामशकल पाण्डेय

18

सर्वशिक्षा अभियान में बालिका शिक्षा

*डॉ. गुलाब सिंह

प्राथमिक शिक्षा, औपचारिक शिक्षा का प्रथम सोपान है, जिसे गुणात्मक रूप में प्रत्येक बच्चे को सुलभ कराकर राष्ट्र को सशक्त एवं विकसित किया जा सकता है। इसी लक्ष्य को ध्यान में रखकर भारतीय संविधान में प्राथमिक शिक्षा के सार्वभौमिक बनाने के लिए अनुच्छेद 45 में संविधान लागू होने के 10 वर्ष के भीतर 6 से 14 वर्ष के सभी बच्चों के लिए प्राथमिक शिक्षा निःशुल्क एवं अनिवार्य रूप से प्रदान करने की व्यवस्था की, परन्तु इस प्रतिबद्धता के बावजूद प्राथमिक शिक्षा को मौलिक अधिकार (93 वाँ संशोधन 2002) बनाने में 52 वर्ष का समय बीत गया।

एक कहावत है कि "अगर किसी खेत को सम्हालना है तो तीन वर्ष पहले से उनकी मिट्टी व खाद पर ध्यान देना चाहिए और अगर किसी राष्ट्र को मजबूत बनाना है, तो उसके बच्चों की शिक्षा-दीक्षा पर ध्यान देना चाहिए जो विद्यालय में पहली बार पहुँच रहे हैं।" इसी बात को ध्यान में रखकर प्राथमिक शिक्षा के सार्वभौमिकरण हेतु केन्द्र एवं राज्य सरकारों द्वारा समय-समय पर प्रयास किये गये। सर्वशिक्षा अभियान (एस.एस.ए.) की योजना भी प्राथमिक शिक्षा के सार्वभौमिकरण के लिए अक्टूबर 1998 में आयोजित राज्य शिक्षा मंत्रियों के सम्मेलन की सिफारिसों का परिणाम हैं। भारत सरकार के मानव संसाधन मन्त्रालय के प्राथमिक शिक्षा एवं साक्षरता विभाग ने वर्ष 2001 में इस अभियान की शुरूआत की। इस अभियान के अन्तर्गत सन् 2002 तक 6 से 14 वर्ष के आयु वर्ग के सभी बच्चों का नामांकन करना, सभी नामांकित बच्चों को 2007 तक कक्षा 5 एवं 2010 तक कक्षा 8 तक की गुणात्मक शिक्षा पूर्ण करने का लक्ष्य निर्धारित किया गया था। साथ ही साथ बालिका शिक्षा, वंचित वर्गों के बच्चों की शिक्षा, विशेष आवश्यकता वाले बच्चों की शिक्षा, लिंग समता, सामाजिक न्याय, जनसहभागिता आदि को भी सर्वशिक्षा अभियान के लक्ष्य में सम्मिलित किया गया था। इसी कार्यक्रम के अन्तर्गत ऐसी बस्तियों में स्कूल खोलना जहाँ स्कूली सुविधा

मौजूद नहीं थी तथा शौचालय, पेयजल, स्कूल सुधार अनुदान के माध्यम से स्कूल के बुनियादी सुविधा को सुदृढ़ बनाने का प्रावधान था।

इसी कार्यक्रम के अन्तर्गत अपर्याप्त शिक्षक वाले प्राथमिक विद्यालयों में अतिरिक्त शिक्षक उपलब्ध कराने एवं कार्यरत अध्यापकों की क्षमता बढ़ाने के लिए प्रशिक्षण तन्त्र विकसित करने का प्रावधान था। सर्वशिक्षा अभियान में कमजोर वर्ग की लड़कियों एवं बच्चों पर विशेष ध्यान था। इसी कार्यक्रम के अन्तर्गत बच्चों को निःशुल्क पाठ्य पुस्तक, ड्रेस सहित अनेक प्रोत्साहन योजनायें थी। ग्रामीण क्षेत्रों में कम्प्यूटर आधारित शिक्षा प्रदान करने के लिए कार्यक्रम बनाया गया था।

बालिका शिक्षा से उनका व्यक्तिगत स्वास्थ्य और शिशु पोषण ठीक रहेगा, शिशु मृत्युदर कम होगी, बालिका शिक्षा का आर्थिक विकास से सीधा सम्बन्ध है। इनकी शिक्षा से सामाजिक परिवर्तन तेजी से होगा। बालिका शिक्षा से देश की जनसंख्या स्वयं नियन्त्रित होगी। इन्हीं सब सम्भावनाओं को ध्यान में रखकर सर्व शिक्षा अभियान के अन्तर्गत बालिका शिक्षा के लिए अनेक प्रेरक कार्यक्रम चलाये गये है। जिससे सर्वभौमिक शिक्षा का लक्ष्य प्राप्त किया जा सके। केन्द्र द्वारा निम्न बालिका शिक्षा परियोजनाओं का संचालन किया जा रहा है।

1. प्रारम्भिक स्तर पर राष्ट्रीय बालिका शिक्षा
2. कस्तूरबा गान्धी विद्यालय परियोजना
3. मीना मंच
4. मातृ शिक्षक संघ

प्रारम्भिक स्तरीय राष्ट्रीय बालिका शिक्षा परियोजना

यह 2003 से शुरू किया गया था, इसके द्वारा बालिका शिक्षा के लिए अतिरिक्त सुविधा दी गयी है। इस परियोजना का लक्ष्य कक्षा एक से कक्षा आठ तक वंचित वर्ग की लड़कियों को प्रारम्भिक शिक्षा उपलब्ध कराना हैं। यह योजना शैक्षिक आधार पर पिछड़े हुए विकास खण्डो में, जहाँ ग्रामीण स्त्री साक्षरता दर कम और लैंगिक अन्तराल अधिक है, में संचालित है। उन विकास खण्डो में विशेष रूप से लागू है जहाँ कम से कम 5 प्रतिशत अनुसूचित जाति/जनजाति की आबादी है और महिला साक्षरता दर 10 प्रतिशत से भी कम है।

इस परियोजना का उद्देश्य जन समुदाय की बालिकाओं की शिक्षा के प्रति सम्वेदनशील तथा जागरूक बनाना, नामांकन एवं ठहराव में वृद्धि हेतु 3 से 6 वर्ष के

बच्चो के लिए शिशु देखरेख केन्द्र को विद्यालय परिसर में स्थापित करना, प्रारम्भिक शिक्षा में लैंगिक अन्तराल कम करना है। प्रत्येक जनपद के निम्न महिला साक्षरता वाले विकास खण्ड या न्याय पंचायत स्तर पर एक विद्यालय को आदर्श संकुल विद्यालय के रूप में विकसित करना, उच्च प्राथमिक विद्यालय स्तर पर बालिकाओं के लिए व्यवसायिक शिक्षा को विकसित करना, बीच में पाठशाला छोड़ने वाली बालिकाओं के लिए ग्रीष्म कालीन शिविर के माध्यम से शिक्षा की मुख्य धारा में पुनः जोड़ना।

कस्तूरबा गांधी बालिका विद्यालय

इस योजना को 2004 से लागू किया गया है। कस्तूरबा गान्धी बालिका विद्यालय केन्द्रीय शासन की नयी शिक्षा परियोजना है। इसके अन्तर्गत बालिकाओं की प्रारम्भिक शिक्षा के लिए आवासीय विद्यालय (भोजन व्यवस्था सहित) दसवीं पंचवर्षीय योजना की अवधि से व्यवस्था कि गई है। यह मुख्य रूप से अनुसूचित जाति/अनुसूचित जनजाति, पिछड़े वर्ग तथा अल्पसंख्यक समुदाय की वंचित बालिकाओं के लिए स्थापित है। यह विद्यालय उन विकास खण्डो में संचालित है जहाँ ग्रामीण महिला साक्षरता दर राष्ट्रीय औसत से कम है। कस्तूरबा गांधी विद्यालय में कक्षा 6 से 8 तक की शिक्षा दी जाती है। इस प्रकार के विद्यालयों की मॉनीटरिंग जनपद स्तर पर डायट के प्राचार्य की अध्यक्षता में गठित जिला जेण्डर यूनिट द्वारा की जाती है। इन विद्यालयों को शैक्षिक सहयोग तथा विद्यालय के चयनित अध्यापकों का प्रशिक्षण भी डायट द्वारा किया जाता है। सर्वशिक्षा अभियान में मार्च 2007 तक 2180 कस्तूरबा गांधी विद्यालय को मंजूरी दी गयी थी।

मीना मंच

उत्तर प्रदेश में बालिका शिक्षा को बढ़ावा देने के लिए प्रत्येक जनपद में उच्च प्राथमिक स्तर पर मीना मंच का गठन किया गया है। मीना यूनिसेफ द्वारा निर्मित आडियों बिजुअल माध्यम पर आधारित 12 कैसेट में विभाजित शैक्षिक कार्यक्रम में नायिका है। जो विभिन्न चुनौतियों का सामना करते हुए विद्यालय जाने में सफल होती है। इसी नाम को लेकर मीना मंच का गठन किया गया है।

इसका उद्देश्य बालिकाओं की अभिव्यक्ति क्षमता बढ़ाने हेतु मंच देना, इनमें नेतृत्व तथा सहयोग की भावना का विकास करना, जीवन कौशल का विकास करना, बाल विवाह की रोकथाम, बाल एवं महिला अधिकारों का ज्ञान कराना तथा बचत हेतु प्रोत्साहन करना आदि है।

मीना मंच के सदस्य, क्षेत्र की अधिक से अधिक बालिकाओं को सदस्य बनाने का प्रयास करते है। नुक्कड़ नाटक, कला, संगीत, समूह चर्चा, खेलकूद, सांस्कृतिक कार्यक्रम आयोजित करके बालिकाओं को जागरूक करते है। उन्हें पढ़ने के लिए प्रेरित करते है ताकि वे प्रतिदिन स्कूल आये, सहयोग व नेतृत्व की भावना का विकास हो, साथ ही साथ अपनी शिक्षा पूरी कर सके। इसमें बालिकाओं को सिलाई कढ़ाई, क्राफ्ट कला, खिलौने बनाना आदि भी सिखाया जाता है, ताकि वे आगे आर्थिक रूप से सक्षम हो सके। साथ-साथ उन्हें स्वास्थ्य रक्षा, सुरक्षित मातृत्व, पारिवारिक शिक्षा, एड्स की जानकारी दी जाती है।

मातृ शिक्षक संघ

बालिकाओं की शिक्षा को बढ़ावा देने के लिए मातृ शिक्षक संघ का गठन किया गया है। इसमें एक साधारण सभा होती है जिसमें पढ़ने वाली समस्त लड़कियों की मातायें इसकी सदस्य होती है। इन्हीं माताओं के बीच की एक को अध्यक्ष तथा पन्द्रह माताओं के समूह को चुनकर कार्यकारिणी का गठन किया जाता है। विद्यालय की प्रधानाध्यापक या महिला अध्यापिका को सचिव बनाते है। इस संघ का मुख्य उद्देश्य होता है कि विद्यालय में पढ़ने वाली बालिकाओं की माताओं को जोड़ना, विद्यालय की शिक्षा व्यवस्था से अवगत कराना तथा उसमें स्त्री की भागीदारी सुनिश्चित कराना है। विद्यालय व स्त्री समाज के बीच की दूरी कम करना। इसी उद्देश्य की पूर्ति के लिए समय-समय पर मिटिंग बुलाकर उन्हें जागरूक किया जाता है।

राष्ट्रीय व अन्तर्राष्ट्रीय दबाव में प्राथमिकता शिक्षा के सार्वभौमीकरण में सर्वशिक्षा अभियान मील का पत्थर साबित हुआ है जिसके अन्तर्गत नामांकन विद्यालय सुविधा में सुधार, शिक्षकों की संख्या में वृद्धि, बेहतर शैक्षिक परिवेश निःशुल्क पुस्तक, मध्यान्ह भोजन, ड्रेस आदि की व्यवस्था की जा रही है बनर्जी और साहू के अनुसार भारत में (जी.ई.आर.) 1998-1999 में प्राइमरी स्तर पर पंजीकरण लड़कों की संख्या 96.86 प्रतिशत तथा लड़कियों की 82.85 प्रतिशत जबकि 2004-2005 में लड़कों की 111.41 और लड़कियों की 105.48 प्रतिशत था इसी तरह से उच्च प्राथमिक स्तर पर 1998-1999 में लड़को का पंजीकरण 65.27 प्रतिशत और लड़कियों का 49.08 प्रतिशत तथा 2004-2005 लड़को का पंजीकरण 78.48 प्रतिशत तथा लड़कियों की 65.76 प्रतिशत था इस प्रकार संख्यात्मक रूप से सर्वशिक्षा अभियान अपने लक्ष्य की ओर अग्रसर है लेकिन

गुणवत्ता में सुधार नहीं हो पा रहा है।

Kurhade (2010) said that the serva shiksha abhiyan has gained momentum in every nook and corner of the country and literacy rates have gone up. There is need to improve our standard.

स्कूल चलो अभियान के अन्तर्गत रैली निकालकर बच्चों का नामांकन कराने के लिए जागरूक किया जाता है। लेकिन रजिस्टर में नाम दर्ज कराकर स्कूल न जाने वाली लड़कियों की संख्या बहुत अधिक होती है या ग्रामीण क्षेत्रों के माता-पिता कस्तूरबा गांधी जैसे बोर्डिग स्कूल में भेजने को तैयार नहीं होते है। अतः अभिभावक को जागरूक करने की आवश्यकता है। सर्वशिक्षा अभियान के पूर्ण सफलता न होने का मुख्य कारण सरकारी नीतियों में एवं उसके क्रियान्वयन में व्याप्त उदासीनता है। जैसे यदि विद्यालय है तो बच्चे नहीं यदि विद्यार्थी है तो स्कूल जर्जर अवस्था में है। यदि दोनों है तो शिक्षक नहीं, यदि तीनो हैं तो शिक्षक सरकारी कार्यों से या नीजी कार्यों से विद्यालय में अनुपस्थित होता है।

विद्यालय में लड़कियों के नामांकन बढ़ाने के लिए तथा अवव्यय व अवरोधन को कम करने के लिए महिला ग्राम प्रधानो की भूमिका को प्रभावी बनाया जाय वे सिर्फ घर वालो के रबर स्टाम्प बनने के स्थान पर विकास कार्यों में आगे आये ताकि अन्य बालिकाओं का एवं अभिभावकों का मनोबल ऊँचा हो। अतः बालिका शिक्षा का तभी उन्नयन होगा जब जनसाधारण की सोच बदलेगी शर्मा व सत्यार्थी (2011) ने भी कहा था कि अनिवार्य व निःशुल्क शिक्षा के परिपेक्ष्य में यह सुनिश्चित करना है कि यह अपने लक्ष्य को प्राप्त कर सके, न सिर्फ केन्द्र सरकार राज्य सरकार और समाज के संभ्रान्त वर्ग का कार्य है बल्कि जनसाधारण को भी महती भूमिका का निर्वाह करना होगा।

References

1. Banerjee, R., Sahu, P.K. and Pal, S., Women Education and Empowerment in Rural Area. Journal of Educational Planning and Administration, Vol. XXIV, No.-1, January 2010, P-27.
2. Government of India (2002-2007) Tenth Five year Plan, Planning commission New Delhi.
3. India 2008, Ministry of Human Resource and Development.
4. Kurhade, M.S., Education for all but when ? University News, Vol 49, No. 4, January 24-30, 2010, P-23
5. शर्मा, एस.के. और सत्यार्थी, एस.एस., शिक्षा के अधिकार का क्रियान्वयन, भारतीय आधुनिक शिक्षा, वर्ष 31, अंक-3, जनवरी 2011, पेज-45.

19

शिक्षा अधिकार अधिनियम एवं सर्व शिक्षा अभियान

*डॉ. (श्रीमती) किरन सिंह

कितनी धीमी गति है, विकास कितना अदृश्य हो चला है।
इस महावृक्ष में एक पत्र सदियों के बाद निकलता है।

और भी

झर गई पूंछ, रोमान्त झरे, पशुता का झरना बाकी है।
बाहर-बाहर तन सँवर चुका, मन अभी सँवरना बाकी है।

दिनकर की ये दो पंक्तियाँ मुझे शिक्षा में आयी क्रान्तियों और धीरे-धीरे होने वाले परिवर्तन और सूक्ष्म रूपान्तर की लम्बी प्रक्रिया के प्रति सहज ही आकर्षित करती है।

शिक्षा को मौलिक अधिकार बनाने सम्बन्धी कानून के लागू होने से स्वतंत्रता के छः दशक पश्चात् बच्चों के लिए निःशुल्क और अनिवार्य शिक्षा का सपना साकार हुआ है। यह कानून 1 अप्रैल, 2010 से लागू हो गया। इसे बच्चों को निःशुल्क और अनिवार्य शिक्षा का अधिकार अधिनियम 2009 का नाम दिया गया है। इस अधिनियम के लागू होने से 6 से 14 वर्ष के प्रत्येक बच्चे को अपने नजदीकी विद्यालय में निःशुल्क तथा अनिवार्य प्राथमिक शिक्षा पाने का अधिकार मिल गया है। इस अधिनियम की खास बात यह है कि गरीब परिवार के ये बच्चे, जो प्राथमिक शिक्षा से वंचित हैं, के लिए निजी विद्यालयों में 25 प्रतिशत आरक्षण का प्रावधान रखा गया है।

राइट टू एजूकेशन एक्ट लागू होने के अवसर पर प्रधानमंत्री ने अपने संदेश में कहा है कि भारत नौजवानों का देश है, बच्चों और नौजवानों को उनकी शिक्षा और उनके विशिष्ट गुणों का परिमार्जन करके देश को खुशहाल और शक्तिशाली

बनाया जायेगा। शिक्षा के अधिकार के साथ बच्चों एवं युवाओं का विकास होता है तथा राष्ट्र शक्तिशाली एवं समृद्ध बनता है। यह उत्तरदायी एवं सक्रिय नागरिक बनाने में भी सहायक है। इसमें देश के सभी लोगों, अभिभावकों एवं शिक्षकों का भी सहयोग आवश्यक है।

शिक्षा का अधिकार कानून लागू होने से 6 से 14 वर्ष के बच्चों को न तो स्कूल फीस देनी होगी और न ही यूनिफार्म, बुक, ट्रांसपोर्टेशन या मीड-डे मील जैसी चीजों पर खर्च करना होगा। बच्चों को न तो अगली क्लास में पहुंचने से रोका जायेगा, न निकाला जायेगा। न ही उनके लिए बोर्ड परीक्षा पास करना अनिवार्य होगा। कोई स्कूल बच्चों को प्रवेश देने से इंकार नहीं कर सकेगा। हर 60 बच्चों को पढ़ाने के लिए कम से कम दो प्रशिक्षित अध्यापक होंगे। जिन स्कूलों में संसाधन नहीं है, उन्हें तीन साल के अन्दर सुधारा जायेगा। इस कानून के लागू करने पर आने वाले खर्च केन्द्र सरकार (55 प्रतिशत) और राज्य सरकार (45 प्रतिशत) मिलकर उठायेंगे।

शिक्षा के अधिकार को मूल अधिकार का दर्जा देने के साथ ही इसे मूल कर्तव्यों में शामिल कर अभिभावकों का कर्तव्य बनाया गया है। इस अधिनियम द्वारा राज्य सरकार, बच्चों के माता-पिता या संरक्षक सभी का दायित्व तय किया गया है तथा उल्लंघन करने पर अर्थदण्ड का भी प्रावधान है।

तात्कालिक तौर पर सरकार का यह अधिनियम भारतीय राष्ट्र एवं समाज को एक विकसित एवं शिक्षित राष्ट्र के रूप में परिवर्तित करने का प्रयास जान पड़ता है। इस अधिनियम को सही रूप से क्रियान्वित कर 2020 ई. तक भारत को एक नॉलेज सोसाइटी (Knowledge Society) में रूपान्तरित किया जा सकता है। यही हमारे पूर्व राष्ट्रपति ए.पी.जे. अब्दुल कलाम का भी सपना था।

बच्चों को निःशुल्क और अनिवार्य शिक्षा का अधिकार अधिनियम 2009 के प्रमुख प्रावधान निम्नलिखित हैं–

1. **प्राथमिक शिक्षा में प्रथम कक्षा से आठवीं कक्षा तक की शिक्षा शामिल है।**
2. **अनिवार्य शिक्षा सरकार का दायित्व है कि–**

 क. 6 से 14 वर्ष तक के प्रत्येक बच्चे को निःशुल्क प्राथमिक शिक्षा उपलब्ध करवायें।

 ख. 6 से 14 वर्ष तक के प्रत्येक बच्चे को अनिवार्य प्रवेश, उपस्थिति व शिक्षा की समाप्ति सुनिश्चित करें।

3. **निःशुल्क और अनिवार्य शिक्षा का अधिकार** – निःशुल्क शिक्षा के लिए धारा 3 निश्चित किया गया है। किसी विद्यालय में प्रवेश न होने के कारण यदि प्राथमिक शिक्षा से वंचित है तो उसकी आयु के अनुसार उचित कक्षा में प्रवेश के लिए धारा 4 निश्चित किया गया है।
4. **सरकार स्थानीय प्राधिकारी व माता-पिता का कर्तव्य** – इस अधिनियम के प्रावधानों के अग्रसरण में सरकार तथा स्थानीय प्राधिकारी अपने क्षेत्राधिकार के अन्तर्गत जहाँ विधालय नहीं है। इस अधिनियम के प्रभावी होने के तीन वर्ष के भीतर अपने क्षेत्राधिकार की सीमाओं में विद्यालय स्थापित करेंगे। (धारा-6)
5. **केन्द्र सरकार** – शैक्षिक प्राधिकारी की मदद से एक राष्ट्रीय ढाँचा विकसित करेगी जो बच्चों का बहुमुखी विकास, संविधान में समाहित मूल्यों का विकास, अधिकतम् स्तर पर मानसिक व शारीरिक क्षमताओं का विकास, बाल केन्द्रित व मित्रवत् तरीके से गतिविधियों द्वारा सीखना, निर्देशों को बच्चों की मातृभाषा में देना होगा। भयमुक्त व उनके विचार स्वतन्त्रतापूर्वक व्यक्त करने में मदद करना, उनके समने की क्षमता का लगातार विश्लेषण उसकी सामर्थ्य पर लागू करना। (धारा-29)
6. **समुचित राज्य सरकार** – गरीब कोई भी बालक किसी भी कारण से प्राथमिक शिक्षा से वंचित न रहे।
7. **स्थानीय प्रभारी** – निःशुल्क शिक्षा और अनिवार्य शिक्षा उपलब्ध कराना, क्षेत्राधिकारी 14 वर्ष के बच्चे का रिकार्ड रखेंगे, प्राथमिक शिक्षा में प्रवेश, उपस्थिति व समाप्ति को सुनिश्चित करेंगे। शैक्षणिक कलेण्डर सुनिश्चित करेंगे। (धारा-9)
8. **माता-पिता या संरक्षक का दायित्व :**

क. अपने बच्चों को नजदीकी विद्यालय में प्राथमिक शिक्षा उपलब्ध कराना। (धारा-10)

ख. बच्चों को 6 वर्ष की आयु पूर्ण करने से पूर्व स्कूल शिक्षा की आवश्यक व्यवस्था सरकार करेगी। (धारा-11)

9. **विद्यालय व शिक्षकों का दायित्व** – अधिनियम के उद्देश्यों के लिए विद्यालय–

क. प्रवेश दिये गये सभी छात्रों को निःशुल्क और अनिवार्य शिक्षा देंगे।

ख. जिसमें 25 प्रतिशत कमजोर तथा वंचित वर्ग के बच्चे शामिल होंगे (धारा-12)

वर्तमान सर्व शिक्षा अभियान के माध्यम से बच्चों की प्राथमिक शिक्षा की सर्वसुलभता की दिशा में तेजी आयी है। अब शिक्षा को मौलिक अधिकार के रूप में व्यवहारिक रूप से क्रियान्वित कर प्राथमिक शिक्षा के सार्वभौमिकीकरण की सम्भावनायें और भी अधिक हो गयी हैं। इस सम्बन्ध में यद्यपि इस सत्यता को भी नकारा जा सकता है कि सरकार द्वारा शिक्षा को मौलिक अधिकार बनाने विषयक इस अधिनियम को पारित कराने की एक बड़ी चुनौती से निपट लिया गया है, लेकिन अब उसके समक्ष इससे भी बड़ी चुनौती उत्पन्न हो गयी है और वह है—इस अधिनियम को समुचित रूप से क्रियान्वित करने के लिए वांछित धनराशि की व्यवस्था करना तथा समयबद्ध तरीकों से उसके भलीभाँति उपयोग को सुनिश्चित करते हुए निर्धारित लक्ष्यों को प्राप्त करना। केन्द्र सरकार के साथ-साथ इस अधिनियम के समुचित रूप से क्रियान्वयन में राज्य सरकारों की भी अत्यन्त महत्वपूर्ण भूमिका रहेगी। अतः राज्य सरकारों को भी विश्वास में लेकर उन्हें समुचित आर्थिक सहायता, परामर्श और मार्गदर्शन के लिए भी केन्द्र सरकार को विशेष पहल करनी होगी। तभी हम प्राथमिक शिक्षा को वास्तविक अर्थों में मौलिक अधिकार के रूप में प्रतिस्थापित होते हुए देख पायेंगे।

संदर्भ ग्रन्थ

- पाण्डेय, रामशकल, भारतीय शिक्षा की समसामयिक समस्यायें, अग्रवाल पब्लिकेशन, आगरा।
- मदान, पूनम, भारत में शिक्षा व्यवस्था का विकास तथा समस्यायें
- राजपूत, जे.एस., समस्या असमान शिक्षा की, दैनिक जागरण, इलाहाबाद
- http. www.ssa

20

Sarva Shiksha Abhiyan Improvement of School Facilities (Sports) And Other Civil Works

*Mahesh Yadav

Improvement of School Facilities

Community participation should be the only means of undertaking any civil works in improvement of school facilities. Experiments in community participation under Lok Jumbish and DPEP in many States have been very encouraging and such experiments will be further carried out. The Sarva Shiksha Abhiyan would first of all try to mobilize resources under Rural Employment Programme and other developmental schemes for constructing school buildings.

Each State must formulate a strategy for repair. The community would have to come forward to maintain school facilities if any investment is proposed in a village. An annual support to the community for repair and maintenance is envisaged under the SSA. The upper ceiling is based on the actual need and the willingness of the community to contribute. The money will be credited to the VEC. Community involvement is a must. The school infrastructure has to be well maintained. The Lok Jumbish Project has had significant success by adopting this procedure. The expenditure will not be included for calculation of the 33% ceiling on civil works.

The allocation for civil works will not exceed 33% of the approved Perspective Plan. The ceiling of 33% would apply on the entire project cost based on the Perspective Plan prepared for the period till 2010. However, in the finalization of a particular year's plan, provision of civil works can be made at a higher level depending on the priority assigned to various components of the programme. However, in a particular year's annual plan, provision for civil works can be considered upto 50% of the annual plan expenditure, within the overall project ceiling of 33%.

There are large number of schools that cannot be repaired under the available maintenance grant. To facilitate the availability of funds for major repairs, civil works component allows major repairs upto Rs.150 crore per annum under SSA subject to the conditions laid down in Norm No.7 (b).

Furniture For Upper Primary Schools - There is a continuous demand for providing furniture to children in schools for a more conducive learning environment, especially to address learning needs of geometryègeographyèScience at upper primary level, where working on the floor poses severe challenges to children. The SSA Framework provides for Rs.50,000è- per new upper primary school for setting up school equipment. New schools therefore get an opportunity to buy some furniture. However, existing Government upper primary schools are often without facility of furniture. 33% of the total allocation under SSA is embarked for civil works. The average utilization for civil works during the last 3 years and sanctions for 2007-08, show a declining trend in civil work costs, which is likely to continue in the coming years, as more and more States saturate school infrastructure requirements. Analysis shows that allocations were less than 33% in many States in the AWP&B 2007-08. Therefore, wherever, the StatesèUTs' have achieved substantial progress in filling up infrastructure gaps and the civil works requirement is less than 33% of the total district outlay, furniture to Government Upper Primary Schools @ Rs.500 per child as a one time grant can be given, provided the civil work ceiling inclusive of furniture for children, is not more than 33% of the district outlay. It is also mandatory that funds are not pooled and procurement will be done by the Village Education Committee (VEC), School Development and Management Committee or equivalent bodies for rural urban areas.

(Ref. F 2-3è2005-EE-3 dated 29-8-2007)

The participation of the community in all civil work activities will be mandatory in order to ensure a sense of ownership and a departure from contractor driven approaches. Engagement of contractors will not be allowed under the Sarva Shiksha Abhiyan. School Management Committeesè Village Education Committeesè Gram Panchayat Committee on Education will have to carry out the civil works activities through a transparent system of account keeping. The DPEP and Lok Jumbish Project have developed effective community based approaches for civil works. These will be mandatory in all Sarva Shiksha Abhiyan districts.

The principle of social audit could be accepted for minor repairs. The School Management Committeeè Village Education Committee could certify the maintenance and repair work undertaken in a school. For larger repair and maintenance as well as new construction, technical provisions will be followed. The technical provisions however, have to be totally demystified (as has been done under the Lok Jumbish Project) and the communities' right to know the cost parameters has to be fully respected.

Efforts to improve the school environment by addition of a few inexpensive internal and external elements will be made. New building designs developed in Lok Jumbish and DPEP would be adapted to promote child centred learning. Use of local materials and cost effective technologies will be encouraged. A civil works innovation fund will be set up in each StateèUT to encourage experimentation with design. Repair and maintenance of buildings will be given the top most priority.

A large number of (more than 100) building designs for schools have been developed in DPEP districts. These designs, apart from being attractive, are child centred, functional and in tune with the new pedagogical concepts. The publication called "Building rural Primary schools" published by the Ed.CIL and the building construction manuals developed by the Lok Jumbish Project may be utilized by all the States è districts to develop their civil works plan. The States may make use of designs already developed under DPEPè Lok Jumbish Project in their specific local contexts. Incorporation of child-friendly internal and external elements will be mandatory in all the new construction and repair works.

SSA will encourage use of local construction materials and low cost technologies. This would require a large amount of capacity building, including training of engineers and masons in these technologies. Apart from the Technical Resource Group of SSA, assistance of Resource institutions like HUDCO may also be sought for this purpose.

Civil Work innovation fund of up to Rupees 50 lakh may be set up by each State. This fund may be created from the State funds or funds provided for Research, Evaluation, Supervision and Monitoring.

Civil works under SSA should start with a proper assessment of the infrastructure requirement for each district. There need to be a school-wise compilation of physical and monetary requirements. The attempt should be to find out the minimum money required to provide adequate infrastructure to each school including repairs, toilets, drinking water, boundary wall, etc. Provision of additional classrooms is to be considered only after exploring possibility of repairs and double shifts. Once the total requirement for the district is obtained, one needs to find out how much of this requirement can be funded through the on going schemes and therefore what is the gap that is required to be funded through SSA.

Drinking Water And Toilet Facilities

Provision of drinking water and toilet facilities is one of the basic requirements in a school. There are a number of studies now available to establish the contribution of these facilities in access and retention of children. There is almost a direct correlation between the drop-out of girls at upper primary level and the availability of sanitation facilities within the school. However, in spite of large scale provisioning of schooling facilities inthe last decade, there is still a large gap with respect to toilet and drinking water facilities and it is unlikely that the gap with regard to toilet and drinking water can be fully met through SSA funds. Hence convergence with other schemes, specially of the Ministry of Rural Development, Government of India is crucial to achieve 100% coverage of such facilities.

Department of Drinking Water Supply in the Ministry of Rural Development, Government of India has got provision under Accelerated Rural Water Supply Programme (ARWSP) to cover rural schools with drinking water facility. Further, Total Sanitation Campaign (TSC) provide toilet and urinals for rural schools. In this regard, there is a need to make a realistic assessment of the total number of schools to be covered at the State, district and village panchayat levels. The agencies responsible for implementing DPEP and SSA and drinking water and sanitation programmes will coordinate their efforts to ensure coverage of all schools.

Improvement of Physical Education And Sports Facilities

The importance of physical education in the curriculum for primary and upper primary schools cannot be over emphasized. It has been recognized that exercise and play are crucial inputs into the overall physical and social development of children in the 6-14 year age group.

Traditionally in many states, inter-school, block and district level sports competitions were organized regularly by the State Education Department or the district level sports offices. This tradition needs to be maintained & enhanced or initiated in all schools and all districts of the country.

Sarva Shiksha Abhiyan (SSA) offers an opportunity for re-emphasising the important role of games, yoga and sports in the all-round development of children. The Ministry vide D.O. letter No. F 2-3è2005-EE.3 dated 29è9è2005 has issued instructions regarding use of funds under Civil WorksèMaintenance grant for adopting child friendly elements where possible, by providing for play facilities like swings, seesaws etc. in school compounds, funds under innovative activities for promotion of Scouts and Guides activities and Panchayat, Block and District level competitions; and funds under School Grant for purchase or replacement of sports equipment at the school level as also for sport awards if necessary.

Residential Hostels For Children In Remote And Sparsely Populated Blocks of Tribal, Desert And Hilly Districts, Under SSA

Upper Primary Schools are provided as per State norms of distance and population. In some remote, sparsely populated areas, it may be difficult to set up primaryè upper primary schools due to the small number of children. Therefore adequate residential schools need to be provided at locations that can provide access to a group of small habitations.

Sarva Shiksha Abhiyan (SSA) provides for construction of school infrastructure as per State norms. States, by themselves do not have norms for hostels at upper primary level. Therefore, under SSA the States would be allowed to construct residential hostels, for both boys and girls in the compound of existing Government upper primary schools, one per block, in the blocks which have a population density of less than 20 persons per square Km (remote and sparsely populated blocks of Tribal, Desert and Hilly Districts) as per KGBV construction norms, and preferably the design should be an inclusive one for CWSN as well. Running costs of hostel facilities would be met by States through dovetailing with other schemes or from Innovative funds for girlsè SCè ST children under SSA, as per norms approved by the EC of the Stateè UT SSA programme. *The civil works costs of the hostels will be within the existing ceiling for civil works per district.* (Ref.F-2-3è2005 EE-3 dated 29.8.2007)

Construction of Buildings For Kasturba Gandhi Balika Vidyalayas

The KGBV scheme was launched in July, 2004 for setting up residential schools at upper primary level for girls belonging predominantly to the SC, ST, OBC and minority communities. The scheme is being implemented in educationally backward blocks of the country. The Kasturba Gandhi Balika Vidyalaya scheme has been merged with Sarva Shiksha Abhiyan in the XIth Plan with effect from 1st April, 2007. The Scheme envisaged three models.

The States will develop their own innovative designs for KGBV buildings. The construction of KGBV can be done by the Programme Implementation Society.

1. Third Party Evaluation : Apart from strengthening its own set-up for civil works, the States should engage an independent agency to undertake the day to day inspection of the sites where construction work is being undertaken. This agency should be in direct contact with the SPDèDPC office. This would not only increase the efficiency of the engineering staff but also apprise the SPDèDPC office of the status of civil works as being executed at site. The Third PartyInspection team and the proposed technical staff should also be asked to certify the quality of material being used for the construction activity. Simple testing techniques should be devised and undertaken for testing the material at site.

Refrences

www.ssa.nic.inèssa-frameworkèimprovement of school facilities and other civil works.

21

सर्व शिक्षा अभियान के अन्तर्गत प्राथमिक स्तर पर ग्रामीण बालिका शिक्षा की स्थिति - एक अध्ययन

*डॉ. मंशा देवी

ग्रामीण शिक्षा, ग्रामीण विकास से सम्बन्धित वह विचारधारा है जो उनको समय-सापेक्ष अद्यतन जानकारी से विभूषित कर गरीबी, कुपोषण से बचाती है और कृषि, उद्योग, वाणिज्य में परम्परागत विधियों के स्थान पर अद्यतन विधियों की ज़ानकारी प्रदान कर उनको आर्थिक दृष्टि से समृद्धिशाली बनाने में योगदान देती है।

ग्रामीण महिलाओं को शिक्षा के साथ-साथ रोजगार दिलाना भी आवश्यक है। शिक्षा की बात करें तो महिलाओं में शिक्षा का स्तर बढ़ने से कामकाजी महिलाओं की संख्या भी बढ़ी है। काम करने वाली महिलाओं की दर में बढ़ोत्तरी हुई है जो सन् 1981 के 19.7 प्रतिशत से बढ़कर 2001 में 25.7 प्रतिशत हो गयी है। एक शिक्षित महिला अपने अधिकारों के प्रति अधिक जागरूक हो सकती है। उल्लेखनीय है कि महिलाओं के अधिकार हनन के अनेक मामले इसलिए सामने नहीं आ पाते, क्योंकि उनमें शिक्षा, जागरूकता और सुरक्षा का अभाव है। वर्ष 2001 की जनगणना के अनुसार देश के कई जिलों में महिला साक्षरता की दर 30 प्रतिशत से भी कम है। इसलिए राष्ट्रीय साक्षरता मिशन के लिए इतनी कम महिला साक्षरता दर चिन्ता का एक बड़ा विषय है।

ग्रामीण क्षेत्रों में शिक्षा के बढ़ते कदम

देश में खुले 10 लाख से अधिक प्राथमिक विद्यालयों में से 86 प्रतिशत से अधिक ग्रामीण क्षेत्रों में है। किसी समय ग्रामीण क्षेत्रों के छात्र किसी छप्पर या पेड़ के नीचे बैठकर शिक्षा ग्रहण करते थे। अब सभी गाँवों में पक्के विद्यालय बनाये जा रहे हैं।

बालिकाओं की शिक्षा के लिए राष्ट्रीय कार्यक्रम और कस्तूरबा बालिका विद्यालय योजना शुरू की गयी है।

निरक्षरता उन्मूलन के लिए सम्पूर्ण साक्षरता मिशन ही राष्ट्रीय साक्षरता मिशन की प्रमुख अवधारणा है। ये अभियान समयबद्ध, विशिष्ट क्षेत्र, सहभागिता, किफायती तथा उपलब्धि परक है। इन्हें इस प्रकार क्रियान्वित किया जाता है कि समाज के सभी वर्गों का प्रतिनिधित्व हो सके।

स्वतंत्रता प्राप्ति के उपरान्त वर्ष 1951 में महिलाओं में साक्षरता दर 8.86 प्रतिशत थी जो सन् 2001 में बढ़कर 54.16 प्रतिशत हो गयी है। आज भी देश में लगभग 30 करोड़ लोग निरक्षर हैं और उनमें से अधिकतर महिलायें हैं। विश्व भर में प्राथमिक शिक्षा से वंचित बच्चों का साठ फीसदी भाग बालिकाओं का है। भारत में स्कूल जाने वाली आयु की 3 करोड़ बालिकायें पढ़ने नहीं जा रही है। सबसे बड़ी चिन्ताजनक बात यह है कि बालिकाओं की भी पढ़ाई निम्नलिखित कारणों से पाँचवी कक्षा तक पहुँचते-पहुँचते पढ़ाई छुड़वा दी जाती है।

बालिका शिक्षा के प्रति उदासीनता के कारण

1. लड़कियों को स्व-विवेक से कार्य न करने देना, बात-बात पर डाटना और उपदेश देना, घर से बाहर न निकलने देना, यह स्थिति रूढ़िवादी, अंधविश्वासी, पुरातन पंथी परिवारों में पायी जाती है।
2. लड़कियों की शीघ्र शादी करके मुक्ति पाने और दहेज के अभिशाप के चलते लड़कियों को या तो पढ़ाया नहीं जाता या तो उनका स्कूल बीच में ही छुड़वा दिया जाता है।
3. कुछ बालिकायें पारिवारिक स्थिति के कारण पढ़ाई नहीं कर पाती हैं। वह चाहे निःशुल्क ही शिक्षा क्यों न हो। पढ़ने के लिए आवश्यक कॉपी किताब, ड्रेस, आने-जाने का मार्ग व्यय आदि भी परिवार को देना होता है, जो प्रायः गरीब परिवार नहीं वहन कर पाता है। अतः बालिकाओं की शिक्षा बीच में ही बन्द करा दी जाती है।
4. कुछ ग्रामीण परिवारों की आज भी यह सोच है कि यदि लड़की स्कूल जायेगी तो घर के कार्यों में हाथ कौन बटायेगा, वे घरेलू कार्य को प्राथमिकता देते हैं, जबकि पढ़ाई उनके लिए गौण होती है।
5. कभी-कभी ग्रामीण क्षेत्रों के विद्यालयों के शिक्षकों तथा शिक्षिकाओं के क्रूर व्यवहार के कारण भी बालिकायें स्कूल जाना छोड़ देती हैं। जैसे बात-बात पर

पिटाई करना, गलत शब्दों का प्रयोग करना, परिवार से उनकी बढ़ा-चढ़ा कर शिकायत करना, इस तरह की कई यातनायें बालिकाओं के मानसिक स्तर पर विपरीत प्रभाव डालती हैं।

6. प्रायः ग्रामीण क्षेत्रों के गरीब परिवारों की बालिकायें भुखमरी और कुपोषण का शिकार रहती हैं, जिसके कारण वे बीमार रहा करती हैं और पढ़ाई बीच में ही छोड़ देती हैं।
7. कुछ परिवारों में यदि लड़कियाँ पढ़ने में ठीक हों तो भी उन्हें आगे चलकर उच्च शिक्षा हेतु अपनी रुचि का विषय पढ़ने नहीं दिया जाता है अथवा योग्य होने पर उन्हें इन्जीनियरिंग व मेडिकल आदि में नहीं जाने दिया जाता है, क्योंकि इन शिक्षा पर व्यय अधिक आयेगा।
8. ग्रामीण क्षेत्रों में 75 प्रतिशत लड़कियाँ अनपढ़ हैं। प्राथमिक विद्यालयों में प्रवेश लेने वाली बालिकाओं में से मात्र 25 प्रतिशत ही कक्षा आठ पास कर पाती हैं। शेष बीच में ही पढ़ाई छोड़ देती हैं।
9. उच्च शिक्षा में सम्पूर्ण महिला जनसंख्या का मात्र 30.6 प्रतिशत ही प्रवेश ले पाती हैं। इनमें से मात्र 6 प्रतिशत विज्ञान, प्रौद्योगिकी और इन्जीनियरिंग में आ पाती हैं।

महिला शिक्षा के उन्नयन एवं गुणात्मक विकास हेतु सुझाव

1. महिला साक्षरता पर विशेष ध्यान देते हुए राष्ट्रीय स्तर पर शैक्षिक विकास कार्यक्रमों को उच्च प्राथमिकता के आधार पर संचालित किया जाय। इसे और अधिक प्रभावी एवं कारगर बनाने के लिए गैर-सरकारी संगठनों को भी भागीदार बनाया जाय।
2. जिन क्षेत्रों में महिलायें शिक्षा के क्षेत्र में बहुत कम हैं, ऐसे क्षेत्र की पहचान की जाय तथा उनकी साक्षरता बढ़ाने के लिए समुचित रणनीति अपनायी जाय।
3. लड़कियों की अशिक्षा के रूढ़िगत सामाजिक कारणों को दूर करने के लिए समाज में महिलाओं में शिक्षा के प्रति जागरूकता लायी जाय।
4. नगरों की भाँति ग्रामीण अंचलों में भी शिक्षा एवं साक्षरता का प्रसार किया जाय। ग्रामीण अंचलों में एक स्वस्थ सामाजिक वातावरण तैयार किया जाय, जिससे लड़कियाँ स्कूल में जाकर शिक्षा प्राप्त कर सकें तथा स्कूलों में प्रवेश लेने के बाद पढ़ाई जारी रख सकें।
5. कस्तूरबा गांधी बालिका विद्यालय योजना 2004-2005 में शुरू की गयी है, इसके अन्तर्गत शैक्षिक दृष्टि से पिछड़े क्षेत्रों में बालिका विद्यालय खोलने का

लक्ष्य है। महिला छात्रावास अधिकाधिक संख्या में स्थापित किये जाय तथा छात्रावासों का प्रबन्ध एवं संचालन कुशलतापूर्वक किया जाय, ताकि अभिभावकों की नजरों में छात्रावास की विश्वसनीयता बरकरार रहे।

6. विभिन्न आयु समूह की महिलाओं की शिक्षा और व्यवसाय, शिल्प प्रशिक्षण, स्वरोजगार व्यवसाय मार्ग दर्शन जैसे पाठ्यक्रम अपनाकर स्थानीय परिस्थितियां के अनुसार शिक्षा प्रदान की जाय।
7. महिलाओं के लिए अनौपचारिक शिक्षा और सतत शिक्षा का तेजी से कार्यान्वयन करके उनके व्यवसाय से जुड़ी शिक्षा, समन्वित शिशु विकास सेवा के साथ अनुबद्ध की जाय।
8. गैर-अनौपचारिक शिक्षा की विषयवस्तु पर नये सिरे से विचार किया जाये और इस क्षेत्र में पूरे उत्साह से कार्यवाही करने की उच्च प्राथमिकता दी जाय।
9. महिलाआं और बालिकाओं के लिए शैक्षिक सुविधायें उपलब्ध करने वाली संस्थाओं को दिशा-निर्देश देकर उन्हें कार्यान्वित किया जाय।
10. महिला समितियों का गठन करके उन्हें महिला शिक्षा के उन्नयन की जिम्मेदारी दी जाय।
11. जो अभिभावक गरीबी-रेखा के नीचे जीवनयापन कर रहे हैं, उन पर से शिक्षा का बोझ पूरी तरीके से खत्म किया जाय, अर्थात् ड्रेस, किताब, बस्ता, भोजना आदि विद्यालय द्वारा प्रदान किया जाय।
12. विकलांग व बेसहारा लड़कियो को अतिरिक्त सुविधायें प्रदान की जाय।

शिक्षा गारण्टी योजना एवं वैकल्पिक शिक्षा

शिक्षा गारण्टी योजना सर्व शिक्षा अभियान का ही एक घटक है, जिसका उद्देश्य स्कूल नहीं जाने वाले बालक-बालिकाओं को बुनियादी शिक्षा कार्यक्रम के अन्तर्गत लाने का प्रयास है। इस योजना में दुर्गम क्षेत्र की बस्तियों जहाँ एक किलोमीटर के दायरें में औपचारिक शिक्षा के लिए कोई विद्यालय मौजूद न हों और 6-14 वर्ष आयुवर्ग के लगभग 15 से 25 बच्चें उपलब्ध हों, उन्हें साक्षर बनाने का प्रयास है। पहाड़ी तथा वनवासी क्षेत्रों में यह कार्यक्रम 10 बच्चों की उपलब्धता पर ही निर्धारित की गयी है। इसके साथ-साथ समाज के वंचित वर्ग के बच्चे जैसे—बाल श्रमिक, सड़ों पर जीवनयापन करने वाले, विषम परिस्थितियों वाले बच्चे, ऐसी बालिकायें, जिनकी आयु 9 वर्ष से अधिक है तथा परिवार द्वारा उनकी शिक्षा पर कोई ध्यान नहीं दिया गया है, इन सभी के लिए वैकल्पिक शिक्षा का प्रावधान किया गया है।

मध्याह्न भोजन कार्यक्रम

गरीब बालिकाओं की शिक्षा की उपेक्षा और अनपढ़ माता-पिता द्वारा शिक्षा की तरफ ध्यान न देने के कारण प्राथमिक विद्यालयों में मध्यान्ह भोजन कार्यक्रम की शुरूआत 15 अगस्त, 1995 में हुई। इस योजना में लगभग 12 करोड़ बच्चे लाभान्वित हुए। वर्ष 2004 में इसके उद्देश्यों को संशोधित करते हुए निम्न प्रकार से निर्धारित किया गया–

1. कक्षा 1 से 5 तक की शिक्षा सभी बालकों के लिए अनिवार्य कर दी गयी, जिसमें नामांकन, उपस्थिति, ठहराव और अधिगम स्थल में सुधार लाना आवश्यक है।
2. स्कूल स्तर में विद्यार्थियों को पौष्टिक भोजन उपलब्ध कराते हुए उनके पौष्टिक स्तर में सुधार लाना है।
3. इस योजना के अन्तर्गत कक्षा 1 से 5 तक सभी बालकों को दोपहर के भोजन में 300 कैलोरी और 8 से 12 ग्राम प्रोटीन उपलब्ध कराने का प्रावधान है।

जिला प्राथमिक शिक्षा कार्यक्रम

अतिरिक्त व्यवस्था के सिद्धान्त पर आधारित, केन्द्र द्वारा संचालित जिला प्राथमिक शिक्षा कार्यक्रम की शुरूआत वर्ष 1994 में की गयी थी। इस कार्यक्रम के क्रियान्वयन की इकाई जिला मानी गयी है, जिसका उद्देश्य सभी प्राथमिक शिक्षा प्रणाली में सुधार लाना और प्राथमिक शिक्षा के सार्वजनिकरण का लक्ष्य प्राप्त करना है। इस कार्यक्रम के अन्तर्गत 1,77,000 अध्यापकों की नियुक्ति की गयी है तथा शिक्षा सम्बन्धी सहायता और प्रशिक्षण के लिए ब्लाक स्तर पर 3380 (बी. आर.सी.) केन्द्रों की स्थापना की गयी है।

सर्व शिक्षा अभियान के कारण शिक्षा के प्रति लोगों में जागरूकता बढ़ी है। अब अधिकाधिक लोग अपने बच्चों को विद्यालय भेज रहे हैं। विद्यालय छोड़ने वाले बालकों की संख्या में कमी आयी है। प्राथमिक विद्यालयों में न केवल शिक्षा मुफ्त है, बल्कि छात्रों को दोपहर का भोजन भी दिया जाता है। इसके अलावा प्रतिभाशाली गरीब तथा अनुसूचित जाति व अनुसूचित जन जाति के छात्रों को छात्रवृत्तियाँ भी दी जाती हैं। सभी बालिकाओं को पाठ्य-पुस्तकें, बैग, ड्रेस आदि मुफ्त प्रदान किये जाते हैं। आज भी ग्रामीण क्षेत्रों में प्राथमिक विद्यालय औपचारिक शिक्षा का एक महत्वपूर्ण साधन है, जिससे ग्रामीण क्षेत्र के बालक तथा बालिकायें प्राथमिक शिक्षा

प्राप्त करते हैं। आने वाले समय में सर्व-शिक्षा अभियान की यह प्रगति न केवल साक्षरता दर को बढ़ायेगी, बल्कि एक सभ्य, कार्यकुशल और सुसंस्कृत समाज की स्थापना करेगी।

महामाया गरीब बालिका आशीर्वाद योजना

उत्तर प्रदेश सरकार ने गरीब बालिकाओं की दशा सुधारने, स्त्री-पुरुष लिंगानुपात में स्थिरता लाने, बाल विवाह रोकने तथा बालिकाओं की शिक्षा को क्रमबद्ध रूप से चलाने के लिए इस योजना का शुभारम्भ 15 जनवरी, 2009 से किया है। इस योजना की विशेषतायें निम्नांकित हैं–

1. 15 जनवरी, 2009 अथवा इसके बाद में जन्मी बालिकायें, योजना के लाभ की हकदार होंगी। योजना एक माता-पिता की दो बालिकाओं तक सीमित है।
2. बालिका के जन्म का बाकायदा एक वर्ष के भीतर पंजीकरण होना अनिवार्य है।
3. इस योजना के तहत गरीबी रेखा से नीचे जीवन यापन करने वाले हर उस परिवार की नवजात बच्चियों के नाम 22,400 रूपये की सावधि धनराशि जमा की जायेगी तथा 18 वर्ष बाद उक्त बालिका को एक लाख रूपये एक मुश्त प्रदान की जायेगी, बशर्ते वह अविवाहित हो।

सावित्री बाई फूले बालिका शिक्षा मदद योजना

उत्तर प्रदेश सरकार ने गरीबी रेखा के नीचे माध्यमिक स्तर पर अध्ययन करने वाली बालिकाओं की शिक्षा को क्रमबद्ध रूप से चलाने हेतु यह योजना प्रारम्भ की है। इस योजना की विशेषतायें निम्नांकित हैं–

1. गरीबी रेखा से नीचे की बालिकाओं को 11वीं कक्षा में प्रवेश के बाद 15,000 रूपये एवं एक साइकिल दी जायेगी।
2. 12वीं कक्षा में प्रवेश लेने वाली बालिकाओं को 10,000 रूपये अतिरिक्त दिये जायेंगे।
3. कार्ड धारक अभिभावकों की बालिकाओं को सम्बन्धित प्रधानाचार्य के माध्यम से आवेदन करना होगा। धनराशि विद्यालय में छात्रा के खाते में जमा की जायेगी।
4. धनराशि एवं साइकिल वितरण जिलाधिकारी की अध्यक्षता में गठित समिति द्वारा किया जायेगा।

5. योजना के लागू होने से कोई भी मेधावी गरीब बालिका स्कूल/कालेज जाने से वंचित नहीं रहेगी। धन की कमी और स्कूल जाने का लम्बा फासला अब शिक्षा में रूकावट नहीं बनेगा।

संदर्भ ग्रन्थ

1. गुप्ता, एस.पी., भारती शिक्षा का इतिहास विकास एवं समस्यायें, शारदा पुस्तक भवन, इलाहाबाद-2, 1998
2. चौबे, सरयू प्रसाद, आधुनिक शिक्षा के दार्शनिक और समाजशास्त्रीय सिद्धान्त, शारदा पुस्तक भवन, इलाहाबाद
3. पाण्डेय, रामशकल, उदीयमान भारतीय समाज में शिक्षक, विनोद पुस्तक मन्दिर, आगरा-2, 2007
4. पाण्डेय, रामशकल, शिक्षा की दार्शनिक एवं समाजशास्त्रीय पृष्ठभूमि, अग्रवाल पब्लिकेशन्स, आगरा-7
5. भट्टाचार्य, जी.सी., अध्यापक शिक्षा, अग्रवाल पब्लिकेशन्स, आगरा-2, 2006
6. मालवीय, राजीव, शिक्षा के नूतन आयाम, शारदा पुस्तक भवन, इलाहाबाद-2, 2008
7. मोहन मदन, सिन्हा नीता, भारतीय शिक्षा की उदीयमान समस्यायें, न्यू कैलाश प्रकाशन, इलाहाबाद-2, 2008

पत्रिका

1. कुरुक्षेत्र, वर्ष 53, अंक - 11, सितम्बर, 2007, पृष्ठ - 9
2. कुरुक्षेत्र, वर्ष 54, अंक - 10, अगस्त, 2008, पृष्ठ - 17
3. योजना, वर्ष 53, अंक - 9, सितम्बर, 2008, पृष्ठ - 31

22

शिक्षा का अधिकार अधिनियम 2010 : एक विश्लेषण

*डॉ. नीलिमा सिंह

शिक्षा किसी भी सभ्य समाज की मूलभूत आवश्यकता है। दूसरे शब्दों में हम कह सकते हैं कि शिक्षा से समाज को सभ्य बनाया जा सकता है। शिक्षा समाज के विकास, आर्थिक उन्नति और सार्वभौमिक सम्मान के लिए एक आवश्यक घटक है। हर नागरिक का यह मौलिक अधिकार होना चाहिए कि उसे जीने के अधिकार के रूप में शिक्षा का अधिकार भी हासिल हो।

यूनेस्को की शिक्षा के लिए वैश्विक मॉनिटरिंग रिपोर्ट 2010 के अनुसार, लगभग 135 देशों ने अपने संविधान में शिक्षा को अनिवार्य कर दिया है तथा मुफ्त एवं भेदभाव-रहित शिक्षा सबको देने का प्रावधान किया है। भारत ने सन् 1950 में 14 वर्ष तक के बच्चों को मुफ्त तथा अनिवार्य शिक्षा देने के लिए संविधान में प्रतिबद्धता का प्रावधान किया था। इसे अनुच्छेद-45 के तहत राज्य के नीति-निर्देशक सिद्धांतों में शामिल किया गया है।

12 दिसंबर, 2002 को संविधान में 86वाँ संशोधन किया गया और शिक्षा को मौलिक अधिकार बना दिया गया है। बच्चों के लिए मुफ्त एवं अनिवार्य शिक्षा का अधिकार अधिनियम 01 अप्रैल, 2010 को पूर्ण रूप से लागू हुआ। इस अधिनियम के अंतर्गत 6 से लेकर 14 वर्ष के सभी बच्चों के लिए शिक्षा को पूर्णतः मुफ्त एवं अनिवार्य कर दिया गया है। अब यह केंद्र तथा राज्यों के लिए कानूनी बाध्यता है कि मुफ्त एवं अनिवार्य शिक्षा सभी को सुलभ हो सके। सरल शब्दों में इसका अर्थ यह हुआ कि सरकार प्रत्येक बच्चे की आठवीं कक्षा तक की निःशुल्क पढ़ाई के लिए जिम्मेदार होगी, चाहे वह किसी भी वर्ग का हो। इस प्रकार इस कानून ने देश के बच्चों को मजबूत, साक्षर और अधिकारसंपन्न बनाने का मार्ग तैयार कर दिया है।

शिक्षा को मूल अधिकार बनाये जाने के पूर्व ही देश में प्राथमिक शिक्षा के सार्वभौमीकरण की दिशा में प्रयास प्रारम्भ हो गये थे। आपरेशन ब्लैक बार्ड, जनशाला, जिला प्राथमिक शिक्षा कार्यक्रम आदि ऐसे कार्यक्रम थे जिन्हें प्राथमिक शिक्षा के सार्वभौमीकरण हेतु लागू किया गया था। इन कार्यक्रमों में अपेक्षित सफलता न मिलनें तथा वैश्विक स्तर पर प्राथमिक शिक्षा के सार्वभौमीकरण को वर्ष 2015 तक पूरा करने की प्रतिबद्धता के कारण सर्व शिक्षा अभियान नामक योजना वर्ष 2011 में लागू की गयी।

सर्वशिक्षा अभियान एक निश्चित समयावधि के भीतर प्रारंभिक शिक्षा के सार्वभौमिक लक्ष्य को प्राप्त करने के लिए भारत सरकार का एक महत्वपूर्ण कार्यक्रम है। सर्वशिक्षा अभियान पूरे देश में राज्य सरकार की सहभागिता से चलाया जा रहा है, ताकि देश के 11 लाख गाँवों के बच्चों की जरूरतों को पूरा किया जा सके। इस कार्यक्रम के अंतर्गत वैसे गाँवों में, जहाँ अभी स्कूली सुविधा नहीं है, वहाँ नए स्कूल खोलना और विद्यमान स्कूलों में अतिरिक्त अध्ययन कक्ष, शौचालय, पीने का पानी, मरम्मत निधि, स्कूल सुधार निधि प्रदान कर उसे सशक्त बनाए जाने की भी योजना है।

वर्तमान में कार्यरत वैसे स्कूल, जहाँ शिक्षकों की संख्या अपर्याप्त है वहाँ अतिरिक्त शिक्षकों की व्यवस्था की जाएगी, जबकि वर्तमान में कार्यरत शिक्षकों को गहन प्रशिक्षण प्रदान कर, शिक्षण-प्रवीणता सामग्री के विकास के लिए निधि प्रदान कर जिला स्तर पर अकादमिक सहायता संरचना को मजबूत किया जायेगा। सर्वशिक्षा अभियान जीवन-कौशल के साथ गुणवत्ता युक्त प्रारंभिक शिक्षा प्रदान करने की इच्छा रखता है। सर्वशिक्षा अभियान का बालिका शिक्षा और जरूरतमंद बच्चों पर खास जोर है। साथ ही, सर्वशिक्षा अभियान द्वारा देश में व्याप्त डिजिटल दूरी को समाप्त करने के लिए कम्प्यूटर शिक्षा प्रदान करने की भी योजना है।

शिक्षा का अधिकार अधिनियम (राइट टू एजुकेशन एक्ट-आर.टी.ई.) माध्यमिक एवं उच्चतर माध्यमिक शिक्षा तथा बच्चों तक शिक्षा पहुँचाने के लिए एक महत्वपूर्ण कदम है। इस अधिनियम का सर्वाधिक लाभ श्रमिकों के बच्चों, बाल मजदूरों, प्रवासी बच्चों, विशेष आवश्यकता वाले बच्चों या फिर ऐसे बच्चों को-जो सामाजिक, सांस्कृतिक, आर्थिक, भौगोलिक, भाषाई अथवा लिंग कारकों की वजह से वंचित बच्चों में शामिल हैं। इस अधिनियम के कार्यान्वयन के साथ ही यह उम्मीद भी है कि इससे विद्यालय छोड़ने तथा विद्यालय न जाने वाले बच्चों को अच्छी गुणवत्ता की शिक्षा प्रशिक्षित शिक्षकों के माध्यम से दी जा सकेगी।

अनिवार्य शिक्षा का प्रावधान

इस अधिनियम में सभी बच्चों के लिए गुणवत्तापूर्ण और अनिवार्य शिक्षा प्रदान करने का प्रावधान है, जिससे ज्ञान, कौशल और मूल्यों से लैस करके उन्हें भारत का प्रबुद्ध नागरिक बनाया जा सके। यदि विचार किया जाए तो आज देश भर में स्कूलों से वंचित लगभग 1 करोड़ बच्चों को शिक्षा प्रदान करना सचमुच हमारे लिए एक दुष्कर कार्य है। इसलिए इस लक्ष्य को साकार करने के लिए सभी हितधारकों-माता-पिता, शिक्षकों, स्कूलों, गैर-सरकारी संगठनों और कुल मिलाकर समाज, राज्य सरकारों एवं केंद्र सरकार की ओर से एकजुट प्रयास का आह्वान किया गया है।

इस अधिनियम में इस बात का प्रावधान किया गया है कि पहुँच के भीतर वाला कोई निकटवर्ती स्कूल किसी भी बच्चे को प्रवेश देने से इंकार नहीं करेगा। इसमें यह भी प्रावधान शामिल है कि प्रत्येक 30 छात्र के लिए एक शिक्षक के अनुपात को कायम रखते हुए पर्याप्त संख्या में सुयोग्य शिक्षक स्कूलों में मौजूद होने चाहिए। स्कूलों को पाँच वर्षों के भीतर अपने राभी शिक्षकों को प्रशिक्षित करना होगा। उन्हें तीन वर्षों के भीतर समुचित सुविधाएँ भी सुनिश्चित करनी होंगी, जिसमें खेल का मैदान, पुस्तकालय, पर्याप्त संख्या में अध्ययन कक्ष, शौचालय, शारीरिक विकलांग बच्चों के लिए निर्बाध पहुँच तथा पेयजल सुविधाएँ शामिल हैं। स्कूल प्रबंधन समितियों के 75 प्रतिशत सदस्य छात्रों की कार्यप्रणाली और अनुदानों के इस्तेमाल की देखरेख करेंगे। स्कूल प्रबंधन और उन्हें समुचित प्रशिक्षण के बाद उनकी उम्र के अनुसार समुचित कक्षाओं में प्रवेश दिलाएँगे। सम्मिलित विकास को बढ़ावा देने के उद्देश्य से निजी स्कूल भी सबसे निचली कक्षा में समाज के गरीब और हाशिए पर रहने वाले वर्गों के लिए 25 प्रतिशत सीटें आरक्षित करेंगे। इसे साकार करना एक बड़ी चुनौती है। देश में लगभग 1 करोड़ बच्चे स्कूलों से वंचित हैं, जो अपने आप में एक बड़ी संख्या है। प्रशिक्षित शिक्षकों की कमी, स्कूलों में सुविधाओं का अभाव, अतिरिक्त स्कूलों की आवश्यकता और धन की कमी होना अन्य बड़ी चुनौतियाँ हैं।

इस प्रकार भारत ने वैधानिक समर्थन के साथ एक सशक्त देश की आधारशिला रखने के लिए एक व्यापक कार्यक्रम शुरू किया है। वास्तव में यह शिक्षा को व्यापक बनाने की दिशा में उठाया गया एक अद्वितीय कदम है। शिक्षा का मुद्दा भारत के संविधान की समवर्ती सूची में शामिल है, अतः इसके लिए सभी स्तरों पर बेहतर सहयोग की जरूरत हैं।

भारतीय शिक्षा के इतिहास में अब जो नई इबारत लिखी गई है, उसे कई वर्षों पहले ही हो जाना चाहिए था। भारत सरकार द्वारा सबको शिक्षा मिले, इसके लिए कई तरह की योजनाएँ पहले ही चल रही हैं। सर्वशिक्षा अभियान, राष्ट्रीय साक्षरता मिशन, ऑपरेशन ब्लैकबोर्ड आदि योजनाओं से शायद ही कोई अपरिचित हो, पर हमें इन योजनाओं पर भी सरसरी तौर पर एक नजर जरूर डाल लेनी चाहिए। पिछली योजनाओं को पोस्टमार्टम किए बिना और उसके अनुभवों से सीखे बिना इस कानून को पटरी पर लाना आसान न होगा।

कहा जाता है कि भारत की आत्मा गाँवों में निवास करती हैं। 'गाँव' शब्द सुनते ही हमारी आँखों में एक ऐसी छवि उभरती है, जहाँ मूलभूत सुविधाओं का हमेशा अभाव रहता है, खासकर चिकित्सा और शिक्षा में। भारत सरकार द्वारा इन मूलभूत सुविधाओं के लिए पिछले सालों में लाखों व करोड़ो रुपए खर्च कि गए, पर समस्या जस-की-तस बनी हुई हैं। उचित चिकित्सा के अभाव में न जाने कितने ही जाने रोज जाती है, एड्स से मरनेवालों की अपेक्षा आज भी ज्यादा जानें मलेरिया, डायरिया, उचित प्रसव के अभाव आदि से जाती हैं। शिक्षा के क्षेत्र में तो स्थिति और भयावह हैं गाँवों में प्राथमिक शिक्षा की स्थिति से आप और हम पूरी तरह परिचित हैं। हर 30 बच्चों पर 1 शिक्षक की सरकार की योजना शायद ही कहीं नजर आती है। कई जगह तो पूरा-का-पूरा स्कूल एक शिक्षक के भरोसे चल रहा है। ऐसे में शिक्षा के स्तर में सुधार या जिस प्रकार की शिक्षा आज हम स्कूलों में दे रहे है। क्या वाकई वह ग्रामीण इलाकों के बच्चों को फरटिदार अंग्रेजी बोलनेवाले गुणवत्तापूर्ण निजी स्कूलों के बच्चों से मुकाबला करने के लिए तैयार कर पाएगी। ऐसे समय में सरकारी स्कूलों के बच्चों में आनेवाली हीन भावना का जिम्मेदार आखिर कौन होगा? शिक्षा की असमानता भी आज मुख्य समस्या बनी हुई हैं। निजी स्कूलों और सरकारी स्कूलों में शिक्षा के स्तर में जमीन-आसमान का अंतर है। यही कारण है कि आज भी अभिभावक सरकारी स्कूलों की अपेक्षा निजी स्कूलों को ज्यादा तरजीह देते हैं।

आज हमारे देश में लगभग 22 करोड़ बच्चे स्कूली शिक्षा प्राप्त कर रहे हैं। इतनी बड़ी संख्या तक उच्च गुणवत्तापूर्ण शिक्षा पहुँचाना सरकार के लिए वाकई आसान नहीं हैं। कुछ केंद्रीय विद्यालय इस कार्य में ईमानदारीपूर्वक अवश्य लगे हुए हैं, पर इन विद्यालयों तक सिर्फ 10 लाख बच्चों की ही पहुँच हैं। ऐसे में सरकार के सामने सिर्फ एक ही विकल्प बचता है कि ग्रामीण और शहरी दोनों क्षेत्रों के सरकारी स्कूलों की गुणवत्ता बढ़ाई जाए, पूर्ण रूप से प्रशिक्षित शिक्षकों की ही

भरती की जाए और समय-समय पर शिक्षकों को उचित प्रशिक्षण भी सुनिश्चित किया जाए।

केंद्र सरकार इस कानून को पूर्ण रूप से फलीभूत अपने बलबूते पर कभी नहीं कर सकती, जब तक उन्हें राज्य सरकार, लोकल कम्युनिटीज और पंचायतों का पूरा सहयोग न मिले। राज्य सरकारों का ही यह फर्ज बनता है कि जिन जगहों पर स्कूल नहीं है, वहाँ जल्द-से जल्द स्कूल खोलें। उनमें पर्याप्त शिक्षकों की भरती करें और गुणवत्तापूर्ण शिक्षण व्यवस्था भी सुनिश्चित करें। वैसे, पिछले कुछ सालों में प्राथमिक स्कूलों गें बच्चों की संख्या में लगातार बढ़ता ग्राफ कुछ सुकून देनेवाला तो अवश्य है, पर सरकारी स्कूलों के स्तर में आ रही लगातार गिरावट को रोके बिना सिर्फ स्कूल तक बच्चों को पहुँचाने से काम नहीं बननेवाला। वहीं सरकार द्वारा कानून बना देने से हमें यह सोचकर निश्चिन्त नहीं बैटना चाहिए कि अब सब सरकार का ही काम है, हमें भी देश का जागरूक नागरिक होने के नाते बच्चों को उनके मौलिक अधिकार दिलाने के लिए ईमानदारी से प्रयास करने चाहिए, ताकि कल के देश के भविष्य इन बच्चों के सामने हमें शर्मिंदा न होना पड़े।

शिक्षा का अधिकार अधिनियम का कार्यान्वयन

शिक्षा का अधिकार अधिनियम का कार्यान्वयन किसी भी राज्य की महत्त्वपूर्ण जिम्मेदारी है। इस अधिनियम की सफलता वस्तुतः राज्य के ही हाथों में है। इसके लिए इस अधिनियम में कई जिम्मेदारियाँ निश्चित की गई हैं।

राज्य की जिम्मेदारी

1. राज्य की यह जिम्मेदारी है कि इस अधिनियम के लागू होने की तीन साल की अविध के भीतर प्रत्येक बच्चे के पड़ोस (निकटवर्ती इलाके) में एक स्कूल की उपलब्धता सुनिश्चित करे। यदि पड़ोस में स्कूल उपलब्ध न हो सके तो राज्य की जिम्मेदारी होगी कि वह बच्चों को निकटतम स्कूल तक का मुफ्त परिवहन प्रदान करे या आवासीय स्कूल की व्यवस्था करे।
2. जहाँ कोटा नहीं होगा, यदि माता-पिता अपने बच्चों को उन स्कूलों में पढ़ाएँगे तो वे राज्य पर मुफ्त शिक्षा उपलब्ध कराने का दावा नहीं कर सकेंगे।
3. स्कूलों में नामांकन की निगरानी के लिए एक तंत्र बनाया जाए। जहाँ आवश्यक हो वहाँ सुधारात्मक उपाय लागू किए जाएँ, ताकि हर बच्चे को पूर्ण

प्राथमिक शिक्षा मिले। सारी सूचना को मीडिया और वेबसाइट के माध्यम से सार्वजनिक किया जाए।

4. यह सुनिश्चित करें कि आर्थिक, सामाजिक, सांस्कृतिक, भाषाई, लैंगिक, स्थानीय, शारीरिक या अन्य बाधाओं के कारण बच्चों को प्राथमिक शिक्षा ग्रहण करने से रोका न जाए और सबको समान गुणवत्ता की शिक्षा मिले।
5. यह राज्य की जिम्मेदारी होगी कि इस अधिनियम के लागू होने के एक वर्ष के भीतर 7 से 9 वर्ष के सभी बच्चों का पड़ोस के स्कूल में दाखिला करा दे। जो बच्चे अधिक उम्र के हैं उनकी सक्षमता के अनुसार बड़ी कक्षा में भरती कराए। यह कार्य अधिनियम के लागू होने के तीन वर्ष के भीतर हो जाए।
6. जो किशोर कतिपय कारणों के चलते चौदह साल की उम्र तक अपनी प्राथमिक शिक्षा पूरी न कर सके हों, और अभी भी पढ़ रहे हों, उन्हें प्राथमिक शिक्षा पूरी होने या अठारह साल की उम्र तक मुफ्त शिक्षा प्रदान की जाए।

केंद्र की जिम्मेदारी

1. अधिनियम को लागू करने के दौरान राज्य सरकार से बातचीत करके तय सूत्र के अनुसार लागत का अपना हिस्सा राज्य को प्रदान करना।
2. एक राष्ट्रीय पाठ्यक्रम का प्रभावी ढाँचा तैयार करना। शिक्षकों को उत्कृष्ट प्राथमिक शिक्षा हेतु गुणवत्ता आधारित प्रशिक्षण देना।
3. प्राथमिक शिक्षा के क्षेत्र में उल्लेखनीय कीर्तिमान हेतु तकनीकी, अनुसंधानात्मक एवं क्षमता निर्णयात्मक संसाधन व सहयोग उपलब्ध कराना।
4. अधिनियम के उद्देश्यों की प्राप्ति हेतु जारी विभिन्न उपायों, योजनाओं एवं कार्यक्रमों की निगरानी करना और चूक होने पर समुचित कदम उठाना।
5. अन्य चूकों अथवा लापरवाहियों के विरूद्ध कदम उठाना।

संबद्ध राज्य सरकार की जिम्मेदारी

1. मुफ्त और अनिवार्य शिक्षा के प्रावधान की जिम्मेदारियों के बारे में धारा 9 में परिभाषित केंद्र सरकार की जिम्मेदारियों के अतिरिक्त बाकी सारी जिम्मेदारियाँ संबद्ध राज्य सरकार की होंगी।
2. स्थानीय निकायों के साथ आपसी बातचीत के आधार पर उक्त अधिनियम के सफल कार्यान्वयन हेतु आर्थिक संसाधन हासिल करना।

3. प्रति वर्ष यह सुनिश्चित करना कि किन-किन स्थानों पर कितने स्कूलों की आवश्यकता है और इसके अतिरिक्त किन मूलभूत सुविधाओं की अनिवार्यता है।
4. आवश्यकता के अनुसार स्कूल बनवाना और चालू कराना।
5. अधिनियम के प्रावधानों के अनुरूप स्कूलों में अध्यापकों की बहाली करना।
6. प्राथमिक स्तर पर स्कूली पाठ्यक्रम का सक्षम शिक्षाविदों द्वारा समय-समय पर संशोधन करवाना।
7. इस अधिनियम के कार्यान्वयन हेतु व्यापक डेटाबेस विकास और रख-रखाव करना।

स्थानीय निकायों की जिम्मेदारी

शिक्षा का अधिकार अधिनियम के तहत स्थानीय निकाय और अधिकारियों की भी निम्नलिखित जिम्मेदारियाँ तय की गई हैं–

1. अपने क्षेत्र में रहनेवाले 1-14 वर्ष की आयु वर्ग के सभी बच्चों का वंचित वर्ग, कमजोर वर्ग आदि में रिकॉर्ड का रख-रखाव करना।
2. यह सुनिश्चित करना कि उनके इलाके में रहनेवाले प्रत्येक बच्चे ने प्राथमिक स्कूल में दाखिला ले लिया है और वह नियमित स्कूल जाता है तथा प्राथमिक शिक्षा पूरी करने में सक्षम है।
3. मुफ्त अनिवार्य शिक्षा उपलब्ध कराने में यदि कोई समस्या आड़े आए तो अतिरिक्त स्कूलों, अध्यापकों व अन्य सुविधाओं हेतु योजना और बजट तैयार करें।
4. अपने इलाके में निःशुल्क प्राथमिक शिक्षा उपलब्ध करानेवाले स्कूलों की मौजूदा बुनियादी सुविधाओं, शिक्षकों और अन्य सुविधाओं की निगरानी करना।
5. प्रवासी परिवारों के बच्चों की शिक्षा हेतु विशेष कदम उठाना।

योजना बनाना

1. हरेक स्कूल प्रबंधन समिति अपने इलाके में रहनेवाले बच्चों को समान गुणवत्ता वाली शिक्षा मुहैया कराने के लिए स्कूल विकास योजना तैयार करेगी।
2. हरेक संबद्ध सरकार और केंद्र सरकार राज्य, संघ प्रदेश और देश में मुफ्त व अनिवार्य शिक्षा प्रावधान के सफल कार्यान्वयन हेतु योजनाएँ तैयार करेगी।

स्कूलों और अध्यापकों की जिम्मेदारियाँ

शिक्षा का अधिकार कानून के तहत स्कूलों और अध्यापकों की जिम्मेदारी भी तय की गई है, ताकि संबंधित बच्चों की मुफ्त व अनिवार्य शिक्षा के बीच कोई अवरोध न आए।

स्कूलों की जिम्मेदारी

1. सरकारी स्कूल, पूर्ण सहायता प्राप्त स्कूल एवं आंशिक सरकारी सहायता प्राप्त स्कूल से संबद्ध बच्चों को मुफ्त व अनिवार्य प्राथमिक शिक्षा प्रदान करेंगे।
2. खास वर्ग में निर्दिष्ट सरकारी स्कूल और गैर-सहायता प्राप्त स्कूल इस अधिनियम के लागू होने के बाद कमजोर वर्गों के कम-से-कम 25 प्रतिशत बच्चों को कक्षा एक में दाखिला देंगे और प्राथमिक शिक्षा पूरी होने तक या उनके स्कूल में स्थानांतरण चाहने तक, जो भी पहले हो, शिक्षा देंगे।
3. संबद्ध राज्य सरकार प्रति बच्चे पर आनेवाले खर्च का तय भुगतान स्कूल को करेगी।
4. मुफ्त व अनिवार्य शिक्षा के बारे में राज्य सरकार संबद्ध सरकार द्वारा नामित अधिकारी स्कूलों से जो भी सूचनाएँ माँगें, स्कूलों की यह जिम्मेदारी होगी कि वे उन्हें मुहैया कराएँ।
5. प्राथमिक स्कूल में प्रवेश के प्रक्रिया के दौरान स्कूल न तो बच्चों की, न उसके परिवारों की किसी भी तरह की छँटनी करेंगे। साथ ही, कोई भी परिवार कैपिटेशन फीस के रूप में कोई भुगतान नहीं करेगा।

स्कूलों की मान्यता

1. सरकारी स्कूलों के अतिरिक्त वे सभी स्कूल, जो इस अधिनियम के लागू होने के वक्त या बाद में स्थापित हुए हैं, इस अधिनियम के दायरे में आते हैं।
2. प्रत्येक संबद्ध सरकार अधिनियम लागू होने के तीन महीने के भीतर स्कूलों के अलावा अन्य स्कूलों को मान्यता देने के नियमों को अधिसूचित करेगी। जहाँ ऐसे नियम पहले ही अधिसूचित हैं, वे इस अधिनियम के अंतर्गत समझे जाएँगे और यदि उसमें संशाधन व समीक्षा की आवश्यकता होगी तो किए जाएँगें, जिन्हें कानून लागू के छह महीने के भीतर कर लिया जाएगा।
3. स्कूल की तरफ से मान्यता देने के लिए प्राप्त होनेवाले आवेदनों को सक्षम अधिकार निर्धारित तीन महीनों के भीतर निबटा देंगे। यदि आवेदन निरस्त

किया जाता है तो उसका समुचित कारण देना होगा। गैर सरकारी स्कूल यदि नियमों के परिपालन में कोताही बरतते हैं या नियमों का उल्लधंन करते पाए जाते हैं तो अधिनियम में वर्णित कानून के अनुसार उनकी मान्यता रद्द की जा सकती है।

4. जिस स्कूल की मान्यता समाप्त कर दी गई होगी, वह नहीं चलाया जाएगा। उस स्कूल के विद्यार्थियों को निकटवर्ती स्कूल में स्थानांतरित कर दिया जाएगा।

स्कूलों के लिए मानक मानदंड

1. इस अधिनियम की अनुसूची में दिए गए निर्धारित मानकों को पूरा किए बगैर न तो कोई सरकारी स्कूल स्थापित किया जाएगा और न अन्य किसी ऐसे स्कूल को मान्यता दी जाएगी।
2. जिन स्कूलों को शिक्षा का अधिकार अधिनियम लागू होने के बाद मान्य समझा गया है, यदि वे अधिनियम में वर्णित निर्धारित मानदंडों को पूरा नहीं करते हैं तो वे तीन वर्ष की अवधि के भीतर स्वयं को इसके पूर्ण योग्य कर लेंगे।
3. सरकारी स्कूल में इन मानदंडों के अनुपालन की जिम्मेदारी सरकार की होगी और अन्य स्कूलों में उनके प्रबंधन तंत्र की।
4. यदि सरकारी या पूर्ण सहायता प्राप्त स्कूल के अतिरिक्त कोई अन्य स्कूल निर्धारित समय सीमा के भीतर मानदंडत्रों के पालन में विफल रहता है तो सक्षम अधिकारी ऐसे स्कूल की मान्यता रद्द कर सकते हैं। ऐसी स्थिति में उस स्कूल के बच्चों को पड़ोस के स्कूल में आगे की पढ़ाई के लिए दाखिला देने के लिए सक्षम अधिकारी दिशा-निर्देश दे सकते हैं।

स्कूल प्रबंधन समितियाँ

1. सरकारी व सहायता प्राप्त स्कूलों में एक स्कूल प्रबंध समिति (स्कूल मैनेजमेंट कमिटी-एस.एम.सी.) बनाई जाएगी, जिसमें अभिभावक, शिक्षक और स्थानीय प्रतिनिधि शामिल होंगे।
2. इस समिति में तीन-चौथाई सदस्य अभिभावकों में से लिये जाएँगें, जिनमें अनुसूचित जाति, अनुसूचित जनजाति और अन्य समुदायों का उचित प्रतिनिधित्व आदि में से लिये जाएँगे।

3. संबद्ध सरकार या स्थानीय प्राधिकरण हरेक स्कूल की भौतिक संपत्ति, जिसमें इसी इमारत, जमीन, फर्नीचर आदि शामिल होगा, अधिनियम लागू होने के तीन महीने के भीतर स्कूल प्रबंधन समिति को स्थानांतरित कर दे।

स्कूल प्रबंधन समिति के कार्य

1. स्कूल के कामकाज, इसकी योजनाओं की निगरानी और इसके विकास का ध्यान रखेगी।
2. स्कूल की परिसंपत्ति का प्रबंधन।
3. यह सुनिश्चित करेगी कि अध्यापकों को सौंपे गए कार्य वे पूरे कर रहे हैं अथवा नहीं।
4. संबद्ध सरकार/स्थानीय प्राधिकरण से प्राप्त अनुदान से शिक्षकों को वेतन देना या अनाधिकृत अनुपस्थिति की अवधि का वेतन काटना।
5. अतिरिक्त अनुदान को स्कूल के विकास और रख-रखाव के लिए खर्च करना।
6. वे अन्य कार्य करना, जो इस अधिनियम के तहत उसके लिए तय किए गए हों।

स्कूल प्रबंधन समिति को उसके कार्यों के निर्वहन के लिए प्राप्त धन को एक अलग खाते में रखा जाएगा तथा जो नियम तय किए गए हैं उन्हीं के अनुरूप खर्च किया जाएगा। स्क़ूल प्रबंधन प्राप्त धन का रख-रखाव और लेखा परीक्षा कराएगी।

इस प्रकार हम देखते हैं कि प्राथमिक शिक्षा को अनिवार्य एवं निःशुल्क बनानें के सरकारी प्रयास सराहनीय हैं। यदि इन प्रयासों को पूरी ईमानदारी एवं प्रतिबद्धता के साथ लागू किया जाय तो पूरी प्राथमिक शिक्षा की दिशा एवं दशा बदल सकती है। परन्तु असली संकट यहीं पर है। प्राथमिक शिक्षा का सरकारी माडल अपनी विश्वसनीयता एवं प्रासंगिकता खो चुका है। आज कोई भी व्यक्ति जो महीनें में सौ रुपया भी बचा पानें में सक्षम है वह अपने बच्चों को सरकारी प्राथमिक विद्यालयों में नहीं भेजना चाहता है। अतः आवश्यकता इस बात की है सरकारी प्राथमिक विद्यालयों का गुणवत्ता सम्वर्द्धन किया जाय। इस कार्य की शुरूआत प्रत्येक प्राथमिक विद्यालय में आवश्यक फर्नीचर एवं प्रत्येक कक्षा हेतु कम से कम एक शिक्षक की व्यवस्था के साथ की जा सकती है। प्रदेश स्तर पर एक समान पाठ्यक्रम (सरकारी एवं प्राइवेट विद्यालयों के लिए) लागू कर भी विद्यालयों की गुणवत्ता में सुधार किया जा सकता है। ग्रामीण क्षेत्रों में अत्यन्त गरीब वर्ग के अभिभावक अपने बच्चों को कृषि कार्यों में लगाये रखते हैं। ऐसे बच्चों को और

उनके अभिभावकों को प्रेरित कर विद्यालयों में वापस लानें का प्रयास भी आवश्यक है। यदि इन उपायों को ठीक से लागू किया गया तो सरकारी प्राथमिक शिक्षा निश्चित रूप से अपना खोया हुआ गौरव पुनः प्राप्त कर सकेगी।

References

1. www. ssa.nic.in
2. MHRD (2009) The Right of Children to Free and Compulsory Education Act, 2009
3. MHRD (2009) Model Rules Under The Right of Children to Free and Compulsory Education Act, 2009
4. The Gazette of India: The Right of Children to Free and Compulsory Education Act, 2009, August 27, 2009.
5. The Gazette of India: The Constitution (86th Amendment) Act, 2002, December 13, 2002.

23

सर्व शिक्षा अभियान की चुनौतियाँ

*डॉ. ओमप्रकाश द्विवेदी

प्रारम्भिक शिक्षा समग्र शिक्षा का मूल आधार है। स्वतंत्रता प्राप्ति के पश्चात प्रारम्भिक शिक्षा के प्रसार एवं विस्तार पर विशेष बल दिया गया। विभिन्न पंच वर्षीय योजनाओं में प्रारम्भिक शिक्षा के प्रसार के लिए सुनियोजित प्रयास किये गये। शिक्षा के सार्वजनीकरण के लक्ष्य की पूर्ति हेतु राष्ट्रीय शिक्षा नीति 1986 में प्रारम्भिक शिक्षा के स्तर में एकरूपता लाने पर बल दिया गया। इसका मुख्य लक्ष्य था–''सभी के लिए शिक्षा''।

वर्ष 1990 में जामितियन नगर में विश्वस्तरीय सम्मेलन आयोजित किया गया। सम्मेलन द्वारा प्राथमिक शिक्षा को सर्वसुलभ बनाने, सभी को समान अवसर प्रदान करने, सीखने पर बल देने तथा शैक्षिक परिवेश में सम्वर्द्धन करने से सम्बन्धित बिन्दू निर्धारित किये गये।

इसी क्रम में वर्ष 2000 में 'डकार विश्व शिक्षा सम्मेलन' आयोजित किया गया, जिसमें बालिका शिक्षा, सुविधा वंचित वर्गों की शिक्षा, 6-14 वयवर्ग के बच्चों हेतु निःशुल्क एवं अनिवार्य शिक्षा पर बल दिया गया। इन समस्त लक्ष्यों की पूर्ति हेतु समय-समय पर विभिन्न परियोजनाएं एवं कार्यक्रम संचालित किये गये। जैसे-बेसिक शिक्षा परियोजना, ऑपरेशन ब्लैक बोर्ड, जिला प्राथमिक शिक्षा कार्यक्रम, सर्व शिक्षा अभियान आदि।

सर्वशिक्षा अभियान

डकार विश्व सम्मेलन के घोषणा-पत्र में सर्वशिक्षा अभियान के रूप में एक राष्ट्रीय कार्यक्रम प्रारम्भ करने का निर्णय लिया गया। वस्तुतः सर्वशिक्षा अभियान उ0प्र0 बेसिक शिक्षा परियोजना जिला प्राथमिक शिक्षा कार्यक्रम तथा इसी प्रकार की अन्य योजनाओं के क्रियान्वयन में प्राप्त अनुभवों के आधार पर सभी के लिए शिक्षा सम्बन्धी लक्ष्यों को प्राप्त करने का एक सुनियोजित प्रयास है।

'सर्व शिक्षा अभियान' भारत सरकार का प्रमुख कार्यक्रम है, जिसकी शुरुआत 2001 में अटल बिहारी वाजपेयी द्वारा एक निश्चित समयावधि के तरीके से प्राथमिक शिक्षा के सार्वभौमिकरण को प्राप्त करने के लिए किया गया। जैसा कि भारतीय संविधान के 86वें संशोधन द्वारा निर्देशित किया गया है, जिसके तहत 6-14 वर्ष के बच्चों को मुफ्त एवं अनिवार्य शिक्षा के प्रावधान को मौलिक अधिकार बनाया गया है।

सर्वशिक्षा अभियान के उद्देश्य एवं लक्ष्य

सर्व शिक्षा अभियान संचालित किये जाने के उद्देश्य निम्नवत् है -

1. 2003 तक प्राथमिक विद्यालयों, शिक्षा गारन्टी केन्द्रों, वैकल्पिक और विद्यालय/शिविरों में सभी बच्चों का प्रवेश कराना।
2. सन् 2007 तक सभी बच्चें कक्षा 5 तक की प्राथमिक शिक्षा पूरी कर लें।
3. सन् 2010 तक सभी बच्चें कक्षा 8 तक की शिक्षा पूर्ण कर लें।
4. सन् 2010 तक विद्यालयों में शिक्षार्थियों की सार्वभौमी नियमित्त उपस्थित सुनिश्चित करना।

इस कार्यक्रम का उद्देश्य 2010 तक संतोषजनक गुणवत्ता वाली प्राथमिक शिक्षा के सार्वभौमीकरण को प्राप्त करना है। सर्व शिक्षा अभियान में 8 मुख्य कार्यक्रम है, इनमें आई.सी.डी.एस. (**ICDS**) और आँगनबाड़ी आदि शामिल है। इसमें कस्तूरबा गाँधी बालिका विद्यालय योजना भी शामिल है। कस्तूरबा गाँधी बालिका विद्यालय योजना की शुरुआत सन् 2004 में हुई। जिसमें सारी लड़कियों को प्राथमिक शिक्षा देने का सपना देखा गया। बाद में इस योजना का सर्व शिक्षा अभियान में विलय हो गया।

सर्वशिक्षा अभियान के 10 वर्ष

इस कार्यक्रम में ग्रामीण स्तर पर महत्वपूर्ण उपलब्धियाँ हासिल की। 2004 में भारत के विभिन्न गाँवों को शामिल किया गया और प्राथमिक शिक्षा केन्द्र खोले गये। इस अभियान की कुछ प्रमुख उपलब्धियाँ निम्न है।

1. 302872 नये स्कूल खोले गये।
2. 281943 स्कूल इमारतों का निर्माण।

3. 1277072 नये कक्ष बनवाने में सहयोग दिया।
4. 190961 स्कूलों में पीने के पानी की व्यवस्था करवाने में सहयोग दिया।
5. 347852 स्कूलों में शौचालयों का प्रावधान किया।
6. 10 लाख 30 हजार शिक्षकों की नियुक्ति।
7. प्रति वर्ष 10 करोड़ बच्चों को पाठ्यपुस्तक उपलब्ध करायी।
8. 35 लाख शिक्षकों को शिक्षक प्रशिक्षण की व्यवस्था करायी।
9. 2573 कस्तूरबा गाँधी बालिका विद्यालय की स्थापना हुई, जिसमें 238600 कन्याओं को प्रवेश मिला। ये कन्याएं पिछड़ी जाति, पिछड़ी जनजाति, मुस्लिम तथा बी.पी.एल. समूह से सम्बन्धित थी।

शिक्षा का अधिकार अधिनियम के प्रावधान सर्व शिक्षा अभियान के माध्यम से लागू किये जा रहे हैं। अधिनियम की आवश्यकताओं के अनुरूप मानक संशोधित किये गये हैं। 2010-11 की पंचवर्षीय योजना के लिए आर.टी.ई.-एस. एस.ए. को संयुक्त रूप से लागू करने के लिए केन्द्र सरकार ने 231233 करोड़ रूपये का परिव्यय स्वीकृत किया है। केन्द्र और राज्य सरकारों को इन कार्यक्रमों के लिए 40 हजार करोड़ रुपये के बीच वार्षिक आवश्यकता पड़ेगी। सर्व शिक्षा अभियान के अन्तर्गत न केवल 99 प्रतिशत बच्चों की प्राथमिक स्कूलों में भागीदारी बढ़ायी है, वरन उसे 4 प्रतिशत 6-14 वर्ष के बच्चों को स्कूल छोड़कर जाने से भी रोका। इस कार्यक्रम के अन्तर्गत विशेषकर बालिका, पिछड़ी जाति/जनजाति के बच्चें, अन्य कमजोर वर्ग, अल्पसंख्यक और शहरी गरीब बच्चों पर ध्यान दिया गया।

जिला प्राथमिक शिक्षा कार्यक्रम (DPEP)

प्रदेश में प्राथमिक शिक्षा की आवश्यकताओं को ध्यान में रखते हुए जिला प्राथमिक शिक्षा कार्यक्रम प्रथम का आरम्भ वर्ष 1997 में हुआ। यह कार्यक्रम विश्व बैंक की वित्तीय सहायता से संचालित किया गया। डी.पी.ई.पी. कार्यक्रम प्रथम चरण में देश के 7 राज्यों-मध्य प्रदेश, असम, हरियाणा, महाराष्ट्र, कर्नाटक, तमिलनाडु व केरल के 42 जनपदों में संचालित किया गया।

डी.पी.ई.पी. के द्वितीय चरण में उ.प्र. तथा कार्यक्रम में पहले से सम्मिलित 7 राज्यों के 50-60 और जनपदों में कार्यक्रम का विस्तार किया गया। बाद में 3 नये राज्य गुजरात, हिमांचल प्रदेश और उड़ीसा भी शामिल किये गये।

वर्ष 1997 में डी.पी.ई.पी. द्वितीय के अन्तर्गत उ.प्र. के 22 जनपदों-बरेली, सोनभद्र, ललितपुर, बलरामपुर, जे.पी.नगर, सन्तकबीरनगर, बहराईच, रामपुर, बाराबंकी,

श्रावस्ती, फिरोजाबाद, हरदोई, देवरिया, बस्ती, शाहजहाँपुर, मुरादाबाद, पीलीभीत, शामिल किये गये।

वर्ष 2000 में डी.पी.ई.पी. तृतीय संचालित की गई, जिसमें प्रदेश के 32 जनपद आच्छादित थे। डी.पी.ई.पी. परियोजना के कार्य एवं उद्‌देश्य शिक्षा को बढ़ावा देना है।

कार्य

1. भौतिक एवं अकादमिक क्षेत्रों में क्षमता संवर्द्धन करना एवं प्राथमिक शिक्षा का विस्तार करना।
2. विद्यालयों में बच्चों के ठहराव को बढ़ावा एवं ह्रास अवरोध में कमी लाना।

उद्‌देश्य

1. 6-11 आयु वर्ग के सभी बच्चों को शत-प्रतिशत विद्यालयी सुविधा उपलब्ध कराना।
2 ड्रापआउट की दर को 10 प्रतिशत कम करना तथा धारण क्षमता को 90 प्रतिशत बढ़ाना।
3. बेस लाइन सर्वे को आधार मानते हुए गणित तथा भाषा के स्तर में 25 प्रतिशत तथा अन्य विषय में 40 प्रतिशत वृद्धि करना।

मध्याह्न भोजन योजना (MDM)

शिक्षा में सबको समान अवसरों की उपलब्धता को सुनिश्चित करने हेतु एवं समाज के अत्यन्त दुर्बल एवं अपवंचित वर्ग के बच्चों को, जहाँ अभिभावकों को अपने परिवार के लिए भोजन मुश्किल होता है। ऐसे बच्चों को विद्यालय में आकर्षित करने के लिए भारत सरकार द्वारा मध्याह्न भोजन योजना संचालित की गई है। यह एक अत्यन्त जनपयोगी योजना है, जो भारत सरकार एवं राज्य सरकार के सम्मिलित प्रयासों से संचालित है।

भारत सरकार द्वारा विद्यालयों में मध्याह्न भोजन योजना 15 अगस्त 1995 को लागू की गई थी, जिसके अन्तर्गत कक्षा 1-5 तक के सरकारी/परिषदीय/राज्य सरकार द्वारा सहायता प्राप्त विद्यालयों में पढ़ने वाले सभी बच्चों को 80 प्रतिशत उपस्थिति पर प्रतिमाह 83 ग्राम गेहूँ अथवा चावल की व्यवस्था की गई थी। वर्तमान में पोषाहार वितरण योजना प्रदेश के 891 विकास खण्डों में चल रही है।

इस योजना के अगले चरण में 01 मार्च 2008 से 6-8 तक के बच्चों के लिए मध्यान्ह भोजन की व्यवस्था की गई।

मध्याह्न भोजन योजना (MDM) के उद्देश्य

मध्याह्न भोजन योजना हमारे देश की महत्वपूर्ण योजना है, जिसके अन्तर्गत स्कूली बच्चों की सभी कार्य दिवसों में मुक्त भोजन प्रदान किया जाता है, इस योजना के सफल क्रियान्वयन से जहाँ कुपोषण की समस्या कम हुई है, वहीं दूसरी तरफ सामाजिक आर्थिक संतुलन स्थापित करने में मदद कर रही है। रोजगार प्रावधान के माध्यम से महिलाओं और वंचित समाज के सशक्तिकरण में सार्थक साबित हुई है। इसके उद्देश्य निम्नवत् हैं–

1. आर्थिक दृष्टि से कमजोर परिवार के बच्चों को पोषाहार तथा छात्रवृत्ति देकर शिक्षा के सार्वजनीकरण के लक्ष्य को पूरा करना।
2. बच्चों को विद्यालय में आकर्षित करना तथा विद्यालय ठहराव में वृद्धि करना।
3. बच्चों को स्वस्थ एवं पुष्ट बनाना।
4. शिक्षा में ह्रास एवं अवरोध की समस्या को कम करना।
5. आर्थिक पिछड़ेपन की वजह से बच्चें का मन पढ़ाई में नहीं लगता है। इसके माध्यम से बच्चों में शिक्षा के प्रति रुचि उत्पन्न कराना।

शिक्षा का अधिकार अधिनियम (RTE)

शुरु में शिक्षा जो एक संवैधनिक अधिकार था, परन्तु अब इसे मौलिक अधिकार का दर्जा प्राप्त है। भारत के संविधान की शुरुआत में, शिक्षा का अधिकार अनु. 41 के तहत राज्य के नीति निर्देशक सिद्धान्तों के तहत मान्यता दी गई थी, जिसके अनुसार ''राज्य अपनी आर्थिक क्षमता और विकास की सीमाओं के भीतर शिक्षा और बेरोजगारी, विकलांगता के मामले में सार्वजनिक सहायता करने के लिए काम करते हैं।''

2002 में संविधान 86वें संशोधन अधिनियम में शिक्षा के अधिकार के माध्यम से एक मौलिक अधिकार के रूप में पहचाना जाने लगा। बच्चों के अधिकार को निःशुल्क एवं अनिवार्य शिक्षा अधिनियम, लोकप्रिय शिक्षा का अधिकार अधिनियम के रूप में जाना। आर.टी.ई. अधिनियम के 4 अगस्त 2009 को भारत की संसद द्वारा 2 जुलाई 2009 और 20 जुलाई 2009 को राज्य सभा के अनुमोदन द्वारा पारित किया गया था। तत्कालीन राष्ट्रपति द्वारा इस विधेयक

को मंजूरी दी थी। इसके राजपत्र में निःशुल्क, बच्चे के अधिकार पर और अनिवार्य शिक्षा अधिनियम के रूप में अधिसूचित किया गया। यह भारत के जम्मू-कश्मीर राज्य को छोड़कर पूरे देश में 01 अप्रैल 2010 से अस्तित्व में आया।

सन्दर्भ ग्रन्थ

1. परिप्रेक्ष्य, दिसम्बर 1999, अंक 3
2. भारतीय शिक्षा के उभरते हुए क्षितिज-गुरुसरन दास त्यागी
3. उदीयमान भारतीय समाज में शिक्षक-डॉ. रामसकल पाण्डेय/ममता चतुर्वेदी
4. भारतीय शिक्षा का विकास एवं सामाजिक समस्याएं-डॉ. मालती सारस्वत/प्रो. एस.एल. गौतम

24

शिक्षा अधिकार अधिनियम एवं सर्व शिक्षा अभियान

*डॉ. राजकुमार यादव

भारत के संविधान की उद्देशिका (सन् 1976 के संशोधन के साथ) में भारत को एक प्रमुख सम्पन्न गणराज्य के रूप में स्वीकार करते हुए नागरिकों को सामाजिक, आर्थिक व राजनैतिक न्याय, विचार, अभिव्यक्ति, विश्वास, धर्म व उपासना की स्वतंत्रता एवं प्रतिष्ठा व अवसर की समानता के साथ-साथ व्यक्ति की गरिमा व राष्ट्र की एकता व अखण्डता सुनिश्चित करने वाली बन्धुता को बढ़ाने का संकल्प किया गया है। संविधान को अंगीकृत करते हुए कहा गया है कि–

''हम भारत के लोग, भारत को एक सम्पूर्ण प्रभुत्व-सम्पन्न समाजवादी पंथ निरपेक्ष लोक तंत्रात्मक गणराज्य बनाने के लिए तथा उसके समस्त नागरिकों को सामाजिक, आर्थिक और राजनैतिक न्याय; विचार, अभिव्यक्ति, विश्वास, धर्म और उपासना की स्वतंत्रता, प्रतिष्ठा और अवसर की समता प्राप्त कराने के लिए तथा उन सब में व्यक्ति की गरिमा और राष्ट्र की एकता व अखण्डता सुनिश्चित करने वाली बंधुता बढ़ाने के लिए दृढ़ संकल्प होकर अपनी इस संविधान सभा में आज दिनांक 26 नवम्बर 1949 ई0 को एतद्द्वारा इस संविधान को अंगीकृत, अधिनियमित और आत्मार्पित करते हैं।''

भारत के संविधान की उपरोक्त उल्लिखित प्रस्तावना से स्पष्ट है कि संविधान के इस संकल्प देश के सभी नागरिकों के शैक्षिक विकास की भावना को प्रकारान्तर से समाहित किया गया है। वास्तव में किसी अच्छी शैक्षिक व्यवस्था के अभाव में व्यक्ति का सामाजिक व आर्थिक विकास, विचारों व अभिव्यक्ति की स्वतंत्रता, प्रतिष्ठा व गरिमा की अनुभूति सुनिश्चित नहीं की जा सकती।

वर्ष 2002 में 26वें संविधान संशोधन के द्वारा संविधान में अनुच्छेद 21ए को जोड़कर प्रारम्भिक शिक्षा को नागरिकों का एक मूल अधिकार बना दिया गया है।

अनुच्छेद 21ए में कहा गया है कि राज्य 6 से 14 वर्ष की आयु के सभी बालकों को निःशुल्क और अनिवार्य शिक्षा, उस प्रकार की रीति से जैसा राज्य विधि द्वारा अवधारित करे, की व्यवस्था करेगा।

संविधान निर्माण के समय संविधान के अनुच्छेद 45 में निःशुल्क तथा अनिवार्य प्राथमिक शिक्षा का दायित्व राज्य सरकार को सौंपा गया। इस धारा में कहा गया था कि संविधान लागू होने के 10 वर्ष के अन्दर राज्य अपने क्षेत्र के सभी बालकों को 14 वर्ष की आयु होने तक निःशुल्क तथा अनिवार्य शिक्षा प्रदान करने का प्रयास करेगा। इस प्रकार से 14 वर्ष की आयु के सभी बालकों को अनिवार्य तथा निःशुल्क शिक्षा देने की संवैधानिक व्यवस्था की गयी थी। परन्तु 2002 में संविधान में किए गए 86वें संविधान संशोधन के द्वारा अनुच्छेद 45 को बदल कर इसमें निःशुल्क और अनिवार्य शिक्षा को शैशव पूर्ण देखभाल एवं शिक्षा से प्रतिस्थापित करते हुए मात्र 6 वर्ष तक के बालकों तक सीमित कर दिया गया एवं 21ए नामक अनुच्छेद जोड़कर प्रारम्भिक शिक्षा को नागरिकों का एक मूल अधिकार बना दिया गया। संविधान संशोधन के उपरान्त अनुच्छेद 45 के अनुसार राज्य सभी बालकों के लिए उनके 6 वर्ष की आयु पूरी कर लेने तक शैशवपूर्ण देखभाल तथा शिक्षा की व्यवस्था करने का प्रयास करेगा।

प्रजातंत्र में जाति, धर्म, लिंग एवं सामाजिक-आर्थिक स्तर की परवाह किये बिना ही प्रत्येक नागरिक को अपने व्यक्तित्व का पूर्ण विकास करने के लिए समान अवसर प्रदान किया जाना चाहिए। प्रजातंत्र को इस महत्वपूर्ण मूलभूत मान्यता को ध्यान में रखते हुए संविधान के अनुच्छेद 29 में सभी के शैक्षिक अधिकारों को सुनिश्चित किया गया है। अनुच्छेद 29 में कहा गया है कि–

1. भारत के राज्य क्षेत्र या उसके किसी हिस्से के निवासी नागरिकों के समूह को अपनी विशेष भाषा, लिपि या संस्कृति को बनाये रखने का अधिकार होगा एवं
2. राज्य सरकार द्वारा संचालित या सहायता प्राप्त किसी भी शिक्षा संस्था में किसी भी व्यक्ति को धर्म, जाति, रंग या भाषा के आधार पर प्रवेश के लिए मना नहीं किया जा सकता।

समाज के सभी कमजोर वर्गो विशेषकर अनुसूचित जाति व जनजाति की शैक्षिक उन्नति के प्रोत्साहन का उत्तरदायित्व राज्य का है। संविधान के अनुच्छेद 46 के अन्तर्गत कहा गया है कि राज्य कमजोर वर्गो, विशेषकर अनुसूचित जाति व जनजाति की शैक्षिक तथा आर्थिक उन्नति को विशेष रूप से प्रोत्साहित करेगा तथा उनको सामाजिक अन्याय व धोखे से बचायेगा।

1. भारतीय संविधान में सर्वधर्म संभाव सम्मत शिक्षा की व्यवस्था की गयी है। संविधान के अनुच्छेद 28 (1, 2 व 3) में प्रावधान है कि राज्य सरकार द्वारा संचालित शिक्षा संस्थाओं में धार्मिक शिक्षा नहीं दी जा सकती है। परन्तु यदि सरकार द्वारा प्रशासित या सहायता प्राप्त किसी शिक्षा संस्था की स्थापना किसी ऐसे न्यास के अधीन हुई है जिसमें कुछ धार्मिक क्रियाएँ आवश्यक हैं तो उस संस्था में उन धार्मिक क्रियाओं की शिक्षा दी जा सकती है। उक्त धारा में यह प्रावधान भी है कि सरकार द्वारा मान्यता प्राप्त या सहायता प्राप्त किसी भी शिक्षा संस्था में चलायी जा रही धार्मिक पूजा में भाग लेने के लिए किसी व्यक्ति को बाध्य नहीं किया जा सकता है।

इसी प्रकार अनुच्छेद 350ए में भाषायी अल्प संख्यकों के लिए उनकी मातृ भाषा में प्राथमिक शिक्षा उपलब्ध कराने का सवैधानिक उत्तरदायित्व राज्य को सौपा गया है। अनुच्छेद 15 (3 व 4) में महिलाओं तथा शैक्षिक दृष्टि से पिछड़े वर्गो के लिए विशेष प्रावधान करने पर किसी प्रकार की रोक न लगाने की व्यवस्था की गयी है।

जामेटियन विश्व शिक्षा सम्मेलन वर्ष 1990 के घोषणा पत्र के अनुश्रवण के संदर्भ में स्नेगल (दक्षिण अफ्रीका) की राजधानी, 'डकार' में अन्तर्राष्ट्रीय स्तर पर सन् 2000 में विश्व शिक्षा सम्मलेन आयोजित हुआ। इस सम्मेलन में सभी सदस्य देशों ने सार्वभौम, निःशुल्क, अनिवार्य और गुणवत्तापूर्ण शिक्षा वर्ष 2015 तक उपलब्ध करा देने का संकल्प लिया।

अतः शिक्ष को बढ़ावा देने के लिए सरकार ने प्रारम्भिक शिक्षा क्षेत्र में कई महत्वपूर्ण शिक्षा योजनाएँ चला रही है। जिसमें 'सर्व शिक्षा अभियान' एक महत्वपूर्ण शिक्षा योजना है, जिसे सन् 2000-2001 से चलाया जा रहा है। उ.प्र. में इसके लिए 'स्कूल चलो' विशेष अभियान सन् 2000 से चल रहा है। आंकड़ों के अनुसार अभी भी बहुत से बच्चे विद्यालय अथवा वैकल्पिक शिक्षा केन्द्रों से अलग हैं। जहाँ एक ओर विभिन्न वर्गो और क्षेत्रों में विद्यमान शैक्षिक विषमताओं पर विशेष ध्यान देना है, वहीं समाज के सभी वर्गो के 6 वर्ष से 14 वर्ष तक के बच्चों का विशेष ध्यान रखना होगा जिससे देश के विकास में योगदान हो सके।

संदर्भ ग्रन्थ

1. डा. गुप्ता एस.पी. व डा. गुप्ता अलका : भारतीय शिक्षा का इतिहास, विकास एवं समस्याएँ।
2. काश्यप सुभाष : हमारा संविधान
3. शर्मा राजेन्द्र प्रसाद : भारतीय राज व्यवस्था (स्पेक्ट्रम सं. 2013)
4. httpènew4bsp.blogspot.com

25

प्राथमिक शिक्षा में मिड डे मिल कार्यक्रम की प्रासंगिकता

*वृजेश लाल दिवाकर

सर्व शिक्षा अभियान भारत में जिला आधारित एक विशिष्ट विकेन्द्रित योजना है। इसके माध्यम से प्रारंभिक शिक्षा का सार्वभीकरण की योजना है। इसके लिए स्कूल प्राणाली के सामुदायिक स्वामित्व में विकसित करने रणनीति अपनाकर कार्य किया गया है। योजना पूरे देश में लागू की गई है और इसमें सभी प्रमुख सरकारी शैक्षिक पहल को शामिल किया गया है। इस अभियान के अंतर्गत राज्यों की भागीदारी से 6-14 आयुवर्ग के सभी बच्चों को 2010 तक प्रारंभिक शिक्षा उपलब्ध कराने का लक्ष्य रखा गया ।

सर्व शिक्षा अभियान क्यों

भारत में बच्चों को साक्षर करने की दिशा में चलाये जा रहे कार्यक्रमों के परिणामस्वरूप वर्ष 2000 के अन्त तक भारत में 94 प्रतिशत ग्रामीण बच्चो को उनके आवास से 1 किमी की दूरी पर प्राथमिक विद्यालय एवं 3 किमी की दूरी पर उच्च प्राथमिक विद्यालय की सुविधाएं उपलब्ध थी। अनुसूचित जाति व जनजाति वर्गो के बच्चों तथा बालिकाओं का अधिक से अधिक संख्या में स्कूलों में नामांकन कराने के उददेश्य से विशेष प्रयास किये गये। प्रथम पंचवर्षीय योजना से लेकर प्राथमिक व उच्च प्राथमिक विद्यालयों में नामांकन लेने वाले बच्चों की संख्या एवं स्कूलों की संख्या में निरंतर वृद्धि हुई है। 1950-51 में जहां प्राथमिक शिक्षा प्राप्त करने के लिए 3.1 मिलियन बच्चों ने नामांकन लिया था। वहीं 1997-98 में इसकी संख्या बढ़कर 39.5 मिलियन हो गई । उसी प्रकार 1950 -51 में प्राथमिक व उच्च प्राथमिक विद्यालयो की संख्या 0.223 मिलियन थी जिसकी संख्या 1996 - 97 में बढ़कर 0.775 मिलियन हो गई। एक अनुमान के मुताबिक

वर्ष 2002- 03 में 6- 14 आयु वर्ग के 82 प्रतिशत बच्चों ने विभिन्न विद्यालयों में नामांकन लिया था।

उद्‌देश्य

1. सभी बच्चों के लिए वर्ष 2005 तक प्रारंभिक विद्यालय शिक्षा गारंटी केन्द्र, वैकल्पिक विद्यालय 'बैक टू स्कूल' शिविर की उपलब्धता।
2. सभी बच्चे 2007 तक 5 वर्ष की प्राथमिक शिक्षा पूरी कर ले।
3. सभी बच्चे 2010 तक 8 वर्षो की स्कूली शिक्षा पूरी कर ले।
4. संतोषजनक कोटि की प्रारंभिक शिक्षा, जिसमें जीवनोपयोगी शिक्षा को विशेष महत्व दिया गया हो पर बल देना।
5. स्त्री- पुरूष असमानता तथा सामाजिक वर्ग-भेद को 2007 तक प्राथमिक स्तर तथा 2010 तक प्रारंभिक स्तर पर समाप्त करना।
6. वर्ष 2010 तक सभी बच्चों को विद्यालय में बनाए रखना।

मध्याह्न भोजन योजना (मिड-डे-मील)

मध्याह्न भोजन योजना अधिक छात्रो के नामांकन और अधिक छात्रों की नियमित उपस्थिति के संबंध में स्कूल भागीदारी पर मध्याह्न भोजन का महत्वपूर्ण प्रभाव पड़ता है। अधिकतर बच्चे खाली पेट स्कूल पहुँचते है जो बच्चे स्कूल आने से पहले भोजन करते है उन्हें भी दोपहर तक भूख लग जाती है। और वे अपना ध्यान केन्द्रित नहीं कर पाते है। मध्याह्न भोजन बच्चों के लिए 'पूरक पोषण' के स्रोत और उनके स्वस्थ विकास के रूप में भी कार्य कर सकता है। यह समतावादी मूल्यों के प्रसार में भी सहायता कर सकता है क्योंकि कक्षा में विभिन्न सामाजिक पृष्ठभूमि वाले बच्चे साथ में बैठते है और साथ- साथ खाना खाते है। विशेष रूप से मध्याह्न भोजन स्कूल में बच्चों के मध्य जाति व वर्ग के अवरोध को मिटाने में सहायता कर सकता है। स्कूल की भागीदारी में लैगिंक अंतराल को भी यह कार्यक्रम कम कर सकता है क्योंकि यह बालिकाओं को स्कूल जाने से रोकने वाले अवरोधों को समाप्त करने में भी सहायता करता है। मध्याह्न भोजन स्कीम छात्रों के ज्ञानात्मक,भावात्मक और सामाजिक विकास में मदद करती है। सुनियोजित मध्याह्न भोजन को बच्चों में विभिन्न अच्छी आदते डालने के अवसर के रूप में उपयोग में लाया जा सकता है। यह स्कीम महिलाओं को रोजगार के उपयोगी स्रोत भी प्रदान करती है।

मध्याह्न भोजन स्कीम देश के 2408 ब्लाको में एक केन्द्रीय प्रायोजित स्कीम के रूप में 15 अगस्त 1995 को आरम्भ की गई थी। वर्ष 1997-98 तक यह कार्यक्रम देश के सभी ब्लाकों में आरंभ कर दिया गया। वर्ष 2003 में इसका विस्तार शिक्षा गारंटी केन्द्रों और वैकल्पिक व नवाचारी शिक्षा केन्द्रों में पढ़ने वाले बच्चों तक कर दिया गया। अक्टूबर 2007 से इसका देश के शौक्षणिक रूप से पिछड़े 3479 ब्लाकों में कक्षा 6 से 8 में पढ़ने वाले बच्चों तक विस्तार कर दिया गया है। वर्ष 2008-09 से यह कार्यक्रम देश के सभी क्षेत्रों में उच्च प्राथमिक स्तर पर पढ़ने वाले सभी बच्चों के लिए कर दिया गया है। राष्ट्रीय बाल श्रम परियोजना विद्यालयों को भी प्रारंभिक स्तर पर मध्याह्न भोजन योजना के अंतर्गत दिनांक 01. 04.2010 से शामिल किया गया है।

कार्यक्रम का उद्देश्य

इस स्कीम के लक्ष्य भारत में अधिकांश बच्चों की मुख्य समस्याओं अर्थात भूख और शिक्षा का इस प्रकार समाधान करना है–

1. सरकारी स्थानीय निकाय और सरकारी सहायता प्राप्त स्कूल और ईजीएस व एआईई केन्द्रों तथा सर्व शिक्षा अभियान के तहत सहायता प्राप्त मदरसों एवं मकतबों में कक्षा 1 से 8 के बच्चों के पोषण स्तर में सुधार करना ।
2. लाभवंचित वर्गो के गरीब बच्चों को नियमित रूप से स्कूल आने और कक्षा के कार्यकलापों पर ध्यान केन्द्रित करने में सहायता करना।
3. ग्रीष्मावकाश के दौरान अकाल - पीड़ित क्षेत्रों में प्रारंभिक स्तर के बच्चों को पोषण सम्बन्धी सहायता प्रदान करना ।

केन्द्रीय सहायता के संघटक

इस समय मध्याह्न भोजन स्कीम राज्य सरकारों/संघ राज्य क्षेत्र प्राशासनों को निम्नलिखित के लिए सहायता प्रदान करती है–

1. प्राथमिक कक्षाओं के बच्चों के लिए 100 ग्राम प्रति बच्चा प्रति स्कूल दिवस की दर से और उच्च प्राथमिक कक्षाओं के बच्चों के लिए 150 ग्राम प्रति बच्चा प्रति स्कूल दिवस की दर से भारतीय खाद्य निगम के निकटस्थ गोदाम से निःशुल्क खाद्यान्न (गेहूँ/चावल) की आपूर्ति/केन्द्र सरकार भारतीय खाद्य निगम को खाद्यान्न की लागत की प्रतिपूर्ति करती है।

2. 11 विशेष श्रेणी वाले राज्यों (अरूणांचल प्रदेश, असम, मेघालय, मिजोरम, मणिपुर, नागालैड, सिक्किम, जम्मू-कश्मीर, हिमाचल प्रदेश, उत्तराखंड और त्रिपुरा) के लिए दिनांक 1.12.2009 से इनमें प्रचलित पी.डी.सी. दरो के अनुसार परिवहन सहायता। अन्य राज्यों तथा संघ राज्य क्षेत्रों के लिए 75/रू प्रति क्विंटल की अधिकतम सीमा के अधीन भारतीय खाद्य निगम से प्राथमिक स्कूल तक खाद्यान्न के परिवहन में हुई वास्तविक लागत की प्रतिपूर्ति।

3. दिनांक 1.12.2009 से भोजन पकाने की लागत (श्रम और प्रशासनिक प्रभार को छोड़कर) प्राथमिक बच्चो के लिए 2.50 रूपए की दर से और उच्च प्राथमीक बच्चों के लिए 3.75 रूपये की दर से प्रदान की जाती है और दिनांक 1.04.2010 तथा दिनांक 01.04.2010 तथा दिनांक 01.04.2011 को इसे पुनः 7.5 प्रतिशत तक बढ़ाया गया है। भोजन पकाने की लागत की केन्द्र और पूर्वोत्तर राल्यों के मध्य हिस्सेदारी 90:10 के आधार पर है और अन्य राज्यों /संघ राज्यों के साथ 75:25 के आधार पर वहन की जाएगी। तदनुसार केन्द्र की हिस्सेदारी और राज्यों/संघ राज्य क्षेत्रों की न्यूनतम हिस्सेदारी वर्ष 2010-11 के लिए इस प्रकार है।

		गैर पूर्वोत्तर राज्य 75:25		पूर्वोत्तर राज्य 90:10	
स्तर	प्रति भोजन कुल लागत	केन्द्र	राज्य	केन्द्र	राज्य
प्राथमिक	2.69 रू	2.02 रू	0.67 रू	2.42 रू	0.27 रू
उच्च प्राथमिक	4.03 रू	3.02 रू	1.01 रू	3.63 रू	0.40 रू

भोजन पकाने की लागत में दालों, सब्जियों, भोजन पकाने के तेल और मिर्च - मसालों, ईधन इत्यादि की लागत शामिल है।

4. पूरे देश में किचन कम स्टोर के निर्माण की प्रति विद्यालय 60,000 रूपये की एक समान दर के स्थान पर दिनांक 01.12.2009 से निर्माण लागत को कुसी क्षेत्र मानदण्डों और राज्य/संध राज्य क्षेत्र में प्रचलित राज्य अनुसूची दरों के आधार पर निर्धारित किया जाना है। किचन कम स्टोर की निर्माण लागत की हिस्सेदारी केन्द्र और पूर्वोत्तर राज्यों के मध्य 90:10 आधार पर तथा अन्य

राज्यों के साथ 75:25 के आधार पर की जाएगी । इस विभाग ने दिनांक 31.12.2009 के अपने पत्र संख्या 1-1/2009 डेस्क (एम0डी0एम0) के जरिए 100 बच्चों तक स्कूलों में किचन कम स्टोर के निर्माण हेतु 20 वर्ग मी0 का क्षेत्र निर्धारित किया हैं प्रत्येक अतिरि ा 100 बच्चों तक के लिए 4 वर्ग मीटर अतिरिक्त कुरसी क्षेत्र जोड़ा जाएगा। राज्यों /संघ राज्य क्षेत्रों को अपनी स्थानीय दशाओं के आधार पर 100 बच्चों के स्लैव को संशोधित करने का अधिकार होगा ।

5. 5000 रूपये प्रति विद्यालय की औसत लागत के आधार पर किचन के सामान प्राप्त करने के लिए सहायता दी जाती है। किचन के सामान में निम्नलिखित शामिल है।

   क. भोजन पकाने का सामान (स्टोव,चूल्हा इत्यादि)

   ख. खाद्यान्न और अन्य सामान को स्टोर करने के लिए कंटेनर।

   ग. भोजन पकाने और वितरित करने के बर्तन।

6. दिनांक 01.12.2009 से रसोइये कम सहायक को प्रदान किए जाने वाले मानदेय को 1000 रूपये प्रतिमाह करना और 25 विद्यार्थियों वाले विद्यालयों में एक रसोंइये कम सहायक 26 से 100 विद्यालयों में दो रसोइये कम सहायक और अतिरिक्त प्रत्येक 100 विद्यार्थियों तक के लिए एक अतिरिक्त रसोइये कम सहायक की नियुक्ति करना। रसोइये कम सहायक को प्रदान किय जाने वाले मानदेय के लिए केन्द्र रारकार और राज्यों के मध्य हिस्सेदारी पूर्वोत्तर राज्यों के लिए 90:10 तथा अन्य राज्यों/संघ राज्य क्षेत्रों के लिए 75:25 के आधार पर होगी।

7. राज्यो/संघ राज्यक्षेत्रों के लिए इस स्कीम के प्रबंधन अनुवीक्षण तथा मूल्यांकन (एम.एम.ई) के लिए सहायता।

   क. खाद्यान्न ख. परिवहन लागत और ग. भोजन पकाने की लागत घ. रसोइया सह सहायक को मानदेय के लिए कुल सहायक का 1.8 प्रतिशत क. खाद्यान्न ख. परिवहन लागत ग भोजन पकाने की लागत घ. रसोइया सह सहायक को मादेय की कुल सहायता के 0.2 प्रतिशत का उपयोग राष्ट्रीय स्तर पर प्रबंधन अनुवीक्षण तथा मूल्यांकन उद्देश्य के लिए किया जाता है। वर्ष 2011-12 के लिए 10380 करोड़ के परिव्यय का प्रस्ताव दिया गया था।

अद्यतन स्थिति

गैर सरकारी संगठनों को (एन.जी.ओ) आउट सोर्स करना : मानव संसाधन विकास राज्य मंत्री डॉ शशि थरूर ने राज्य सभा में यह जानकारी दी कि शहरी क्षेत्रों में विद्यालय प्रांगणों में जहाँ गैर सरकारी संगठनों/ट्रस्टो/केद्रीयकृत रसोइयों जो कि बच्चां को भोजन उपलब्ध कराने में संलग्न है। के लिए रसोई सह- भंडार के लिए स्थान नहीं है । मंत्री महोदय ने कहा कि वहां इस महत्वपूण योजना में मि डे मील की आपूर्ति को गैर सरकारी संगठनों को (एन.जी.ओ.) आउट सोर्स किया जा रहा है। उन्होंने कहा कि मिड डे मील के दिशा निर्देश पंचायतीराज संस्थानों, स्वयं सहायता समूहों माता संगठनों और स्थानीय समाज की सहायता से मिड डे मील को रसोइये सह सहायक की सहायता से स्कूल के रसोई सह भंडार में पकाने पर जोर देते है। वर्तमान वर्ष 2013-14 में देश भर में इस कार्यक्रम में 447 गैर सरकारी संगठन संलग्न है। इस कार्यक्रम में काम कर रहे गैर सरकारी संगठनों की सबसे ज्यादा संख्या उत्तर प्रदेश और कर्नाटक में क्रमशः185 और 102 है।

मध्याह्न भोजन योजना का नवीनीकरण : बारहवीं योजना के दौरान मध्याह्न भोजन योजना (एम.डी.एम.एस) का निम्न प्रकार से सुधार करने का प्रस्ताव है–

1. मध्याह्न भोजन योजना का जनजाति, अनुसूचित जाति और अल्पसंख्यक बहुल जिलों के गैर- सहायता प्राप्त निजी स्कूलों में विस्तार ।
2. प्राथमिक विद्यालयों की परिसरों में स्थित पूर्व प्राइमरी कक्षाओं में पढ़ने वाले बच्चों के लिए भी इस योजना का विस्तार।
3. मौजूदा घटको या स्कूलो के लिए सहायता के तौर तरीकों का संशोधन।
4. मध्याह्न भोजन मूल्य सूचकांक का विशेष रूप से मध्याह्न भोजन की वस्तुओं के मूल्यों पर आधारित खाने की लागत का संशोधन।
5. उत्तर पूर्वी प्रदेश (एनईआर) को छोड़ कर अन्य राज्यों के लिए माल वहन सहायता का संशोधन इसका 75 रूपये प्रति क्विन्टल की मौजूदा को बढ़ाकर 150 रूपया प्रति क्विन्टल की गई है।
6. वर्ष 2013-14 और 2014-15 के दौरान रसोइया सहायकों का मानदेय 1000 रूपये से बढ़ाकर 1500 रूपये और वर्ष 2015-16 तथा 2016-17 के दौरान रसोइया सहायक का मानदेय 2000 रूपये प्रति माह किया गया है।

7. खाद्यान लागत, खाना पकाने की लागत, माल वहन सहायता तथा रसोइया सहायको को मिलने वाले मानदेय के लिए कुल पुनरावर्ती केन्द्रीय सहायता के तीन प्रतिशत की दर प्रबंधन निगरानी और मूल्यांकन दरों का संशोधन।
8. नये स्कूलों के लिए किचन की बर्तन खरीदने और हर पाँच साल बाद किचन के बर्तर्नो को बदलने के लिए 15000 रूपये प्रति स्कूल की दर से केन्द्रीय सहायता की पद्धति के बीच 75:25 के अनुपात से और उत्तर पूर्वी प्रदेश के राज्यों 90:10 के अनुपात से वहन की जायेगी।

मिड-डे-मील योजना में सुधार

देशभर में राज्य/केन्द्रशासित प्रदेशों में मिड-डे-मील योजना के अंतगर्त 25.70 लाख रसोईया - सहायकों को काम दिया गया। इन सहायकों को इस कार्य के लिए मानदेय को संशोधित कर 1 दिसंम्बर 2009 से एक हजार रूपये प्रति माह कर दिया गया तथा साल में कम से कम दस महीने कार्य दिया गया । इस कार्य के लिए रसोईया- सहायकों को दिया जाने वाले मानदेय का खर्च केन्द्र और पूर्वोत्त राज्यों के बीच 90:10 के औसत में उठाया गया, जबकि अन्य राज्य/केन्द्रशासित प्रदेशों तथा केन्द्र के बीच यह औसत 75:25 तक किया गया यदि राज्य/केन्द्रशासित प्रदेश चाहे तो इस कार्य में किए जाने वाले खर्च में योगदान निर्धारित अनुपात से अधिक भी कर सकते है। केन्द्र सरकार रसोइया - सहायकों के प्रशिक्षण की मद में 100 प्रतिशत राशि प्रबंधन, निगरानी और मूल्यांकन के लिए देती है। इस योजना को वर्ष 2009-10 में संशोधन किया गया है। योजना के अंतर्गत भोजन तैयार करने के लिए वर्ष 2010-11 के प्रत्येक वर्ष खर्च में 7.5 प्रतिशत वृद्धि का प्रावधान किया गया । इस खर्च में अंतिम बार 1 जुलाई 2014 को वद्धि की गई।

मध्याह्न भोजन योजना के अधीन प्रति छात्र रसोई की लागत बढ़ाई गई मानव संसाधन विकास मंत्री श्रीमती स्मृति इरानी ने बताया कि मध्याह्न भोजन योजना के अधीन प्रति छात्र आने वाली रसोई की लागत को 1 जुलाई 2014 से निम्नानुसार बढ़ाया गया है।

स्तर	प्रति छात्र प्रतिदिन रसोई लागत 2013 –14	प्रति छात्र प्रतिदिन संशोधित रसोई लागत 2014 –15
प्राथमिक	3.34	3.59
उच्च प्राथमिक	5.00	5.38

प्रति छात्र रसोई लागत वर्ष 2010-11 से प्रतिवर्ष 7.5 प्रतिशत की दर से बढ़ाई गई है। सभी सरकारी और सरकारी सहायता प्राप्त स्कूलों को 01 अप्रेल 2008 से मध्याह्न योजना के अधीन उच्च प्राथमिक (कक्षा 6 से 8 तक) स्तर तक शामिल किया गया है। मध्याह्न भोजन योजना स्कूल में भोजन उपलब्ध कराने की सबसे बड़ी योजना है जिसमें रोजाना सरकारी सहायता प्राप्त 11.58 लाख से भी अधिक स्कूल के 10.8 करोड़ बच्चे शामिल है।

संदर्भ ग्रन्थ

- भारत 2013 प्रकाशन विभाग सूचना और प्रसारण मंत्रालय भारत सरकर
- दैनिक जागरण
- मानव संसाधन विकास मंत्रालयः भारत सरकार एवं पत्र सूचना कार्यालय
- www. yojanahindi@gmail.com,
- www.Mildey meal yojana.com
- www.sarvashiksha abhiyan

26

सर्वशिक्षा अभियान की चुनौतियाँ

*धनंजय मद्धेशिया

21वीं शताब्दी के प्रवेश द्वार के निकट खड़ा आज का विश्व अनेक चुनौतियों का सामना कर रहा है। थाईलैण्ड में सन् 1990 में हुये सबके लिए शिक्षा विषय पर विश्व कांफ्रेस में सभी व्यक्तियों की मूलभूत अधिगम आवश्यकताओं की पूर्ति करने पर जोर दिया गया। जिससे सभी शिक्षा का लाभ उठाने में समर्थ हो सके।

नवीं पंचवर्षीय योजना (1997-2002) में प्राथमिक शिक्षा के विकास एवं उन्नयन पर 16,365 करोड़ रूपये व्यय किये गये। इस योजना के दौरान प्राथमिक शिक्षा के प्रसार एवं उन्नयन के लिए नवम्बर 2000 में ''सर्व शिक्षा अभियान'' को स्वीकृति दी गयी और 2001 में शुरू किया गया। इस अभियान का लक्ष्य था 2003 तक प्राथमिक शिक्षा को सर्वसुलभ बनाना, 2007 तक सभी बच्चों की प्राथमिक शिक्षा पूर्ण कराना और 2010 तक सभी बच्चों को उच्च प्राथमिक शिक्षा पूर्ण कराना।

01 अप्रैल, 2001 को अनौपचारिक शिक्षा को शिक्षा गारंटी योजना और वैकल्पिक और नयी तरह की शिक्षा के रूप में परिवर्तित कर उसे सर्वशिक्षा अभियान से जोड़ दिया गया। उसी बीच 2003 में **''ब्लैक बोर्ड योजना''** को भी सर्व शिक्षा अभियान का घटक बना दिया गया।

यूँ अनौपचारिक शिक्षा के नाम में परिवर्तन से कोई फर्क नहीं पड़ा है, परन्तु इस नयी तरह की शिक्षा और ब्लैक बोर्ड योजना को सर्व शिक्षा अभियान का घटक बना देने से प्राथमिक शिक्षा (कक्षा 01-08 तक) के प्रसार एवं उन्नयन दोनों में काफी फर्क पड़ा है। अब प्राथमिक शिक्षा का प्रसार एवं उन्नयन से दोनों कार्य सर्व शिक्षा अभियान के अन्तर्गत ही किये जा रहे हैं।

किन्तु सर्व शिक्षा अभियान का लक्ष्य जो **2003** में निर्धारित किया गया था उसे पूरा नहीं किया जा सका है। अभी भी कई ऐसे क्षेत्र हैं जहाँ अशिक्षा का विस्तार है वहाँ दूर-दूर तक कोई शिक्षा का प्रचार-प्रसार नहीं।

निःसंदेह ही सबके लिए शिक्षा अभियान में सफलता प्राप्त करना एक बड़ा कार्य है जिसके लिए एक जोरदार प्रयास की आवश्यकता है। भारत सबके लिए शिक्षा उपलब्ध कराने में तभी समर्थ होगा जब वास्तविकताओं के बीच एक नियोजन तथा कार्यान्वयन के बीच अंतर को समाप्त कर दिया जाय, जिससे सैद्धान्तिक रूप से बनाये गये शैक्षिक कार्यक्रमों का वास्तविक रूप में क्रियान्वयन हो सके तथा वांछित परिणाम प्राप्त हो सके।

1 अप्रैल 2010 से प्रभावी हुए 6 से 14 वर्ष तक के बच्चों को मुफ्त व अनिवार्य शिक्षा कानून शिक्षा के लिए नया सबेरा लेकर आएगा, अनिवार्य शिक्षा दिए जाने को मौलिक अधिकार बनाया जाना सचमुच शिक्षा क्षेत्र के नए सबेरे की तरह है। इसे आने में 63 वर्ष लग गए हैं, साथ ही यह सवाल भी है कि इतने वर्षो बाद भी क्या यह अधिकार सचमुच पूर्णरूप से प्रभावी होगा। भारतीय लोकतन्त्र की इस महान उपलब्धि पर जय-जयकार होनी चाहिए और वह हो भी रही है, लेकिन आशंकाओं को देखते हुए हमें जोश के साथ उस होश को बरकरार रखना चाहिए, जिसके बिना यह उपलब्धि तमाम अन्य उपलब्धियों की तरह एक अधूरा सपना बनकर रह सकती है। भारत सरकार का दावा है कि देश में 6 से 14 साल की आयु वर्ग के बच्चों की संख्या 22 करोड़ के लगभग है और उसमें करीब एक करोड़ ऐसे है, जो अपनी सामाजिक, पारिवारिक, आर्थिक स्थितियों के कारण स्कूल नहीं जा पाते हैं। इस बारे में साक्षरता और शिक्षा के सरकारी आंकड़े चाहे जो बोले, लेकिन सच्चाई तो यह है कि अधिकांश राज्यों की ग्रामीण आबादी का ज्यादातर भाग निरक्षर है।

आज साक्षरता के लिए भारत सरकार लाखों, करोड़ों रूपये खर्च कर रही है। भारत सरकार द्वारा शिक्षा के लिए चलाए जा रहे साक्षरता आन्दोलन अभियान के अन्तर्गत ग्रामीण अंचल के गांव, तहसील व जिलों में निर्धारित समय-सीमा समाप्त होने के बाद साक्षर किए गये लोग पुनः कुछ समय के बाद निरक्षर लोगों के समान ही हो जाते है, क्योंकि उनके पास प्राथमिकता से जीवन-यापन का विकल्प नहीं है और वे सपरिवार सर्व प्रथम जीविका के संसाधनों के लिए जुट जाते है और स्कूल, विद्यालय या मदरसों में पढ़ाई छोड़कर परिवार के साथ धन कमाने के लिए काम पर लग जाते हैं।

''बराबरी और विकास लाने की जिस भावना के तहत् शिक्षा को मौलिक अधिकार बनाया गया है, उसे पाने की गुणवत्ता के फर्क को भी मिटाना होगा।''

इस कानून से उम्मीद जताई जा रही है कि एक करोड़ बच्चों को सर्वाधिक लाभ होगा और भारत के माथे पर लगा निरक्षरता का कलंक भी मिटेगा, लेकिन ये सरकारी आंकड़े विश्व बैंक और गैर-सरकारी संगठनों के आंकड़ो से समानता नहीं रखते है। इनके अनुसार बीच में स्कूल छोड़ने वाले बच्चों की संख्या इससे कही ज्यादा है और बच्चों को पुनः स्कूल से जोड़ने के लिए पर्याप्त संसाधन उपलब्ध नहीं है। साथ ही साथ इस शिक्षा के अधिकार के नाम पर यह कानून प्रत्येक बच्चे के पढ़ने मुफ्त शिक्षा और पड़ोस में एक सरकारी स्कूल होने का दावा करता है किन्तु शिक्षको की उपलब्धता, शौचालय, पेयजल, पुस्तकालय एवं प्रयोगशालाओं आदि मूलभूत सुविधाओं की व्यवस्था की बात नहीं करता। आज तक (पढ़ना, लिखना एवं गिनना) की पूर्ति नहीं हो पा रही हैं। यही कारण है कि आज सरकारी स्कूलों से छात्र पलायन कर रहे है। शिक्षक-छात्र अनुपाल पर भी ध्यान देने की जरूरत है। शिक्षा को मौलिक अधिकार बनाया तो गया किंतु उसकी प्राप्ति हेतु गुणवत्ता के फर्क को भी मिटाना होगा अन्यथा यह कानून मात्र कागज पर ही रह जाएगा। सरकार को विद्यालयों की दशा सुधारने हेतु प्रतिबद्ध होना होगा पूरी आबादी को शिक्षित करने हेतु निजी एवं सरकारी दोनों प्रकार के विद्यालयों पर ध्यान देना होगा, तभी हम सर्व शिक्षा के लक्ष्य को प्राप्त कर सकेंगे।

सन्दर्भ ग्रन्थ

1. योजना, सितम्बर 2006
2. विश्व मानीटरिंग रिपोर्ट 2002
3. दैनिक जागरण एवं हिन्दुस्तान समाचार पत्र, लखनऊ प्रकाशन।

27

प्राथमिक शिक्षा का गिरता स्तर

*डॉ. (श्रीमती) ममता चौधरी

सर्व शिक्षा अभियान के अन्तर्गत लगभग डेढ़ दशक में अरबों रूपये फूँकने के बावजूद परिषदीय/सरकारी स्कूलों की शिक्षा व्यवस्था पिट रही है। वर्ष 2001-02 से लेकर अब तक सूबे में अभियान के तहत 26500 नये प्राथमिक व 29000 उच्च प्राथमिक स्कूल बनाये जा चुके है। इसके बावजूद परिषदीय विद्यालय अपनी जमीन खोते जा रहे है। परिषदीय स्कूलों में मिड-डे-मील, मुफ्त किताबें और यूनीफार्म बांटने के बाद भी निजी स्कूलों में बच्चों के नामांकन में लगातार वृद्धि होती जा रही है।

69 जिलों में किये गये सर्वेक्षण के आधार पर तैयार की गई एनुअल स्टेट्स ऑफ एजूकेशन (असर) रिपोर्ट, 2014 के अनुसार 2006 में उत्तर प्रदेश के निजी स्कूलों में 6 से 14 आयु वर्ग के 30.3 प्रतिशत बच्चे नामांकित थे। 2014 में यह आंकड़ा बढ़कर 51.7 फीसद हो गया है। जबकि परिषदीय स्कूलों में इस आयु वर्ग के केवल 41.1 प्रतिशत ही बच्चे नामांकित पाये गये। शिक्षा के अधिकार कानून का ढिढोरा जोरशोर से पीटने के बावजूद 6 से 14 साल तक के 4.9 फीसद बच्चों का स्कूलों से कोई मतलब ही नहीं है। यह विडम्बना ही है कि वर्ष 2013-14 में सरकारी शिक्षकों के वेतन पर 16 हजार करोड़ रूपये खर्च होने के बावजूद भी बच्चों के पढ़ने, समझने और सीखने का स्तर निराशाजनक है। असर की रिपोर्ट द्वारा 2014 में सरकारी स्कूलों में कक्षा तीन के 13.4 प्रतिशत बच्चे ऐसे मिले जो कम से कम कक्षा एक के स्तर का पाठ पढ़ सकते है जबकि निजी विद्यालयों में ऐसे बच्चों का प्रतिशत 54.8 फीसद पाया गया। सरकारी स्कूलों में पांचवी कक्षा के सिर्फ 26.8 फीसद बच्चे ही कक्षा दो के स्तर का पाठ पढ़ने के लायक मिले जबकि निजी स्कूलों में यह आंकड़ा 61.4 प्रतिशत है।

बच्चों में पढ़ने की समझ के मामले में सरकारी स्कूलों का प्रदर्शन पहले की तुलना में खराब हुआ है। 2006 में सरकारी स्कूलों में कक्षा तीन के 23.5 प्रतिशत

बच्चे ऐसे पाये गये थे जो कक्षा एक से स्तर का पाठ पढ़ सकते हों, वहीं कक्षा पांच के 30.9 फीसद बच्चे कक्षा दो के स्तर का पाठ पढ़ने के काबिल मिले थे। सरकारी स्कूलों में गणित और अंग्रेजी विषयों की पढ़ाई पर जोर देने की मुहिम भी बेदम साबित हुई है। रिपोर्ट के अनुसार 2014 में सरकारी स्कूलों में कक्षा तीन के सिर्फ 6.6 प्रतिशत बच्चे गणित में घटाने के सवाल हल करने में सक्षम पाये गये। जबकि निजी स्कूलों में यह आंकड़ा 38.5 फीसद था। निजी विद्यालयों में पांचवी कक्षा के 38.7 फीसद बच्चे भाग के सवाल हल करने में समर्थ मिले जबकि सरकारी स्कूलों में काबिलियत सिर्फ 12.1 प्रतिशत बच्चों में पाई गई। रिपोर्ट द्वारा यह भी ज्ञात हुआ है कि सरकारी स्कूलों के ज्यादातर बच्चों के लिए अंग्रेजी के शब्द काला अक्षर भैंस बराबर है। 2014 में सरकारी स्कूलों में कक्षा पांच के सिर्फ 22.8 प्रतिशत बच्चे ही कम से कम शब्द पढ़ने के लायक मिले जबकि निजी स्कूलों में ऐसे 63. 3 प्रतिशत बच्चे है। निजी विद्यालयों में कक्षा सात के 47.2 प्रतिशत बच्चे वाक्य पढ़ने में सक्षम मिले जबकि सरकारी स्कूलों में यह संख्या सिर्फ 18.5 प्रतिशत पायी गई।

गैर सरकारी संस्था प्रथम द्वारा जारी 2012-13 की ''एनुअल स्टेट्स ऑफ एजूकेशन रिपोर्ट'' (असर) के अनुसार देश के सरकारी स्कूलों में पढ़ाई चौपट हो गई है। बेहतर शिक्षा के लिए ज्यादातर अभिभावक अपने बच्चों को निजी स्कूलों में भेज रहे है। आंध्रप्रदेश, कर्नाटक व केरल को छोड़कर देश के बाकी प्रदेशों की स्थिति बहुत खराब है।

असर की रिपोर्ट में साफ कहा गया है कि सरकारी स्कूलों में बच्चों के सीखने, सिखाने का समझने का स्तर लगातार गिर रहा है आंकड़े बताते है कि 2010 में कक्षा 5 में 46.3 फीसद बच्चे कक्षा- दो का पाठ नहीं पढ़ पाते थे। 2011 में उनकी संख्या-51.8 फीसद तथा 2012 में 53.2 हो गई। 2010 में कक्षा पांच में पढ़ने वाले दस बच्चों में से केवल सात बच्चे ही दो अंकों का जोड़-घटाना कर पाए। 2012 में तो यह संख्या घटकर मात्र पांच रह गई। 57 फीसद स्कूलों में छात्र-शिक्षक अनुपात सुधारने के बजाय और बदतर हो गया है। 39 फीसद स्कूलों में खेल का मैदान नहीं है। 55.3 फीसद स्कूलों में चारदीवारी नहीं है तो एक तिहाई स्कूलों में लड़कियों के लिए शौचालय तक नहीं है। इस रिपोर्ट का सच यह है कि सरकारी स्कूलों में बुनियादी सुविधाओं तथा शैक्षिक गुणवत्ता का अत्यन्त अभाव होने के कारण देश में सरकारी शिक्षा धीरे-धीरे निजी स्कूलों की ओर खिसक रही है। इसी कारण प्राईवेट स्कूलों में बच्चों का नामांकन लगातार बढ़ रहा है। इस

साल 2013 में 22 लाख बच्चे सरकारी स्कूल छोड़कर प्राईवेट स्कूलों में चले गये है। निजी स्कूलों में नामांकन की दर हर साल 10 फीसद की दर से बढ़ रही है। केन्द्र सरकार द्वारा देश में अभी भी लगभग 1800 से अधिक स्कूल टेंट और पेड़ों के नीचे चल रहे है। 24 हजार स्कूलों में पक्के भवन नहीं है। एक लाख से भी अधिक स्कूलों में पीने के पानी का प्रबन्ध नहीं है तथा 45 फीसद स्कूलों में बालिकाओं के लिए अलग से शौचालयों, टाट-पट्टी तथा शिक्षण सामग्री जैसी बुनियादी सुविधाओं का अभाव है। यहां पता चलें कि देश में इस समय 13.62 लाख स्कूल हैं, परन्तु इनमें 41 लाख शिक्षकों की ही नियुक्ति हो पाई है। देश में 12 लाख से भी ज्यादा शिक्षकों के पद आज भी खाली हैं, तथा जो शिक्षक है भी उनमें 8.6 लाख शिक्षक अप्रशिक्षित है। इन परिस्थितियों में देश में प्राथमिक शिक्षा की ढांचागत गुणवत्ता शिक्षक का शिक्षण प्रशिक्षण, शिक्षक-छात्र अनुपात तथा शिक्षा गारंटी जैसे लक्ष्यों की वास्तविक दशा का अनुमान स्वयं ही लगा सकते है।

शिक्षा का अधिकार कानून लागू होने के बाद भी 6 से 14 वर्ष तक के बच्चों को निःशुल्क एवं अनिवार्य शिक्षा देना आज संवैधानिक मजबूरी बन गई है, परन्तु देश की बढ़ती हुई जनसंख्या के लिहाज से शिक्षा के लिए या तो उचित बजट न होने से हमें शिक्षा बजट की क्षतिपूर्ति के लिए या तो विदेशी संस्थाओं का इंतजार करना पड़ता है या फिर प्राथमिक शिक्षा में प्राईवेट संस्थाओं की हिस्सेदारी को मजबूर होना पड़ता है। शिक्षा का अधिकार कानून और मिड-डे-मील जैसी योजना होने के बावजूद हम सरकारी प्राथमिक शिक्षाओं को निजी शिक्षा के सामने खड़ा नहीं कर पा रहे है। कड़वा सच यह है कि यदि हमारी स्कूली स्तर पर ज्ञान की यह दशा हो रही है तो फिर शिक्षा के स्तर पर उत्कृष्टता की उम्मीद कैसे की जा सकती है?

तीन साल से शिक्षा के अधिकार कानून (आर.टी.ई.) लागू है जिसकी समीक्षा की गई है। सरकार का कहना है कि नए सत्र से कानून पूर्ण रूप से लागू हो जाने चाहिए। इसके लिए शासन ने दिशा-निर्देश भी जारी कर दिया है, पर इसको लेकर शिक्षा जगत और विभाग में भ्रम की स्थिति बनी हुई है। कानून के तहत 6 से 14 वर्ष तक के सभी बच्चों को निःशुल्क एवं अनिवार्य शिक्षा देने का प्रावधान है। यानि, एक भी बच्चा छूटना नहीं चाहिए। परिषदीय विद्यालयों में कानून शुल्क मांफी तक दिख रहा है। बच्चों को निःशुल्क ड्रेस, कापी और किताबें तथा मध्याह्न भोजन की भी व्यवस्था है। लेकिन अन्य संसाधनों का टोटा है। जैसे-भवन, बिजली, पानी, खेल के मैदान तथा लाईब्रेरी इत्यादि का अभाव है।

शिक्षक और छात्र का अनुपात भी सही नहीं है। वहीं प्राइवेट स्कूलों में यह कानून अभी पहुँचा ही नहीं है, जबकि उन्हें आस-पास के 25 फीसद बच्चों को निःशुल्क शिक्षा देना है। इसके बारे में प्राइवेट स्कूल के प्रबन्धक खुले तौर पर कुछ भी बोलने से इन्कार करते है। अपनी पहचान छुपाने की शर्त पर उनका कहना है कि अभी तक कोई दिशा-निर्देश ही नहीं मिला है और न ही नामांकन के लिए बच्चे आते है जिनको पढ़ाया जाये। ऐसे में जिलों में अभी तक किसी विद्यालय में एक भी बच्चे का नामांकन नहीं हो सका है, जबकि नया सत्र भी शुरू हो चुका है। सबसे अधिक रोचक बात यह है कि अल्पसंख्यक विद्यालयों को इस कानून से बाहर रखा गया है। कानून के अनुसार मदरसा, वैदिक पाठशाला और प्रारम्भिक रूप से धार्मिक शिक्षा देने वाले शैक्षिक संस्थानों पर अधिनियम के प्रावधान लागू नहीं होगें। वही सीबीएसई और आईसीएसई पाठ्यक्रम के अन्य विद्यालयों में यह प्रावधान लागू है। कानून के द्वारा निःशुल्क शिक्षा के बदले में राज्य सरकारें विद्यालयों को प्रतिपूर्ति प्रदान करेगें। पर, सरकार अभी तक प्रति बच्चा दी जाने वाली प्रतिपूर्ति धनराशि तय नहीं कर पायी है।

कानून के अनुसार मान्यता प्राप्त निजी विद्यालय दुर्बल वर्ग के बच्चों को कक्षा 1 से 8 तक की शिक्षा देगें, लेकिन पहले नजदीक वाले राजकीय, परिषदीय व सहायता प्राप्त विद्यालयों में ही नामांकन कराना होगा। अगर, वहां सीट का अभाव है, तभी निजी स्कूलों में आवेदन कर सकते है। लेकिन परिषदीय विद्यालयों में तो हमेशा सीटे खाली ही रहती है। नामांकन के लिए अभिभावक को अपने आय इत्यादि के सत्यापित अभिलेख भी जमा करने होगे, जो बीएसए की अनुमति के बाद ही कार्यवाही पूरी की जायेगी।

पढ़ने और सुनने में अच्छा लगता है कि अब छः से चौदह वर्ष के बच्चों को मुफ्त व अनिवार्य शिक्षा मिलेगी क्योंकि सरकार ने इसके लिए कानून बना दिया है। लेकिन जब शिक्षक ही नहीं है तो बच्चों को पढ़ायेगा कौन? पांच लाख से अधिक नये शिक्षकों की चुनौती तो है ही, पहले से स्वीकृत पदों में भी स्कूली शिक्षकों के लगभग आठ लाख खाली पद पड़े है। इस प्रकार कुल तेरह लाख शिक्षकों की जरूरत है। वैसे तो स्कूली शिक्षकों के खाली पदों के मामले में केन्द्र व राज्य सरकारें दोनों जिम्मेदार है लेकिन केन्द्र की नजर में सबसे अधिक गड़बड़ उत्तर प्रदेश, बिहार, झारखण्ड और पश्चिम बंगाल जैसे राज्यों ने की है। देश भर के सरकारी स्कूलों के कुल 46.2 लाख शिक्षकों के स्वीकृत पदों में से लगभग आठ लाख (17 प्रतिशत के लगभग) पद खाली है। जिसमें सर्वशिक्षा अभियान के दायरे

में सिर्फ ढाई लाख से अधिक पद खाली पड़े है। उसकी जबावदेही राज्यों के साथ केन्द्र सरकार पर भी है। लेकिन शिक्षकों की बाकी पाँच लाख 28 हजार से अधिक पद तो राज्य सरकारों के कोटे में खाली पड़े है।

छः से चौदह वर्ष की आयु के बच्चों को निःशुल्क एवं अनिवार्य शिक्षा देने का काम पहले भी चुनौती भरा नजर आ रहा था, लेकिन इस संदर्भ में कानून बन जाने के बाद यह और भी अधिक मुश्किल दिखाई देने लगा है। इसमें संदेह है कि विभिन्न राज्यों में शिक्षकों के जो पद रिक्त है वे समय रहते भरे जा सकेगें, क्योंकि उनकी संख्या लाखों में है। सच तो यह है कि अब तक रिक्त पद भर लिए जाने चाहिए थे, क्योंकि निःशुल्क एवं अनिवार्य शिक्षा के कानून पर अमल का समय आ गया है। अधिकतर राज्य जिस तरह शिक्षकों की कमी से जूझ रहे है, उससे एक बार फिर यह स्पष्ट हो रहा है कि किसी लक्ष्य को सिर्फ कानून बनाकर हासिल नहीं किया जा सकता है। जबकि सभी राज्य सरकारें इससे अच्छी तरह परिचित थी कि निःशुल्क एवं अनिवार्य शिक्षा का कानून बनने वाला है, लेकिन एक या दो राज्यों को छोड़कर किसी ने भी समय रहते तैयारी नहीं की। इस पर आश्चर्य नहीं कि कानून बनते ही अनेक राज्यों ने यह कहते हुए हाथ खड़े कर दिये कि उनके पास स्कूल न जाने वाले बच्चों को शिक्षित करने के लिए आवश्यक ढांचे का निर्माण करने की आर्थिक क्षमता नहीं है। मजबूरी में केन्द्र सरकार को अपना अंशदान बढ़ाने के लिए विवश होना पड़ रहा है। निःसंदेह लाखों बच्चों को तभी शिक्षित किया जा सकता है जब उपयुक्त ढांचे का निर्माण किया जाये और यह ढांचा तभी निर्मित हो सकता है ज़ब राज्य सरकार के पास पर्याप्त धन हो।

निःशुल्क एवं अनिवार्य शिक्षा के कानून के अमल में धन की भूमिका से कोई भी इंकार नहीं कर सकता। लेकिन सवाल यह है कि क्या राज्यों में पर्याप्त इच्छा शक्ति भी है? यदि राज्य सरकारें इस कानून को सही तरह से लागू करने के लिए अपेक्षित इच्छाशक्ति अर्थात तत्परता और सजगता का परिचय नहीं देती है तो कोई आश्चर्य वाली बात नहीं है कि यह महत्वाकांक्षी कदम कागजों पर अधिक सफल नजर आयी।

इस संदर्भ में अनदेखी नहीं की जा सकती है कि सर्वशिक्षा अभियान सरकारी आंकड़ों के हिसाब से ही सही है। सर्वशिक्षा अभियान अनेक खामियों से ग्रस्त है तथा यह भी दिखाई पड़ रहा है कि इस अभियान के क्रियान्वयन के लिए ब्रिटेन की ओर से जो अरबों रूपये की सहायता दी गई है उसका एक बड़ा भाग भ्रष्टाचार की भेंट चढ़ गया। धन के दुरूपयोग पर ब्रिटिश मंत्री की आपत्ति भले

ही भारत को रास न आये, लेकिन यह कहना कठिन है कि उनकी चिन्ता निराधार है। आश्चर्यजनक बात यह कि राज्य सरकारों की तरह केन्द्र ने भी इसकी परवाह नहीं किया कि अचानक करोड़ों बच्चों को पढ़ाने के लिए लाखों शिक्षक कहां से आयेगे? यदि इस संदर्भ में राज्यों को समय रहते हुए आगाह किया होता तो सम्भवतः सर्वशिक्षा अभियान के दायरे में शिक्षकों के लाखों पद रिक्त नहीं पड़े होते। यह दुर्भाग्यपूर्ण बात है कि यह जानते हुए भी बच्चों को शिक्षित करने के लिए कोई ठोस उपाय नहीं किये जा रहे है कि नौनिहालों की शिक्षा ही राष्ट्र के भविष्य की नींव बनती है।

संदर्भ ग्रन्थ

1. दैनिक जागरण - 18 जून 2010
2. दैनिक जागरण - 3 अप्रैल 2013 पेज- 22
3. दैनिक जागरण - 12 अप्रैल 2013 पेज-4
4. दैनिक जागरण - 31 मार्च 2013 पेज 10
5. दैनिक जागरण - 18 फरवरी 2014 पेज-6
6. दैनिक जागरण - 2 मार्च 2014 पेज-13
7. दैनिक जागरण - 19 जनवरी 2015 पेज-11

28

Right To Education And Its Challenges

*Mukesh Kumar Singh

As we know that When the Constitution was framed (the Constitution was adopted in 1950), 70 percent of the citizens of the country were illiterate. The framers of the constitution hoped to achieve 100 percent literacy within A time period of 10 years. Guided by this hope, Article 41 ("The State shall, within the limits of its economic capacity and development, make effective provision for securing the right to work, to education and to public assistance in cases of unemployment, old age, sickness and disablement, and in other cases of undeserved want") and Article 45 ("The State shall endeavour to provide, within a period of ten years from the commencement of this Constitution, for free and compulsory education for all children until they complete the age of fourteen years") were included in the Chapter IV of the constitution. This target had not been completed even after 50 years. Right to education could not be enforceable because it had found place in Directive principles of state Policy.

The Supreme Court of India found an opportunity to explain right to education in the case **Uni Krishnan Vs State of Andhra Pradesh**. The court said that the dignity of human can not be violated under any situation and it is the responsibility of the state to respect and protect the dignity of her citizens. An individual cannot be assured human dignity unless hisèher personality is developed and the only way to do that is to educate the individual. The court referred to the various provisions in the Constitution of India and reminded that the 'Preamble' has promised to secure to all citizens of India "Justice, social, economic and political", "Liberty of thought, expression, belief, faith, and worship". It further provided "Equality of status and of opportunity" and assured dignity of the individual. The objectives flowing from the 'Preamble' cannot be achieved and shall remain on paper unless the people in this country were educated. The Court said that although 'right to education' had not been guaranteed as a Fundamental right under Part III of the constitution, the Articles 21 (in Part III of the Constitution of India), Article 38, 39(a), (f), 41 and 45 (in Part IV of the Constitution of India) together makes it clear that the framers of the constitution made it obligatory for the State to provide education for its citizens. Article 21 says "No person shall be deprived of his life or personal liberty except according to procedure established by law". **The right to life** under Article 21 and the dignity of an individual cannot be assured unless it is accompanied by right to education. Therefore, every citizen had a 'right to education' under the constitution and thus, the state had an obligation to provide educational institutions at all levels for the benefit of all the citizens. All educational institutions whether it was state owned or state recognized were obliged to secure the **'right to education'**.

It was indeed judicial activism that paved the way for the enactment of RTE ACT in 2009. The **Unnikrishnan vs. State of Andhra Pradesh** judgment by the Supreme Court of India in 1993 led to 86th constitutional amendment, which made right to education as one of the fundamental rights. Insertion of new article 21A.- After article 21 of the Constitution which guaranteed the right to education "21A. The State shall provide free and compulsory education to all children of the age of six to fourteen years in such manner as the State may, by law, determine." And Substitution of new article for article 45.- For article 45 of the Constitution, the following article shall be substituted, Provision for early childhood care and education to children below the age of six years.

"45. The State shall endeavour to provide early childhood care and education for all children until they complete the age of six years."

Amendment of article 51A.- In article 51A of the Constitution, after clause (J), the following clause shall be added, namely:- "(k) who is a parent or guardian to provide opportunities for education to his child .

Due to this amendment The Right of Children to Free and Compulsory Education ACT of 2009 has been enacted which make provisions for compulsorily elementary education (Sec.2(f) of the The Right of Children to Free and Compulsory Education ACT of

2009 "elementary education" means the education from first class to eighth class;)

The act comprises in to 39 sections in which sec.3 provides that Every child of the age of six to fourteen years, including a child referred to in clause (*d*) or clause (*e*) of section 2, shall have the right to free and compulsory education in a neighbourhood school till the completion of his or her elementary education. Another provisions provides detail guidelines about duty of central government, state government, local authority, school officials and even parents.

Sarva Shiksha Abhiyan (SSA) is the comprehensive and integrated flagship programme of Government of India, to attain Universal Elementary Education (UEE) in the Country in a mission mode. It was launched in partnership with the State Governments and Local Self-Governments; SSA aims to provide useful and relevant education to all children in the 6-14 age groups by 2010

SSA was launched in 2000-01 with the objectives of (a) all children in school, Education Guarantee Centre, Alternative School, 'Back-to-School' camp by 2003 (later amended to 2005); (b) all children complete five years of primary Schooling by 2007; (c) all children complete eight years of elementary Schooling by 2010; (d) focus on elementary education of satisfactory quality With emphasis on education for life; (e) bridge all gender and social category Gaps at the primary and upper primary stage by 2007; and (f) universal retention by 2010.

The components of SSA include: (a) preparatory activities for micro-planning, Household surveys, studies, community mobilization, school-based activities, office equipment, training and orientation at all levels. (b) Appointment of Teachers, (c) opening of new primary and alternative schooling facility like EGSèAIE centers, (d) opening of upper primary schools (e) constructing Additional classrooms, schools and other facilities (f) free textbooks to all Children, (g) maintenance and repair of school buildings (h) Teaching Learning Equipment for primary schools on up-gradation of EGS to regular Schools or setting up of a new primary school and for new upper primary schools, (i) school grant, (j) teacher grant, (k) teachers' training ,etc.

The responsibility for implementation of the programme is vested at the national level in the Department of School Education and Literacy (DSE&L), Ministry of Human Resource Development, Government of India. At the national level, there is a General Council, an Executive Committee and a Project Approval Board (PAB). At the State level, the programme is implemented in a Mission mode by a State Implementation Society registered under the Societies Registration Act1860 (21 of 1860) with a General Council and an Executive Committee. At the district level, the District Project Office headed by the district Collector or Chief Executive Officer as the case may be, implements the programme. It interacts with the Panchayati Raj Institutions in the district, namely the Zilla Parishad, the Block Development Committee and the Village Panchayats. At the village level, the critical unit is the Village Education Committee, Which assists the basic education system in securing the cooperation and Participation of the local community, and at the same time oversees the Implementation of SSA in the village. The Government of India has approved the "National Programme for Education of Girls at Elementary Level (NPEGEL)' as an additional Component under SSA for education of girls at elementary level. The SSA State Implementing Society is the implementing agency of thc NPEGEL at State level. In States where Mahila Samkhya (MS) programme is operational, The SSA Society will have NPEGEL implemented through the MS Society. The Kasturba Gandhi Balika Vidyalaya (KGBV) scheme was launched in July 2004 for setting up residential schools **at** upper primary level for girls belonging predominantly to the SC, ST, OBC and minority communities. The scheme was implemented as a separate scheme for two years but from 1st April, 2007, has been merged with Sarva Shiksha Abhiyan as a separate component of the programme. The scheme is being implemented in educationally backward blocks of the country where the female rural literacy is below the national average (46.13%) and gender gap in literacy is above the national average (21.67%). Such residential schools will be set up only in those backward blocks that do not have residential schools at upper primary level for girls.

We can see that there are various law guided us for sarva shiksha abhiyan and the Constitution asks the State to secure social order and minimize inequalities for the promotion of welfare of citizens (Article 38). Article 39 of Part IV talks about directing the state policies to secure adequate means of livelihood of citizen and offer opportunities to children to facilitate their healthy al-round development. Reality of the fundamental rights under chapter III will not be realized by illiterate citizens unless "right to education" under Article 41 was ensured to the individual citizen. Therefore, "right to education" was concomitant to the fundamental rights provided under Part III of the constitution. But there are various hurdles to implement it. The Right of Children to Free and Compulsory Education ACT of 2009, which is popularly known as RTE ACT 2009 completed its three years on the 31st March 2013. It is an important deadline that went past us. The legislation was passed with a clear three year target in mind to enact all the necessary provisions like infrastructural facilities, teacher recruitment. But we are still so for away from enacting the basic guarantees that the act spelt out. It was also evident from both the reports that the issues of adequate financing, regulation of private providers, setting up transparency and redressal mechanism have not been addressed on the ground yet.

Law does not make change unless it complied with regularity. Hence the main problem is implementation of law on ground. Implementation demands honesty, morality and sincerity in every civilized person. We must have to recognize that education have vital role in society because the right to freedom of speech and expression and other rights under Article 19 cannot be appreciated and fully enjoyed unless a citizen is educated and is conscious of his individual dignity. Education is instrumental to reduce the Social inequality, and ensuring adequate livelihood. Illiterate people are vulnerable to exploitation. Without education the vision expressed in the said articles of the Constitution can not be realized.

However, on a positive note it was highlighted in the presentation of the RTE stock taking report that 77% of schools complied with the neighborhood norms as required under the ACT and were indeed within three kilometer radius of the community. The civil society organisations (CSOs) working on the issue of Right to Education, in addition to the communities that they often work with, have been constantly engaging with two important pillars of the state; the executive and the legislature. Given that much need to be achieved even after the stipulated time frame, it is now important to engage with the Judiciary in bigger and more effective ways.

In its order the bench stated that the ACT will apply to all Government, Government aided and private unaided schools except for the unaided minority private schools. The group has re-appealed in the Supreme Court for reviewing its verdict by a larger constitutional bench, which has already been accepted by the court.

Now it is the right time for the CSOs working on the issue of Right to Education to prepare for the judicial route for the effective implementation of the Act. In the course of taking up judicial intervention, it is important to document the cases of violation of the RTE ACT across the country, whether it is related to policy or implementation. This can later on be turned in to a Public Interest Litigation, which can be filed both in the High Courts across the states as well as the Supreme Court. We have many human rights lawyers having experience in dealing with PIL across states which can also act as an asset. While exploring the judicial route the present work of the CSOs with the Government and community also need to keep pace.

Lastly, if we got the answer of a question "why the child walk to school and run to home?" we may able to tackle real problem in compliance of sarva shiksha abhiyan.

References

- Report of SSA, GOI.
- Ssa.ap.nic.in>girlseduation>kgbvs.
- https.èèen.m.wikipedia.org>wiki>kastu.
- Selected Educational Statistics, Ministry of HRD, GOI (1998-99, 2004-05)
- Ramchandran Vimala, Mehrotra Nishi, Jandhyala Kamleshwari (2007) : Incentives in Elementary Education : Do They Make a Difference ?, Journal of Education planning & Administration Vol. XXI, No.2, April.
- Census of India 2011.

29

Role of Sarva Shiksha Abhiyan In Universalisation of Elementary Education

***Dr. Renu Singh**

Education is the cornerstone of economic, social and cultural development of a country. It has emerged as the most important single input in promoting human Renounce development, in achieving rapid economic development and technological progress and in creating a social order based on virtues of freedom, social justice and equal opportunities in the country. Primary education constitutes a very important part of the entire structure of education. At this stage, the child starts going to formal educational institutions and it is at this stage child empowerment starts to build up.

The second goal in the United Nations Millennium Development Goal is to achieve Universal Primary Education, more specifically to "ensure that by 2015, children everywhere, boys and girls alike will be able to complete a full course of primary schooling."

Currently, There are more than 75 million children around the world of primary school age who are not in school. The Majority of these children are in regions of sub-Saharan Africa, South Asia and within these countries, girls are at the greatest disadvantage in receiving access to education at the primary school age. Since the Millennium Development goals were launched many developing countries have successfully completed a campaign to words universal primary education.

After independence, systematic and planned efforts were made in our country to fulfill the national commitment enshrined under article 45 of the constitution for providing free and compulsory education for children up to the age of 14 years. Efforts were made through successive five years plan to achieve the target of 100 percent literacy through compulsory and free education for the childen up to the age of 14. The National Policy on Education 1986 and 1992 has given top priority for the achievement of goals of Universal Elementary Education (UEE). The Various programmes and incentives were initiated for universalising and improving the quality of elementary education in India. However after 67 years of India's independence the goal of universal elementary education has not been achieved so for. About 10 million children of school going ages are not attending elementary schools due to various reasons.

Government of India launched a scheme known as Sarva Shiksha Abhiyan (SSA) in the year 2001-2002 in partnership with the state governments and local self-governments. It is a comprehensive and integral flagship programme of government of India to attain universal elementary education covering the entire country in a mission mode.

The Main Objectives of The Sarva Shiksha Abhiyan

1. The Enrolment of all children in schools.
2. All children complete five years of primary schooling by 2007.
3. All children complete eight years of elementary schooling by 2010.
4. Focus on elementary education of satisfactory quality with emphasis on education for life.
5. Bridge all gender and social category gaps at primary stage by 2007 and at elementary education level by 2010.
6. Universal retention by 2010.

Besides this, Government of India launched many other incentive schemes to retain the children in the schools which are as follows:-

1. Free text books.
2. Free uniforms, stationary, school bags etc.
3. Mid-day meal scheme.
4. Attendance scholarships for girls etc.

Constitutional Provisions of Universalisation of Primary Education

In 1950 the provision of Universal Primary Education was incorporated in the Article 45 of the Constitution of India. "The State shall endeavour to provide within a period of 10 years from the commencement of the constitution free and compulsory education for all children until they complete the age of 14 years. The provision of Universalisation of Primary Education was scheduled to be achieved by 1960. But a view of immense difficulties, it was not possible to make adequate progress and as such the constitutional directives has remained unfulfilled. The Constitution (Eighty-Sixth Amendment) Act 2002 inserted Article 21-A in the constitution of India to provide free and compulsory education of all children in the age group of 6 to 14 years as a Fundamental Right. The Right of the Children to Free and Compulsory Education (RTE) Act, 2009 which represents the consequential legislation envisaged under Article 21-A, means that every children has right to full time elementary education of satisfactory and equitable quality in a formal school which satisfies certain essential norms and standards. Article 21-A and RTE Act came into effect on 1 April 2010. **The Right to Education Act provide provisions for Children** :

1. Right of children to free and compulsory education till completion of elementary education in a neighbourhood school.
2. The title of the RTE Act incorporates the words "Free and Compulsory Education". 'Free Education' means that no child shall be liable to pay any kind of fee or charges or expenses which may prevent him or her from pursuing and completing elementary education. 'Compulsory education' means obligation on appropriate government to provide free elementary education and ensure compulsory admission, attendance and completion of elementary education to every child in to 6 to 14 age groups.
3. It makes provisions for a non-admitted child to be admitted to an age appropriate class.
4. It specifies the duties and responsibility of appropriate government, local authority and parents in providing free and compulsory education.

5. It lays down the norms and standards relating interalia to Pupil Teacher Ratio (PTR), buildings and infrastructure, school working days, teachers working hours.
6. It prohibits physical punishment and mental harassment, screening procedures for admission of children, capitation fee, private tuitions by teachers and running of schools without recognition.
7. It provides for development of curriculum in consonance with the value enshrined in the constitution and which will ensure all round development of the child.

Role of SSA In Universalisation of Elementary Education

SSA has operational since 2001-2002 to provide for a variety of interventions for universal access and retentions, bridging of gender and social category gaps in elementary education and improving the quality of learning with the passage of RTE Act, Changes has been incorporated in the SSA approach, strategies and norms. The changes in compass the vision and approach to elementary education guided by the following principles :

1. Holistic view of education, as interpreted in the NCF 2005, a systematic revamp of entire content and process of education.
2. Equity, it means not only equal opportunity but also creation of conditions in which the disadvantaged sections of the society, children of SC, ST Muslim minority, landless agricultural workers and children with special needs, etc. can avail of the opportunity.
3. Access, not to be confined to ensuring that a school becomes accessible to all children within specified distance but implies an understanding of the educational needs of the all the children.
4. Gender concern, implying not only an effort to enable girls to keep pace with boys but to view education in the perspective spelt out in the National Policy on Education 1986 and 1992.
5. Teacher, to motivate them, to innovate and create a culture in the classroom.
6. Moral compulsion is imposed through the RTE Act on parents, teachers, educational administration and other stakeholders.
7. Convergent and integrated system of education management is pre- requisite for implementation of the RTE Law. All states must move in that direction as speedily as possible.

8. Education Departments of State and Union Government have direct responsibility to provide schools, infrastructure, trained teachers, curriculum and teaching learning material and mid-day meal. A well co-ordinated mechanism is needed.
9. The Finance Department releases funds timely and allocate appropriate finance at all levels. The Public works Department re-conceive and redesign school buildings according to the need of the children.
10. Provision of access to sufficient safe drinking water. Provision and access to adequate sanitation facilities specially for girl child.

Conclusion

Primary education is an important instrument for all round development of the people, society and country at large. The basic development of the country depends on quality of primary education through which whole nation can be developed. Therefore, quality primary education is very essential for development of children and nation at large. Universal primary Education can play a vital role in development of rural and urban population in the country.

The last two decades have shown incredible improvement in achieving the goal of UEE. Through a number of intervention and strategies the states and center are jointly working together to achieve the unfinished goal of UEE in India. Innovative educational programmer like Non-Formal Education (NFE), Operational Black Board (OBB), Bihar Education Project (BEP) Uttar Pradesh Basic Education Project (UPBEP) Lok Jumbish, Shiksha Karmi Project (SKP), District Primary Education Programme (DPEP) and ongoing Sarva Shiksha Abhiyan (SSA) had changed educational scenario a lot.

Currently, Sarva Shiksha Abhiyan (SSA) is implemented as India's main programme for universalising elementary education. The SSA Programme is also attempt to provide an opportunity for improving human capabilities to all children through provision of community owned quality education in a mission mode. ICT enabled education is a possible route for improving the quality of education delivery and there by tackling the issues of drop outs and achievement of enrolment.

In our country, it is necessary to change the present attitude and outlook on primary education. It is an imperative necessity to education those who only slowly understand the benefits of education. The new law RTE provides for children's right to an education that is free from fear, stem and anxiety.

References

1. Patra, S.S. and Pati, D.B., Comparative Status of Elementary Education in Orissa and Kerala, Journal of Indian Education, No. 4, Feb 2010, NCERT, New Delhi.
2. Sharma, S.S., Rani, M. and Sharma, R., Elementary Education in Uttarakhand (An Appraisal), Journal of Indian Education, No. 4, Feb 2010, NCERT, New Delhi.
3. Karihaloo, Sarala, Progress of Primary and Upper Primary Education in Jammu and Kashmir, Journal of Indian Education, No. 3, Nov. 2010, NCERT, New Delhi.
4. Kshetrimayum, O., ICT Integration in School Education, Journal of Indian Education, No. 1, May 2007, NCERT, New Delhi.
5. Prasad, L., Universal Primary Education : Present Scenario and challenges to overcome, Education for the New Millennium, Seema Press, Varanasi, U.P., Nov 2013.
6. Govt. of India (1986), National Policy on Education 1986, MHRD.
7. Aggarwal, J.C. Development of Modern Education, Vikas Publishing House Pvt. Ltd. 4th Ed., New Delhi, 1999.

30

सर्व शिक्षा अभियान : एक परिचय

*डॉ. राकेश कुमार सिंह

शिक्षा, व्यक्ति, समाज एवं राष्ट्र की प्रगति के साथ-साथ सभ्यता एवं सस्कृति के विकास के लिए भी आवश्यक है 'सुभाषितरत्न दोष' में उल्लिखित है कि "ज्ञान मनुष्य का तीसरा नेत्र है, जो उसे समस्त तत्वों के मूल को जानने में सहायता करता है तथा यही कार्य करने की विधि बताता है।"

महाभारत काव्य में भी वर्णित है कि "विद्या के सामान नेत्र तथा सत्य के समान कोई दूसरा तप नहीं है" कहा गया है कि शिक्षा विनय प्रदान करती है, विनय से पात्रता आती है धन से धर्म तथा अन्ततोगत्वा सुख प्राप्त होता है। इन्हीं आवश्यकताओ की अभिपूर्ति हेतु सबको सर्व सुलभ शिक्षा उपलब्ध कराने के उद्देश्य व देश में साक्षरता के स्तर को सुधारने के लिए सभी के लिए शिक्षा का लक्ष्य रखा गया। 1986 ई. की नई शिक्षा नीति तथा 1992 ई. में उसमें किये गये संशोधन निःशुल्क तथा अनिवार्य शिक्षा 6 से 14 वर्ष के बच्चों का मौलिक अधिकार है। इसके अन्तर्गत सभी को प्राथमिक शिक्षा उपलब्ध कराने के लिए केन्द्र व राज्य सरकार ने एक साझा योजना बनाई। 1998 में राज्य शिक्षा मंत्रियों की बैठक और सिफारिशों के परिणाम स्वरूप 'सर्व शिक्षा अभियान' की शुरूआत हुई। इसका प्रारम्भ 16 नवम्बर 2000 को हुआ। इस साझा कार्यक्रम में केन्द्र व राज्य की भागीदारी का अनुपात नवीं पंचवर्षीय योजना में 80:15 व दसवीं योजना में 75:25 एवं इसके बाद 50:50 रखा गया।

सर्व शिक्षा अभियान क्या है

- सार्वभौमिक प्रारम्भिक शिक्षा के लिए एक स्पष्ट समय सीमा के साथ कार्यक्रम है।

- पूरे देश के लिए गुणवत्ता आधारभूत शिक्षा की माँग का जवाब है।
- आधारभूत शिक्षा के माध्यम से सामाजिक न्याय को बढ़ावा देने का अवसर प्रदान कराना है।
- प्रारंभिक शिक्षा के प्रबंधन में पंचायती राजसंस्थाओं, स्कूल प्रबंधन समिति ग्रामीण व शहरी गंदी बस्ती स्तरीय शिक्षा समिति अभिभावक शिक्षक संगठन है। माता-शिक्षक संगठन जनजातिय स्वायतशासी परिषद और अन्य जमीन से जुड़े समस्याओं को प्रभावी रूप से शामिल करने का प्रयास है।
- पूरे देश में सार्वभौमिक प्राथमिक शिक्षा के लिए राजनीति इच्छा शक्ति की अभिव्यक्ति है।
- केन्द्र राज्य एवं स्थानीय सरकार के बीच सहभागिता एवं राज्यों के लिए प्रारंभिक शिक्षा का अपना दृष्टि विकसित करने का सुनहरा अवसर प्रदान करता है।

इस प्रकार सर्व शिक्षा अभियान 6 से 14 वर्ष तक के बच्चों के लिए निःशुल्क शिक्षा की व्यवस्था करता है। केन्द्र राज्य एवं स्थानीय निकायों द्वारा शिक्षा में सुधार के लिए मिलजुलकर किया जाने वाला ऐसा प्रयास है जिससे कोई भी किसी भी प्रकार से शिक्षा से वंचित न रहे और किसी के भी साथ किसी भी प्रकार का लैंगिक, जातिगत धर्मगत अथवा भाषागत भेदभाव किये बिना शिक्षा सब तक पहुंचे।

इसका उद्देश्य सार्वभौमिक सुलभता एवं प्रारम्भिक शिक्षा में आवश्यक सुधार एवं परिमार्जन करना है। यूँ कहें सर्वशिक्षा अभियान प्राथमिक शिक्षा की समस्याओं में सुधार का समाधान है।

उत्तर प्रदेश में सर्वशिक्षा अभियान

भारत सरकार की राष्ट्रीय शिक्षा नीति 1986 (यथा अधतनीकृत नीति 1992) एवं कार्यक्रय क्रियानान्वयन परियोजना, 1992 के अन्तर्गत प्राथमिक शिक्षा अर्थात् कक्षा-8 तक की शिक्षा को सर्वजन सुलभ करने की राष्ट्रीय वचनबद्धता की पुनः पुष्टि करती है। एनण्पीग्रइण् के प्रस्तर 2.12 में यह निर्णय पारित हो चुका है कि 21वीं शताब्दी के आगमन के पूर्व यथेष्ट कोटि की गुणवत्ता प्रधान मुक्त एवं अनिवार्य शिक्षा 14 वर्ष की आयु तक के सभी बच्चों को प्रदान की जायेगी। उपरोक्त को दृष्टिगत रखते हुये, प्रदेश में उच्चकोटि की प्राथमिक शिक्षा के अभिवृद्धि एवं व्यापक प्रचार-प्रसार हेतु विश्व बैंक समर्थित बेसिक शिक्षा परियोजना

वश 1993 से स्वीकृत एवं क्रियान्वित की गयी। इस परियोजना के निर्विघ्न क्रियान्वयन हेतु संस्था पंजीयन अधिनियम 1860 के अन्तर्गत "उत्तर प्रदेश सभी के लिये शिक्षा परियोजना परिषद 17 मई 1993 को स्थापित की गयी। इसके उद्देश्य है—स्वायत्तशासी एवं स्वतन्त्र इकाई के रूप में कार्यरत यह परिषद उत्तप्रदेश सरकार द्वारा परियोजना की रूप रेखा सहित प्रकाशित अभिलेख एवं समय-समय पर पुनरीक्षण के आधार पर तैयार किये गये संशोधित प्रारूप के अनुसार सर्व शिक्षा परियोजना (जो अब परियोजना सन्दर्भित की जायेगी) को क्रियान्वित करेगी। परिषद की गतिविधियां चयनित जनपदो में ही केन्द्रित रहेगी तथापि चयनित एवं समर्थत परियोजनाओं के दृष्टिगत परियोजना सम्पूर्ण प्रदेश में विस्तारित की जा सकेगी। परिषदों की स्थापना लक्ष्य प्राप्ति के निमित्त की गयी है ताकि बेसिक शिक्षा व्यवस्था में आधारभूत परिवर्तन क्रियान्वित करते हुये समग्र रूप में सम्पूर्ण सामाजिक-सांस्कृतिक परिवेश में आमूल-चूल परिवर्तन किया जा सके। परिषद निम्नलिखित उददेश्यों की प्रतिपूर्ति हेतु कार्यरत रहेगी।

- शिक्षा की समग्रता एवं सार्वजनिकता को दृष्टिगत रखते हुए (1) 14 वर्ष की सीमा तक के सभी बच्चों हेतु प्राथमिक शिक्षा के निमित्त प्रवेश मार्गनिर्मित करना। (2) औपचारिक अथवा अनौपचारिक शिक्षा कार्यक्रम के माध्यम से प्राथमिक स्तर की शिक्षा पूर्ण होने तक सभी की प्रतिभागिता (3) सभी को न्यूनतमस्तर की शिक्षा प्राप्ति के योग्य बनाना।
- युवाओ हेतु शिक्षा में लिंग समानता एवं महिला सशक्तीकरण क सुझावों को अधिकाधिक लागू करना।
- अनुसूचित जाति-अनुसूचित जनजाति एवं समाज के गरीब वर्ग के बच्चों को शिक्षा का समान अवसर प्रदान करने हेतु आवश्यक हस्तक्षेप करना।
- संस्कृति संचार विज्ञान पर्यावरण आदि विषयक समस्त शैक्षिक गतिविधियों को विशेष महत्व देते हुए सामाजिक न्याय की भावना को विकसित करना।

1993 में प्रारम्भ की गयी बेसिक शिक्षा परियोजना 17 जनपदों में क्रियान्वित की गयी यह परियोजना वर्ष 2000 में पूर्ण हो गयी। वर्ष 1997 में प्रारम्भ की गयी जिला प्राथमिक शिक्षा कार्यक्रम की द्वितीय शृंखला 22 जनपदों में क्रियांवित की गयी। जो वर्ष 2003 में पूर्ण हो गयी इसके अतिरिक्त डी.पी.ई.पी. (फेज-3) अर्थात उपर्युक्त परियोजना की तीसरी शृंखला वर्ष 2000 में प्रदेश के 32 जनपदों में क्रियांवित की गयी और यह शृंखला भी 31 मार्च 2006 को पूर्ण हो गयी। जनशाला

परियोजना वर्ष 2000 से 2003 के मध्य लखनऊ जनपद में क्रियांवित की गयी। वर्ष 2001-2002 में सर्व शिक्षा अभियान परियोजना 16 जनपदों में प्रारम्भ की गयी और सम्प्रति यह परियोजना प्रदेश के सभी जनपदों में क्रियांवित की जा रही है।

सर्व शिक्षा अभियान के लक्ष्य

1. 2003 तक शिक्षा का गारन्टी केन्द्र वैकल्पिक स्कूल में सभी बच्चों का स्कूल में होना।
2. 2007 तक सारे बच्चों द्वारा 5 साल के प्राथमिक स्कूली शिक्षा पूरी करना।
3. 6 से 14 वर्ष के बच्चों को अनिवार्य व निःशुल्क शिक्षा देना।
4. 2010 सभी बच्चो का 8 साल का स्कूली शिक्षा पूरा करना।
5. जो छात्र विद्यालय छोड़ दिये है ऐसे 6 से 14 वर्ष के छात्रों को पुनः विद्यालय ले आना।
6. जीवन के लिए शिक्षा पर बल देते हुए सन्तोषजनक गुणवत्त में प्रारम्भिक शिक्षा पर जोर देना।
7. अध्यापको की संख्या बढ़ाना और उन्हें सेवाकालिन प्रशिक्षण देना।
8. 2007 तक प्राथमिक स्तर पर और 2010 तक प्रारम्भिक शिक्षा स्तर पर सभी लैंगिक और सामाजिक अन्तराल को खत्म करना।
9. पिछड़े एवं वंचित वर्गो के बच्चों की शिक्षा पर विशेष ध्यान देना।

सर्व शिक्ष अभियान की सीमाऐं

1. जनजातिय एवं तटीय क्षेत्रों के बच्चों को शिक्षा में शामिल करना।
2. मूलभूत सुविधाओं की गुणवत्ता में सुधार।
3. पाठ्य-पुस्तकों का निःशुल्क वितरण व्यवस्था।
4. बालिका शिक्षा को बढ़ावा देना।
5. बच्चों की देखभाल करना।
6. पिछड़े वंचित व्रर्गो के बच्चों की उत्तम शिक्षा की व्यवस्था करना।
7. पाठ्यक्रम सुधार शोध और मूल्यांकन करना।
8. विद्यालयों को अनुदान देना।
9. उपचारात्मक शिक्षण की व्यवस्था करना।
10. शिक्षको के प्रशिक्षण और स्तर में सुधार करना।
11. दूरस्थ शिक्षा को लागू कर सब तक शिक्षा।

निष्कर्ष

वस्तुतः हमारी सरकारें और बुद्धिजीवियों के द्वारा तमाम नियम-नीतियों का निर्धारण किया जाता है किन्तु परिणाम संतोषजनक नहीं है। सर्वशिक्षा अभियान के लागू होने के 13 वर्ष बाद भी आज शिक्षा व्यवस्था में काफी कमी नजर आती है। इस अभियान के द्वारा मूलभूल सुविधायें बढ़ी है अध्यापकों की संख्या, पेयजल, निःशुल्क पुस्तक, ड्रेस इत्यादि के साथ-साथ दोपहर भोजन भी मिल रहा है फिर भी दिनों-दिन सरकारी प्राथमिक शिक्षा में गिरावट देखने को मिल रही है। आज प्राइमरी विद्यालय में पढ़ानें वाला अध्यापक भी अपने बच्चे को उस स्कूल में भेजना नहीं चाहता है, ऐसा क्यों है? इस बात को जानना होगा। सिर्फ नीतियो के बनाने और सुविधाओं के बढ़ाने से शिक्षा के स्तर में सुधार नहीं होगा तब तक उसका कड़ाई से पालन न किया जाय। मूलभूत सुविधायें-पेयजल शौचालय इत्यादि की व्यवस्था आज भी बहुत से विद्यालयों में नहीं है इस पर और ध्यान देने की आवश्यकता है। इन सब में सुधार के लिए प्रशासन के साथ-साथ समाज सभी को आगे आना होगा। प्रशासनिक क्रिया-विधियों की समीक्षा करनी होगी जिससे विभिन्न बाधाओं और क्रिया विधियों का उन्मूलन करके स्कूल में बच्चों का प्रवेश और उन्हें शिक्षा में बनाये रखने का काम सुगम बन सके। इन सब में अध्यापकों की विशेष भूमिका है। यदि वे अपने दायित्वों का बखूबी पालन करें तो निश्चय ही छात्र संख्या भी बढ़ेगी और शैक्षिक स्तर में सुधार भी होगा। प्राथमिक शिक्षा, शिक्षा के सभी स्तरों की नींव है यदि इसे कमजोर किया गया तो निश्चय ही बाद के सभी शैक्षिक स्तर रूपी दीवार गिर जाएगी। सर्व शिक्षा अभियान के द्वारा बताये गये नियम-नीतियों का ईमानदारी से पालन ही इन सभी विसंगतियों -समस्याओं का हल है। इसके लिए आवश्यकता है सभी के जागरूकता की ईमानदारी से कर्त्तव्यों के निर्वहन एवं उत्तम शासन प्रशासन की।

सन्दर्भ ग्रन्थ

1. उदीयमान भारतीय समाज में शिक्षण : आलोक प्रकाशन, लखनऊ 2010
2. शैक्षिक आकड़े : 2003-2004 मानव संसाधन विकास मंत्रालय, भारत सरकार।
3. योजना-पत्रिका, सितम्बर 2006।
4. Primary Education in India.
5. मनोरमा ईयर बुक, 1993
6. The Hindustan Times, 8th April, 1975

31

सर्व शिक्षा अभियान : केन्द्रीय संव्यूहन

*डॉ. राम कृष्ण पाण्डेय

भारत के लिए अनिवार्य एवं निःशुल्क प्राथमिक शिक्षा की संकल्पना बहुत पुरानी है। प्रथम प्रयास बड़ौदा नरेश सीयाजी राव गायकवाड़ ने अपनी रियासत के अमरौली तालुका के 9 ग्रामों में 7-12 वर्ष के बालकों एवं 7-10 वर्ष की बालिकाओं के प्राथमिक शिक्षा हेतु किया। इनसे प्रेरित होकर 1911 में केन्द्रीय धारा के समक्ष गोपाल कृष्ण गोखले द्वारा अनिवार्य एवं निःशुल्क प्राथमिक शिक्षा हेतु विधेयक प्रस्तुत किया गया स्वतंत्रता के पूर्व विभिन्न समितियों/आयोगों द्वारा अनिवार्य एवं निःशुल्क प्राथमिक शिक्षा हेतु कानून बनाने का सुझाव प्रस्तुत किया गया, जिससे अपव्यय एवं अवरोधन को समाप्त कर प्राथमिक शिक्षा को सार्वभौमिक बनाया जा सके। 26 जनवरी 1950 को भारतीय संविधान के 45वें अनुच्छेद में लिखा गया कि–*''संविधान के क्रियान्वित होने के दस वर्ष के मध्य राज्य उन सभी बच्चों के लिए जो 14 वर्ष उम्र प्राप्त कर लेते, निःशुल्क एवं अनिवार्य शिक्षा प्रदान करेगी।''* इस प्रकार 1960 तक 14 वर्ष के सभी बच्चों को अनिवार्य एवं निःशुल्क प्राथमिक शिक्षा की सुविधा देने की बात कही गयी थी, पर लक्ष्य प्राप्त करनें में असमर्थ रहे।

नई शिक्षा नीति 1986 में 1990 तक 11 वर्ष एवं 1995 तक 14 वर्ष तक की आयु वाले बालकों के लिए अनिवार्य एवं निःशुल्क प्राथमिक शिक्षा सुलभ कराने का संकल्प लिया गया था। ऑपरेशन ब्लैकबोर्ड चलाने व नवोदय विद्यालय की व्यवस्था का सुझाव दिया गया, पर प्राथामिक शिक्षा के सार्वजनिकरण की दिशा में असफलता मिली। 83वें संविधान संशोधन में 'प्राथमिक शिक्षा के अधिकार' को मूलभूत अधिकार एवं कर्तव्य बनाया गया तथा अनेक अभियान प्रारम्भ किया गया।

तत्कालीन प्रधानमन्त्री माननीय अटल बिहारी वाजपेयी द्वारा सर्व शिक्षा अभियान प्रारम्भ किया गया। सर्व शिक्षा अभियान से अभिप्राय है कि जो बालक स्कूल नहीं जा रहे हैं उन्हें विद्यालय में प्रवेश कराना जिससे सभी पढ़ें सभी बढ़ें। सर्व शिक्षा अभियान में निहित समयावधि में प्राथमिक शिक्षा के सार्वभौमिकरण को प्राप्त करने को कहा गया भारतीय संविधान में 6-14 वर्ष के बच्चों को अनिवार्य एवं निःशुल्क शिक्षा के प्रावधान को मौलिक अधिकार बनाया गया। सर्व शिक्षा अभियान का 2010 तक संतोषजनक गुणवत्ता वाली प्राथमिक शिक्षा के सार्वभौमिक को प्राप्त करने का लक्ष्य रखा गया इस अभियान में कुल आठ कार्यक्रम सम्मलित किया गया।

- सार्वभौमिक प्राथमिक शिक्षा के लिए एक समयबद्ध कार्यक्रम है,
- यह केन्द्र राज्य व स्थानीय में एक साझेदारी है,
- यह बेसिक शिक्षा द्वारा सामाजिक न्याय प्रोत्साहित करने के लिए एक अवसर है,
- देश में गुणवत्तापूर्ण बेसिक शिक्षा की माँग के प्रति एक अनुक्रिया है,
- यह उच्च स्तर पर प्रारम्भिक को सार्वभौमिक बनाने के लिए राजनैतिक इच्छा की अभिवृति है तथा
- यह प्राथमिक शिक्षा में अपनी दृष्टि विकसित करने का अवसर देता है।

सर्व शिक्षा अभियान का उद्‌देश्य

सर्व शिक्षा अभियान द्वारा प्रारम्भिक विद्यालयों के प्रबंधन में पंचायती राज्य संस्थाओं, विद्यालय प्रबंधन समिति, ग्राम तथा स्कूल स्तरीय शिक्षा समितियाँ, अभिभावक शिक्षक संघों, माध्यमिक शिक्षक संघों, आदिवासी स्वयत्तशासी परिषदों को सम्मिलित करते हुए सर्व शिक्षा अभियान के निम्नलिखित उद्‌देश्य निर्धारित किया गया है–

1. 2003 तक सभी बालकों को विद्यालय, शिक्षा गारंटी केन्द्र, वैकल्पिक विद्यालय, स्कूल को वापस कैम्प में लाना,
2. 2007 तक सभी बच्चे 5 वर्ष की प्रारम्भिक शिक्षा पूरी करें,
3. 2007 तक प्राथमिक स्तर और 2010 तक प्रारम्भिक शिक्षा में सभी लैंगिक व सामाजिक कोटि सम्बंधित असमानताएं दूर करना,
4. 2010 तक सभी छात्र 8 वर्षीय प्रारम्भिक शिक्षा पूरी करें तथा
5. 2010 तक 6 वर्ष से 14 वर्ष समूह के सभी विद्यार्थियों की व्यावहारिक प्रारम्भिक शिक्षा प्रदान करना।

केन्द्रीय व्यापक संव्यूहन

- राज्य प्रचलित शिक्षा प्रणाली का वस्तुनिष्ठ अध्ययन करेगी। इसमें शैक्षिक प्रशासन विद्यालयों में निचली स्तरों ,वित्तीय पक्षों, विकेन्द्रीकरण समुदायिक स्वामित्व राज्य शिक्षा अधिनियम की समीक्षा, शिक्षकों की नियुक्ति व तैनाती को तर्क परख बनाना, नियमन व मूल्यांकन, निजी स्कूलों के बारे में नीति पूर्व बाल्यावस्था की देखभाल व शिक्षा आदि का आंकलन शामिल है।
- सर्व शिक्षा अभियान में प्रारम्भिक शिक्षा में हस्तक्षेप कार्यक्रम बोझ सहनें वाले होने चाहिए। इसके लिए केन्द्र व राज्य सरकारों के बीच वित्तीय साझेदारी पर एक दीर्घ कालीन परिप्रेक्ष्य की जरूरत स्वीकार किया गया।
- सर्व शिक्षा अभियान में विद्यालय आधारित कर्यक्रमों में समुदायिक स्वामित्व को प्रभावी विकेन्द्रीकरण द्वारा प्राप्त करने की जरूरत होगी। इसे सशक्त बनाने के लिए महिला समूहों, ग्राम शिक्षा समिति तथा पंचायती राज्य संस्थाओं के सदस्यों की भागीदारी बनाना सम्मिलित है।
- सर्व शिक्षा अभियान में शिक्षा की गुणवत्ता के सुधार हेतु संसाधन-व्यक्तियों के स्थायी सर्मथन तन्त्र की जरूरत होगी। इसमें नीपा, एन. सी. ई. आर. टी., एन. सी. टी. ई.,एस. सी. ई. आर. टी. आदि जैसे राष्ट्रीय व राज्य स्तरीय संस्थाएं प्रभावी भूमिका का निर्वहन कर सकती है।
- सर्व शिक्षा अभियान में शैक्षिक प्रशासन का सुधार संस्थागत विकास, नए उपक्रमों का समावेश तथा कम लागत वाली प्रभावी विधियों को अपनाकर किया जा सकता है।
- सर्व शिक्षा अभियान में शैक्षिक सूचना प्रणाली प्रबंधन विद्यालय स्तरीय आंकड़ों, सूक्ष्म नियोजन व सर्वेक्षण से प्राप्त समुदाय आधारित सूचनाओं से सम्बन्धित किया जाएगा। विद्यालय में एक बोर्ड होगा, जिसमें विद्यालय द्वारा प्राप्त अनुदानों व अन्य बातों को दर्शाया जाएगा।
- सर्व शिक्षा अभियान नियोजन के समुदाय आधारित उपागमों के आधार पर चलाया जाएगा, जिसमें अवास नियोजन की इकाई होगी।
- सर्व शिक्षा अभियान में शिक्षकों, माता-पिता व पंचायत राज्य संस्थाओं में सहयोग तथा जवाबदेही व पारदर्शिता पर बल दिया जाएगा।
- सर्व शिक्षा अभियान में बालिकाओं विशेष रूप से अनुसूचित जाति व अनुसूचित जनजाति की बालिकाओं की शिक्षा पर विशेष बल दिया जायेगा।

- सर्व शिक्षा अभियान अनुसूचित जाति/अनुसूचित जनजाति, अल्पसंख्यक धार्मिक व भाषायी, सुविधाविहीन समूहों व विकलांगों की शैक्षिक सहभागिता पर बल दिया जायगा।
- सर्व शिक्षा अभियान, पाठ्यचर्या, बाल केन्द्रित क्रियाओं तथा प्रभावी शिक्षण अधिगम सम्व्यूहनोको सुधार कर प्रारम्भिक शिक्षा को उपयोगी व प्रासंगिक बनाने पर विशेष बल दिया जाएगा।
- सर्व शिक्षा अभियान में शिक्षकों की भूमिका क्रान्तिक व केन्द्रीय है तथा इसमें उसकी विकासात्मक आवश्यकता पर बल दिया जाता है। शिक्षकों में मानव संसाधन विकसित करने के लिए ब्लाक/क्लस्टर संसाधन केन्द्र, योग्य शिक्षको की नियुक्ति, पाठ्यचर्या से संबन्धित सामग्री के विकास में प्रतिभागिता के माध्यम से शिक्षक विकास के अवसर कक्षा प्रक्रियाओं को प्रमुखता तथा भ्रमण की योजना बनायी जाएगी।
- सर्व शिक्षा अभियान का निमार्ण जनपद स्तर पर होगा तथा इसमें प्रारम्भिक शिक्षा के क्षेत्र में समस्त निवेश को दर्शाया जाएगा। इसमें पूर्व व अभिकेन्द्रीय उपागम प्रयोग किया जाएगा इसमें वार्षिक योजना व बजट के साथ-साथ परिप्रेक्ष्य योजना भी अपनायी जाएगी।

सर्व शिक्षा अभियान प्राथमिक शिक्षा को सर्वसुलभ, सार्वभौमिक बनाने हेतु प्रारम्भ किया गया एक अभिनव प्रयास है, जिसका मुख्य उद्देश्य 2010 तक 6 से 14 वर्ष के सभी बच्चों को निःशुल्क, अनिवार्य, प्रासंगिक एवं उपयोगी प्रारम्भिक शिक्षा प्रदान करना है। इसके केन्द्रीय संव्यूहन में संस्थागत सुधार, बोझ सहनें वाली वित्तीय प्रबंधन, प्रशासन में सुधार, विशिष्ट समूहों को गुणात्मक शिक्षा, शिक्षक की भूमिका आदि सम्मिलित किया गया है।

सन्दर्भ ग्रन्थ

1. त्यागी, गुरसरनदास :-भारतीय शिक्षा का परिदृश्य, श्री विनोद पुस्तक मन्दिर, आगरा 2, पृष्ठ सं.-252-284।
2. पाण्डेय,रामशकल :- भारतीय शिक्षा की सम-सामयिक समस्याएँ, अग्रवाल पब्लिकेशन्स आगरा पृष्ठ सं.- 76-130।
3. पाठक, पी.डी. :- भारतीय शिक्षा और उसकी समस्याएँ, श्री विनोद पुस्तक मन्दिर, आगरा 2, पृष्ठ सं.-289-311।

4. पाठक, जौहरी :- भारतीय शिक्षा का इतिहास अग्रवाल पब्लिकेशन्स आगरा 2, पृष्ठ सं.-363-391।
5. लाल, रमन बिहारीः- भारतीय शिक्षा विकास एवं उसकी समस्याएँ, रस्तोगी पब्लिकेशन, मेरठ, पृष्ठ सं.-337-372।
6. सारस्वत मालतीः- भारतीय शिक्षा विकास एवं समस्याएँ, कैलाश प्रकाशन इलाहाबाद पृष्ठ सं.-17-37।
7. विक्कीपिडिया सर्वशिक्षा अभियान

32

सर्व शिक्षा अभियान के उद्देश्य एवं उपलब्धियाँ

*डॉ. आर.डी. पाण्डेय

**वरूण कुमार त्रिपाठी

भूमिका

स्वतत्रंता प्राप्ति के बाद भारत में सामाजिक, आर्थिक, राजनैतिक एवं शैक्षिक क्षेत्रों में तीव्र गति से परिवर्तन हुआ। लेकिन शिक्षा की बुनियाद कही जाने वाली प्राथमिक शिक्षा की स्थिति आज भी दयनीय बनी हुई है। प्राथमिक शिक्षा को सर्व सुलभ बनाने के लिये जो लक्ष्य संविधान में निर्धारित किया गया था उसे स्वतंत्रता प्राप्ति के इतने वर्षो के बाद भी हम हासिल नहीं कर सके।

भारत सरकार एवं राज्य सरकारें विभिन्न प्रकार की योजनाओं के माध्यम से 6 से 14 आयु वर्ग के सभी बालकों एवं बालिकाओं को निःशुल्क एवं अनिवार्य शिक्षा प्रदान करने का प्रयास कर रही है। इन्हीं योजनाओं में एक योजना सर्व शिक्षा अभियान के नाम से वर्ष 2001 में चलायी गई। जिसका मुख्य उद्देश्य प्राथमिक स्तर सभी को शिक्षा दिलाना था। चूंकि भारतीय संविधान कि धारा 45 के अनुसार देश में निःशुल्क एवं अनिवार्य एवं प्राथमिक शिक्षा का प्रबन्ध सभी 6 से 14 आयु वर्ग के बच्चों के लिये किया जाना था। विडम्बना यह कि प्राथमिक शिक्षा में वर्ष 2000 तक लगभग 3.5 करोड़ बच्चें स्कूल नहीं जाते थे। तथा लगभग 50 से 55 प्रतिशत बच्चें 8वीं कक्षा आते-आते स्कूल छोड़ देते थे। यह स्थिति कमोवेश आज भी बनी हुई है।

सर्व शिक्षा अभियान के उद्देश्य

सर्व शिक्षा अभियान के प्रमुख उद्देश्य इस प्रकार है, जिनके माध्यम से हम 6 से 14 आयु वर्ग के सभी बच्चों को विद्यालयीय सुविधा उपलब्ध कराने के लिये प्रयासरत् हैं–

1. वर्ष 2003 तक सभी 6 से 14 आयु वर्ग के बच्चों की विद्यालय में उपस्थिति हो।
2. 6 से 14 आयु वर्ग के सभी बच्चें वर्ष 2007 तक 5 वर्षों की प्रारम्भिक शिक्षा पूरी कर लें।
3. 6 से 14 आयु वर्ग के बालक एवं बालिकाओं की वर्ष 2010 तक 8 वर्षो की प्रारम्भिक शिक्षा की ओर ध्यान केन्द्रित करना।
4. जीवन के लिये शिक्षा पर बल देते हुए संतोषजनक स्तर की प्रारम्भिक शिक्षा की ओर ध्यान केन्द्रित करना।
5. प्राथमिक स्तर पर वर्ष 2007 तक तथा उच्च प्राथमिक स्तर पर वर्ष 2010 तक लड़के एवं लड़कियों के बीच अन्तराल और सामाजिक वर्ग विशेषताएं समाप्त करना।
6. 2010 तक यह सुनिश्चित करना कि सभी बच्चे जिन्होंने प्राथमिक विद्यालयों में दाखिला ले रखा है अपनी शिक्षा जारी रखें।

इन सभी उद्देश्यों की प्राप्ति के लिये जो कार्यक्रम चलाये जा रहें हैं उनमें–

1. ऐसी बस्तियों में स्कूल स्थापित करना जहाँ कोई स्कूली सुविधायें नहीं हैं।
2. अतिरिक्त कक्ष का निर्माण करना।
3. प्रत्येक विद्यालय में शौचालय की सुविधा करना।
4. पेय जल की व्यवस्था करना।
5. अनुरक्षण अनुदान देना।
6. शिक्षण अधिगम सामग्री की व्यवस्था करना।
7. स्कूलों के बुनियादी ढांचें को दृढ़ करना।
8. कमजोर वर्ग की लड़कियों को विशेष ध्यान देना।
9. विभिन्न प्रकार की प्रोत्साहन योजनाओं को चलाना।
10. शिक्षकों की कमी को दूर करना।

सर्व शिक्षा अभियान की उपलब्धियाँ

भारत सरकार ने सर्व शिक्षा अभियान की सफलता के लिये नवीं पंचवर्षीय योजना में केन्द्र एवं राज्य के बीच 85:15 की भागीदारी के आधार पर तथा 10वीं

पंचवर्षीय योजना के तहत 75:25 के आधार पर तथा इसके बाद 50:50 के आधार पर धनराशि उपलब्धि कराने की व्यवस्था की। वर्ष 2005-06 में सर्व शिक्षा अभियान के तहत जो प्रगति हुई उसका विवरण इस प्रकार है—

मद	मंजूर भौतिक लक्ष्य	प्रगति	सितम्बर 2005 प्रतिशत में
1- नये स्कूल खोलना	157967	129893	82
2- स्कूल भवनों का निर्माण	120629	58181 (पूर्ण) 34516 (निमार्णाधीन)	77
3- अतिरिक्त कक्ष का निर्माण	329690	113871 (पूर्ण) 110872 (निमार्णाधीन)	68
4- नये अध्यापकों की नियुक्ति	772345	492261	64
5- मुफ्त पाठ्य पुस्तकें	61450085	50220434	82
6- ब्लाक संसाधन केन्द्रों की स्थापना	7422	7201	97
7- क्लस्टर संसाधन केन्द्रों की स्थापना	70735	66140	93.5

इसके आलावा जो उपलब्धियां सर्वशिक्षा अभियान के तहत प्राप्त की गयी उनमें छात्रों का ग्रास इनरोलमेंट रेशियो (जी.ई.आर.) जो 1950-51 में 31.10 प्रतिशत था वह बढ़कर 2005-06 में 85.00 प्रतिशत हो गया है तथा वर्ष-2011 में यह आंकड़ा 95.00 प्रतिशत तक पहुंच गया। लिंग असमानता (जी.ई.आर. में) जो 2001-02 में 17.10 प्रतिशत था वह कम होकर 2005 में 6.5 तथा 2011 में 2.5 प्रतिशत हो गया। स्कूल नहीं जाने वाले बच्चे जिनकी संख्या-2001 में 3.2 करोड़ थी वह वर्ष-2006 में घटकर लगभग 1.0 करोड़ हो गयी। प्राथमिक स्तर पर बीच में पढ़ाई छोड़ने वाले छात्रों की दर 7.7 प्रतिशत तक कम हो गयी है। जो वश-2001-02 39.03 प्रतिशत से 2005 में 31.86 प्रतिशत तथा लड़कियों के मामलें में बीच में पढ़ाई छोड़ने की दर इसी अवधि में लगभग 11.00 प्रतिशत हो गयी। स्कूलों की संख्या वर्ष 2001 के बाद 1,77,677 नये स्कूल खोले गये जिसमें 95 प्रतिशत ग्रामीण आबादी के पास 1 किमी. की दूरी पर एक स्कूल उपलब्ध है। इसके अलावा 92,697 स्कूली ईमारते तथा 4.92 लाख अतिरिक्त अध्यापक वर्ष-2005-06 तक नियुक्त किये गये। कक्षा 6 से 8 तक सभी लड़कियों एवं

अनुसूचित जाति एवं जनजाति के लगभग 6 करोड़ बच्चों को निःशुल्क पाठ्य पुस्तकें वितरित की जाती है। यह व्यवस्था वर्तमान समय में प्राथमिक शिक्षा प्राप्त कर रहे सभी बच्चों को उपलब्ध है।

सर्वशिक्षा अभियान को प्रभावी बनाने के उपाय :

सर्वशिक्षा अभियान को सशक्त एवं प्रभावी बनाने के लिये निम्न उपाय किये जा सकते हैं

1. सर्वशिक्षा अभियान के प्रगति का मापन करने में आंकड़ो का संग्रह विश्लेषण अधिक महत्वपूर्ण है अतः इस प्रणाली को मजबूत किया जाय।
2. सकल नामांकन अनुपात 100 प्रतिशत तक पहुंचाने के बाद मुख्य रूप से शिक्षा बीच में छोड़ने वाले छात्रों के तरफ ध्यान लगाया जाय ताकि इसे कम किया जा सके।
3. बच्चों की शिक्षा में रूचि बनाये रखने के लिए क्लासरूम प्रक्रियायें सबसे अधिक महत्वपूर्ण हैं अतः इन्हें और अधिक गहराई से समझे जाने तथा गुणवत्तात्मक दृष्टि से बेहतर बनाये जाने की दिशा में प्रयास अपेक्षित है।
4. प्रशासनिक क्रियाविधियों की समीक्षा आवश्यक है ताकि विभिन्न बाधाओं और क्रिया विधियों का उन्मूलन करके स्कूल में बच्चों का प्रवेश तथा उन्हें विद्यालय में बनाये रखने का कार्य आसान हो सके।
5. सिविल कार्य, जिस पर एस.एस.ए निधियों का लगभग एक तिहाई व्यय किया जाता है, को अध्ययन परिवेश के अभिन्न अंग के रूप में लिया जाना चाहिए। इस प्रकार विशिष्ट स्कूल भवन डिजाईन पर ध्यान देना काफी महत्वपूर्ण है।
6. सर्वशिक्षा अभियान में लगे हुये गैर सरकारी संगठनों की सतत समीक्षा की जाय और यह आश्वस्त किया जाय कि दिया गया अनुदान ठीक प्रकार से खर्च किया जा रहा है।
7. सर्वशिक्षा अभियान में समुदाय की भागीदारी बढ़ायी जाय।

निष्कर्ष

प्राथमिक शिक्षा के सार्वभौमिकरण हेतु जो विभिन्न प्रकार की योजनाएं एवं कार्यक्रम सरकार द्वारा चलाये जा रहे हैं उनमें सर्वशिक्षा अभियान एक महत्वपूर्ण कार्यक्रम है। इसके तहत सभी 06 से 14 आयुवर्ग के बच्चों को निःशुल्क एवं अनिवार्य रूप प्राथमिक शिक्षा उपलब्ध करायी जा रही है। यह जिम्मेदारी सिर्फ

सरकार की ही नहीं बल्कि हम सभी लोगो की भी होनी चाहिए। इसके लिए सर्वशिक्षा अभियान जो भी उद्देश्य प्रगति एवं उपलब्धियां हैं इनको प्राप्त करने एवं आगे बनाये रखने के लिये शोधकर्ता द्वारा दिये गये सुझाव काफी हद तक सहायक सिद्ध होगें।

सन्दर्भ ग्रंथ

- अग्रवाल, जे.सी. (2009) : भारत में शिक्षा व्यवस्था का विकास, दिल्ली, शिप्रा प्रकाशन।
- पाठक, पी.डी. (2010) : भारतीय शिक्षा एवं उसकी समस्याएँ, आगरा, अग्रवाल प्रकाशन।
- जैहरी, बी.पी. (2011) : डेवलपमेन्ट ऑफ एजूकेशनल सिस्टम इन इण्डिया, आगरा, अग्रवाल प्रकाशन।
- राव, दिग्मारती भास्कर (2007) : एजुकेशन फार आल द ग्लोबल कान्सेन्सस, नयी दिल्ली, ए.पी.एच. प्रकाशन।
- योजना, अंक-49, सितम्बर 2005,

33

मध्याह्न भोजन योजना की समस्याएं एवं समाधान : एक विश्लेषण

*ऋचा पाण्डेय

**डॉ. रेखा श्रीवास्तव

प्राथमिक शिक्षा का इतिहास उतना ही पुराना है जितना मानव सभ्यता का। वैदिक काल को इतिहास का प्राचीनतम काल माना जाता है। इस युग में वर्णाश्रम व्यवस्था का अभ्युदय इस तथ्य की ओर संकेत करता है कि मानव आरम्भ से ही शिक्षा को जीवनोपयोगी मानकर चलता है। प्राथमिक शिक्षा देश की शिक्षा प्रणाली की आधारशिला है। प्राथमिक शिक्षा व्यवस्था जितनी मजबूत होगी देश की सम्पूर्ण शिक्षा व्यवस्था उतनी ही उन्नति एवं सुदृढ़ होगी।

प्राथमिक शिक्षा की महत्ता बताते हुए शिक्षाविद् के.जी. सैयदेन ने "Problem of Educational Reconstruction in India" पुस्तक में लिखा है कि "प्राथमिक शिक्षा के व्यापक आधार पर स्थापित तथा उदार भाव से सुनियोजित व्यवस्था के बिना हम अपने आर्थिक तथा सांस्कृतिक स्तर को ऊँचा उठाने या अपनी व्यवहारिक कार्यक्षमता में वृद्धि करने या अपनी जनता को विवेकपूर्ण नागरिकता कि शिक्षा देने की लेशमात्र भी आशा नहीं कर सकते।"

विश्व में भारत की स्थिति को सुदृढ़ करने के लिए भारतीय शिक्षाविदों एवं राजनीतिज्ञों ने समय-समय पर शिक्षा क्षेत्र में अनेकों परिवर्तनों एवं योजनाओं को प्रारम्भ किया। इसी कड़ी में एक विशिष्ट कार्यक्रम "सर्व शिक्षा अभियान (**SSA**)" के नाम से शुरू किया गया एवं सर्व शिक्षा अभियान केन्द्रीय सरकार द्वारा चलायी जाने वाली एक महत्वपूर्ण योजना है। जिससे भारत भर में सभी की शिक्षा सम्भव हो सके। 01 अक्टूबर 1998 में राज्य सरकारों के शिक्षा मंत्रियों की एक कांफ्रेंस यह तय करने के लिए केन्द्र मानव संसाधन मंत्री ने दिल्ली में बुलायी थी

कि सार्वजनिक प्राथमिक शिक्षा (**UEE- Universal Elementary Education**) एक मिशन के रूप में कैसे चलाया जाये। इन सिफारिशों के आधार सर्वशिक्षा अभियान की योजना बनायी गयी और इसके अन्तर्गत शिक्षा गारंटी योजना के साथ-साथ राष्ट्रीय पोषहार कार्यक्रम के नाम से प्रारम्भ किया गया।

प्राथमिक शिक्षा को बढ़ावा देने के लिए 15 अगस्त 1995 से दोपहर का भोजन (**Mid Day Meal**) कार्यक्रम शुरू किया गया। इस योजना की प्रेरणा तमिलनाडु से मिली, जहाँ विद्यालय में उपस्थिति बढ़ाने के लिए मद्रास कारपोरेशन ने 1925-1926 में ऐसी योजना शुरू की थी। बाद में जनता की माँग पर इस योजना को जुलाई 1956 से पूरे राज्य में "जनता के दान से" और 1957 में सरकारी अनुदेशों के आधार पर अपनाया गया।

इस कार्यक्रम का उद्देश्य विद्यालयों में बच्चों के प्रवेश और दैनिक उपस्थिति को सुधारना है। साथ ही स्कूल जाने वाले बच्चों को पौष्टिक आहार प्रदान करना है। जिन स्कूलों में यह कार्यक्रम चल रहा है उनमें सरकार की ओर से प्रति बच्चा, प्रति स्कूल दिवस के हिसाब से 100 ग्राम अनाज या फिर 10 महिनों के लिए 3 किलोग्राम अनाज दिया जाता है।

इस योजना के तहत सरकारी स्थानीय निकायों के व सरकारी सहायता प्राप्त प्राथमिक विद्यालयों में कक्षा 1 से 5 तक पढ़ने वाले बच्चों को तैयार भोजन या प्रोसेस्ड भोजन देने की व्यवस्था है। समाज के निर्धन वर्गों के द्वारा इस योजना का स्वागत किया गया। अनेकों सुविधाओं के साथ-साथ इसमें निम्न कठिनाइयाँ भी अनुभव की गयी हैं –

- प्रतिदिन 100 ग्राम खाद्यान का मानक अपर्याप्त है।
- पर्वतीय क्षेत्र की विशिष्ट भौगोलिक विशेषताओं के कारण भाड़ा किराया की प्रतिपूर्ति हेतु मानकों का निर्धारण नहीं किया गया।
- रसोइये की दुर्लभता।
- ईधन, मसालों, तेल, सब्जी आदि सुलभ कराने की कठिनाईयाँ।

विभिन्न प्रकार के समस्याओं पर विचार करते हुए मध्यान्ह भोजन योजना के समस्याओं का अलग-अलग पहलुओं पर विश्लेषण करना आवश्यक हो जाता है। जैसे–

- मध्यान्ह भोजन योजना के वर्तमान स्थिति के प्रति अध्यापकों एवं छात्रों की प्रतिक्रिया।

- मध्यान्ह भोजन योजना के प्रबन्ध के समस्याओं से सम्बन्धित ग्राम प्रधानों एवं प्रधानाध्यापकों की प्रतिक्रिया।
- समाधान सम्बन्धी विश्लेषण।
- मध्यान्ह भोजन योजना के वर्तमान स्थिति एवं प्रबन्ध से जुड़ी समस्याओं पर विश्लेषण करने से निम्न समस्याएं निकलकर सामने आयीं-
- मध्यान्ह भोजन में शुद्ध खाद्यानों का प्रयोग न किया जाना।
- मध्यान्ह भोजन के तहत दिये जाने वाले खीर में दूध की मात्रा पर्याप्त नहीं रहती।
- मध्यान्ह भोजन में हरी सब्जियों को सम्मिलित न किया जाना।
- भोजन करने के लिए छात्रों को कम समय को दिया जाना।
- इस योजना के कारण छात्रों की पढ़ाई के लिए अध्यापकों पर सही प्रभाव नहीं पड़ता है।
- भोजन बनाने हेतु चूल्हे की समस्या।
- खाद्यान रखने हेतु पर्याप्त जगह का उपलब्ध न होना।
- भोजन बनाने हेतु कर्मचारियों का अभाव
- ग्राम प्रधान आदि का हस्तक्षेप होना।
- पोषाहार कार्यक्रम के संचालन में पंचायतराज अधिकारियों की निष्क्रियता।
- वर्षा ऋतु में वर्षा के पानी का प्रकोप, जबकि ग्रीष्म ऋतु में लू के साथ धूल के उड़ने से भोजन का स्वच्छ न रह पाना।
- स्वच्छ पानी की समस्या।
- बच्चों में भोजन के प्रति आसक्ति की भावना।
- भोजन के लिए समय पर खाद्य सामग्री उपलब्ध कराना।
- राशन सामग्री के सफाई की समस्या।

इसके साथ-साथ अन्य भी समस्यायें मध्याह्न पोषाहार कार्यक्रम को प्रभावित करती है। जिससे निष्कर्ष निकलता है कि मध्याह्न भोजन योजना की वर्तमान स्थिति संतोषजनक नहीं है और इस योजना के प्रबन्धन में भी कई समस्यायें आ रही है।

यद्यपि यह योजना समस्याओं का भण्डार है, परन्तु यदि कुछ तथ्यों पर ध्यान दिया जाये तो इस योजना का सफल संचालन किया जा सकता हैं समस्याओं के निवारण हेतु कुछ सुझाव इस प्रकार है –

- सर्वप्रथम प्रत्येक प्राथमिक विद्यालय में एक भण्डारण गृह का निर्माण किया जाना चाहिए।
- छात्रों की संख्या के आधार पर प्रतिमाह गैस-चूल्हे को शासन द्वारा डायट (**DIET**) की सहायता से विद्यालयों पर पहुँचाने की व्यवस्था करना।
- प्रत्येक परिषदीय विद्यालय में गृह विज्ञान विषय से सम्बन्धित एक शिक्षिका रहनी चाहिए, जो भोजन के विभिन्न पहलुओं पर ध्यान रख कर भोजन बनवाने का प्रबन्धन कर सकें।
- शुष्क पोषक भोज्य पदार्थों को बच्चों को दिया जाये।
- विषयाध्यापकों को मध्याह्न भोजन के कार्यक्रम में संलिप्त न किया जाये।
- ग्राम प्रधान द्वारा विद्यालय की भोजन योजना में अनावश्यक हस्तक्षेप को रोका जाये।
- **Task-Force** को कड़े अनुदेश देकर समय-समय पर निरीक्षण कराया जाये।

वर्तमान प्रगतिशील परिवेश में प्राथमिक शिक्षा के मूलभूत आधार 'सर्वशिक्षा अभियान' एवं उसके अन्तर्गत संचालित होने वाली मध्याह्न भोजन योजना जैसे विभिन्न कार्यक्रमों को सफलता पूर्वक संचालित करने के लिए पर्याप्त मात्रा में धन के साथ विभिन्न कार्यो के लिए व्यक्तियों को निर्धारित करना चाहिए। इसके साथ-साथ छात्रों, अध्यापकों, प्रधानाध्यापकों और ग्राम प्रधानों में आपस में सामंजस्य बनाये रखने का प्रबन्धन एवं प्रशासन नियमित करना चाहिए।

यदि विश्लेषण से प्राप्त विभिन्न समस्याओं का समाधान करने में प्रशासन सफल हो सके तो आर्थिक रूप से कमजोर बच्चों में भी विद्यालय आने में रूचि बढ़ेगी और सर्व शिक्षा अभियान अपनी सफलता को शत्-प्रतिशत प्राप्त कर सकेगा।

संदर्भ ग्रन्थ

1. रूहेला, एस. पी., ''विकासोन्मुख भारतीय समाज में शिक्षक और शिक्षा''
2. चोपड़ा, आर. एल., ''प्राथमिक शिक्षा''
3. पाण्डेय, डॉ. रामशकल, ''भारतीय शिक्षा की समसामयिक समस्याएं''
4. शर्मा, के. के. एवं चोपड़ा, आर. एल., ''भारत में शैक्षिक व्यवस्था का विकास''
5. पाठक, पी. डी., ''भारतीय शिक्षा और उनकी समस्यायें''

34

सर्वशिक्षा अभियान एवं शिक्षा के मानवीय मूल्यों की अवधारणा के सन्दर्भ में

*डॉ. मधु सत्यदेव

सर्वशिक्षा अभियान एक उच्च मानवीय लक्ष्य को समर्पित है। शिक्षा मनुष्य को मनुष्य बनाती है, यह सर्वमान्य अवधारणा है। इसके प्रकाश में 'शिक्षा' को मांनवाधिकार की श्रेणी में रखा गया है। हर मानव को मानव बनने का अर्थात् शिक्षित होने का अधिकार है। यह शिक्षा किस प्रकार से दी जाये, शिक्षा देने वाले और प्राप्त करने वाले के मध्य किस प्रकार का सम्बन्ध हो, शासन किस प्रकार से इस दायित्व का निर्वाह करें, इत्यादि विषयों पर विभिन्न आयामों से विचारों को अभिव्यक्त किया गया है। भारत में मनुष्य को तीन ऋणों से मुक्त होने के निर्देश दिये गये हैं। पितृ ऋण, देव ऋण और ऋषि ऋण। इनमें ऋषि ऋण का अर्थ है अर्जित ज्ञान को दूसरों तक पहुँचाना। इसके अन्तर्गत यह धारणा काम करती है कि जैसे हमें ज्ञान स्वतः नहीं मिला है बल्कि समाज ने हमें प्रदान किया है उसी प्रकार हमें भी इस ज्ञान को सामाजिक सम्पत्ति मानते हुए उसे समाज को समर्पित कर देना चाहिए। ज्ञान देने वाला 'ॠषि' कहा गया है और तदानुसार यह ऋण ॠषि ऋण माना गया। इसी धारणा ने गुरू को ब्रह्मा, विष्णु महेश घोषित किया। कबीर ने इसे अपनाते हुए गुरू को गोविन्द अर्थात् ईश्वर तुल्य स्वीकार किया।

गुरु-शिष्य के सम्बन्ध और इसी के साथ शासन के दायित्व से सम्बन्धित एक आख्यान बहुप्रचलित रहा है। ऋषि वरतन्तु ने अपने शिष्य कौत्स को ज्ञान प्रदान किया। कौत्स ने ज्ञान-प्राप्ति के पश्चात् ऋषि वरतन्तु से गुरु-दक्षिणा माँगने का अनुरोध किया। एक सहज ऋषि के समान वरतन्तु के लिए शिष्य का ज्ञानवान होना सबसे बड़ी दक्षिणा थी। शिष्य कौत्स से उन्होंने यही कहा कि "तुम्हारा ज्ञानार्जन ही मेरे लिए सबसे बड़ी गुरु-दक्षिणा है। इसके अतिरिक्त मुझे कुछ नहीं चाहिए।" किन्तु कौत्स को इससे सन्तोष नहीं हुआ और वह बार-बार गुरु-दक्षिणा

हेतु ऋषि वरतन्तु से आग्रह करने लगा। यह आग्रह जब हठ के स्तर तक पहुँच गया तो ऋषि वरतन्तु ने क्रोध में आकर कहा कि ठीक है अब जब गुरु-दक्षिणा देने का निर्णय कर लिया है तो देकर ही जाना। मैंने तुम्हें चौदह विधाएँ पढ़ाई हैं इसलिए मुझे चौदह करोड़ स्वर्ण मुद्राएँ प्रदान करो। कौत्स ने गुरूदेव वरतन्तु को प्रणाम किया और चौदह करोड़ स्वर्ण मुद्राओं की प्राप्ति के लिए राजा रघु के पास जाने का निश्चय किया। राजा रघु के दरबार में पहुँचकर उसने देखा कि राजा सब कुछ दान कर चुके हैं और उनके पास अपने खाने-पीने हेतु मिट्टी के पात्रों के अतिरिक्त कुछ नहीं है। यह देखकर कौत्स ने अन्यत्र जाकर मुद्राओं का प्रबन्ध करने का विचार किया। किन्तु राजा रघु ने उससे आने का कारण पूछा। संकोच के साथ कोत्स ने अपने आगमन का कारण बताया। रघु ने कहा कि मेरे पास आने के पश्चात् अन्यत्र जाने की आवश्यकता नहीं है। आप यहाँ विश्राम करें। मुद्राएँ आपको उपलब्ध कराना मेरा दायित्व है क्योंकि यही राजा का कर्त्तव्य होता है। रघु ने मुद्राओं की प्राप्ति के लिए कुबेर पर आक्रमण करने का निर्णय लिया। अपार धन सम्पदा के स्वामी यक्षराज कुबेर को इसकी सूचना मिली तो उसने रात्रि में ही स्वर्ण मुद्राओं की वर्षा रघु के महल में करवा दी। प्रातः स्वर्ण मुद्राओं का प्रचुर भण्डार देखकर राजा रघु ने कौत्स को बुलाया और कहा कि चौदह करोड़ ही नहीं अपितु जितनी चाहें उतनी मुद्राएँ आप ले जा सकते है। किन्तु कौत्स को मात्र गुरु-दक्षिणा हेतु स्वर्ण मुद्राएँ चाहिए थी व्यक्तिगत समृद्धि के लिए नहीं। अतएव उसने चौदह करोड़ के अतिरिक्त एक भी स्वर्ण मुद्रा नहीं उठायी और चौदह करोड़ स्वर्ण मुद्रा गुरू को अर्पित कर गुरू-दक्षिणा पूरी की। यह आख्यान कालिदास की रचना रघुवंशम्[1] में विस्तार से उल्लिखित है। आचार्य महावीर प्रसाद द्विवेदी के निबन्ध 'प्राचीन भारत की एक झलक' में इसका उल्लेख करते हुए यह स्थापित करने का प्रयास किया गया है कि भारत में शिक्षा, शिक्षार्थी और शिक्षा प्रदान करने वाले शिक्षक के प्रति शासन कितना गम्भीर था।[2] शिक्षार्थी और शिक्षक को सम्मान की दृष्टि से देखा जाता था यहाँ तक कि शासन को उनकी आवश्यकता की पूर्ति के लिए 'कुबेर' पर चढ़ाई करने में भी कोई संकोच नहीं था और कुबेर ने भी इस नैतिक मूल्य का सम्मान करते हुए राजकोष को स्वर्ण मुद्राओं से भर दिया।

सम्भव है कि यह सम्पूर्ण वृत्तान्त कालिदास की 'रचना' मात्र हो और एक यथार्थ न हो। जो कुछ हुआ वही लिखा तो फिर रचना ही क्या हुई कालिदास जैसा विद्वान तो अपनी कल्पना को ही रचना का रूप देगा। किन्तु इतना अवश्य कहा जा सकता है कि यह 'रचना' एक यथार्थ है और इसके माध्यम से हम यह अनुमान

लगा सकते हैं कि भारत का बौद्धिक समुदाय शिक्षा के विषय में धनवान और राजसत्ता से क्या अपेक्षा रखता था। वरतन्तु, कौत्स, रघु और कुबेर के माध्यम से इस आख्यान का सन्देश है कि –

- लोभ से परे शिष्य के ज्ञानार्जन को ही गुरु-दक्षिणा मानने वाले विद्वान ऋषि को शिष्य की हठधर्मिता क्रोधित कर सकती है।
- प्रतिभाशाली शिष्य अपने गुरू की हर माँग को पूरी करने के प्रति समर्पित रहता है। दुष्कर माँग भी उसके संकल्प को डिगाती नहीं है। साथ ही उसके अन्दर किसी प्रकार का अभिमान और लोभ भी उत्पन्न नहीं होता।
- शासन को शिक्षक और शिक्षार्थी दोनों का आदर करना चाहिए और उनकी आवश्यकता की पूर्ति हेतु धनवान से धन प्राप्त करने में संकोच नहीं करना चाहिए।
- धनवानों को भी शासन के इस मूल्य का महत्व समझना चाहिए।

इस परिप्रेक्ष्य में जब हम वर्तमान भारत की शिक्षा व्यवस्था पर दृष्टि डालते हैं तो कोई आशाजनक विम्ब नहीं दृष्टिगोचर होता। स्वतन्त्र भारत में जनमानस के भाव में इस आशा का संचार हुआ था कि शासन की नीति प्रत्येक भारतीय को शिक्षित करने की बनेगी।[3] जैसे-जैसे इस नीति का क्रियान्वयन होगा तदानुसार शिक्षा का प्रसार होता जायेगा, निरक्षरता दूर होती जायेगी और फिर एक दिन ऐसा आयेगा कि सभी भारतीय शिक्षित हो जायेंगे। उसके बाद की पीढ़ी भारत के इतिहास के बारे में यह पढ़ेगी कि 'एक समय ऐसा था कि भारत में करोड़ों लोग अशिक्षित थे, पढ़ते लिखने और खिलौनों से खेलने की आयु में बच्चे बाल श्रमिक बन जाते थे। परिणामस्वरूप भारतवर्ष सर्वाधिक बाल श्रमिकों वाले देश के रूप में जाना जाता था।' परन्तु दुःखद सत्य यह है कि ऐसे दुःखद स्थिति हमारा अतीत नहीं वर्तमान है।[4] करोड़ों भारतवासी आज भी अशिक्षित हैं और हम प्रतीक्षारत् हैं कि कब वह दिन आयेगा जब 'अशिक्षा' भारत का अतीत बन जाये। सत्ताधारियों ने भारतीय जनमानस को शिक्षित करने के दायित्व से ही हाथ खींच लिये हैं और जहाँ तक वर्तमान धन कुबेरों का प्रश्न है उनके लिए तो 'शिक्षा' धनोपार्जन का एक माध्यम मात्र बनकर रह गयी है। शिक्षा के व्यापार-संचालन हेतु उन्हें शिक्षकों की आवश्यकता है। शिक्षक का कार्य उनकी दृष्टि में स्वाभिमानी बुद्धिजीवी नहीं अपितु शिक्षा विक्रय करने वाला व्यक्ति है। इन्हीं परिस्थिति पर कवि अवतार सिंह 'पाश' का कथन है कि यदि 'बुद्धि का काम राजमहल की झाड़ू बनना हो जाये तो हमें ऐसी सुरक्षा से खतरा है।'[5] आज भारत में समस्त मूल्यों का तिरोहित कर

निःसंकोच शिक्षा को सीधे धन से सम्बन्धित कर दिया गया है। निर्धन को भोजन, वसा, आवास और चिकित्सा तो दुलर्भ है ही शिक्षा के कपाट भी उसके लिए बन्द हैं।[6]

ऐसी विषम परिस्थिति में सर्वशिक्षा अभियान का संचालन एक सराहनीय प्रयास है। यह शिक्षा को धन से पूर्णरूपेण सम्बद्ध करने वाली व्यवस्था में एक मानवीय हस्तक्षेप है जो कार्य शासन का दायित्व है उसे कोई अन्य व्यक्ति या संस्था करे। यह शासन के लिए शर्म का विषय होना चाहिए। शिक्षा के मद में सम्पूर्ण बजट की धनराशि को सरकार ने कभी दहाई अंकों के प्रतिशत तक नहीं बढ़ाया है। जनकल्याणकारी कार्यों से शासन ने मुँह मोड़ लिया है। सर्वशिक्षा अभियान इस अवरूद्ध जल प्रवाह से भरे सरोवर में पाषाण-शिला के आघात के समान चोट करें और उसमें हलचल की लहरें उत्पन्न करे और शासन सम्पूर्ण भारतीयों को शिक्षित करना अपना दायित्व समझे तो यह अभियान सफल माना जायेगा। हम इसकी सफलता की कामना करते हैं।

सन्दर्भ ग्रन्थ

1. कालिदास ग्रन्थावली
2. महावीर प्रसाद ग्रन्थावली
3. कोठारी आयोग-वी.एन. त्रिपाठी
4. Child Labour in India : Rajni Desai
5. पाश का कविता संग्रह
6. Education in Globalised Economy : Arvind Kumar

35

भारतवर्ष में शैक्षिक अवसरों की असमानता एवं मानव संसाधन विकास

*डॉ. प्रवीण कुमार मिश्र

समाज के मूर्धन्य नागरिक, शिक्षाशास्त्रियों, समाजशास्त्रियों तथा विद्वतजनों का ऐसा मत है कि सामाजिक असमानताओं को 'शिक्षा के समान अवसर' प्रदान कर धीरे-धीरे कम किया जा सकता है। प्लेटो के अनुसार ''प्रत्येक व्यक्ति को उसकी क्षमता के अनुसार शिक्षा मिलनी चाहिये; लेकिन भारतवर्ष में शैक्षिक अवसरों में असमानता व्याप्त है।'' जैसे– शैक्षिक संसाधनों का वितरण असमान है, विद्यालयों के स्तरों में असमानता है, एक ही स्थान पर विभिन्न प्रकार के विद्यालय पाये जाते हैं। कुछ विद्यार्थी मनचाहे विद्यालयों में प्रवेश पा जाते हैं, कुछ को चाहते हुये भी प्रवेश नहीं मिलता है। कुछ विद्यार्थियों को विद्यालय सुलभ नहीं होते और बहुतों को व्यक्तिगत, पारिवारिक तथा भौगोलिक कारणों से पढ़ाई बीच में ही छोड़नी पड़ती है। विद्यार्थियों की शिक्षा पर जाति, धर्म, लिंग, क्षेत्र, शहरी व ग्रामीण परिवेश का प्रभाव अपरिहार्य रुप से पड़ता है। भारत की सम्पूर्ण शिक्षा व्यवस्था पर असमानता का ग्रहण लग गया है। इस असमानता को दूर करने के लिये राष्ट्रव्यापी प्रयास भी हो चुके हैं, जिनमें से एक प्रमुख प्रयास 'शिक्षा का राष्ट्रीयकरण' भी है। आज भी शैक्षिक असमानता दूर करने के लिये निरन्तर प्रयास जारी है।

समाजशास्त्रियों के अनुसार, समाज में प्रचलित तथा व्याप्त असमानतायें मुख्यतः दो प्रकार की होती हैं—पहली प्राकृतिक तथा दूसरी सामाजिक। प्राकृतिक असमानतायें मनुष्य की उम्र, लिंग और व्यक्तित्व सम्बन्धी नैसर्गिक शारीरिक गुणों के कारण है, जबकि सामाजिक असमानतायें उसके सामाजिक स्तर, व्यवसाय, जाति, धर्म और सम्प्रदाय के कारण है। सामाजिक असमानताओं के प्रमुख कारण हैं—सामाजिक स्तरीकरण, व्यावसायिक विषमतायें, जाति-व्यवस्था, लिंग-भेद, धार्मिक

विषमतायें एवं आर्थिक विषमता आदि। भारतवर्ष में यह सभी असमानतायें सामाजिक जीवन के साथ समाहित हो चुकी हैं। जब तक यह सृष्टि है, असमानतायें रहेंगी ही। समस्त मानव जाति में पूर्ण समानता प्राप्त करना असम्भव है। स्वामी विवेकानन्द के अनुसार–''हम सभी इस संसार में अपनी-अपनी असमान प्रतिभाएं लेकर आते हैं। हममें से कोई महान होता है तो कोई छोटा, ये हमारे जन्म से ही पूर्व निर्धारित प्रारब्ध या स्थितियाँ हैं जिनसे हम छुटकारा नहीं पा सकते हैं।''

कोठारी आयोग ने भारतीय समाज में व्याप्त शैक्षिक अवसरों में असमानता दूर कर 'समानता' के आदर्शों की प्राप्ति के लिये निम्नलिखित महत्वपूर्ण सुझाव प्रस्तुत किये थे–

1. शिक्षा को निःशुल्क बनाने हेतु समस्त सरकारी एवं गैर-सरकारी प्राईमरी स्कूलों में ट्यूशन फीस समाप्त हो जानी चाहिये।
2. अगली दो पंचवर्षीय योजना (पाँचवीं एवं छठीं) योजनाओं में माध्यमिक एवं उच्च शिक्षा में 30ः निःशुल्क शिक्षा की व्यवस्था हो जानी चाहिये।
3. शिक्षा के समान अवसर उपलब्ध कराने हेतु उपयुक्त मात्रा में शिक्षण सामग्री एवं साधनों की व्यवस्था होनी चाहिये।
4. शिक्षा के प्रत्येक अवसर पर गरीब तथा प्रतिभाशाली एवं योग्य छात्रों के लिये छात्रवृत्तियों के कार्यक्रमों का निर्माण व संगठन किया जाना चाहिये।
5. राष्ट्रीय छात्रवृत्तियों की योजनाओं को व्यापक रुप प्रदान किया जाए, इसके लिए यू.जी.सी. तथा वैज्ञानिक एवं औद्योगिक अनुसंधान परिषद् (CSIR) द्वारा विश्वविद्यालयी छात्रवृत्तियों की योजना का क्रियान्वयन किया जाना चाहिए।

राष्ट्रीय शिक्षा नीति 1986 ने शैक्षिक अवसरों को समान करने के सम्बन्ध में अपने कुछ सुझाव प्रस्तुत किए हैं जो निम्नलिखित हैं–

1. शैक्षिक सुविधाओं के प्रावधान में क्षेत्रीय असंतुलन को समाप्त करना चाहिए। ग्रामीण तथा अन्य पिछड़े क्षेत्रों में अच्छी शैक्षिक सुविधाएं उपलब्ध होनी चाहिए।
2. सामाजिक साहचर्य तथा राष्ट्रीय समाकलन को विकसित करने के लिये शिक्षा आयोग द्वारा संस्तुत समान विद्यालयी व्यवस्था को अपनाना चाहिए। सामान्य स्कूलों में शिक्षा आयोग द्वारा शैक्षिक स्तर के उन्नयन के लिए प्रयास करना चाहिए। सामाजिक विषमताओं और अलगाव को दूर करने के लिए विशिष्ट विद्यालय जैसे कि पब्लिक स्कूलों के छात्रों का प्रवेश मेरिट के आधार पर

करना चाहिए। योग्य छात्रों के लिए जो सामाजिक एवं आर्थिक दृष्टि से कमजोर हैं, निःशुल्क शिक्षा की व्यवस्था होनी चाहिये।

3. पिछड़े वर्ग और विशेष रुप से आदिवासी वर्ग की शिक्षा के विकास के लिए सुदृढ़ और तीव्र प्रयास की आवश्यकता है।
4. शारीरिक एवं मानसिक दृष्टि से विकलांग बच्चों के लिए शैक्षिक सुविधाओं का प्रसार किया जाना चाहिए।
5. लड़कियों की शिक्षा को महत्व देना इसलिए अनिवार्य है कि इससे सामाजिक परिवर्तन की गति बढ़ जायेगी।
6. श्रेष्ठ प्रतिभाओं को पहचान कर, राष्ट्र श्रेष्ठता उत्पन्न करने के लिए हर प्रकार के शैक्षिक अवसर प्रदान किये जाने चाहिए।

भारतवर्ष में शैक्षिक अवसरों को समान करने के प्रयास मानव संसाधन विकास की रणनीति का एक आवश्यक पक्ष है। स्व. श्री गोपालकृष्ण गोखले ने सन् 1961 में Imperial Legislative Assembly में अपना एक विधेयक प्रस्तुत किया था, जिसका उद्देश्य देश में प्राथमिक शिक्षा को क्रमशः अनिवार्य बनाना था। कलकत्ता विश्वविद्यालय आयोग ने सन् 1919 में समान विद्यालय व्यवस्था की संस्तुति की थी। सन् 1929 में हर्टांग समिति ने शैक्षिक अवसरों को सभी नागरिकों को उपलब्ध कराने की दृष्टि से ग्रामीणों की शिक्षा, स्त्रियों की शिक्षा तथा प्राथमिक स्तर पर शिक्षा के अपव्यय और अवरोधन आदि दोषों को दूर करने के लिए अनेक महत्वपूर्ण सुझाव दिए थे। गांधी जी ने सन् 1937 में 'बेसिक शिक्षा प्रणाली' का सूत्रपात किया, जिसका उद्देश्य भारतवासियों को आदर्श नागरिक तथा पूर्ण रुप से साक्षर बनाना था। सन् 1944 में सार्जेन्ट योजना के अन्तर्गत प्रौढ़ शिक्षा कार्यक्रमों को प्रारम्भ किया गया था। इस योजना में विकलांगों की शिक्षा का प्रावधान था। यह योजना राष्ट्रीय शिक्षा की व्यापक योजना थी।

देश के संविधान में लोकतांत्रिक भारत के प्रत्येक नागरिक को शिक्षित करने की दृष्टि से पिछड़े वर्गों, अनुसूचित जाति, जनजाति अल्पसंख्यक समुदायों की शिक्षा के लिए विशेष प्रावधान किये गये। शिक्षा के क्षेत्र में सुधार करने के लिए विश्वविद्यालय शिक्षा आयोग (1948-49), माध्यमिक शिक्षा आयोग (1952-53), आचार्य नरेन्द्र देव समिति तथा कोठारी आयोग (1964-66) की स्थापना हुई। इन आयोगों ने क्रमशः शिक्षा के समान अवसर प्रदान करने के अपने कार्यक्रम प्रस्तुत किए। विश्वविद्यालय शिक्षा आयोग (1948) की 'स्त्री शिक्षा' और 'ग्रामीण विश्वविद्यालय' शैक्षिक अवसरों को समान करने की दिशा में एक आदर्श कदम

था। माध्यमिक शिक्षा आयोग (1952-53) कृषि शिक्षा तथा बहुद्देशीय विद्यालय, कोठारी आयोग (1964-66) द्वारा संस्तुत 10+2+3 शैक्षिक संरचना, व्यावसायिक शिक्षा, समान स्कूल व्यवस्था, सामाजिक तथा राष्ट्रीय एकता के लिये शिक्षा, स्त्री शिक्षा, आदिवासियों की शिक्षा, अपव्यय एवं अवरोधन को समाप्त करने के उपाय, प्राथमिक एवं निम्न माध्यमिक विद्यालयों में निःशुल्क शिक्षा के अवसरों को समानता प्रदान करने का एक सुदृढ़ एवं ईमानदारी से किया गया प्रयास रहा है। सन् 1986 में गठित नई राष्ट्रीय शिक्षा नीति (NEP) ने समान रुप से शिक्षा के अवसर प्रदान करने के लिए अपने प्रतिवेदन 'शिक्षा की राष्ट्रीय नीति' तथा क्रियान्वयन योजना में स्पष्ट रुप से उल्लेख किया कि सभी को बिना जाति, धर्म, वर्ग एवं लिंगभेद के समान रुप से शैक्षिक अवसर प्रदान किये जाएँ। शिक्षा में प्रचलित असमानताओं एवं विसंगतियों को दूर कर एक निश्चित स्तर तक शिक्षा का सार्वभौमिकरण किया जाए। राष्ट्रीय शिक्षा नीति द्वारा प्रस्तावित औपचारिकेत्तर शिक्षा, राष्ट्रीय शिक्षा व्यवस्था, नवोदय विद्यालय, ऑपरेशन ब्लैक बोर्ड, राष्ट्रीय पाठ्यक्रम योजना, राष्ट्रव्यापी 10+2+3 शैक्षिक संरचना, दूरस्थ शिक्षा कार्यक्रम तथा शिक्षा में अपव्यय और अवरोधन दूर करने के प्रयास वास्तव में 'शिक्षा के समान अवसर' प्रदान करने के आदर्श मार्ग रहे हैं।

संदर्भ ग्रन्थ

1. पाण्डेय, रामशकल (2005) : 'उदयीमांन भारतीय समाज में शिक्षक', विनोद पुस्तक मंदिर, आगरा।
2. पाण्डेय, रामशकल (2007) : 'शैक्षिक निबंध', विनोद पुस्तक मंदिर, आगरा।
3. पाण्डेय, के.पी. (2009) : 'नवीन शिक्षा मनोविज्ञान', विश्वविद्यालय प्रकाशन, वाराणसी।
4. गुप्ता, एस.पी. एवं गुप्ता, ए. (2008) : भारतीय शिक्षा का इतिहास-विकास एवं समस्याएं।
5. अग्निहोत्री, आर. (1994) : 'आधुनिक भारतीय शिक्षा : समस्याएं एवं समाधान', राजस्थान हिन्दी ग्रन्थ अकादमी, जयपुर।
6. राजपूत, जे.एस. (2003) : 'समस्या असमान शिक्षा की' दैनिक जागरण, इलाहाबाद।

36

सर्वशिक्षा अभियान का लक्ष्य और उद्देश्य सामाजिक प्रगति के सन्दर्भ में

*डॉ. मीतू सिंह

निरक्षरता उन्मूलन और सार्वभौमिक शिक्षा के लक्ष्यों को प्राप्त करने के लिए केन्द्र तथा राज्य सरकारों ने अनेकों कदम उठाये है। सर्वशिक्षा अभियान ऐसा ही एक कदम है सर्वशिक्षा अभियान प्राथमिक शिक्षा की प्रगति के क्षेत्र में सरकार द्वारा संचालित एक योजना है। नवीं पंचवर्षीय योजना में इसमें केन्द्र तथ राज्य सरकार के बीच वित्तीय अधिकार का अनुपात 85:15 था दसवीं पंचवर्षीय योजना के प्रारम्भ में यह अनुपात 50:50 का है। सर्वशिक्षा अभियान वर्तमान में पूरे देश में चल रहा है। इसके अन्तर्गत प्राथमिक तथा उच्च प्राथमिक विद्यालय आते है इस योजना से कुल 600 जिलों के 192 मिलियन बच्चे लाभन्वित हो रहे है।

अंधकार को दूर करने के लिए जैसे दीप जलाया जाता है वैसे ही शिक्षा रूपी ज्ञान का दीपक जलाकर अज्ञानता रूपी अंधकार को हमेशा-हमेशा के लिए समाप्त किया जा सकता है सर्वशिक्षा अभियान में सरकार इसी लक्ष्य पर काम कर रही है। इस अभियान का उद्देश्य उन सभी पिछड़े और शिक्षा से वंचित बच्चों को शिक्षित करना है जो कल तक अक्षर और किताबों की दुनिया से अनजान थे। सर्वशिक्षा अभियान प्रारम्भिक शिक्षा को सामुदायिक एवं सामाजिक प्रगति को स्कूल प्रणाली के साथ सर्वव्यापी बनाने का एक प्रयास है।

सर्वशिक्षा अभियान के लक्ष्य

सर्वशिक्षा अभियान धारा को प्रकाशयुक्त कर अज्ञानतारूपी अन्धकार को मिटाने के लक्ष्य की प्राप्ति तक निरन्तर प्रयास का अभियान है। सर्वशिक्षा अभियान के मुख्य लक्ष्य–

1. 2000 तक 6 से 14 वर्ष के सभी बच्चों को उपयोगी तथा सार्थक प्रारम्भिक शिक्षा (1-8 तक) की व्यवस्था करना।
2. समुदाय की सक्रिय सहभागिता से सामाजिक क्षेत्रीय तथा लैंगिक असमानता को समाप्त करना।

इन लक्ष्यों तक पहुँचने के लिए विशिष्ट उद्देश्य निर्धारित किये गये

1. सन् 2003 तक सभी बच्चों का नामांकन।
2. सन् 2007 तक सभी बच्चे कक्षा 5 तक की प्राथमिक शिक्षा पूरी कर लें।
3. सन् 2010 तक सभी बच्चे कक्षा 8 तक की प्रारम्भिक शिक्षा पूरी कर लें।
4. गुणवत्तापूर्ण प्राथमिक शिक्षा की उपलब्धता तथा जीवन के शिक्षा पर जोर।
5. सन् 2007 तक प्राथमिक स्तर पर तथा सन् 2010 तक उच्च प्राथमिक स्तर पर बालक-बालिका एवं सामाजिक अन्तरों को समाप्त करना।
6. 2010 तक सार्वभौमिक ठहराव सुनिश्चित करना।

सर्वशिक्षा अभियान के मुख्य कार्य

1. जहां विद्यालयी सुविधाएं उपलब्ध नहीं हैं वहां नये विद्यालयों की स्थापना करना।
2. विद्यमान विद्यालयों की आधारभूत संरचना को मजबूत करना।
3. जिन विद्यालयों में शिक्षकों की कमी है वहां शिक्षक उपलब्ध कराना।
4. शिक्षकों के सघन प्रशिक्षण की व्यवस्था करना।
5. शिक्षण अधिगम सामग्रियों के निर्माण हेतु दान देना।
6. कम्प्यूटर शिक्षा की व्यवस्था करना।
7. बालिका शिक्षा तथा कमजोर वर्ग के बच्चों की शिक्षा व्यवस्था करना साथ ही बच्चों को पुस्तकें आदि की पूर्ति कराना।
8. सामुदायिक सहभागिता को प्रोत्साहित करना।

सर्वशिक्षा अभियान और सामाजिक प्रगति

शिक्षा के सार्वभौमिकरण की प्रक्रिया के अन्तर्गत चलाये गये 'सर्वशिक्षा अभियान' ने अच्छी सामाजिक प्रगति की है। 2001 ई. में प्रवर्तित इस महत्वपूर्ण अभियान की प्रभाव परिधि में भारत संघ के समस्त राज्य और संघ क्षेत्र आते है। इससे हमारे देश के लगभग 19.4 करोड़ बच्चे लाभान्वित हो रहे हैं यह कार्यक्रम कुल 600

जिलों में चल रहा है। वर्तमान समय में 8.5 लाख प्राथमिक तथा उच्च प्राथमिक स्कूल इस योजना के अन्तर्गत कार्यकर रहे है। इससे 33 लाख बच्चे जुड़े हैं। कार्यक्रम के अन्तर्गत ऐसी बस्तियों में जहां स्कूल सुविधायें नहीं है वहां अतिरिक्त क्लास रूमों, टायलेट, पीने का पानी, रख-रखाव, अनुदान और स्कूल सुधार अनुदान के द्वारा बुनियादी ढांचे को मजबूत किया जायेगा अपर्याप्त संख्या में शिक्षक वाले स्कूलों को कार्यक्रम के अन्तर्गत अतिरिक्त शिक्षक उपलब्ध कराया जा रहा है। मौजूदा शिक्षकों की क्षमता को गहन प्रशिक्षण, शैक्षिक प्रशिक्षण सामग्री के विकास के लिए अनुदान के प्रावधान और शैक्षणिक आधार ढांचे के विकास के जरिये उन्नत किया जा रहा है। सर्वशिक्षा अभियान में कमजोर वर्गों की बालिकाओं और बच्चों की शैक्षणिक प्रगति पर विशेष ध्यान दिया जाता है। इन बच्चों की शिक्षा को बढ़ावा देने के लिए मुफ्त पाठ्य पुस्तकों सहित विभिन्न पहल किये गये। इस अभियान के जरिये ग्रामीण क्षेत्रों में भी कम्प्यूटर की शिक्षा प्रदान करने का प्रयास किया जा रहा है। अनुसूचित जातियां, अनुसूचित जन जातियां तथा कठिन परिस्थितियों में रहने वाले बच्चों की शैक्षिक आवश्यकताओं पर विशेष रूप से ध्यान दिया जा रहा है। 2 जनवरी 2001 को प्रधानमंत्री की अध्यक्षता में राष्ट्रीय स्तर का एक मिशन बनाया गया जो सर्वशिक्षा अभियान के कार्यक्रमों को क्रियान्वित करने के लिए महत्वपूर्ण कार्य कर रहा है। समग्र साक्षरता अभियान ने केरल के एर्नाकुलम नामक जिले में अप्रतिम सफलता प्राप्त कारणों की कीर्तिमान स्थापित किया वे एक प्रकार से राष्ट्रीय साक्षरता मिशन के मुख्य नीतिगत कार्यक्रम बन गये इसके सामाजिक प्रगति है सकारात्मक पहलू निम्न है–

1. यह कार्यक्रम समयबद्ध होता है।
2. इसमें सभी की भागीदारी होती है।
3. इसमें स्वेच्छा से योगदान होता है।
4. इसमें लागत कम आती है।
5. इसके परिणाम पर अधिक ध्यान दिया जाता है।
6. आन्तरिक मूल्यांकन इस कार्यक्रम का मुख्य लक्ष्य है।
7. 6 से 14 वर्ष की आयु के बच्चों के लिए सर्वशिक्षा अभियान एक उपयोगी कार्यक्रम है।

सर्वशिक्षा अभियान शैक्षिक दृष्टि से पिछड़े राज्यों जैसे-बिहार, मध्यप्रदेश, राजस्थान, उत्तर प्रदेश तथा उड़ीसा आदि में सार्वभौमिक प्राथमिक शिक्षा द्वारा सामाजिक प्रगति के लक्ष्य को प्राप्त करने के लिए सर्वशिक्षा अभियान भारत

सरकार के शिक्षा मन्त्रालय का एक Flag ship कार्यक्रम है जिसका लक्ष्य सार्वभौमिक प्रारम्भिक शिक्षा को राज्य की सहभागिता से एक निश्चित समय की परिधि में प्राप्त करना है। उत्तर प्रदेश के 5 जिले अलीगढ़, इलाहाबाद, फिरोजाबाद, कानपुर और मुरादाबाद को सर्वशिक्षा अभियान प्रोजक्ट डिस्ट्रिक्ट बना दिया गया है।

सन्दर्भ ग्रन्थ

1. उपाध्याय प्रतिभा (2009) भारतीय शिक्षा में उदीयमान प्रवृतियां, शारदा पुस्तक भवन इलाहाबाद।
2. पाठक सी.बी. (2012) शिक्षा का अधिकार अनुभव पब्लिशिंग हाउस इलाहाबाद।

37

Changing Dimensions of Fundamental Freedom Under Art 21-A of The Constitution of India And Right To Education (RTE) Act 2009

*S.C.Upadhyay

Introduction

Education is defined as the process of development. The right to education is among the listed human rights whose status affects the realization of all other rights. Education in the Indian constitution is a concurrent issue and both centre and states can legislate on the issue. The Act lays down specific responsibilities for the centre, state and local bodies for its implementation. The states have been clamoring that they lack financial capacity to deliver education of appropriate standard in all the schools needed for universal education. Thus it was clear that the central government (which collects most of the revenue) will be required to subsidies the states.

History of act Mahatma Gandhi gave the call for universal education in 1937.Sixty one years since independence; fifty eight years since the Constitution, instead of making education a fundamental right made it part of the Directive Principles; fifteen years since the Supreme Court in 1993 ruled on the right to education in Mohini Jain v. State of Karnataka[1] and Unni Krishnan J.P. v. State of Andhra Pradesh[2], six years after the 86th constitutional amendment was passed by the Parliament in 2002 by inserting Article 21A making education a fundamental right for children in the restricted age group of 6 to 14 years; Article 21A, Constitution of India, amended by The Constitution (Eighty-Sixth Amendment) Act, 2002 (brought into force on April 1, 2010),provided that "The State shall provide free and compulsory education to all children of the age of six to fourteen years in such manner as the State may, by law."

The 86th Amendment Act, 2002, made three specific provisions in the Constitution to facilitate the realization of free and compulsory education. This amendment, however, specified the need for a legislation to describe the mode of implementation of the same which necessitated the drafting of a separate Education Bill. A rough draft of the bill was composed in year 2005. It received much opposition due to its mandatory provision to provide 25% reservation for disadvantaged children in private schools. The sub-committee of the Central Advisory Board of Education which prepared the draft Bill held this provision as a significant prerequisite for creating a democratic and egalitarian society. Indian Law commission had initially proposed 50% reservation for disadvantaged students in private schools.[3,4]

On 7 May 2014, The Supreme Court of India ruled that Right to Education Act is not applicable to Minority institutions.[5]

Passage

The bill was approved by the cabinet on 2 July 2009.[6] Rajya Sabha passed the bill on 20 July 2009[7] and the Lok Sabha on 4 August 2009.[8] It received Presidential assent and was notified as law on 26 August 2009[9] as The Children's Right to Free and Compulsory Education Act.[10] The law came into effect in the whole of India except the state of Jammu and Kashmir from 1 April 2010, the first time in the history of India a law was brought into force by a speech by the Prime Minister. In his speech, **Manmohan Singh,** Prime Minister of India stated that, "We are committed to ensuring that all children, irrespective of gender and social category, have access to education. An education that enables them to acquire the skills, knowledge, values and attitudes necessary to become responsible and active citizens of India."[11]

Objectives Of Rte

Provision of free and compulsory education of satisfactory quality to children from this advantage group and weaker section is therefore not nearly the responsibility of schools own or supported by the appropriate governments & but also of schools which are not dependent on government schools.

The RTE Act provides for the: Right of children to free and compulsory education till completion of elementary education in a neighborhood school. It clarifies that 'compulsory education' means obligation of the appropriate government to provide free elementary education and ensure compulsory admission, attendance and completion of elementary education to every child in the six to fourteen age group. 'Free' means that no child shall be liable to pay any kind of fee or charges or expenses which may prevent him or her from pursuing and completing elementary education. It makes provisions for a non-admitted child to be admitted to an age appropriate class. It specifies the duties and responsibilities of appropriate Governments, local authority and parents in providing free and compulsory education, and sharing of financial and other responsibilities between the Central and State Governments. It lays down the norms and standards relating inter alia to Pupil Teacher Ratios (PTRs), buildings and infrastructure, school-working days, teacher-working hours. It provides for rational deployment of teachers by ensuring that the specified pupil teacher ratio is maintained for each school, rather than just as an average for the State or District or Block, thus ensuring that there is no urban-rural imbalance in teacher postings. It also provides for prohibition of deployment of teachers for non-educational work, other than decennial census, elections to local authority, state legislatures and parliament, and disaster relief. It provides for appointment of appropriately trained teachers, i.e. teachers with the requisite entry and academic qualifications. It prohibits (a) physical punishment and mental harassment; (b) screening procedures for admission of children; (c) capitation fee; (d) private tuition by teachers and (e) running of schools without recognition, It provides for development of curriculum in consonance with the values enshrined in the Constitution, and which would ensure the all-round development of the child, building on the child's knowledge, potentiality and talent and making the child free of fear, trauma and anxiety through a system of child friendly and child centered learning.

Status of Implementation

A report on the status of implementation of the Act was released by the Ministry of Human Resource Development on the one year anniversary of the Act. The report admits that 8.1 million children in the age group six-14 remain out of school and there's a shortage of 508,000 teachers country-wide. A shadow report by the RTE Forum representing the leading education networks in the country, however, challenging the findings pointing out that several key legal commitments are falling behind the schedule.[12] The Supreme Court of India has also intervened to demand implementation of the Act in the Northeast.[13] It has also provided the legal basis for ensuring pay parity between teachers in government and government aided schools.[14]

Precedents

It has been pointed out that the RTE act is not new. Universal adult franchise in the act was opposed since most of the population was illiterate. Article 45 in the Constitution of India was set up as an act:

> The State shall endeavor to provide, within a period of ten years from the commencement of this Constitution, for free and compulsory education for all children until they complete the age of fourteen years.

As that deadline was about to be passed many decades ago, the education minister at the time, M C Chagla, memorably said:

> Our Constitution fathers did not intend that we just set up hovels, put students there, give untrained teachers, give them bad textbooks, no playgrounds, and say, we have complied with Article 45 and primary education is expanding... They meant that real education should be given to our children between the ages of 6 and 14 – M.C. Chagla, 1964 [15]

In the 1990s, the World Bank funded a number of measures to set up schools within easy reach of rural communities. This effort was consolidated in the **Sarva Shiksha Abhiyan** model in the 1990s. RTE takes the process further, and makes the enrolment of children in schools a state prerogative.

Public-Private Partnership

To address these quality issues, the Act has provisions for compensating private schools for admission of children under the 25% quota which has been compared to school vouchers, whereby parents may "send" their children in any school, private or public. This measure, along with the increase in PPP (Public Private Partnership) has been viewed by some organizations such as the All-India Forum for Right to Education (AIF-RTE), as the state abdicating its "constitutional obligation towards providing elementary education."[16]

Infringement on Private Schools

The Society for Un-aided Private Schools, Rajasthan (in Writ Petition (Civil) No. 95 of 2010) and as many as 31 others[17] petitioned the Supreme Court of India claiming that the act violates the constitutional right of private managements to run their institutions without governmental interference.[18] The parties claimed that providing 25 percent reservation for disadvantaged children in government and private unaided schools is "unconstitutional."

Forcing unaided schools to admit 25% disadvantaged students has also been criticized on the grounds that the government has partly transferred its constitutional obligation to provide free and compulsory elementary education to children on "non-state actors," like private schools, while collecting a 2% cess on the total tax payable for primary education.[19]

On 12 April 2012, a three judge bench of the Supreme Court delivered its judgement by a majority of 2-1. Chief Justice SH Kapadia and Justice Swatanter Kumar held that providing such reservation is not unconstitutional, but stated that the Act will not be applicable to private minority schools and boarding schools. However, Justice KS Radhakrishnan dissented with the majority view and held that the Act cannot apply to both minority and non-minority private schools that do not receive aid from the government.[20,21,22]

Barrier For Orphans

The Act provides for admission of children without any certification. However, several states have continued pre-existing procedures insisting that children produce income and caste certificates, BPL cards and birth certificates. Orphan children are often unable to produce such documents, even though they are willing to do so. As a result, schools are not admitting them, as they require the documents as a condition to admission.[23]

Admissions

Though Govt says economically backward children are admitted in to private schools under RTE, but the fact is in the states like Andhra Pradesh, Children are admitted in to private schools based on caste based reservations.

Conclusions

The Right to Education (RTE) Act would play an important role in achieving universal elementary education in India, but it is amply clear that year one of the implementation of the Act has not covered much ground. In order to meet the goals set by us, India must prioritize and invest in making the Act a reality through dialogue and consultation with key stakeholders within and outside the government. Else the Act will join the ranks of yet another legislation which never covered the distance between conceptualization and implementation.

The current SSA is incompatible with the fundamental rights based requirements of the bill; the central government would have to decide whether to reformulate the SSA appropriately or to bring in a completely different funding mechanism to implement the fundamental right.

References :

1 AIR 1992 SC 1858

2 AIR 1993 SC 2178

3 Seethalakshmi, S. (14 July 2006). "Centre buries Right to Education Bill – India – The Times of India." The Times of India. Retrieved 1 April 2010.

4 "Microsoft Word - Final Right To Education Bill 2005 modified-14.11.2005.doc" (PDF). Retrieved 1 September 2010.

5 Minority institutions are exempted from Right to Education Act

6 "Cabinet approves Right to Education Bill." The New Indian Express. 2 July 2009. Retrieved 2 July 2009.

7 "The News Indian Express." 20 July 2009.

8 "Parliament passes landmark Right to Education Bill." The Indian Express. 4 August 2009.

9 "The Right of Children to Free and Compulsory Education Act, 2009 notified." Press Information Bureau. 3 September 2009. Retrieved 1 April 2010.

10 "Right to Education Bill 2009" (PDF). Retrieved 1 September 2010.

11 "Prime Minister's Address to the Nation on The Fundamental Right of Children to Elementary Education." Pib.nic.in. Retrieved 1 September 2010.

12 "RTE Act: First anniversary status report." Educationworldonline. 7 May 2010. Retrieved 8 October 2010.

13 "SC seeks action plan on execution of RTE in NE." igovernment. 25 August 2010. Retrieved 8 October 2010.

14 "SC opens door for equal pay to teachers in pvt, govt schools." Tribune. 12 August 2010. Retrieved 8 October 2010.

15 http:èèwww.indg.inèprimary educationèpoliciesandschemesèrte_ ssa_ final_ report.pdf

16 Infochange India. "India to notify right to education act." Southasia. oneworld.net. Retrieved 1 September 2010.

17 S. H. Kapadia; Swatanter Kumar; K. S. Radhakrishnan. "Right to Edu Act: Supreme Court judgement." Supreme Court of India. Archived from the original on 2 August 2012. Retrieved 2 August 2012.

18 PTI (2010-03-22). "The Hindu : News è National : Private schools challenge Right To Education Act in Supreme Court." Beta.thehindu.com. Retrieved 2010-09-01.

19 Infochange India. "India to notify right to education act." Southasia. oneworld.net. Retrieved 1 September 2010.

20 "Supreme Court uphold constitutional validity of RTE Act." Economic Times. 12 April 2012. Retrieved 12 April 2012.

21 "Supreme Court upholds constitutional validity of RTE Act." The Hindu. 12 April 2012. Retrieved 12 April 2012.

22 "Society for Un-aided Private Schools of Rajasthan v. Union of India (WP NO. 95 of 2010)." Supreme Court of India. Retrieved 13 April 2012.

23 "Strict rules bar orphans from RTE benefits." The Times of India. 25 April 2012. Retrieved 25 April 2012.

38

शिक्षा अधिकार अधिनियम :

सम्भावनायें एवं चुनौतियां

*डॉ. विजय लक्ष्मी मिश्र

स्वतंत्रता के छः दशक पश्चात् बच्चों के लिये निःशुल्क और अनिवार्य शिक्षा का सपना बच्चों को निःशुल्क और अनिवार्य शिक्षा का अधिकार अधिनियम, 2009 के रूप में साकार हुआ। इस अधिनियम के 1 अप्रैल 2010 लागू होने के पश्चात् 6 वर्ष तक के प्रत्येक बच्चे को अपने नजदीकी विद्यालय में निःशुल्क और अनिवार्य प्राथमिक शिक्षा पाने का कानूनी अधिकार मिल गया है। अधिनियम की विशेष बात यह है कि गरीब परिवारों के वे बच्चे जो प्राथमिक शिक्षा से वंचित है, के लिये निजी विद्यालयों में 25 प्रतिशत आरक्षण का प्रावधान रखा गया है। विधि आयोग ने निजी विद्यालयों में शिक्षा से वंचित बच्चों के लिये आरक्षण की सीमा 50 प्रतिशत करने का सुझाव दिया।

सन् 1906 में बड़ोदा में तत्कालीन राजा सैयाजी राव गायकवाड़ ने अपने राज्य में प्राथमिक शिक्षा को अनिवार्य एवं निःशुल्क बनाने की पहल की। इसके बाद श्रीगोपाल कृष्ण गोखले जी ने इस सम्बन्ध में केन्द्रीय द्वारा सभा में 1911 में अपना महत्वपूर्ण विधेयक प्रस्तुत किया। यह प्रयास स्वतन्त्रता के उपरान्त भी चलता रहा। स्वतन्त्रता के उपरान्त कोठारी आयोग, एवं नई शिक्षा नीति ने भी सुझाव प्रस्तुत किया। इन्हीं प्रयासों को अमली जामा पहनाने के लिये 4 अगस्त 2009 को यह कानून संसद में पारित किया गया एवं बाल अधिकार के संरक्षण के लिये बनाये गये राष्ट्रीय आयोग NCPCR को इस कानून को लागू करने हेतु संचालन का दायित्व दिया गया। यह कानून भारतीय संविधान की धारा '21क' के अन्तर्गत लागू किया गया है। साथ ही भारत उन 135 देशों में शामिल हो गया जो शिक्षा को मौलिक अधिकार के रूप में देखते हैं साथ ही यह कानून विश्व का

पहला ऐसा विधान है जिसके द्वारा सरकार को विद्यार्थियों के पंजीकरण, उपस्थिति एवं शिक्षा का दायित्व दिया गया है।

"निःशुल्क एवं अनिवार्य बाल शिक्षा अधिकार अधिनियम 2009" 1 अप्रैल 2010 से प्रभावी हो जाने के फलस्वरूप आजादी के करीब 6 दशकों के उपरान्त देश के 6-14 आयु वर्ग के सभी बच्चों को प्राथमिक शिक्षा की सुलभता अन्ततः उन्हें एक मौलिक अधिकार के रूप में प्राप्त हो गयी है।

बच्चों को निःशुल्क एवं अनिवार्य शिक्षा के प्रावधान वाला विधेयक-यूपीए सरकार द्वारा अपने पिछले कार्यकाल में दिसम्बर 2008 में लाये गये बच्चों को मुफ्त एवं अनिवार्य शिक्षा का अधिकार विधेयक 2008 (The right of children to Free and Compulsory Education Bill 2008) को राज्य सभा ने 20 जुलाई को सर्व सम्मति से तथा लोकसभा ने 4 अगस्त 2009 को 271 के बहुमत से पारित कर दिया।

शिक्षा के अधिकार कानून पर विचार करने के पूर्व इस कानून के प्रमुख बिन्दुओं का उल्लेख करना समीचीन होगा–

- 6 से 14 वर्ष के बालकों/बालिकाओं के लिये निःशुल्क एवं अनिवार्य शिक्षा की व्यवस्था तथा इनके लिये पुस्तकें, विद्यालय परिधान तथा अन्य वस्तुओं की निःशुल्क व्यवस्था।
- कोई भी बालक/बालिका एक शैक्षणिक सत्र में कभी भी प्रवेश ले सकता है।
- प्रत्येक सरकारी, अनुदानित एवं अन्य विद्यालयों से वंचित विद्यार्थियों के 25 प्रतिशत सीट आरक्षित रहेगी। इन स्थानों पर सामान्य यादृच्छिक चयन के अधार पर वंचितों को प्रवेश दिया जायेगा। इनके फीस की भरपाई सरकारी विद्यालयों में प्रति छात्र लागत के आधार पर विद्यालयों को दी जायेगी।
- विद्यालयों में अध्यापकों के चयन में गुणवत्ता को ध्यान में रखते हुये कड़ी चयन प्रक्रिया का अनुपालन होगा।
- एक कक्षा में विद्यार्थी एवं अध्यापक का अनुपात 30:1 का होगा।
- प्राथमिक विद्यालयों में आधारभूत सुविधाओं एवं भौतिक सुविधाओं को पूरा करना अनिवार्य होगा। ऐसे विद्यालय जो इन आवश्यकताओं की पूर्ति नहीं करते है। उनकी मान्यता निर्धारित अवधि के बाद समाप्त कर दी जायेगी।
- प्रत्येक बालक/बालिका के घर से 1 किलोमीटर की दूरी के अन्दर प्राथमिक विद्यालय एवं कक्षा 6 से 8 में पढ़ने वाले बालक/बालिकाओं के लिये प्रत्येक 3 किलोमी0 पर एक विद्यालय की अनिवार्यतः व्यवस्था की जायेगी।

- उच्च प्राथमिक स्तर के किसी भी विद्यार्थी के लिये किसी भी बोर्ड की परीक्षा उत्तीर्ण करना अनिवार्य नहीं होगा, न इन्हें किसी कक्षा में रोका जा सकता है और न ही विद्यालय से निकाला नहीं जा सकता है।
- विशिष्ट बालक भी इसी कक्षा में सामान्य बालकों के साथ उन्हीं की तरह अध्ययन करेंगे।
- ऐसे विद्यार्थी जो किसी कारणों से शिक्षा से वंचित है अथवा विद्यालय छोड़ चुकें है उनके लिये विशेष प्रशिक्षण का प्रावधान होगा जिससे कि वे भी अपनी आयु बालकों के समान योग्यता अर्जित कर सकें।
- प्रत्येक विद्यालय को शिक्षा का अधिकार कानून में दिये गये मानको को 3 वर्षो के अन्दर पूरा करना होगा। यदि वे ऐसा नहीं करते है तो उन्हें 1 लाख रुपये जुर्माना और यदि निर्धारित अवधि से आगे भी ऐसा करते है तो 10000/- प्रतिदिन अर्थ दण्ड देना होगा । प्रत्येक गैर सरकारी विद्यालयों को मान्यता/सम्बद्धता के लिये नये सिरे से आवेदन करना होगा।
- गैर सरकारी विद्यालयों में किसी भी प्रकार का शुल्क नहीं लिया जायेगा।
- अध्यापकों के लिये भी गुणवत्ता से आच्छादित निर्धारित मानकों को प्रत्येक स्थिति में पांच वर्षो में पूरा करना अनिवार्य होगा।
- गैर सरकारी और गैर अनुदानित विद्यालयों को छोड़कर सभी विद्यालयों में विद्यालय प्रबन्ध समिति बनायी जायेगी जिसके 75 प्रतिशत अभिभावक अथवा माता-पिता होंगे।

उपर्युक्त वर्णीत कुछ प्रमुख बिन्दुओं के आधार पर यह निश्चय पूर्वक कहा जा सकता है कि प्राथमिक शिक्षा के सार्वभौमिक करण भी दिशा में कई दशकों से चलाये जा रहे अभियान विशेष रूप से किये जा रहे प्रयासों को इस कानून के द्वारा एक सशक्त आधार प्राप्त हुआ है।

ज्ञातव्य है कि शिक्षा के अधिकार को सन् 2002 में 86 वे संविधान संशोधन के तहत मौलिक अधिकार के रूप में अधिसूचित नहीं किया जा सकता। उपर्युक्त विधेयक के अधिनियमित होने से शिक्षा को मौलिक अधिकार के रूप में सूचित किया जा सका है।

निःशुल्क एवं अनिवार्य शिक्षा विधेयक की मुख्य विशेषतायें

निःसंदेह संसद द्वारा अगस्त 2009 में 6-14 वर्ष आयु वर्ग के सभी बच्चों के लिये निःशुल्क तथा अनिवार्य शिक्षा का मूलभूत अधिकार देने वाला शिक्षा विधेयक पारित कर शिक्षा का कानूनी अधिकार बनाना एक ऐतिहासिक कदम है।

विधेयक में गरीब और वंचित बच्चो और विशेषकर अनुसूचित जाति और जनजाति तथा विकलांग बच्चों हेतु निजी तथा विशेष श्रेणी वाले स्कूलों में पहली कक्षा में 25 प्रतिशत आरक्षण की व्यवस्था भी है। विधेयक में निजी स्कूलों द्वारा अनिवार्य चंदा दान लेने की भी मनाही है और ऐसा करने पर अर्थ दण्ड की व्यवस्था भी विधेयक में की गयी है। अभिभावकों पर भी यह दायित्व सौंपा गया कि वे अपने बच्चों को स्कूल भेंजें। निजी तथा सरकारी स्कूलों हेतु कुछ सामान्य तथ्य भी तय किये गयें है यानि खेल का मैदान, पेयजल, प्रसाधन सुविधाओं और पुस्तकालय सहित 1:30 के शिक्षक शिक्षार्थी अनुपात के सम्बन्ध में उचित कार्यवाही पर जोर दिया गया है ताकि स्कूलों की आधारभूत संरचना और शिक्षण सम्बन्धी समस्या का समाधान निकल सके।

स्कूल प्रबन्धन समिति में 50 प्रतिशत महिला सदस्यों की व्यवस्था कर लिंग भेद को समाप्त करने की भी व्यवस्था है। विधेयक में बीच में स्कूल छोड़ने के मामलों में रोक लगाने हेतु दो महत्वपूर्ण उपाय भी किये गये है—पहला बच्चों को किसी भी रूप में अध्यापक द्वारा शारीरिक दण्ड देने की मनाही है इसका दाखिले के समय बच्चों के साथ उनके माता-पिता अभिभावकों की परीक्षा और साक्षात्कार नहीं लिया जायेगा और आठवीं तक किसी को फेल नहीं किया जायेगा।

प्राथमिक शिक्षा को प्रत्येक बच्चे के लिये मौलिक अधिकार के रूप में स्थान दिये जाने के फलस्वरूप प्राथगिक शिक्षा में मात्रात्मक अभिवृद्धि के साथ इस अधिनियम में शिक्षा की गुणवत्ता सुनिश्चित किये जाने पर बल दिया गया है।

इस विधेयक में शिक्षण स्तर में सुधार सम्बन्धी प्रावधान भी किये गये हैं। जैसे कि शिक्षकों की योग्यता के साथ ही उनके वेतन भत्तों, सेवा, शर्तो शिक्षकों व छात्र के बीच आदर्श अनुपात और किसी विद्यालय में शिक्षकों की रिक्तियां स्वीकृत पदों से 10 प्रतिशत से अधिक न रहने पर भी जोर दिया गया है। शिक्षकों से शिक्षणेत्तर कार्य पर रोक लगाने का प्रावधान है। शिक्षकों को ट्यूशन की अनुमति नहीं है। शारीरिक प्रताड़ना पर रोक है।

वर्तमान स्कूली शिक्षा के परिप्रेक्ष्य में विधेयक की चुनौतियां

इस प्रकार विधेयक में माध्यमिक शिक्षा के प्रति किये गये महत्वपूर्ण प्रयासों के बावजूद कई बाते ऐसी हैं जिनका समाधान होना जरूरी है। विधेयक में किये गये सभी प्रावधानों का सरकारी और निजी स्कूलों में समान प्रयोज्यता के प्रति सन्देह

है। विधेयक को अमली जामा पहनाने के लिये वित्तीय व्यवस्था भी करना एक कठिन कार्य है।

हमारे पास सर्वशिक्षा अभियान का अनुभव सामने है यह कहने में संकोच नहीं कि राज्यों की उदासीनता से यह कार्यक्रम सफल नहीं हो पाया और लगभग सभी राज्यों में यही स्थिति है। सर्वशिक्षा अभियान के प्रति उचित विकास के लिये निजी केन्द्रों की सहायता ली रही है। यह हकीकत है कि स्कूली शिक्षा आज सरकारी तथा पब्लिक स्कूलों में बंटी हुयी है निजि शिक्षण संस्थान शिक्षा को व्यवसाय के रूप में मानकर उसी अनुरूप अभिभावकों से न केवल मनमाना शिक्षा शुल्क वसूल करते रहें हैं बल्कि अन्य मदों में भी वसूलते रहते हैं आवश्यकता इस तथ्य की है कि विद्यालयों में गरीब, कमजोर एवं आर्थिक रूप से पिछड़ों परिवार के बालकों के प्रवेश को प्राथमिकता दें।

इस विधेयक की चुनौती इस रूप में भी है कि इसमें शिक्षकों की कमी को एक गंभीर समस्या के रूप में चयनित किया गया है। वर्तमान समय में भारत में लगभग 71 प्रतिशत प्राइमरी स्कूलों में तीन से कम अध्यापक है ऐसी स्थिति में शिक्षकों के अभाव में बच्चों को मुफ्त तथा अनिवार्य शिक्षा प्रदान करने का लक्ष्य कहां तक मूर्त रूप ग्रहण करेगा, यह विचारणीय है। जहां तक शैक्षिक गुणवत्ता में सुधार का प्रश्न है, विधेयक में 8 वीं कक्षा तक सभी को उत्तीर्ण करने का प्रावधान है इससे भले ही स्कूलों में अधिकाधिक उपस्थिति दर्ज हो जाय, लेकिन उनके द्वारा अर्जित शिक्षा की गुणवत्ता के प्रति सन्देह स्वाभाविक है। इसलिये इस विधेयक के समानान्तर हमें विद्यार्थी की रूचि के अनुकूल व्यवसायिक शिक्षा पर भी जोर देना होगा इससे आगे चलकर बेरोजगारी की समस्या से भी निजात मिल सकती हैं विधेयक में केपिटेशन फीस पर रोक की व्यवस्था की है परन्तु निजी स्कूलों की फीस पर नियमन के सवाल पर विधेयक मौन हैं विधेयक में प्राथमिक शिक्षा के माध्यम के बारे में स्पष्ट उल्लेख नहीं किया गया हैं इसलिये अनिवार्य शिक्षा की इस व्यवस्था में हमें स्कूली शिक्षा में अंग्रेजी के बजाय हिन्दी या प्रान्तीय भाषाओं को प्राथमिकता देनी होगी यद्यपि विधेयक में शारीरिक रूप से विकलांग बच्चे की शिक्षा पर विशेष ध्यान दिया गया है, परन्तु बाल तथा बंधुआ मजदूरों की शिक्षा के बारे में विधेयक में कोई व्यवस्था नहीं की गयी है जबकि देश में तेजी से बढ़ते बाल मजदूरों की संख्या चिन्ता का विषय है।

शिक्षा में व्याप्त ग्रामीण तथा शहरी असन्तुलन पर ध्यान केन्द्रित करना होगा यह तथ्य किसी से छिपा नहीं है। जिसे सुधारने की आवश्यकता है। यहां स्कूली

शिक्षा के स्तर में फीस में भारी विभिन्नताएं मौजूद है जैसे केरल तथा बिहार। एक ओर केरल में 90 प्रतिशत साक्षरता है तो बिहार में दो में से एक बच्चा स्कूल जाता है। इस प्रकार लैंगिक आधार पर भी नामांकन दर में काफी विषमतायें है। इसलिये इस अधिनियम का महत्व सही मायने में तभी है जब इस अन्तर्राज्यीय असमानता को दूर किया जाय।

देश में व्याप्त गरीबी, कुपोषण और भूख भी इस विधेयक के सफलता पूर्वक कार्यान्वयन में एक बड़ी बाधा है भारत में लगभग 24 करोड़ लोग गरीब है जिसकी संख्या लगभग 24 करोड़ है भले ही विधेयक में बच्चों की फीस, स्कूली ड्रेस कापी, किताब निःशुल्क उपलब्ध कराने की व्यवस्था है परन्तु इस सबसे पेट की भूख शान्त करना भी जरूरी है। मध्याह्न भोजन द्वारा कुछ समस्या का समाधान हुआ परन्तु स्थायी रूप से समस्या अभी भी है।

गांवों में विशेषकर अनुसूचित जाति एवं जनजाति के परिवारों के बच्चे की शिक्षा के मामले में स्थिति अत्यन्त दयनीय है अतः इस चुनौति को आवासयुक्त विद्यालयों को प्राथमिकता दी जाय। यह कहने में संकोच नहीं कि इन परिवारों के बच्चों को शिक्षा का माहौल तभी मिल सकता है जब वे छात्रावास में रहें और बालकों को पढ़ाई नहीं कमाई के दुश्चक्र से बाहर निकालना होगा।

इन चुनौतियों को ध्यान में रखते हुये इस कानून के प्रभावी क्रियान्वयन हेतु कुछ सुझाव निम्नलिखित है

भारत में सरकारी स्कूलों में करीब 25 फीसदी शिक्षा आमतौर पर अनुपस्थित होते है—

- अध्यापकों की गुणवत्ता में सुधार लाने के लिये विद्यालय प्रबन्ध समिति को वैधानिक अधिकार दिये जायें। जहां अध्यापक समय से नहीं आते यूनेस्को की एक रिपोर्ट में यह तथ्य सामने आया कि भारत सरकारी स्कूलों में करीब 25 फिसदी शिक्षक अनुपस्थित होते है, यहां अनुशासनात्मक कार्यवाही की जिम्मेदारी विद्यालय प्रबन्ध समिति की हो और उसमें वही अभिभावक हो जो किसी भी अन्य प्रकार से सम्बन्धित न हो।
- निःसन्देह 21वीं सदी में भारत के ज्ञान आधारित समाज और 2021 तक विकसित राष्ट्र बनाने का स्वप्न तभी साकार हो सकता है जब साक्षरता, शिक्षा, व्यवसायिक शिक्षा में सन्तुलन शिक्षा सम्बन्धी क्षेत्रीय विषमता दूर, करने के लिये प्रोत्साहन दिया जाये।

- यह कहने में संदेह नहीं कि अच्छी गुणवत्ता वाली शिक्षा न केवल स्वयं व्यक्ति को सशक्त बनाने में सक्षम है बल्कि समाज में उनके योगदान को सुनिश्चित करती है।
- वंचितों एवं अभावग्रस्त वर्गो के लिये आरक्षित 25 प्रतिशत स्थानों पर चयन की प्रक्रिया को स्पष्ट एवं व्यवहारिक बनाया जाये। इसी प्रकार शुल्क की क्षतिपूर्ति के लिये भी स्पष्ट निर्देश हो।
- जब हम विधेयक में बच्चे को गुणवत्ता वाली शिक्षा उपलब्ध करने की बात कर रहे है तो हमें इस बात पर भी ध्यान देना होगा कि बच्चे के बस्ते को हल्का किया जाय, तोता रटंत शिक्षा के बजाय कौशल प्रधान, जिज्ञासा जगाने वाली, तार्किक शक्ति बढ़ाने वाली शिक्षा देने की व्यवस्था की जाय। जिससे शिक्षा द्वारा केवल कौशल ही नहीं बल्कि मानवीय मूल्यों का पोशक भी हो।
- ऐसे सरकारी एवं गैर सरकारी विद्यालय जिनके पास इस कानून के निर्देश के अनुरूप सुविधायें नहीं है उन्हें किसी भी प्रकार से आर्थिक मदद मुहैया करायी जाय ताकि इन्हें अपने स्तर को मानक के अनुरूप बनाने में मदद मिल सके।
- 6-14 आयु वर्ग के साथ-साथ 1-5 आयु वर्ग के बच्चों पर ध्यान केन्द्रित करना होगा क्योंकि ये नींव के पत्थर है और इनकी अवहेलना नहीं कर सकते।
- इस कानून के प्रति आय नागरिकों में जागरूकता बढ़ाने के लिए सरकार द्वारा सार्थक प्रयास किये जायें। साथ ही कमजोर वर्गो को भी उनके बालकों के लिये आरक्षित स्थानों के प्रति सजग किया जाये वे इन सुविधाओं का लाभ ले सके।
- सरकारी विद्यालयों में भी सुधार अपेक्षित हैं। उन्हें ऐसा बनाया जाय कि वे वास्तव में गैर सरकारी स्कूलों के लिये अनुकरणीय हो सकें।
- निजी संगठनों को भी इस दिशा में कार्य करने के लिये प्रेरित किया जाये इसके लिये एक ऐसा सकारात्मक वातावरण सरकार द्वारा तैयार किया जाये कि वे इस महायज्ञ में बिना किसी लाभ या लालच के भागीदारी कर सके।
- यह सत्य है कि प्रशिक्षित अध्यापकों और पड़ोसी की कमी से सरकार जूझ रही है वर्तमान में लगभग 92 लाख बच्चे या तो विद्यालय गये ही नहीं है या विद्यालयों को छोड़ चुके हैं। इनके लिये भी सुविचारित दीर्घकालीन योजनायें बनायी जाये।

उपर्युक्त विवरण के आधार पर यह स्पष्ट अनुभव किया जा सकता है कि इस अत्यन्त महत्वपूर्ण कानून के प्रति नीति नियंताओं एवं विचारकों का प्राथमिक

शिक्षा के सार्वभौमीकरण एवं सर्वशिक्षा अभियान के प्रति कितना प्रबल आग्रह अर्न्तनिहित था। इसके लिये सरकार एवं जनसाधारण दोनों को पूरे उत्साह के साथ इस महनीय कार्य में लगना होगा। तभी यह कानून सार्थकता के साथ अपने लक्ष्य को प्राप्त कर सकेगी

इस सम्बनध में स्पष्ट है कि सरकार द्वारा शिक्षा को मौलिक अधिकार बनाने विषयक इस अधिनियम को पारित कराने की एक बड़ी चुनौती से तो निपट लिया गया है। लेकिन अब उसके समक्ष इससे भी बड़ी चुनौती उत्पन्न हो गयी है और वह है– इस अधिनियम को समुचित रुप से क्रियान्वित करने के लिये वांछित धनराशि की व्यवस्था करना तथा समयबद्ध तरीकों से उसके भलिभांति उपयोग को सुनिश्चित करते हुये निर्धारित लक्ष्यों को प्राप्त करना। केन्द्र सरकार के साथ-साथ इस अधिनियम के समुचित रुप से क्रियान्वयन में राज्य सरकारों की भी अत्यन्त महत्वपूर्ण भूमिका रहेगी। तभी हम प्राथमिक शिक्षा को वास्तविक अर्थों में मौलिक अधिकार के रुप में प्रतिस्थापित होते हुये देख पायेगें।

सन्दर्भ ग्रंथ

1 सिंह, आर.जे.,सावन्त ,गुलाटी निधि (2011) : शिक्षा का अधिकार, कानून- एक समीक्षा, इमर्जिंग ट्रेन्ड्स इन एजुकेशन, एसोसियेशन फॉर एन्नोवेटिव एजुकेशन, वाल्यूम-1, नवम्बर-2 फरवरी, 44-45।

2 पाण्डेय, प्रो. कल्पलता, शिक्षा का अधिकार कानूनः कल्पना ओर यर्थाथ, रवनतदंस (इमर्जिंग ट्रेंड्स इन एजुकेशन) वाल्यूम 2-नवम्बर 82-89।

3 पाण्डेय, गिरीश चन्द, मुफ्त तथा अनिवार्य शिक्षा, प्रतियोगिता दर्पण/फरवरी/2010/1264।

4 अग्रवाल,उमेश चन्द्र,बच्चों के मौलिक अधिकार के रुप में 'प्राथमिक शिक्षा', प्रतियोगिता दर्पण/जून/2010/2008-10

39

सर्वशिक्षा अभियान

*डॉ. त्रियुगी नारायन

प्राथमिक शिक्षा के संख्यात्मक विकास के साथ-साथ संविधान में उल्लिखित लक्ष्य की प्राप्ति को ध्यान में रखते हुए प्राथमिक शिक्षा के स्तर पर शिक्षा में गुणात्मक विकास की बात स्वतंत्रता के पश्चात सर्वप्रथम भारतीय शिक्षा आयोग अर्थात कोठारी आयोग (1964-66) के सुझाओं में परिलक्षित होती है, जिसे निम्न पंक्तियों में स्पष्ट रूप से देखा जा सकता है। "संख्यात्मक दृष्टि से स्वतंत्रता प्राप्ति के पश्चात शिक्षा के सभी स्तरों में देश ने आश्चर्य जनक विकास दर्ज किया है। इस विस्तार के बावजूद शैक्षिक विकास के कई आयामों में स्थिति संतोषजनक नहीं है।"

उर्पयुक्त बातों से यह स्पष्ट होता है कि देश की स्वतंत्रता के पश्चात शिक्षा के सभी स्तरों पर संख्यात्मक विकास तो हुआ है परन्तु गुणात्मक विकास की स्थिति संतोषज़नक नहीं रही है। जिसे ध्यान में रखते हुए अनवरत प्रयास किये ज़ा रहे है जैसा कि-प्राथमिक शिक्षा के सन्दर्भ में भारतीय संविधान की 45वीं धारा में स्पष्ट निर्देश है–"राज्य इस संविधान के लागू होने के समय से दस वर्ष के अन्दर 14 वर्ष तक की आयु के बच्चों की अनिवार्य एवं निःशुल्क शिक्षा की व्यवस्था करेगा।" इस क्रम में सन् 1957 में क्रेन्द्र सरकार ने **अखिल भारतीय प्राथमिक शिक्षा परिषद** (All India Council for Elementary Education, AICEE) का गठन किया और इसे प्राथमिक शिक्षा के प्रसार एवं उन्नयन के सम्बन्ध में सुझाव देने का कार्य सौंपा गया। **सन् 1986 में राष्ट्रीय शिक्षा नीति** (NPE,1986) ने प्राथमिक शिक्षा के सार्वभौमिकरण को राष्ट्रीय ध्येय के रूप में स्वीकार किया गया और उसके विस्तार एवं उन्नयन दोनों पर बल दिया गया। इसी क्रम में **सन् 1987 में ऑपरेशन ब्लैक बोर्ड योजना** (Operation Black Board) शुरू किया गया जिसके अर्न्तगत विद्यालय भवन निर्माण, शिक्षक नियुक्ति तथा अन्य आवश्यक सामग्री की व्यवस्था करने की जिम्मेदारी सौंपी गयी। **सन् 1990 में थाईलैण्ड में**

सबके लिए शिक्षा (Education For All) पर विश्व सम्मेलन हुआ जिसमे भारत ने भी अपनी सहभागिता प्रस्तुत की।

सन् 1994 में शैक्षिक दृष्टि से पिछ़ड़े जिलों में **जिला प्राथमिक शिक्षा कार्यक्रम** (District Primary Educaiton Programe, DPEP) शुरू किया गया यह शैक्षिक दृष्टि से पिछ़डे जिलो में प्राथमिक शिक्षा के प्रसार में काफी सहयोग दे रहा है। 15 अगस्त 1995 को पौष्टिक आहार सहायता का राष्ट्रीय कार्यक्रम शुरू किया गया इसे सामान्तया **मध्याह्न भोजन योजना** (Mid-day Meal Scheme) कहते है। इसका उद्देश्य है—बच्चों को स्कूलों में रोके रखना, नामांकन बढ़ाना, उपस्थिति में सुधार करना और अन्ततः **जनवरी 2001 में सर्वशिक्षा अभियान** (Sarva Shiksha Abhiyan)शुरू किया गया और इसका निम्नलिखित **लक्ष्य निर्धारित किया गया है** –

1. सन् 2003 तक प्राथमिक शिक्षा को सर्वसुलभ बनाना,
2. सन् 2007 तक सभी बच्चों को 5 वर्ष की प्राथमिक शिक्षा पूर्ण कराना
3. सन् 2010 तक सभी बच्चों को 8 वर्ष की प्राथमिक शिक्षा पूर्ण कराना निश्चित किया गया।

इसे और प्रभावी बनाने के लिए **सन् 2009 में शिक्षा का अधिकार** (Right to Education Act 2009) पास किया गया। इस अधिनियम के अनुसार 6-14 आयु वर्ग के बच्चों को कक्षा 1 से कक्षा 8 तक की निःशुल्क शिक्षा प्राप्त करने का मूल अधिकार है। सरकार ने अप्रैल 2010 से कानून के रूप में लागू कर दिया है।

सर्वशिक्षा अभियान की उपलब्धियाँ—इस अभियान की प्रमुख उपलब्धियाँ इस प्रकार है—

1. इस अभियान की शुरूआत से दिसम्बर 2006 तक लगभग 1,81,000 (एक लाख इक्यासी हजार) विद्यालय खोले जा चुके है।
2. इसके अर्न्तगत 1,49,600 (एक लाख उन्चास हजार छः सौ) नई स्कूली इमारते निर्मित करायी गयी है।
3. इसके अधीन 6,50,000 (छः लाख पचास हजार) अतिरिक्त कमरे निर्मित कराये गये।
4. इसके अर्न्तगत 31/03/2007 तक 8,00,000 (आठ लाख) से अधिक शिक्षक नियुक्त किये जा चुके है।
5. सर्वशिक्षा अभियान के तहत स्कूल छोड़ने वाले बच्चों की संख्या में भारी कमी लाने में सफलता मिली है। 2001-02 में स्कूल छोड़ने वाले 3:20 करोड़ बच्चों के मुकावले मार्च 2007 में यह संख्या लगभग 70 लाख रही है।

सर्वशिक्षा अभियान : लक्ष्य

प्राथमिक शिक्षा के लिए ग्यारहवी पंचवर्षीय योजना में निम्नलिखित लक्ष्य निधार्रित किये गये–

1. 6 से 14 वर्ष की आयु वर्ग के सभी बच्चों का नामांकन कराना।
2. 2011-12 तक सभी लिंग, सामाजिक तथा क्षेत्रीय विषमताओं को दूर करना।
3. प्राथमिक विद्यालयों में प्रवेश लेने वाले सभी बच्चों का एक वर्षीय पूर्व विद्यालय शिक्षा (Pre-School Education) की व्यवस्था करना।
4. बीच में विद्यालय छोड़ने वालो के प्रतिशत को 2011-12 तक 50 प्रतिशत से घटाकर 20 प्रतिशत पर लाना।
5. प्रत्येक ब्लाक में 5 साधन सम्पन्न शिक्षक तथा 10 स्कूलो के लिए एक CRC (Cluster Resource Center) की स्थापना करना निर्धारित किया गया था।

अन्ततः सर्व शिक्षा अभियान योजना के सन्दर्भ में उर्पयुक्त विभिन्न तथ्यात्मक व वर्णित बातों को ध्यानपूर्वक अध्ययन के पश्चात निश्चित रूप से यह आशातीत होता है, कि आने वाले आगामी कुछ वर्षो में देश के समस्त 6-14 आयु वर्ग के सभी बच्चो को अनिवार्य एवं निःशुल्क शिक्षा की प्रयाप्त उपलब्धता सुनिश्चित होगी, परिणामतः सभी 6-14 वर्ष के बच्चे शत/प्रतिशत रूप में प्राथमिक शिक्षा ग्रहण करने में सफल होगें और भारत के उज्ज्वल भविष्य में अपना अमूल योगदान दे सकेगें।

सन्दर्भ ग्रन्थ

1. अग्रवाल, जे.सी., भारत में शिक्षा व्यवस्था का इतिहासः शिप्र पब्लिकेशन, दिल्ली।
2. लाल एवं शर्मा रमन बिहारी, कृष्णकान्त : भारतीय शिक्षा का इतिहास, विकास एवं समस्याएँ, आर. लाल बुक डिपो, मेरठ,।
3. पाठक एवं त्यागी : पी.डी., गुरुसरन : भारतीय शिक्षा और उसकी समस्याएँ, अग्रवाल पब्लिकेशन, दयालबाग, आगरा,।
4. पाण्डेय, पार्थसारथी एवं नीता : प्रारम्भिक शिक्षा के नवीन प्रयास, आर.एस.ए. इण्टरनेशनल, आगरा।
5. गुप्ता एवं गुप्ता, एस.पी. एवं अल्का : भारतीय शिक्षा का इतिहास, विकास एवं समस्याएँ, शारदा पुस्तक भवन, इलाहाबाद।

40

सर्व शिक्षा अभियान का वैश्विक एवं भारतीय परिदृश्य

*डॉ. समीर कुमार पाण्डेय

शिक्षा, व्यक्ति, समाज एवं राष्ट्र की प्रगति का मूलाधार है। सभ्यता एवं संस्कृति के विकास की परिचायक है। शिक्षा का मूल उद्‌देश्य व्यक्ति का शारीरिक, मानसिक बौद्धिक एवं आध्यात्मिक उन्नयन के साथ-साथ शुद्धता एवं सादगीयुक्त जीवन व्यतीत करना है। यह बुनियादी शिक्षा की व्यवस्था भारत में वैदिक काल से तो है, किन्तु सार्वभौमिक शिक्षा की बात भारत में औपनिवेशिक काल से प्रारम्भ हो गयी। उस समय इसकी अगुवाई कुछ देशी रियासतों के शासकों और स्वतंत्रता आन्दोलना से जुड़े राष्ट्रवादी नेताओं ने की। किन्तु योजना बद्ध ढंग से इसकी शुरूआत 1947 के बाद हुआ। हमारे संविधान के अनुच्छेद-45 में स्पष्ट कहा गया है कि 6 से 14 वर्ष के बच्चों को 10 वर्षो में अनिवार्य एवं मुफ्त शिक्षा प्रदान की जाएगी। आजादी के बाद ऐसा प्रतीत होता है कि इस लक्ष्य को अल्पकाल में ही प्राप्तकर लिया जाएगा, किन्तु यह सम्भव न हो सका। हालांकि 2001 की जनगणना में देश के वयस्क निरक्षरों की संख्या में उल्लेखनीय कमी दर्ज की गयी।

मानवाधिकर के अन्तर्राष्ट्रीय घोषणा पत्र 1948 में कहा गया था कि–''सभी मनुष्य को शिक्षा का अधिकार है और प्रत्येक व्यक्ति को योग्यता के आधार पर शिक्षा प्राप्त होगी।'' किन्तु अब तक प्राथमिक शिक्षा का भी लक्ष्य पूरा न हो सका। इन सभी बातों को ध्यान में रखकर विश्व समुदाय के विद्वानों-बुद्धिजीवियों ने 1990 में जोमेतियन (थाइलैण्ड) में (विश्व-सम्मेलन) आयोजित किया, जिसका लक्ष्य 'सबके लिए शिक्षा' था। इसके बाद अप्रैल 2000 में डकार (सेनेगल) में आयोजित 'विश्व शिक्षा फोरम' द्वारा इस उद्‌देश्य को मुख्यतः छः लक्ष्योद्‌देश्यों के रूप में निर्धारित किया गया–

1. वंचित वर्ग के बच्चों हेतु शिक्षा-विस्तार एवं सुझाव विशेषतः शैशवकालीन देखभाल।
2. 2015 तक सभी बच्चे (लड़किया एवं पीड़ित बच्चे) हेतु गुणात्मक मुक्त एवं अनिवार्य प्राथमिक शिक्षा को पूरा करना।
3. सभी युवको-पौढ़ों की अधिगम सम्बन्धी आवश्यकताओं समुचित अधिगम व जीवन-कौशल कार्यक्रमों द्वारा समान रूप से पूरी हो।
4. प्रौढ़ साक्षरता स्तरों में 2015 तक 50 प्रतिशत सुधार लाना। महिलाओं पर विशेष ध्यान देना, सतत् व बुनियादी शिक्षा की व्यवस्था करना।
5. प्राथमिक व माध्यमिक शिक्षा में 2005 तक लैंगिक विषमता दूर करना व 2015 तक पूर्णतः लैंगिक समानता प्राप्त करना।
6. शिक्षा के सभी पक्षों में गुणवत्ता-उत्कृष्टता सुनिश्चित करना। जिससे मान्य एवं मूल्यांकन योग्य अधिगम उपलब्धियां, साक्षरता, गणना तथा अनिवार्य जीवन-कौशल सभी को प्राप्त हों।

भारत में ''सबके लिए शिक्षा'' की प्रगति

भारत में 1947 के पश्चात 'सबके लिए शिक्षा' की व्यवस्था की गयी। किन्तु वयस्क साक्षरता व बच्चों के स्कूल जाने की दर 1950 में लगभग नगण्य थी। तब से आज तक इसमें संतोषजनक प्रगति हुई। इसमें 90 के दशक में सघन प्रयास हुये। इसमें प्रगति भी हुई। इससे प्रभावित होकर 10 वी पंचवर्षीय योजना में विद्यालयों की उपलब्धता, नामांकन लैगिक समानता जैसे सभी मुद्दों पर इन लक्ष्यों को निर्धारण किया गया।

अनिवार्य एवं मुफ्त शिक्षा के सम्बन्ध में न्यायालय का मत

- मोहिनी जैन बनाम कर्नाटक राज्य (1992) के मामले में शीर्ष अदालत ने अनुच्छेद 21 के तहत् शिक्षा पाने के अधिकार को प्रत्येक नागरिक का मूल अधिकार बताते हुए ऐतिहासिक निर्णय दिया। अनुच्छेद 21 के तहत् प्राण व दैहिक स्वतन्त्रता के अधिकार में शिक्षा पाने का अधिकार भी शामिल है तथा निजी कॉलेज द्वारा कैपीटेशन शुल्क लेना नागरिकों के इस अधिकार का उल्लंघन है। प्रत्येक नागरिक को शिक्षा उपलब्ध करवाना राज्य का संवैधानिक दायित्व है।
- यूनी कृष्णन बनाम आन्ध्र प्रदेश (1993) के मामले में निजी कॉलेज संचालकों ने न्यायालय से मोहिनी जैन वाद में दिए गए निर्णय पर पुनर्विचार के लिए

आवेदन किया। उनका तर्क था कि उक्त निर्णय को लागू किया गया, तो उनकों कॉलेज बन्द करने पड़ेगें । विद्वान न्यायूर्तियों ने शिक्षा को मूल अधिकार माना तथा इसे 14 वर्ष के बच्चो तक सीमित करते हुए कहा कि उच्च शिक्षा के सम्बन्ध में यह राज्य की आर्थिक क्षमता पर निर्भर करेगा।

- एम.सी. मेहता बनाम तमिलनाडु राज्य (1996) के मामले में सर्वोच्च न्यायालय ने राज्य को आदेश दिया कि अनुच्छेद 45 के अनुसार बाल श्रमिकों को शिक्षा का पूर्ण अवसर प्रदान करे। यह भी निर्देश दिया कि संरक्षक का दायित्व होगा कि वह बालक को शिक्षा के लिए भेजे तथा सम्बन्धित सरकार यह देखें कि उनके काम की अवधि 4 से 6 घण्टे से अधिक न हो और प्रत्येक दिन में 2 घण्टे शिक्षा प्राप्त करें व उसकी शिक्षा का सम्पूर्ण व्यय नियोजक वहन करें।

शिक्षा के अधिकार से सम्बन्धित संवैधानिक प्रावधान

- अनुच्छेद 21 क-86वें संविधान संशोधन अधिनियम 2002 द्वारा सॉविधान में अनुच्छेद 21 के पश्चात नया अनुच्छेद 21 क जोड़ा गया जो यह उपबन्धित करता है कि राज्य ऐसी रीति से जैसा कि विधि बनाकर निर्धारित करें 6 वर्ष की आयु से 14 वर्ष की आयु के सभी बालकों के लिए निःशुल्क और अनिवार्य शिक्षा के लिए उपलब्ध करेगा।
- अनुच्छेद 41 : कुछ अवस्थाओं में काग, शिक्षा और लोक सहायता पाने का अधिकार- राज्य अपनी सामर्थ्य और विकास की सीमाओं के भीतर प्रत्येक व्यक्ति के लिए काम पाने, शिक्षा पाने तथा बेकारी, बुढ़ापा, बीमारी और अशक्तता की दशाओं में सार्वजनिक सहायता पाने के अधिकार को सार्वजनकि सहायता पाने के अधिकार को प्राप्त करने का कार्यसाधक उपबन्ध करेगा।
- अनुच्छेद 45 : उपबन्धित करता है कि राज्य 6 वर्ष की आयु के सभी बालकों के पूर्व बाल्यकाल की देखरेख और शिक्षा के लिए अवसर प्रदान करने के लिए उपलब्ध करेगा।
- अनुच्छेद 46 : समाज के दुर्बल वर्गो की शिक्षा और अर्थ सम्बन्धी हितों की अभिवृद्धि :- राज्य दुर्बल वर्गो विशेषतः अनुसूचित जातियों एवं अनुसूचित जनजातियों की शिक्षा तथा अर्थसम्बन्धी हितों की विशेष सावधानी से अभिवृत्ति करेगा। शोषण से रक्षा और न्याय देगा।

सर्व शिक्षा अभियान

सर्वशिक्षा अभियान सन् 1998 में आयोजित राज्य शिक्षा मंत्रियों के सम्मेलन की सिफारिशों का परिणाम है। शुरूआत भारत सरकार ने 2001 में किया। इसे गोवा राज्य को छोड़कर सम्पूर्ण देश में लागू किया गया। इसकी शुरूआत प्रधानमंत्री अटल बिहारी वाजपेयी जी ने किया। यह एक निश्चित समयावधि के तरीके से प्राथमिक शिक्षा के सार्वभौमिकरण को प्राप्त करने के लिए किया गया। इसके तहत 6-14 साल के बच्चों (2001 में 205 मिलियन अनुमानित) की मुफ्त और अनिवार्य शिक्षा के प्रावधान को मौलिक अधिकार बनाया गया। इसका उद्देश्य 2010 तक संतोषजनक गुणवत्ता वाली प्राथमिक शिक्षा के सार्वभौमिकरण को प्राप्त करना है। इसके कुल 8 मुख्य कार्यक्रम है। इसमें आँगनबाड़ी, कस्तूरबा गांधी बालिका विद्यालय एवं आई. सी. डी. एस आदि शामिल है।

इसके निम्नांकित उद्देश्य हैं—

1. 2005 तक सभी स्कूल में हो।
2. 2005 तक प्राथमिक शिक्षा का 5 साल पूरा करना व 2010 तक स्कूली शिक्षा का 8 साल पूरा करना।
3. संतोषजनक गुणवत्ता और जीवन के लिए शिक्षा पर बल देना।
4. 2007 तक प्राथमिक स्तर पर और 2010 तक प्रारम्भिक स्तर पर सभी लैंगिक और सामाजिक अंतर को समाप्त करना।
5. वर्ष 2010 तक सार्वभौमिक प्रति धारण सर्व शिक्षा अभियान।

कार्यक्रम के अनुसार उन बस्तियों में नए स्कूल बनाने पर प्रयास किया जाता है जहां स्कूली शिक्षा की सुविधा नहीं है और अतिरिक्त कक्षा, शौचालय, पीने का पानी, रखरखाव अनुदान औा स्कूल सुधार अनुदान के माध्यम से मौजूदा स्कूलों की बुनियादी ढांचे में विकास करना है। जिन मौजूदा स्कूलों में अपर्याप्त शिक्षक हैं उनमें अतिरिक्त शिक्षक मुहैया कराना है, जबकि मौजूदा शिक्षकों की क्षमता को व्यापक प्रशिक्षण, विकासशील शिक्षण अधिगम सामग्री अनुदान और ब्लॉक और जिला स्तर पर एक क्लस्टर पर अकादमिक सहायता संरचना को मजबूत बनाने के लिए अनुदान से सुदृढ़ बनाया जा रहा है। सर्व शिक्षा अभियान, जीवन कौशल सहित गुणवत्ता युक्त प्रारंभिक शिक्षा प्रदान करता है। सर्व शिक्षा अभियान द्वारा लड़कियों और विशिष्ट आवश्यकता वाले बच्चों पर विशेष रूप से ध्यान केंद्रित किया जाता है। सर्व शिक्षा अभियान डिजिटल अंतराल को खत्म करने के लिए

कम्प्यूटर शिक्षा भी प्रदान करने का प्रयास करता है। बच्चों की उपस्थिति कम होने के चलते मध्याहन भोजन की शुरूआत की गई थी। अच्छे परिणामों के लिए, सर्व शिक्षा अभियान के परिव्यय को 2005-06 में 7156 करोड़ रूपये से 2006-07 में 10,004 करोड़ रूपये तक कर दिया गया है। साथ ही 500,000 अनिरिक्त क्लास रूम का निर्माण और 1,50,000 अतिरिक्त शिक्षकों की नियुक्ति करना लक्ष्य हैं। वर्ष 2006-07 के दौरान शिक्षा उपकर के माध्यम से राजस्व प्रारम्भिक शिक्षा कोश के लिए 8746 करोड़ हस्तांतरण करने का फैसला किया गया।

प्राथमिक शिक्षा के सार्वभौमिकरण के लिए संवैधानिक, कानूनी और राष्ट्रीय घोषणा

- सवैधानिक अध्यादेश, 1950—"संविधान के सेवारम्भ से दस साल के भीतर राज्य, जब तक 14 साल पूरा नहीं करते तब तक सभी बच्चों को मुफ्त और अनिवार्य शिक्षा मुहैया करवाएगा।"
- राष्ट्रीय शिक्षा नीति, 1986—"यह सुनिश्चित किया जाएगा कि इक्कीसवीं सदी में प्रवेश करने से पहले 14 साल के सभी बच्चों को संतोशजनक गुणवत्ता में मुफ्त और अनिवार्य शिक्षा प्रदान की जायेगी"
- उन्नीकृष्णन फैसा, 1993—"इस देश के 14 वर्ष तक के प्रत्येक शिशु/नागरिक के पास मुफ्त शिक्षा पाने का अधिकार होता है।" उपस्थिति कम होने के चलतो मध्याह्न भोजन की शुरूआत की गई थी।

निष्कर्ष/अनुपयोग

1 अप्रैल 2010 से प्रभावी हुए 6 से 14 वर्ष तक के बच्चों को मुफ्त व अनिवार्य शिक्षा कानून शिक्षा के लिए नया सवेरा लेकर आएगा, अनिवार्य शिक्षा दिए जाने को मौलिक अधिकार बनाया जान सचमुच शिक्षा क्षेत्र के नए सवेरे की तरह है। इसे आने में 63 वर्ष लग गए हैं, साथ ही यह सवाल भी है कि इतने वर्षों बाद भी क्या यह अधिकार सचमुच पूर्णरूप से प्रभावी होगा। भारतीय लोकतन्त्र की इस महान उपलब्धि पर जय-जयकार होनी चाहिए और वह हो भी रही है, लेकिन आशंकाओं को देखते हुए हमें जोश के साथ उस होश को बरकरार रखना चाहिए, जिसके बिना यह उपलब्धि तमाम अन्य उपलब्धियों की तरह एक अधूरा सपना बनकर रह सकती है। भारत सरकार का दावा है कि देश में 6 से 14 साल की आयु वर्ग के बच्चों की संख्या 22 करोड़ के लगभग है और उसमें करीब एक करोड़

ऐसे है, जो अपनी सामाजिक, पारिवारिक, आर्थिक स्थितियों के कारण स्कूल नहीं जा पाते हैं। इस बारें में साक्षरता और शिक्षा के सरकारी आंकड़े चाहे जो बोले, लेकिन सच्चाई तो यह है कि अधिकांश राज्यों की ग्रामीण आबादी का ज्यादातर भाग निरक्षर है।

आज साक्षरता के लिए भारत सरकार लाखों, करोड़ों रूपये खर्च कर रही है। भारत सरकार द्वारा शिक्षा के लिए चलाए जा रहे साक्षरता आन्दोलन अभियान के अन्तर्गत ग्रामीण अंचल के गांव, तहसील व ज़िलों में निर्धारित समय-सीमा समाप्त होने के बाद साक्षर किए गये लोग पुनः कुछ समय के बाद निरक्षर लोगों के समान ही हो जाते है, क्योकि उनके पास प्राथमिकता से जीवन-यापन का विकल्प नहीं है और वे सपरिवार सर्व प्रथम जीविका के संसाधनों के लिए जुट जाते है और स्कूल, विद्यालय या मदरसों में पढ़ाई छोड़कर परिवार के साथ धन कमाने के लिए काम पर लग जाते हैं।

''बराबरी और विकास लाने की जिस भावना के तहत् शिक्षा को मौलिक अधिकार बनाया गया है, उसे पाने के गुणवत्ता के फर्क को भी मिटाना होगा।''

इस कानून से उम्मीद जताई जा रही है कि एक करोड़ बच्चों को सर्वाधिक लाभ होगा और भारत के माथे पर लगा निरक्षरता का कलंक भी मिटेगा, लेकिन ये सरकारी आंकड़े विश्व बैंक और गैर-सरकारी संगठनों के आंकड़ो से समानता नहीं रखते है। इनके अनुसार बीच में स्कूल छोड़ने वाले बच्चों की संख्या इससे कही ज्यादा है और बच्चों को पुनः स्कूल से जोड़ने के लिए पर्याप्त संसाधन उपलब्ध नहीं है। साथ ही साथ इस शिक्षा के अधिकार के नाम पर यह कानून प्रत्येक बच्चे के पढ़ने मुफ्त शिक्षा और पड़ोस में एक सरकारी स्कूल होने का दावा करता है किन्तु शिक्षको की उपलब्धता, शौचालय, पेयजल, पुस्तकालय एवं प्रयोगशालाओं आदि मूलभूत सुविधाओं की व्यवस्था की बात नहीं करता। आज तक (पढ़ना, लिखना एवं गिनना) की पूर्ति नहीं हो पा रही हैं। यही कारण है कि आज सरकारी स्कूलों से छात्र पलायन कर रहे है। शिक्षक-छात्र अनुपात पर भी ध्यान देने की जरूरत है। शिक्षा को मौलिक अधिकार बनाया तो गया किन्तु उसकी प्राप्ति हेतु गुणवत्ता के फर्क को भी मिटाना होगा अन्यथा यह कानून मात्र कागज पर ही रह जाएगा। सरकार को विद्यालयों की दशा सुधारने हेतु प्रतिबद्ध होना होगा पूरी आबादी को शिक्षित करने हेतु निजी एवं सरकारी दोनों प्रकार के विद्यालयों पर ध्यान देना होगा, तभी हम सर्व शिक्षा के लक्ष्य को प्राप्त कर सकेंगे।

सन्दर्भ ग्रन्थ

1. योजना, सितम्बर 2006
2. विश्व मॉनीटरिंग रिपोर्ट 2002
3. दैनिक जागरण एवं हिन्दुस्तान समाचार पत्र, लखनऊ प्रकाशन।
4. उदीयमान भारतीय समाज में शिक्षक, आलोक प्रकाशन, लखनऊ, डॉ. गुप्ता एवं टण्डन।
5. इण्टरनेट माध्यम।
6. मनोरमा ईयर बुक, 1993

41

सर्वशिक्षा अभियान की चुनौतियाँ

*संदीप कुमार वर्मा

**डॉ. महेन्द्र सिंह

किसी देश का भविष्य इस बात पर निर्भर करता है कि वहाँ की शिक्षा व्यवस्था कितनी सुदृढ़ है। प्रारम्भिक शिक्षा क्षेत्र में समय-समय पर सरकार द्वारा उचित कदम उठाया गया है। जैसे 1976 से पूर्व शिक्षा पूर्ण रूप से राज्यों का दायित्व था तथा इसी वर्ष शिक्षा में एकीकरण की दृष्टि से इसे समवर्ती सूची में डाला गया। शिक्षा को सुदृढ़ करने के लिए 1986 की राष्ट्रीय शिक्षा नीति को क्रियान्वित किया गया, जिससे शिक्षा में सुधार आया, किन्तु यह पर्याप्त नहीं था। इसी प्रकार विभिन्न स्कीमों जैसे ऑपरेशन ब्लैक बोर्ड, जिला प्राथमिक शिक्षा कार्यक्रम (डी.पी.ई.पी.) के माध्यम से शिक्षा में सुधार दशकों के बावजूद भी यह महसूस नहीं किया गया था कि अब भी काफी संख्या में बच्चे शिक्षा की धारा से वंचित है।

संविधान संशोधन (86वां) अधिनियम 2002 के माध्यम से भारत के संविधान में अनुच्छेद 21-क शामिल किया गया है ताकि छह से चौदह वर्ष के आयु वर्ग के सभी बच्चों की विधि के माध्यम से राज्य द्वारा यथानिर्धारित मौलिक अधिकार के रूप में निःशुल्क और अनिवार्य बाल शिक्षा का अधिकार 2009 (आरटीई) और भारत के संविधान में अनुच्छेद 21-क 01 अप्रैल, 2010 से प्रचलन में आ गया है। इसके फलस्वरूप 6-14 वर्ष की आयु समूह के सभी बच्चों के लिए प्रारम्भिक शिक्षा मौलिक अधिकार बन गया है।

मानव संसाधन विकास मंत्रालय ने आरटीई अधिनियम के कार्यान्वयन और परिणामस्वरूप सर्वशिक्षा अभियान (एसएसए) के सुधार के संबंध में एक विशेषज्ञ समिति गठित की थी। जिसके अनुसार मापदंडों में किए गए मुख्य परिवर्तन निम्नलिखित है–

1. राज्य सरकारों द्वारा मापदंडों के अनुसार नए प्राथमिक और उच्च प्राथमिक स्कूल खोलना।
2. दो वर्षों की अवधि के अन्दर इंजीएस के अन्तर्गत आने वाले केन्द्रों को नियमित औपचारिक स्कूलों में परिवर्तित करके सभी वैकल्पिक स्कूल सुविधाएं उपलब्ध कराना।
3. आरटीई के तहत निर्धारित शिष्य-शिक्षक अनुपात के अनुसार अतिरिक्त शिक्षक उपलब्ध कराना।
4. अतिरिक्त कक्षा उपलब्ध कराना ताकि प्रत्येक शिक्षक के लिए अपना कक्ष हो, साथ ही मुख्य-अध्यापक-सह-अधिकारी के लिए एक कक्ष का प्रावधान कराना।
5. सभी बालिकाओं और अनुसूचित जाति/अनुसूचित जनजाति के बच्चों तथा गरीबी रेखा से नीचे के परिवारों के बच्चों के लिए प्रतिवर्ष वर्दी के दो सेटों का प्रावधान करना।
6. नियमित स्कूलों द्वारा सेवा प्रदान नहीं किए जाने वाले स्कूलों में बच्चों के लिए परिवहन सुविधा की लागत।
7. नियमित स्कूलों में आयु के अनुरूप प्रवेश को सुविधाजनक बनाने के लिए स्कूल से बाहर और स्कूल छोड़ देने वाले बच्चों के लिए विशेष प्रशिक्षण।
8. कक्षा-5 और कक्षा-8 में क्रमशः प्राथमिक और उच्च प्राथमिक साइकिल चलाने में राज्यों की सहायता के लिए अध्यापन शिक्षण पुरस्कारों का प्रावधान करना।
9. नियमित स्कूलों द्वारा सेवा प्रदान नहीं किए जाने वाले सुदूरवर्ती एकाकी क्षेत्रों के बच्चों और शहरी क्षेत्रों में वयस्कों का संरक्षण न मिलने वाले बच्चों के लिए आवासीय स्कूल।

सर्वशिक्षा अभियान (एसएसए) के कार्यान्वयन में आने वाली बाधाएं–

(अ) अध्यापकों से सम्बन्धित

- अध्यापकों की काफी रिक्तियां है।
- अध्यापकों का गैर शिक्षण गतिविधियों में सेवा लेना
- पल्स पोलियो
- सिविल कार्यों का पर्यवेक्षण
- जनसंख्या गणना

- अध्यापक दूर दराज के क्षेत्रों में तैनाती के इच्छुक नहीं है।
- गणित/विज्ञान/कम्प्यूटर्स के लिए अलग से अध्यापक उपलब्ध नहीं है।

(ब) अपर्याप्त जन साधन-सहयोग

- जिला और उपजिला स्तरों पर एसएसए के कार्यान्वयन के लिए कोई अलग/स्थाई स्टाफ नहीं है।
- ब्लाक संसाधन केन्द्रों और कलस्टर संसाधन केन्द्रों के पास समानीकरण और क्षमता निर्माण के लिए पर्याप्त जनसाधन नहीं है।

(स) स्कूल से बाहर रहे बच्चे/छात्र अनुपस्थिति

- मौसम प्रवास
- साक्षरता
- आर्थिक पिछड़ापन
- जानकारी का अभाव
- भाई-बहनों की देखभाल
- आदर्श पंजीकरण की मुख्य चुनौती है।
- मल्टीलिंगुअल स्कूलों की अनुपलब्धता
- राज्यों के मध्य असमान पाठ्यक्रम
- स्कूल का शैक्षणिक वर्ष प्रवासी सीटीजन्स के अनुरूप नहीं है।
- छात्रा को फेल होने का भय नहीं है।

(द) निधि का समय पर जारी नहीं किया जाना

- शहरी गंदी बस्तियों के लिए आपर्याप्त निधि
- निधि को लेकर राज्य एवं केन्द्र के मध्य मतभेद

(य) सामुदायिक स्वामित्व/कमजोर सहभागिता

- कार्यान्वयन को सुदृढ़ करने के लिए सामुदायिक पहल जरूरी है जबकि यह जिम्मेदारी मुख्याध्यापक पर है।
- एसएसए हस्तक्षेपों और पीटीए की जानकारी सामान्यतः कमजोर रही।
- एसएसए से जुड़े कर्मचारी एवं समितियों के सदस्यों के पाल्यों का सरकारी विद्यालयों में न पढ़ना।

(र) मॉनीटरण और पर्यवेक्षण में कमजोर संबंध

- जिला और ब्लाक की टीमों के पास स्कूलों में किए दौरों का रिकार्ड नहीं रहता।
- बीआरसी/सीआरसी की भूमिका और जिम्मेदारियां स्पष्ट नहीं है।
- शहरी क्षेत्रों में एसएसए के कार्यान्वयन के लिए कोई नोडल एजेन्सी नहीं है।
- प्रत्येक नगर निगम अपने क्षेत्राधिकार में स्कूलों की देखभाल करता है, जो जिला प्राधिकारियों से स्वतंत्र है।
- टाउन स्तरीय समितियों में वचनबद्धता का अभाव है।
- एनजीओ की सहभागिता ग्राम स्तर पर नहीं है।

(ल) गुणवत्तायुक्त शिक्षा का अभाव

- प्रशिक्षित शिक्षकों का अभाव
- शिक्षकों को समय-समय पर प्रशिक्षण देने की व्यवस्था नहीं हो पायी है।

सिफारिशें/सुझाव

क. बीच में पढ़ाई छोड़ने वाले/स्कूल से बाहर रहे बच्चे में कमी लाना

1. ग्राम स्तर पर अपने प्राथमिक स्कूलों के अनुपात को अधिक अनुकूल बनाने की आवश्यकता और शहरी गंदी बस्तियों में अधिक प्राथमिक स्कूल/सामाजिक स्कूल खोल कर अनुकूल बनाना।
2. बीच में पढ़ाई छोड़ने वालों में कमी लाने के लिए प्री प्राथमिक सैक्शन से सम्बद्ध कर प्राथमिक स्कूलों को अधिक प्रभावी बनाना।
3. बीच में स्कूल छोड़ने वालों और स्कूल से बाहर रहे बच्चों के माता-पिताओं में जागृति बढ़ाने के लिए एनजीओ और सीआरजी की सहभागिता।
4. दूर दराज की बस्तियों से बच्चों को स्कूल में लाने के लिए परिवहन व्यवस्था करना।
5. प्रवासी बच्चों में रिटेंशन में सुधार के लिए प्रवासी सीजन के अनुसार जिला कर्मचारियों द्वारा शैक्षणिक कलैण्डर तैयार करना।
6. स्कूल से बाहर रह रहे बच्चों को मुख्य धारा में लाने के लिए प्रवासी कार्ड/मौसमी छात्रावास की व्यवस्था/संसाधन व्यक्तियों की नियुक्ति करना।

ख. अध्यापक और छात्र उपस्थिति में सुधार

1. अध्यापकों की उपस्थिति रिकार्ड के लिए बायोमैट्रिक प्रणालियां लागू करना
2. गैर शिक्षण गतिविधियों में कमी लाना, अध्यापकों द्वारा सिविल निर्माण कार्यों का पर्यवेक्षण व पशु सर्वेक्षण न कराना।
3. स्कूलों में खेल उपकरण उपलब्ध कराए जाने की आवश्यकता है।
4. छात्रों में अनुशासन बनाए रखने के लिए दण्ड देने से बचना होगा।

ग. शिक्षा की गुणवत्ता में सुधार करना

1. रिक्तियों को भरने के लिए अध्यापकों की भर्ती, अपर प्राथमिक स्तर पर प्रत्येक विषय के लिए अलग अध्यापक की व्यवस्था और पीटीआर को कम करना।
2. बाल अनुकूल पाठ्यक्रम और परीक्षा की बजाय सतत् आधार पर मूल्यांकन को अपनाना।
3. रोट लर्निंग की अपेक्षा लेखन की दक्षता पर जोर देना। लर्निंग को अधिक रूचिकर बनाने के लिए सभी बच्चों को पाठ्य पुस्तकें उपलब्ध कराना।
4. पाठ्यक्रम तैयार करने के लिए अध्यापकों से परामर्श/राय ली जानी चाहिए।
5. जाति/लिंग को ध्यान रखे बिना सत्र के आरम्भ में ही सभी बच्चों को पाठ्यपुस्तकें उपलब्ध कराना।
6. सभी स्कूलों में पुस्तकालय खोलना तथा पुस्तक पढ़ने के आदत को प्रोत्साहित करना।
7. जिला स्तर पर गुणवत्ता हस्तक्षेपों पर व्यय के स्तर में सुधार करना।

घ. स्कूल के वातावरण में सुधार करना

1. सभी अपर प्राथमिक स्कूलों में लड़कियों के लिए अलग शौचालय की व्यवस्था और सभी स्कूलों में रैम्प की व्यवस्था।
2. सभी स्कूलों में स्वच्छ पेयजल की व्यवस्था करें।
3. कम्प्यूटरों में प्रभावी प्रयोग के लिए सभी स्कूलों में बिजली के कनेक्शन कराना।
4. बेहतरीन अवसंरचना सुनिश्चित करने के लिए किराए के भवनों में चल रहे सरकारी सहायता प्राप्त स्कूलों को मरम्मत और अनुरक्षण निधियां उपलब्ध कराना।

5. शहरी गंदी बस्तियों में उचित वित्त पोषण।

ङ. मॉनीटरण/पर्यवेक्षण में सुधार करना।

1. अध्यापक उपस्थिति और पीटीए/एमटीए बैठकों के मॉनीटरण के लिए सीआरसी में स्कूल समन्वयकों की नियुक्ति
2. छात्रों में नेतृत्व की भावना भरने के लिए स्कूल प्रबंधन समितियों में छात्र प्रतिनिधियों को शामिल करना।
3. जिला मॉनीटरण डीआईईटी एनजीओ (ज) और विषय विशेषज्ञों से प्रतिनिधि लेने क्वालिटी का मॉनीटरण, जिस में स्कूल मैंपिग को अनिवार्य किया जाए और राज्य परियोजना निदेशकों को तिमाही रिपोर्ट भेजनी अनिवार्य की जाए।
4. स्कूल के नोटिस बोर्ड पर निधि प्राप्तियों को अनिवार्य रूप से प्रदर्शित करना एवं स्कूलों में सफाई/सुरक्षा स्टाफ की नियुक्ति के लिए वीईसी का वित्त पोषण करना।

सरकार द्वारा सर्वशिक्षा अभियान में समय-समय ज्ञात कमियों एवं समिति के द्वारा सुझाया गया प्रस्तावों पर विचार करके नीति परिवर्तन किया जाता रहा है, जिससे कि शिक्षा व्यवस्था को सुदृढ़ बनाया जाता रहा है, किन्तु सामाजिक सहयोग के बिना हम सर्वशिक्षा अभियान को पूर्ण रूप से सफल नहीं बना सकते है।

सन्दर्भ ग्रन्थ

- http. www. mhrd
- http. www. ssa
- http.www.upssa
- सर्वशिक्षा अभियान की निर्देशिका लक्ष्य लेख
- प्रतियोगिता दर्पण नवम्बर-2009
- योजना आयोग का लेख-2011

42

सर्व शिक्षा अभियान का उद्देश्य एवं लक्ष्य

*संजय कुमार

जीवन की चहुँमुखी प्रगति का मार्ग शिक्षा की ज्योति से ही प्रकाशमान होता है। शिक्षा एक ऐसा साधन है जो राष्ट्र की सामाजिक-आर्थिक प्रगति में एक जीवंत भूमिका निभाता है। यह मानव की शारीरिक, मानसिक, सामाजिक, आर्थिक तथा आध्यात्मिक विकास करता है, उनके आत्मविश्वास का स्तर बेहतर करता है और उन्हें शक्ति से परिपूर्ण करता है।

शिक्षा में केवल पठ्यपुस्तके सीखना शामिल नहीं है, बल्कि इसमें मूल्यों, कौशलों तथा क्षमताओं में भी वृद्धि की जाती है। इससे व्यक्ति में अपने कैरियर और प्रगतिशील मूल्यों के साथ-साथ एक नये समाज के निर्माण में एक उपयोगी भूमिका निभाने में सहायता मिलती है। अतः शिक्षा व्यक्तिगत विकास के साथ-साथ सामाजिक, आर्थिक, नैतिक आदि क्षेत्रों में उत्तरोत्तर वृद्धि के लिए प्रेरित कर सकती है।

शिक्षा का अधिकार भारतीय संविधान द्वारा एक मूलभूत अधिकार घोषित किया गया है। इसमें बताया गया है कि ''राज्य द्वारा 6 से 14 वर्ष की आयु तक के सभी बच्चों को निःशुल्क तथा अनिवार्य शिक्षा इस प्रकार प्रदान की जायेगी कि इसे कानून द्वारा निर्धारित किया जाये।'' भारत की साक्षरता को बढ़ावा देने के लिए भारत सरकार ने अनेक योजनाएँ आरम्भ की हैं, जैसे—

1. कस्तूरबा गांधी बालिका विद्यालय योजना (K.G.B.V.Y.)
2. दोहपर के भोजन की योजना (M.D.M.) और
3. प्रारम्भिक स्तर पर बालिकाओं की शिक्षा के लिए राष्ट्रीय कार्यक्रम।

इन योजनाओं में से एक सबसे अधिदा मूलभूत और आशाजनक योजना है—'सर्व शिक्षा अभियान।'

'सर्व शिक्षा अभियान' को सभी के लिए शिक्षा अभियान के नाम से भी जाना जाता है अथवा 'प्रत्येक व्यक्ति एक को पढ़ायें' अथवा 'सब पढ़े सब बढ़े' भी कहा जाता है। सर्व शिक्षा अभियान भारत सरकार द्वारा चलाये जा रहे एक प्रसिद्ध महत्वपूर्ण अनुकरणीय कार्यक्रम के रूप में सन् 2000-2001 में आरम्भ की गयी थी। यह योजना 2010 तक 6 से 14 वर्ष तक के आयु समूह में सभी बच्चों को उपयोगी तथा सार्थक प्रारंम्भिक शिक्षा प्रदान करने के लिए बनायी गयी थी। वस्तुतः सर्व शिक्षा अभियान उ0प्र0 बेसिक शिक्षा परियोजना, जिला प्राथमिक शिक्षा कार्यक्रम तथा इसी प्रकार की अन्य योजनाओं के क्रियान्वयन में प्राप्त अनुभवों के आधार पर सभी के लिए शिक्षा सम्बंधी लक्ष्यों को प्राप्त करने का एक सुनियोजित प्रयास है।

विद्यालयी शिक्षा प्रणाली के प्रति समुदाय में अपनेपन या लगाव की भावना विकसित करने पर बल देकर 'सर्व शिक्षा अभियान' को सफल बनाया जा रहा है। सम्पूर्ण देश में गुणवत्तापूर्ण बेसिक शिक्षा की मांग का यह एक समुचित उत्तर है। इसकी अन्तर्निहित विशेषताएँ निम्नलिखित हैं—

- सार्वभौम प्रारम्भिक शिक्षा के लिए सुस्पष्ट समयबद्ध कार्यक्रम।
- सम्पूर्ण देश में गुणवत्तापूर्ण बेसिक शिक्षा की मांग के प्रति समुचित उत्तर।
- बेसिक शिक्षा के माध्यम से सामाजिक-न्याय को बढ़ावा देने का एक अवसर।
- सम्पूर्ण देश में सार्वभौम प्रारम्भिक शिक्षा के लिए राजनीतिक इच्छा शक्ति की अभिव्यक्ति।
- केन्द्रीय सरकार, राज्य सरकार तथा स्थानीय शासन के मध्य भागीदारी।
- राज्यों का प्रारम्भिक शिक्षा की अपनी संकल्पना विकसित करने का एक अवसर तथा-
- प्रारम्भिक विद्यालयों के प्रबंधन में पंचायती राज संस्थाओं, विद्यालय प्रबंध समितियाँ ग्राम तथा नगर क्षेत्र की मलिन बस्तियों के स्तर पर गठित शिक्षा समितियाँ, शिक्षक अभिभावक संगठनों, मातृ शिक्षक संगठनों, स्वायत्त जनजातिय परिषदों आदि को प्रभावी ढंग से सम्बद्ध करने का प्रयास।

इस कार्यक्रम का प्रमुख लक्ष्य वर्ष 2010 तक 6 से 14 वर्ष की उम्र के सभी बच्चों को उपयोगी तथा प्रासंगिक शिक्षा उपलब्ध कराना था। इसका अन्य एक महत्वपूर्ण लक्ष्य विद्यालय प्रबंधन में समुदाय की सक्रिय सहभागिता के माध्यम से सामाजिक, क्षेत्रीय तथा लिंग सम्बंधी अन्तरालों को पूरा करना था।

'सर्व शिक्षा अभियान' के उद्देश्य इस प्रकार हैं—

- सन् 2003 तक विद्यालयों, शिक्षा गारन्टी केन्द्रों, वैकल्पिक और वापस विद्यालय/शिविरों में सभी बच्चों का प्रवेश हो जाय।
- सन् 2007 तक सभी बच्चे पाँच की प्राथमिक शिक्षा पूरी कर लें।
- सन् 2010 तक सभी बच्चे आठ वर्ष की शिक्षा पूरी कर लें।
- जीवन के लिए शिक्षा पर बल देते हुए संतोषप्रद गुणात्मक प्रारम्भिक शिक्षा पर ध्यान केन्द्रित किया जायेगा।
- प्राथमिक स्तर पर सन् 2007 तक सभी लिंग सम्बंधी तथा सामाजिक असमानाताओं को दूर करने तथा सन् 2010 तक प्रारम्भिक शिक्षा पूरी कराने पर बल दिया जायेगा।
- सन् 2010 तक विद्यालयों में शिक्षार्थियों की सार्वभौम नियमित उपस्थिति सुनिश्चित की जायेगी।
- ऐसे बच्चे जो विद्यालय छोड़ देते हैं तथा कार्यो में लग जाते हैं, जिससे उन्हें विद्यालयीय शिक्षा में रूचि नहीं है, ऐसे बच्चों को मुख्य धारा से जोड़ने के लिए विद्यालय वापस चलों, कैम्पों तथा ब्रिज कोर्स के माध्यम से मुख्य धारा में जोड़ने का भी प्रावधान है।
- कम्प्यूटर की उपयोगिता को ध्यान में रखते हुए उच्च प्राथमिक स्तर पर चुने हुए विद्यालयों में कम्प्यूटर शिक्षा का भी प्रावधान 'सर्व शिक्षा अभियान' के अन्तर्गत किया गया है।

सन् 2002 में 86वें संविधान संशोधन के द्वारा धारा-21क को जोड़कर प्राथमिक शिक्षा को एक मूल अधिकार बना दिया गया है तथा धारा-45 को 6 वर्ष की आयु तक शैशवपूर्ण देखभाल व शिक्षा तक सीमित कर दिया गया है। इसके बावजूद एक अनुमान के अनुसार वर्तमान में 6 से 11 वर्ष आयु वर्ग में लगभग 90 प्रतिशत बालक (लड़कों में 99 प्रतिशत व लड़कियों में 80 प्रतिशत) तथा 11 से 14 वर्ष आयु वर्ग में लगभग 75 प्रतिशत बालक (लड़कों में 80 प्रतिशत व लड़कियों में 70 प्रतिशत) शिक्षा प्राप्त कर रहे हैं। स्पष्ट है कि 14 वर्ष तक के बालकों को अनिवार्य व निःशुल्क शिक्षा प्रदान करने का सवैधानिक निर्देश अभी काफी दूर है। कोठारी आयोग ने इस कार्य को पूरा हो पाने के लिए आवश्यक साधनों की अनुपलब्धता, अभिभावक की निरक्षरता व शिक्षा के प्रति उदासीन दृष्टिकोण का होना, लड़कियों की शिक्षा का विरोध निर्धनता तथा जनसंख्या में विशाल वृद्धि को जिम्मेदार ठहराया है।

संदर्भ ग्रन्थ

1. काश्यप सुभाष : हमारा संविधान
2. डॉ. गुप्ता एस.पी. व डॉ. गुप्ता अलका : शिक्षा का इतिहास व विकास
3. सीमेत (SIEMAT) : संवर्द्धन
4. अमर उजाला : सर्व शिक्षा अभियान पर खर्च होगें रू. 12 लाख करोड़
5. डेली न्यूज (नेटवर्क) : सर्व शिक्षा अभियान के सभी पदों से भर्ती पर रोक हटी।
6. httpènew4bsp.blogspot.com
7. शर्मा आर.पी. : भारतीय राज व्यवस्था (स्पेक्ट्रम)

43

सर्व शिक्षा अभियान

*डॉ. (श्रीमती) सरिता सिंह

**डॉ. अखण्ड प्रताप सिंह

सर्व शिक्षा अभियान भारत सरकार का एक प्रमुख कार्यक्रम है, जिसकी शुरूआत अटल बिहारी वाजपेयी द्वारा एक निश्चित समयावधि के तरीके से प्राथमिक शिक्षा के सार्वभौमिकरण को प्राप्त करने के लिये किया गया, जैसा कि भारतीय संविधान के 86वें संशोधन द्वारा निर्देशित किया गया है, जिसके तहत 6-14 साल के बच्चे (2001 में 205 मिलियन अनुमानित) की मुफ्त और अनिवार्य शिक्षा के प्रावधान को मौलिक अधिकार बनाया गया है। इस कार्यक्रम का उददे्श्य 2010 तक सन्तोषजनक गुणवत्ता वाली प्राथमिक शिक्षा के सार्वभौमिकरण को प्राप्त करना है। एस.एस.ए. (S.S.A.) में आठ मुख्य कार्यक्रम हैं। इसमें आई.सी.डी.एस. (I.C.D.S.) और आंगनबाड़ी आदि शामिल हैं। इसमें के.जी.बी.वी.वाइ. भी शामिल है। कस्तुरबा गांधी बालिका विद्यालय योजना की शुरूआत 2004 में हुई जिसमें सारी लड़कियों को प्राथमिक शिक्षा देने का सपना देखा गया, बाद में यह योजना एस.एस.ए. के साथ विलय हो गयी।

समस्त परियोजना परिषद—उत्तर प्रदेश शिक्षा कार्यकारिणी समिति में निम्न याँ संचालित की जायेंगी –

1.	मुख्य सचिव, उत्तर प्रदेश शासन, लखनऊ	पदेन अध्यक्ष
2.	प्रमुख सचिव, उत्तर प्रदेश शासन, शिक्षा विभाग, लखनऊ	पदेन उपाध्यक्ष
3.	प्रमुख सचिव अथवा उनके मनोनीत, उत्तर प्रदेश शासन, वित विभाग लखनऊ	पदेन सदस्य
4.	सचिव उत्तर प्रदेश शासन ग्राम्य विकास एवं पंचायत राज विभाग लखनऊ	पदेन सदस्य
5.	प्रमुख सचिव, उ.प्र. शासन नियोजन विभाग लखनऊ	पदेन सदस्य
6.	देशक, बेसिक शिक्षा,उ.प्र.,लखनऊ	पदेन सदस्य
7.	निदेशक, माध्यमिक शिक्षा,उ.प्र. लखनऊ	पदेन सदस्य
8.	निदेशक, राजकीय शिक्षा अनुसंधान एवं प्रशिक्षण परिषद	पदेन सदस्य
9.	निदेशक, उर्दू एवं प्राच्य भाषा,उ.प्र. लखनऊ	पदेन सदस्य
10.	निदेशक, राजकीय शिक्षा प्रबन्धन एवं प्रशिक्षण संस्थान उ0प्र0,लखनऊ	पदेन सदस्य
11.	निदेशक, उर्दू एवं प्राच्य भाषा,उ.प्र. लखनऊ	पदेन सदस्य
12.	परिचालन के आधार पर चयनित जनपदों में से किसी जनपदीय कार्ययोजना के दो कार्यालयाध्यक्ष, अध्यक्ष द्वारा नामित	पदेन सदस्य
13.	केन्द्र सरकार के तीन मनोनीत	पदेन सदस्य
14.	परिचालन के आधार पर चयनित जनपदों में से जिला समिति के कार्यालयाध्याध्यक्ष द्वारा नामित	पदेन सदस्य
15.	राज्य संस्थाओं के शैक्षिक एवं तकनीकी योग्यता रखने वाले दो निदेशक प्रतिनिधि राज्य सरकार द्वारा नामित	पदेन सदस्य
16.	राज्य एवं केन्द्र सरकार द्वारा बेसिक शिक्षा के क्षेत्र में एक एक पदेन सदस्य नामित विशेषज्ञ	पदेन सदस्य
17.	राज्य एवं केन्द्र सरकार द्वारा महिला विकास एवं शिक्षा के क्षेत्र पदेन सदस्य में एक–एक नामित विशेषज्ञ	पदेन सदस्य
18.	राज्य एवं केन्द्र सरकार द्वारा अनुसूचित जाति एवं अनुसूचित पदेन सदस्य जनजाति के क्षेत्र में कार्यरत स्वैच्छिक संगठनों में एक–एक नामित विशेषज्ञ।	पदेन सदस्य
19.	परिषद के राज्य परियोजना निदेशक	पदेन सचिव

प्रबन्धन व्यवस्था

सर्व शिक्षा अभियान द्वारा कार्यक्रम परियोजना क्रियान्वयन की समस्त प्रक्रियाओ में सामुदायिक सहभागिता के साथ सुदृढ़ शिक्षा प्रबन्धन प्रणाली को सृजित एवं विकेन्द्रीकृत करते हुयें सार्वजनिक प्रारम्भिक शिक्षा के लक्ष्य को प्राप्त करना हैं। प्रदेश के प्रमुख सामाजिक क्षेत्र के विकास में यह परियोजना महत्वाकांक्षी एवं चुनौतीपूर्ण होने के बावजजूद इसके क्रियान्वयन से एक बड़े पैमाने पर विकेन्द्रीकरण एवं सामुदायिक प्रतिभागिता सुनिश्चित हो रही है।

ऐसे वृहद कार्यक्रम परियोजना की सफलता के दृष्टिगत यू.पी.ई.एफ.ए. द्वारा विकसित की गयी प्रबन्धन व्यवस्था के अन्तर्गत प्रशासनिक संचालन के लचीलेपन,उत्तरदायित्व निर्धारण तकनीकी, निर्विघ्न पूंजी निवेश प्रवाह के साथ साथ नवीन प्रयोग वाले प्रक्रियाओं एवं मानकों को यथेष्ट महत्व दिया जायेगा। क्षेत्रीय विविधता वाले उत्तर प्रदेश जैसे राज्य में स्थानीय आवश्यकता एवं विकेन्द्रीकृत नियोजन प्रणाली को सन्दर्भो के प्रकाश में महत्व दिया जायेगा तथा एसएसए कार्यक्रम परियोजना में स्थानीय आवश्यकता को प्रशासनिक प्रबन्धकीय लचीलेपन के साथ समायोजित करने की व्यवस्था की गयी है।

उद्देश्य

1. 2005 तक सभी स्कूल में हों।
2. 2005 तक प्राथमिक शिक्षा का 5 साल पूरा करना और 2010 तक स्कूली शिक्षा का 8 साल पूरा करना
3. संतोषजनक गुणवत्ता और जीवन के लिए शिक्षा पर बल देना ।
4. 2007 तक प्राथमिक स्तर पर और 2010 तक प्रारंभिक स्तर पर सभी लैंगिक और सामाजिक अंतर को समाप्त कराना।
5. वर्ष 2010 तक सार्वभौमिक प्रतिधारण सर्व शिक्षा अभियान।

कार्यक्रम के अनुसार उन बस्तियों में नए स्कूल बनाने का प्रयास किया जाता है जहां स्कूली शिक्षा की सुविधा नहीं है और अतिरिक्त कक्षा,शौचालय,पीने का पानी, रखरखाव अनुदान और स्कूल सुधार अनुदान के माध्यम से मौजूदा स्कूलों की बुनियादी ढांचे में विकास कराना है। जिन मौजूदा स्कूलों में अपर्याप्त शिक्षक है उनके अतिरिक्त शिक्षक मुहैया कराना है,जबकि मौजूदा शिक्षकों की क्षमता को व्यापक प्रशिक्षण विकासशील शिक्षण अधिगम सामग्री अनुदान और ब्लॉक और जिला स्तर पर एक क्लस्टर पर अकादमिक सहायता संरचना को मजबूत बनाने के

लिए अनुदान से सुदृढ़ बनाया जा रहा है। सर्व शिक्षा अभियान जीवन कौशल सहित गुणवत्ता युक्त प्रारंभिक शिक्षा प्रदान करता है। सर्व शिक्षा अभियान द्वारा लड़कियों और विशिष्ट आवश्यकता वाले बच्चों पर विशेष रूप से ध्यान केंद्रित किया जाता है। सर्व शिक्षा अभियान, डिजिटल अंतराल को खत्म करने के लिए कंप्यूटर शिक्षा भी प्रदान करने का प्रयास करता है। बच्चों की उपस्थिति कम हाने के चलते मध्याह्न भोजन की शुरूआत की गई थी।

अच्छे परिणामों के लिए, सर्व शिक्षा अभियान के परिव्यय को 2005-06 में 7156 करोड़ रूपये से 2006-07 में 10004 करोड़ रूपये तक कर दिया गया है। साथ ही 500000 अतिरिक्त क्लास रूम का निर्माण और 150000 अतिरिक्त शिक्षकों की नियुक्ति करना लक्ष्य है। वर्ष 2006-07 के दौरान शिक्षा उपकर के माध्यम से राजस्व से प्रारंभिक शिक्षा कोश के लिए 8746 करोड़ हस्तांतरण करने का फैसला किया गया है।

लक्ष्य – 2003 तक शिक्षा गारंटी केन्द्र वैकल्पिक स्कूल में सभी बच्चों का रकूल गें होना 2007 तक सारे बच्चों द्वारा पांच साल के प्राथमिक स्कूली शिक्षा पूरा करना 2010 तक सभी बच्चों का 8 साल का स्कूली शिक्षा पूरा करना जीवन के लिए शिक्षा पर बल देते हुए संतोषजनक गुणवत्ता में प्रारंभिक शिक्षा पर जोर देना 2007 तक प्राथमिक स्तर पर और 2010 तक प्रारंभिक शिक्षा स्तर पर सभी लैगिक और सामाजिक अंतराल को खत्म करना।

हस्तक्षेप – सर्व शिक्षा अभियान के पन्द्रह हस्तक्षेप है–

1. BRC (ब्लाक रिर्सोस सेंटर)
2. CRC (क्लस्टर रिसोर्स सेंटर)
3. **एमजीएलसी एंड एआईई**–सारे बच्चों को प्राथमिक शिक्षा देने के लिए सर्व शिक्षा अभियान को अभिगम देने का एक प्रमुख हस्तक्षेप वैकल्पिक और अभिनव शिक्षा एआईई है। जनजातिय और तटीय क्षेत्रों में वंचितं और हाशिए पर रहे समूहों के बच्चों की भागीदारी सुनिश्चित करने के लिए विभिन्न रणनीतियों को विकसित किया गया है।
4. **नागरिक कार्य**–नागरिक कार्य घटक सर्व शिक्षा अभियान के तहत महत्वपूर्ण है। इन घटक के अधीन बड़े पैमाने पर कुल परियोजना के बजट का 33 प्रतिशत तक का निवेश है। स्कूल की बुनियादी सुविधाओं को बच्चो तक पहूँचाने का प्रावधान और उन्हें बनाए रखनें में मदद करना दोनों ही सर्व शिक्षा अभियान का एक महत्वपूर्ण उद्देश्य है।

5. **अभिनव क्रियाकलाप**—अभिनव कार्यक्रमों को स्कूलों में लागू करने की भूमिका 6-14 आयु के सारे बच्चों के लिए उपयोगी और प्रासंगिक प्राथमिक शिक्षा प्राप्त करने की प्रक्रिया और समुदाय की सक्रीय भागीदारी में सामजिक, क्षेत्रीय और लैंगिक अंतराल के बीच पूल बनाने के लिऐ एक उत्प्रेरक के रूप में ही होती है। यह कार्यक्रम शिक्षा के प्रति छात्रों में रूचि पैदा करने में सफल रहे है और उनकी पढ़ाई को बनाए रखने में मदद करते है। अभिनव योजनाओं के अंतर्गत कार्यान्वित कार्यक्रम है बचपन की देखभाल और शिक्षा ,बालिका शिक्षा अनुसूचित जाति /अनुसूचित जनजाति शिक्षा और कंप्यूटर शिक्षा।
6. **आरएंड ई अनुसंधान और मूल्यांकन**—इस हस्तक्षेप में अनुसंधान मूल्यांकन निगरानी और पर्यवेक्षण होते है। एक प्रभावी ईयमआईयस पर क्षमता के विकास के लिए और संसाधन/अनुसंधान संस्थानों के माध्यम से प्रति स्कूल 1500/की राशि सामान्यतः प्रस्तावित है। इसमें घरेलू डेटा को अद्यतन करने के लिए नियमित रूप से स्कूल मानचित्रण/माइक्रों योजना का प्रावधान है।
7. **विद्यालय अनुदान**—परियोजना के तहत स्कूल के लिए 2000 रूपये प्रति स्कूल अनुदान दिया गया था। विद्यालय अनुदान में से 1000 स्कूल पुस्तकालय सुविधाओं के सुधार के लिए दिया गया था। बाकी निधि को गैरकार्यात्मक उपकरण को कार्यात्मक बनाने में, स्कूल सौदर्यीकरण मरम्मत और फर्नीचर अनुरक्षण संगीत वाद्ययंत्र और स्कूलों के संपूर्ण पर्यावरण के विकास पर खर्च किया गया था।
8. **शिक्षक अनुदान**—कक्षा कार्रवाई के विकास और शिक्षक सहायता की तैयारी के क्रम के लिए 500 रूपये का अनुदान सभी एलपी/यूपी शिक्षकों को दिया जाता है। प्रभावी कक्षा कार्रवाई के लिए शिक्षकों ने अनुदान का प्रयोग उत्पादन और टीएलएम उपलब्ध कराने में किया। 2007-08 के दौरान एलपी/यूपी दोनों मिला कर 547590 शिक्षक लाभान्वित हुए।
9. **शिक्षक प्रशिक्षण**—शिक्षा में गुणवत्ता लाना सर्व शिक्षा अभियान का सबसे महत्वपूर्ण लक्ष्य है। प्रशिक्षण में सुधार लाने की कई रणनीतियां है—
   - शिक्षकों का प्रशिक्षण और पुनः प्रशिक्षण
   - नए पाठ्यक्रम और पाठ्यपुस्तकों के साथ अभिज्ञता प्रशिक्षण
   - नेशनल करिकुलम फ्रेम वक्र में अभिज्ञता प्रशिक्षण

- परीक्षा सुधार
- ग्रेडिंग प्रणाली और ग्रेड्रिंग प्रणाली के प्रभाव का मूल्य निर्धारण
- शैक्षिक और गैर शैक्षिक क्षेत्रों में सुधार
- विशेष ध्यान योग्य बच्चों के लिए समावेशी शिक्षा पर शिक्षको का प्रशिक्षण
- गुणवत्ता शिक्षा मापदंड योजना और गुणवत्ता की शिक्षक कार्यान्वयन
- संसाधन समूहों को सभी स्तरों पर मजबूती 300-350 संसाधन व्यक्ति प्रति जिला जिसमें गतिविधियां स्थान समर्थन और समीक्षा बैठको को सुनिश्चित किया जा रहा है। डीआईईटी ने परीक्षण आवश्यकताओं की पहचान की प्रशिक्षण मॉड्यूल का विकास किया।

10. **दूरस्थ शिक्षा**—दूरस्थ शिक्षा कार्यक्रम सर्व शिक्षा अभियान का राष्ट्रीय घटक है, जो कि राष्ट्रीय मानव संसाधन मंत्रालय भारत सरकार द्वारा प्रायोजित है। इसे भारत के सभी राज्य/संघ क्षेत्रों की सहायता से इंदिरा गांधी नेशनल ओपन यूनिवर्सिटी द्वारा लागू किया गया है। प्राथमिक शिक्षा के क्षेत्र में शिक्षको के कार्यरत-शिक्षा और अन्य कर्मचारी वर्ग में डीईपी -एसएसए का एक महत्वपूर्ण इनपुट होगा आडियो-वीडियो कार्यक्रम रेडियो प्रसारण टेलीकान्फ्रेंसिंग आदि जैसे मल्टी मीडिया पैकेज का इस्तेमाल करते हुए आमने-सामने प्रशिक्षण की आपूर्ति करता है।

गतिविधियां

नागरिक बुनियादी सुविधाओं का विकास और सुधार

इसमें कक्षा निर्माण पानी की सुविधा परिसर की दीवार धोने का कमरा अलग करने वाले दीवार विद्युतीकरण और सिविल मरम्मत और मौजूदा सुविधा का पुनर्निर्माण शामिल है कोश के प्रमुख हिस्से को इनमें खर्च किया जाता है, क्योंकि गांव के अधिकांश स्कूल दयनीय स्थिति और असुरक्षित हालत में है। स्थानीय सरकारी निकायों और पीटीए की मदद से सिविल निर्माण कार्य किए जाते है। सर्व शिक्षा अभियान ग्रामीण क्षेत्रों में शिक्षा के स्तर में सुधार लाने के मूल में बूनियादी सुविधाओं में सुधार करने को महत्वपूर्ण मानता है। विद्यालय की सुविधा सुधार के अलावा मौजूदा स्कूल सुविधाओं के नजदीक ही सीआरसी और बीआरसी का निर्माण किया जाता है।

शिक्षक प्रशिक्षण

सर्व शिक्षा अभियान की प्रमुख पहल है। प्राथमिक शिक्षकों को शिक्षा पद्धति, बाल मनोविज्ञान, शिक्षा, मूल्यांकन पद्धति और अभिभावक प्रशिक्षण पर सतत शिक्षक प्रशिक्षण दिया जाता है। इस प्रकार के प्रशिक्षण को प्राथमिक शिक्षको के चयनित शिक्षक समूह को दी जाती है जिसे बाद में संसाधन व्यक्ति कहा जाता है। शिक्षक प्रशिक्षण के पीछे प्रमुख विचार शिक्षण और अधिगम प्रक्रिया के नए विकासक्रम के साथ शिक्षको को अद्यतन करना है।

उपलब्धियाँ

इस कार्यक्रम ने गांव स्तर पर महत्वपूर्ण उपलब्धियां हासिल की है। 2004 में भारत के कई गांवों को शामिल किया गया और प्रारंभिक शिक्षा केंद्र खोले गए। दक्षिण भारत के तमिलनाडु राज्य में, एक गांव है जिसका नाम सतनाथापुरम है जो कि नागपटिनम जिसमें स्थित है, ये एक ऐसा गांव है जहाँ पहली बार इस कार्यक्रम को सफलतापूर्वक लागू किया गया था। सभी के लिए शिक्षा के साथ राज्य सरकार की सहायता में गरीब बच्चों के लिए दोपहर भोजन योजनाओं के चलते साक्षरता दर में उल्लेखनीय प्रगति को देखा गया है। गैर सरकारी संगठनों ने उदारतापूर्वक गरीब लोगों के लिए भूमि दान में दी और ग्राम पंचायतो द्वारा स्कूलो के निर्माण को पूरा किया गया।

उपरोक्त को दृष्टिगत रखते हुए ,प्रदेश में उच्च कोटि की प्राथमिक शिक्षा के अभिवृद्धि एदं व्यापक प्रचार-प्रसार हेतु विश्व बैंक समर्थित बेसिक शिक्षा परियोजना वर्ष 1993 से स्वीकृत एवं क्रियान्वित की गयी। इस परियोजना के निर्विघ्न क्रियान्वयन हेतु संस्था पंजीयन अधिनियम, 1860 के अन्तर्गत उत्तर-प्रदेश सभी के लिए शिक्षा परियोजना परिषद 17 मई, 1993 को स्थापित की गयी। इसके उद्देश्य है-स्वायत्तशासी एवं स्वतंत्र इकाई के रूप में कार्यरत यह परिषद उत्तर प्रदेश सरकार द्वारा परियोजना की रूप रेखा सहित प्रकाशित अभिलेख एवं समय-समय पर पुनरीक्षण के आधार पर तैयार किये गये संशोधित प्रारूप के अनुसार सर्व शिक्षा परियोजना को क्रियान्वित करेगी। परिषद की गतिविधियां चयनित जनपदों में ही केन्द्रित रहेगी तथापि चयनित एवं समर्थित परियोजनाओं के दृष्टिगत परियोजना सम्पूर्ण प्रदेश में विस्तारित की जा सकेगी। परिषद की स्थापना लक्ष्य प्राप्ति के निमित्त की गयी है ताकि बेसिक शिक्षा व्यवस्था में आधारभूत

परिवर्तन क्रियान्वित करते हुए समग्र रूप में सम्पूर्ण सामाजिक, सांस्कृतिक परिवेश में आमूल चूल परिवर्तन किया जा सके।

सन्दर्भ ग्रन्थ

1. सर्व शिक्षा अभियान, राज्य परियोजना कार्यालय लखनऊ सम्पादक शोभा रानी शर्मा ।
2. दैनिक जागरण 3 अप्रैल 2013 पेज 12
3. दैनिक जागरण 3 अप्रैल 2013 पेज 12

44

कस्तूरबा गांधी बालिका विद्यालय योजना एक परिचय

*सत्येन्द्र कुमार पाल

**कुँवर प्रताप मल्ल

शिक्षा सिर्फ अक्षर ज्ञान के लिए नहीं है बल्कि यह सशक्तिकरण का वह हथियार है जो हमें समाज में बेहतर जीवन जीने के योग्य बनाती है। वे बालिकाएं जिन्हें परिस्थितियों ने शिक्षा से वंचित कर दिया था, किसी को गरीबी के कारण, किसी को छोटे भाई-बहन की देखभाल के कारण, किसी को घरेलू जिम्मेदारी तो कोई बालिका शिक्षा की उपेक्षा के कारण न सिर्फ शिक्षा से वंचित रह गई बल्कि एक अनपढ़ तथा कमजोर जीवन जीने को मजबूर हो गई और उसी को अपनी नियति समझ बैठी। उन्हें इस बात का कतई अन्देशा नहीं था कि वे कभी भी जीवन में शिक्षा पाने का अवसर पायेगी। ऐसी बालिकाओं की शिक्षा की सम्पूर्ति के लिए सर्वशिक्षा अभियान के अन्तर्गत कस्तूरबा गांधी आवासीय बालिका विद्यालय योजना का श्री गणेश किया गया। कस्तूरबा गांधी बालिका योजना भारत सरकार द्वारा 21वीं शताब्दी में लागू की गई एक अनोखी योजना है। कस्तूरबा गांधी बालिका विद्यालय योजना का संचालन शुरुआती दौर में चुनौतीपूर्ण था।

भारत सरकार ने सभी बच्चों को प्रारम्भिक शिक्षा देने के लिए सन् 2001 में सर्वशिक्षा अभियान नीति की घोषणा की गयी। इसका उद्देश्य अच्छे किस्म की समुदाय अधारित शिक्षा प्रदान करना है। इस निति में स्वीकार किया गया है कि शिक्षा को उपयोगी तथा सार्थक बनाया जाना चाहिए। इसके लिए पाठ्यक्रम में सुधार करना, बाल केन्द्रित गतिविधियों पर ध्यान देना, शिक्षकों के प्रशिक्षण में

निवेश करना और पढ़ाई के लिए प्रभावकारी और अभिनव उपकरणों तथा नीतियों का विकास करना आवश्यक है।

कस्तूरबा गांधी बालिका विद्यालय की स्थापना जुलाई 2004 में किया गया। जहां 2001 जनगणना के अनुसार अनुसूचित जाति, अनुसूचित जनजाति, अन्य पिछडा वर्ग, अल्पसंख्यक तथा गरीबी रेखा के नीचे जीवन यापन करने वालों की संख्या अधिक है। जहां महिला साक्षरता दर राष्ट्रीय महिला साक्षरता दर से कम है तथा लिंग अनुपात में भी बहुत अन्तर है। उन विकास खण्डों में इसकी स्थापना की गई थी। 1 अप्रैल 2007 को इसे सर्व शिक्षा अभियान से जोड़ दिया गया। केन्द्र और राज्य सरकार 75:25 अनुपात में वित्तीय मानक निर्धारित किया गया, जो आंगे चलकर 50-50 का हो गया तथा अन्त में राज्य सरकार ने इसे अपना लिया। कस्तूरबा गांधी बालिका विद्यालय की देखरेख सर्वशिक्षा अभियान, एन.पी.ई.जी.ई.एल. तथा महिला सामख्या योजना के अन्तर्गत होता है। जो बालिकाओं के पढ़ने के लिए सबकुछ निःशुल्क व्यवस्था करती है। अक्टूबर 2013 तक 3569 कस्तूरबा गांधी विद्यालय कार्यरत है। उत्तर प्रदेश में 746 ब्लाकों में एक-एक विद्यालय संचालित है।

उद्देश्य—सर्वशिक्षा अभियान का लक्ष्य 6 से 14 वर्ष के आयु वर्ग के सभी बच्चों का शत-प्रतिशत नामांकन, ठहराव एवं गुणवत्ता युक्त शिक्षा प्रदान करना है। इस संकल्पना को मूर्त देने के लिए कस्तूरबा गांधी बालिका विद्यालय योजना निरन्तर चलाया जा रहा है। जिससे विशेष कर समाज की आधी आबादी को लाभ मिल सके। इसके लिए निम्न उद्देश्य निर्धारित किये गये हैं।

1. बालिका शिक्षा का सार्वभौमिकरण करना।
2 सभी बालिकाओं को उच्चप्राथमिक स्तर की शिक्षा ग्रहण कराना एवं बालिकाओं का विद्यालय में ठहराव सुनिश्चित करना,।
3. भेदभाव रहित होकर बालिकाओं के प्रति संवेदनशील वातावरण बनाना।
4. गुणवत्तापूर्ण शिक्षा सुनिश्चित करते हुए बालिकाओं का सर्वांगीण विकास करना।
5. बालिकाओं को आवासीय व्यवस्थान्तर्गत सन्तुलित भोजन उपलब्ध कराना, जिनसे उनका शारीरिक एवं मानसिक विकास अधिकतम सम्भव सीमा तक हो सके।
6. बालिकाओं को गुणवत्ता परक शिक्षा द्वारा आत्मनिर्भर बनाना।
7. विद्यालय का भौतिक परिवेश बालिकाओं के अनुकूल रोचक बनाना।

8. बालिकाओं का विद्यालय में ठहराव सुनिश्चित कर, बाल-विवाह जैसी बुराई को समाप्त करना।
9. छात्राओं में बचत भावना को विकसित करना।
10. नेतृत्त्व एवं सहयोग की भावना का विकास करना।
11. बालिकाओं में जीवन कौशल का विकास करना।
12. बालिकाओं में निहित शक्तियों के बाह्यस्फुटन हेतु अनुकूल वातावरण एवं अवसर उपलब्ध कराना।
13. ग्रामीण क्षेत्र के अपवंचित वर्ग में लिंग विभेदीकरण को समाप्त करना (लड़का-लड़की एक समान की अवधारणा को विकसित, स्वीकृत एवं व्यवहरित करना)।
14. उच्च प्राथमिक स्तर पर बालक-बालिकाओं के विद्यालय के नामांकन में व्याप्त अंतर को समाप्त करना।
15. प्राथमिक स्तर के बाद शालात्याग करने वाली बालिकाओं को उच्च प्राथमिक स्तर पर पुनः प्रवेश देकर उच्च प्राथमिक स्तर की शिक्षा प्रदान करके शिक्षा की मुख धारा से जोड़ना।

योजना का क्षेत्र—यह योजना केवल उन चिन्हित शैक्षिक पिछड़े ब्लाकों में लागू होगी जहां जनगणना के अनुसार ग्रामीण साक्षरता राष्ट्रीय औसत और लिंगानुपात से नीचे हो। इन ब्लाकों में विद्यालयों के निम्न शर्तों के साथ स्थापित किया जा सकता है। अनुसूचित जाति, अनुसूचित जनजाति, अन्य पिछड़ा वर्ग और अल्पसंख्यक वर्ग में जहां अल्प महिला साक्षरता दर है या अनेकों लडकियां जो विद्यालयों से दूर है पर ध्यान केन्द्रित करना। वे क्षेत्र जहां अल्पमहिला साक्षरता है या वे क्षेत्र अनेक छोटे-छोटे बिखरे हुए निवासियों का स्थान है जो एक विद्यालय की गुणवत्ता को नहीं बनाये रखते हैं को चिन्हित करना। शैक्षिक पिछड़े ब्लाक का निर्धारण एवं पात्रता की श्रेणी बालिकाओं के लिए प्राथमिक स्तर पर शिक्षा के सर्वशिक्षा अभियान की तरह ही होगी।

योजना का क्रियान्वयन—कस्तूरबा गांधी बालिका विद्यालय योजना, महिला सामख्या राज्यों में राज्य सरकार द्वारा महिला सामख्या सोसाइटी के माध्यम से जब कि अन्य राज्यों में सर्व शिक्षा अभियान सोसाइटी के माध्यम से लागू की जाती है। राज्य सर्वशिक्षा अभियान सोसाइटी की निधि सर्वशिक्षा अभियान मानक के अनुसार जारी की जाती है। राज्य व जिला स्तर पर योजना का संचालन व मूल्यांकन महिला सामख्या संसाधन केन्द्र द्वारा और गैर महिला सामख्या राज्यों में

सर्वशिक्षा अभियान सोसाइटी में प्रारम्भिक स्तर पर बालिका शिक्षा के राष्ट्रीय कार्यक्रम के लिए गठित समिति करेगी। आवासीय विद्यालय के शिक्षकों एवं अन्य कर्मचारियों के प्रशिक्षण, जिला शैक्षिक प्रशिक्षण संस्थान, प्रखण्ड संसाधन केन्द्र और महिला सामख्या संसाधन समूह के सहयोग से किया जायेगा।

राज्य सहायता समूह—प्रारम्भिक स्तर पर बालिका शिक्षा के राष्ट्रीय कार्यक्रम (एन.पी'.ई.जी.ई.एल.) योजना के तहत स्वीकृत राज्य स्तरीय समन्वय समिति, कार्यक्रम को निर्देशन और सहायता प्रदान करती है। इस समूह में राज्य सरकार के सम्बन्धित विभाग व भारत सरकार के प्रतिनिधि, बालिका शिक्षा के क्षेत्र में सम्बन्धित विशेषज्ञ व शिक्षाविद् आदि भी शामिल होंगे। इस समिति द्वारा विद्यालय के उपयुक्त माडल एवं स्थान का निर्धारण जिला समिति द्वारा कार्यान्वित की जा रही प्रारम्भिक स्तर पर बालिका शिक्षा के राष्ट्रीय कार्यक्रम (एन.पी.ई.जी. ई.एल.) एवं नये प्रस्तावित योजना के सिफारिश के आधार पर की जायेगी।

राष्ट्रीय सहायता समूह—राष्ट्रीय सहायता समूह को राष्ट्रीय स्तर पर महिला सामख्या कार्यक्रम के अन्तर्गत किया गया है जो कार्यक्रम में उठने वाले अवधारणात्मक मुद्दे एवं मामले पर अपनी प्रतिक्रिया एवं सुझाव देंगे और बालिका शिक्षा के बारे में भारत सरकार को नितिगत मामले में सलाह देंगे। यह समूह शोध व प्रशिक्षण संस्थान, शिक्षाविद् और गैर सरकारी संस्थाओं के साथ इटरफेस प्रदान करेंगी और बालिका शिक्षा के क्षेत्र में और लोगों के अनुभव को शामिल करेगा।

राष्ट्रीय सहायता समूह जिसमें कम लोग शामिल होते हैं और वे साल में केवल दो से तीन बार मिलते है राष्ट्रीय सहायता समूह का लघु उप समिति का गठन शिक्षकों को लिंग प्रशिक्षण, लिंग आधारित शिक्षण-प्रतीणता सामग्री का विकास दृश्य-द्रव्य कार्यक्रम का विकास आदि विशिष्ट उद्देश्य की प्राप्ति के लिए किया जाता है। इसके लिए वह सम्बन्धित संस्थाओं से अतिरिक्त कर्मियों या उस क्षेत्र से जुड़े विशेषज्ञ की सेवा भी प्राप्त कर सकेंगे।

कार्य प्रणाली—बालिकाओं की संख्या और प्रदान किये जाने वाले आवासीय विद्यालयों के प्रकार के आधार पर स्कूल का चयन इस उद्देश्य के लिए जिला समिति द्वारा की गई सिफारिशों के आधार पर राज्य स्तरीय समिति द्वारा किया जाता है। जहां जरुरी हो प्रस्ताव राष्ट्रीय स्तर पर गठित सेल को अग्रसारित किया जायेग। जो बाह्य परामर्शदाता की सहायता से उसका मूल्यांकन करती है।

कस्तूरबा गांधी आवासीय बालिका विद्यालय के लिए वित्तीय मानक—कस्तूरबा गांधी बालिका विद्यालय के लिए केन्द्र सरकार, राज्य व केन्द्र शासित प्रदेशों के लिए वित्तीय अंशदान का नियम सर्वशिक्षा अभियान के समान होगा। जैसा कि यह 1 अप्रेल 2007 से सर्वशिक्षा अभियान के एक घटक के रुप में कार्यरत हैं। सर्वशिक्षा अभियान के लिए केन्द्र और राज्य सरकारों के बीच भागीदारी नौवी योजना अवधि के दौरान 85:15 दसवी योजना में 75:25 तथा उसके बाद यह 50:50 अन्ततः राज्य सरकार के अधीन संचालित होगी। सर्वशिक्षा अभियान और प्रारम्भिक स्तर पर बालिका शिक्षा के राष्ट्रीय कार्यक्रम (एन.पी.ई. जी.ई.एल.) के लिए पहले से ही तैयार प्रावधान में कस्तूरबा गांधी बालिका विद्यालय योजना का प्रावधान अतिरिक्त प्रावधान होगा। सर्वशिक्षा अभियान सोसाइटी, कस्तूरबा गांधी बालिका विद्यालय योजना को प्रारम्भिक स्तर पर बालिका शिक्षा के राष्ट्रीय कार्यक्रम (एन.पी.ई.जी.ई.एल.) व महिला सामख्या कार्यक्रम के साथ समन्वय स्थापित करने को सुनिश्चित करेंगे। यह बात का भी सुनिश्चित करेंगे कि उसके लिए निर्गत या दी गई निधि उचित रुप में निवेश हो तथा एक ही गतिविधियों का दोनों जगह दोहरापन न हो।

अध्यापकों के चयन में इस बात का ध्यान रखा जाये कि बेसिक शिक्षा परिषद द्वारा उच्च प्राथमिक स्तर पर निर्धारित पाठ्यक्रम के सभी विषयों यथा हिन्दी, अंग्रेजी, संस्कृत/उर्दू गणित (अंकगणित, बीजगणित तथा ज्यामिति) विज्ञान, सामाजिक विषय (इतिहास, भूगोल तथा नागरिकशास्त्र), कला/ संगीत/वाणिज्य, गृह शिल्प, शारीरिक शिक्षा खेल तथा योगासन, एकाउंटिंग एण्ड गाइडिंग, नैतिक शिक्षा, पर्यावरणीय शिक्षा तथा कम्प्यूटर शिक्षा का अध्ययन गुणवत्तापूर्वक ढंग से सुनिश्चित हो सके।

कर्मचारियों की तैनाती संविदा के आधार पर की जायेगी। इस हेतु निम्नलिखित बातों का ध्यान रखना आवश्यक है।

1. वार्डेन कम शिक्षक के पद पर महिला अभ्यार्थी का ही चयन किया जाय। चयन के उपरान्त वार्डेन का विद्यालय में निवास करना अनिवार्य होगा।
2. पूर्ण कालिक शिक्षक के पद पर महिला अभ्यार्थी का ही चयन किया जाय। चयन के उपरान्त सम्बन्धित का विद्यालय परिसर में निवास करना अनिवार्य होगा।
3. पार्ट टाइम शिक्षक के पद पर प्राथमिकता के तौर पर महिला अध्यापिका का चयन किया जाय। शिक्षक/शिक्षणेत्तर कर्मचारियों की न्यूनतम आयु 21 वर्ष हो तथा अनुभवी को वरीयता प्रदान की जाय।

4. शिक्षक/शिक्षणेत्तर कर्मचारी की न्यूनतम आयु 21 वर्ष हो तथा अनुभवी को वरीयता प्रदान की जाय।
5. समस्त पद एक वर्ष के लिए संविदा आधारित होंगे तथा कार्य संतोषजनक होने की दशा में जनपद स्तरीय कमेठी के अनुमोदन के उपरान्त प्रतिवर्ष कार्यकाल में वृद्धि की जा सकेगी।
6. चयन में नियमानुसार आरक्षण देय होगा।

यदि संचालन स्वयंसेवी संगठन अथवा महिला सामख्या द्वारा कराया जाना है। तो उपर्युक्त पदों पर नियुक्ति सम्बन्धित स्वयंसेवी संगठन/महिला समस्या द्वारा की जायेगी।

पाठ्यक्रम—कस्तूरबा गांधी बालिका विद्यालय में कक्षा 6 में प्रवेश देकर कक्षा 6, 7 एवं 8 की परिषदीय विद्यालयों में निर्धारित पाठ्यक्रम के अनुसार तीन वर्ष की शिक्षा दी जायेगी। इस सम्बन्ध में यह भी स्पष्ट करना है कि चूंकि बालिकाएं ड्रापआउट अथवा कभी स्कूल न जाने वाली हैं। अतः प्रारम्भ में एक टेस्ट लेकर उनका शैक्षिक स्तर निर्धारित कर लिया जाय तथा प्रथम 6 माह में ब्रिज कोर्स के माध्यम से कक्षा 5 के स्तर की दक्षताएं विकसित करने के उपरान्त प्रथम वर्ष कक्षा 6 की पढ़ाई प्रारम्भ की जाय। ब्रिज कोर्स की अवधि बालिकाओं के शैक्षिक स्तर के अनुसार 6 माह से कम भी हो सकती है। कक्षा 7 व कक्षा 8 की दक्षता रखने वाली बालिकाओं की कक्षा की पढ़ाई तद्नुसार प्रारम्भ 8 करायी जाय। व आवश्यकतानुसार उपचारात्मक शिक्षा की कार्यवाही योजना बनाकर की जाय।

मानीटरिंग—विद्यालय की नियमित मॉनीटरिंग जनपद स्तर पर प्राचार्य डायट की अध्यक्षता में गठित जिला जेण्डर यूनिट द्वारा की जायेगी। इस सम्बन्ध में जिला जेण्डर यूनिट की बैठक 2 माह में एक बार एक निर्धारित तिथि को अनिवार्य रुप से की जाय। तथा बैठक का कार्यवृत्त समस्त सम्बन्धित के साथ परियोजना कार्यालय को भी प्रेषित किया जाय। इसके अतिरिक्त जनपद स्तर समिति द्वारा कतिपय गणमान्य व्यक्तियों को एवं अकांक्षा समिति के सदस्याओं को विधितर के रुप में नामित किया जाय। जो प्रत्येक 15 दिन में विद्यालय का विजिट करें तथा विद्यालय के सुधार हेतु अपने सुझाव दें। डायट प्राचार्य की मासिक बैठक में तथा जनपद स्तर समिति की बैठक में कस्तूरबा गांधी बालिका विद्यालय की अनिवार्य रुप से मॉनिटरिंग की जाय।

शैक्षिक रिपोर्ट—डायट प्राचार्य द्वारा प्रत्येक कस्तूरबा गांधी बालिका विद्यालय के लिए एक मेण्टर नामित किया जाय⁄ मेण्टर द्वारा विद्यालय का भ्रमण किया जायेगा तथा भ्रमण माह में 2 बार करना आवश्यक होगा। भ्रमण के दिन मेण्टर को पूरे दिन विद्यालय में रुक कर शैक्षिक सपोर्ट देना होगा। जिसकी रिपोर्ट डायट प्राचार्य को दी जायेगी। डायट प्राचार्य द्वारा कस्तूरबा गांधी बालिका विद्यालय के स्टाफ की मासिक बैठक ली जाय और इस मासिक बैठक में उन्हें शैक्षिक सपोर्ट प्रदान की जाय। वार्डेन की साप्ताहिक बैठक ली जाय तथा कस्तूरबा गांधी बालिका विद्यालय के स्टाफ को आवश्यकता आधारित प्रशिक्षण दिया जाय।

संदर्भ ग्रन्थ

1. कस्तूरबा गाँधी बालिका : राज्य परियोजना कार्यालय उ.प्र. विद्यालययोजना के अन्तर्गत सभी के लिए शिक्षा परियोजना परिषद् प्रेषित महत्वपूर्ण निर्देशों विद्याभवन, निशातगंज, लखनऊ।
2. कुमार, राजेश (2001) : नारी विमर्श, आधार प्रकाशन, पंचकुला, नई दिल्ली
3. डब्ल्यू डब्ल्यू डब्ल्यू. यूपीइएफए. काम केजीबीवी
4. डब्ल्यू डब्ल्यू डब्ल्यू. कस्तूरबा गांधी बालिका विद्यालय रिसर्च रिपोर्ट
5. इन विकीपीडिया. ओआरजी⁄इनफोबाई काउन्ट्री⁄इन्डिया

45

शिक्षा अधिकार अधिनियम एवं सर्व शिक्षा अभियान

*डॉ. सतीश चन्द्र गौड़

**संजय कुमार

भारत के संविधान की उद्‌देशिका (सन् 1976 के संशोधन के साथ) में भारत को एक प्रमुख सम्पन्न गणराज्य के रूप में स्वीकार करते हुए नागरिकों को सामाजिक, आर्थिक व राजनैतिक न्याय, विचार, अभिव्यक्ति, विश्वास, धर्म व उपासना की स्वतंत्रता एवं प्रतिष्ठा व अवसर की समानता के साथ-साथ व्यक्ति की गरिमा व राष्ट्र की एकता व अखण्डता सुनिश्चित करने वाली बन्धुता को बढ़ाने का संकल्प किया गया है। संविधान को अंगीकृत करते हुए कहा गया है कि–

"हम भारत के लोग, भारत को एक सम्पूर्ण प्रभुत्व-सम्पन्न समाजवादी पंथ निरपेक्ष लोक तंत्रात्मक गणराज्य बनाने के लिए तथा उसके समस्त नागरिकों को सामाजिक, आर्थिक और राजनैतिक न्याय; विचार, अभिव्यक्ति, विश्वास, धर्म और उपासना की स्वतंत्रता, प्रतिष्ठा और अवसर की समता प्राप्त कराने के लिए तथा उन सब में व्यक्ति की गरिमा और राष्ट्र की एकता व अखण्डता सुनिश्चित करने वाली बंधुता बढ़ाने के लिए दृढ़ संकल्प होकर अपनी इस संविधान सभा में आज दिनांक 26 नवम्बर 1949 ई. को एतद्‌द्वारा इस संविधान को अंगीकृत, अधिनियमित और आत्मार्पित करते हैं।"

भारत के संविधन की उपरोक्त उल्लिखित प्रस्तावना से स्पष्ट है कि संविधान के इस संकल्प देश के सभी नागरिकों के शैक्षिक विकास की भावना को प्रकारान्तर से समाहित किया गया है। वास्तव में किसी अच्छी शैक्षिक व्यवस्था के अभाव में व्यक्ति का सामाजिक व आर्थिक विकास, विचारों व अभिव्यक्ति की स्वतंत्रता, प्रतिष्ठा व गरिमा की अनुभूति सुनिश्चित नहीं की जा सकती।

वर्ष 2002 में 26वें संविधान संशोधन के द्वारा संविधान में अनुच्छेद 21ए को

जोड़कर प्रारम्भिक शिक्षा को नागरिकों का एक मूल अधिकार बना दिया गया है। अनुच्छेद 21ए में कहा गया है कि राज्य 6 से 14 वर्ष की आयु के सभी बालकों को निःशुल्क और अनिवार्य शिक्षा, उस प्रकार की रीति से जैसा राज्य विधि द्वारा अवधारित करे, की व्यवस्था करेगा।

संविधान निर्माण के समय संविधान के अनुच्छेद 45 में निःशुल्क तथा अनिवार्य प्राथमिक शिक्षा का दायित्व राज्य सरकार को सौंपा गया। इस धारा में कहा गया था कि संविधान लागू होने के 10 वर्ष के अन्दर राज्य अपने क्षेत्र के सभी बालकों को 14 वर्ष की आयु होने तक निःशुल्क तथा अनिवार्य शिक्षा प्रदान करने का प्रयास करेगा। इस प्रकार से 14 वर्ष की आयु के सभी बालकों को अनिवार्य तथा निःशुल्क शिक्षा देने की संवैधानिक व्यवस्था की गयी थी। परन्तु 2002 में संविधान में किए गए 86वें संविधान संशोधन के द्वारा अनुच्छेद 45 को बदल कर इसमें निःशुल्क और अनिवार्य शिक्षा को शैशव पूर्ण देखभाल एवं शिक्षा से प्रतिस्थापित करते हुए मात्र 6 वर्ष तक के बालकों तक सीमित कर दिया गया एवं 21ए नामक अनुच्छेद जोड़कर प्रारम्भिक शिक्षा को नागरिकों का एक मूल अधिकार बना दिया गया। संविधान संशोधन के उपरान्त अनुच्छेद 45 के अनुसार राज्य सभी बालकों के लिए उनके 6 वर्ष की आयु पूरी कर लेने तक शैशवपूर्ण देखभाल तथा शिक्षा की व्यवस्था करने का प्रयास करेगा।

प्रजातंत्र में जाति, धर्म, लिंग एवं सामाजिक-आर्थिक स्तर की पहवाह किये बिना ही प्रत्येक नागरिक को अपने व्यक्तित्व का पूर्ण विकास करने के लिए समान अवसर प्रदान किया जाना चाहिए। प्रजातंत्र को इस महत्वपूर्ण मूलभूत मान्यता को ध्यान में रखते हुए संविधान के अनुच्छेद 29 में सभी के शैक्षिक अधिकारों को सुनिश्चित किया गया है। अनुच्छेद 29 में कहा गया है कि–

1) भारत के राज्य क्षेत्र या उसके किसी हिस्से के निवासी नागरिकों के समूह को अपनी विशेष भाषा, लिपि या संस्कृति को बनाये रखने का अधिकार होगा एवं।
2) राज्य सरकार द्वारा संचालित या सहायता प्राप्त किसी भी शिक्षा संस्था में किसी भी व्यक्ति को धर्म, जाति, रंग या भाषा के आधार पर प्रवेश के लिए मना नहीं किया जा सकता।

समाज के सभी कमजोर वर्गो विशेषकर अनुसूचित जाति व जनजाति की शैक्षिक उन्नति के प्रोत्साहन का उत्तरदायित्व राज्य का है। संविधान के अनुच्छेद 46 के अन्तर्गत कहा गया है कि राज्य कमजोर वर्गो, विशेषकर अनुसूचित जाति व जनजति की शैक्षिक तथा आर्थिक उन्नति को विशेष रूप से प्रोत्साहित करेगा तथा उनको सामाजिक अन्याय व धोखे से बचायेगा।

भारतीय संविधान में सर्वधर्म संभाव सम्मत शिक्षा की व्यवस्था की गयी है। संविधान के अनुच्छेद 28 (1, 2 व 3) में प्रावधान है कि राज्य सरकार द्वारा संचालित शिक्षा संस्थाओं में धार्मिक शिक्षा नहीं दी जा सकती है। परन्तु यदि सरकार द्वारा प्रशासित या सहायता प्राप्त किसी शिक्षा संस्था की स्थापना किसी ऐसे न्यास के अधीन हुई है जिसमें कुछ धार्मिक क्रियाएँ आवश्यक हैं तो उस संस्था में उन धार्मिक क्रियाओं की शिक्षा दी जा सकती है। उक्त धारा में यह प्रावधान भी है कि सरकार द्वारा मान्यता प्राप्त या सहायता प्राप्त किसी भी शिक्षा संस्था में चलायी जा रही धार्मिक पूजा में भाग लेने के लिए किसी व्यक्ति को बाध्य नहीं किया जा सकता है।

इसी प्रकार अनुच्छेद 350ए में भाषायी अल्प संख्यकों के लिए उनकी मातृ भाषा में प्राथमिक शिक्षा उपलब्ध कराने का सवैधानिक उत्तरदायित्व राज्य को सौंपा गया है। अनुच्छेद 15 (3 व 4) में महिलाओं तथा शैक्षिक दृष्टि से पिछड़े वर्गो के लिए विशेष प्रावधान करने पर किसी प्रकार की रोक न लगाने की व्यवस्था की गयी है।

जामेटियन विश्व शिक्षा सम्मेलन वर्ष 1990 के घोषणा पत्र के अनुश्रवण के संदर्भ में स्नेगल (दक्षिण अफ्रीका) की राजधानी, 'डकार' में अन्तर्राष्ट्रीय स्तर पर सन् 2000 में विश्व शिक्षा सम्मलेन आयोजित हुआ। इस सम्मेलन में सभी सदस्य देशों ने सार्वभौम, निःशुल्क, अनिवार्य और गुणवत्तापूर्ण शिक्षा वर्ष 2015 तक उपलब्ध करा देने का संकल्प लिया।

अतः शिक्ष को बढ़ावा देने के लिए सरकार ने प्रारम्भिक शिक्षा क्षेत्र में कई महत्वपूर्ण शिक्षा योजनाएँ चला रही है। जिसमें 'सर्व शिक्षा अभियान' एक महत्वपूर्ण शिक्षा योजना है, जिसे सन् 2000-2001 से चलाया जा रहा है। उ.प्र. में इसके लिए 'स्कूल चलो' विशेष अभियान सन् 2000 से चल रहा है। आंकड़ों के अनुसार अभी भी बहुत से बच्चे विद्यालय अथवा वैकल्कि शिक्षा केन्द्रों से अलग हैं। जहाँ एक ओर विभिन्न वर्गो और क्षेत्रों में विद्यमान शैक्षिक विषमताओं पर विशेष ध्यान देना है, वहीं समाज के सभी वर्गो के 6 वर्ष से 14 वर्ष तक के बच्चों का विशेष ध्यान रखना होगा जिससे देश के विकास में योगदान हो सके।

संदर्भ ग्रन्थ

1. डॉ. गुप्ता एस.पी. व डॉ. गुप्ता अलका : भारतीय शिक्षा का इतिहास, विकास एवं समस्याएँ।
2. काश्यम सुभाष : हमारा संविधान
3. शर्मा राजेन्द्र प्रसाद : भारतीय राज व्यवस्था (स्पेक्ट्रम सं. 2013)
4. httpènew4bsp.blogspot.com

46

SSA Challenges: Enrollment Not A Solution

*Saumya Tiwari
**Sumit Kumar Shukla

Introduction

Sarva Shiksha Abhiyan (SSA) is a comprehensive and integrated flagship programme of the Government of India (GoI), to attain Universal Elementary Education (UEE) in the country in a mission mode. Launched in partnership with the State Governments, SSA aims to provide useful and relevant education to all children in the age group of 6-14 years by 2010. The four SSA goals are as follows:

1. Enrolment of all children in school, Education Guarantee Centre, Alternate school, 'Back-to-School' camp by 2005.
2. Retention of all children till the upper primary stage by 2010.
3. Bridging of gender and social category gaps in enrolment, retention and learning.
4. Ensuring that there is significant enhancement in the learning achievement levels of children at the primary and upper primary stages.

SSA is a national programme supported by domestic resources, supplemented partially by external funding from the World Bank's International Development Association (IDA), United Kingdom's Department for International Development (DFID) and the European Commission (EC). SSA is a programme with a clear time frame for universal elementary education. It is a response to the demand for quality basic education all over the country. An opportunity for promoting social justice through basic education. An effort at effectively involving the local bodies in management of elementary schools. An expression of political will for universal elementary education across the country. A partnership between the Central, State and the local government. Parateachers introduced in Rajasthan in 1980s as 'Shiksha Karmis' under a program assisted by Swedish International Development Authority(SIDA). WB adopted the concept of in early 90s, beginning with Uttar Pradesh, under the series of programs called DPEP.

The DPEPs were bought under single program entity called Sarva Shiksha Abhiyan in 2001-2002. In fact it merged:

1. Operation Blackboard
2. Teacher Education
3. Non Formal Education (Education Guarantee Schools, Alternative Schooling facilities, Balika Shikshan Shivir, 'Back to School'camps, etc)
4. Mahila Samakhya
5. National Programme for Nutritional Support for Primary Education
6. State Specific Education Projects in Bihar, Rajasthan, UP and AP and DPEP in 248 districts of 18 States
7. Lok Jumbish Project.

Enrollment Number And Actual Presence:

The total no. of students enrolled in schools is called as enrollment number. The maximum five blocks of Allahabad district, Hardoi district, Banda district and Balrampur district were observed for getting enrollment number of students and actual presence of students.

The six primary schools of Manda block, Bahadurpur block and bahariya block in Allahabad district were observed for getting enrollment and actual presence of students. The total enrollments in these schools were 1401 and actual presences of students were 470. The five primary schools of Mallwa block, Madhavganj block and Kothava block in Hardoi district were observed for getting enrollment and actual presence of students. The total enrollments in these schools were 559 and actual presences of students were 280.

The two primary schools of Tindwari block in Banda district were observed for getting enrollment and actual presence of students. The total enrollments in these schools were 285 and actual presences of students were 90.

The 5 primary schools of Pachperwa block in Balrampur district were observed for getting enrollment and actual presence of students. The total enrollments in these schools were 405 and actual presences of students were 155.

The attendance reported in Allahabad district was 33.55%, in Hardoi 50%, in Banda 31.58% and in Balrampur 31.58%.

The actual presence word is used here because the principal and incharge principal show increased presence of students in spite of actual presence. During observation when we asked about difference in the number of students in school and as reported in register, they argued that we have to show increased number otherwise we will punished in terms of suspension or pay withheld.

Central Government Observation

The secretary Sushri Vrinda Swaroop of Department of School Education and Literacy of Ministry of Human Resource development was on official visit from 30è01è2015 to 01è02è2015 in Allahabad District. She visited in Bahadurpur block and found irregularities in primary education. She was quite disappointed from quality of education of students, mismanagements in records and cleanliness in school campuses.

Possible Solutions

The actual presence of students will be increased only through quality education. The quality of education is affected by a number of factors which are as following:

During observation few teachers were found absent without their leave on register. The incharge principal blamed government machinery for this. Most of the teachers are far away from their home so they visit to their home every week. So government must think on this point. Every person has his family responsibility. Without caring his own child they can't care other child. Although a teacher should be morally strong but on practical ground if he is unable to care her own children, he can't care other's child. Government should post teachers to their nearby school. One of the Principal (Enrollment: 150, Actual Presence: 142 in Manda block of Allahabad) was quite active in all respect of quality of education. His school was clean and students were asked a few question which were answered by them. When principal were updated with observation of other school he responded which we like to quote in his words-

We can't create this feeling in teacher but a good atmosphere can develop this feeling among them. This feeling and emotions can give life to this primary education.

The system should be transparent in terms of observation, status of education in all schools and monitoring of schools. Some teachers accepted that few schools are monitored incidentally and many of the schools are not monitored singally in a year. Because they have some links in terms of money and familiar relationship. The resources should be used properly and their use should be monitored.

Every primary school has a management board of local people. But they are also not playing their role effectively. They are in the effect of their familiarness and authoritarian.

Although government also taking some good steps like awareness programmes and rallies for increasing enrollment in primary education. This year awareness programme and rallies are going to start from 1st of March to 31st of March 2015. All parents, NGOs, public representative and common people are appealed to take part in this school chalo Abhiyan jagrukta rally. But again the issue is to do paper work and complete the corum of the programme by showing photographs of rally in a single day. This should be again easily done by the teachers if they have local support and if they are in their home village or nearby place they have a good communication with their society and they can easily organize all these at anytime and anywhere.

References

- Evaluation Report on Sarva Shiksha Abhiyan Programme (2010). Programme Evaluation Organization Planning Commission Government of India. New Delhi
- 10th Joint Review Mission of Sarva Shiksha Abhiyan Government of India. 20th to 31st July, 2009
- Framework for Implementation. Based on the Right of Children to Free and Compulsory Education Act, 2009. Sarva Shiksha Abhiyan. A publication of: Department of School Education and Literacy Ministry of Human Resource and Development Government of India March (2011)
- Reterived from http:èèwww.tifr.res.inè~TIFREDGROUPèvaibhavvaish.pdf on 1st of February, 2015
- Letter no. 269è2014-15, Date-12è02è2015, Office, Block Education Officer, Manda, Allahabad
- Letter no.: School Chalo Abhiyanè5058-63è2014-15, Date-04è02è2015, Office- Basic Shiksha Adhikari, Allahabad

47

सर्व शिक्षा अभियान :

मिड-डे मील कार्यक्रम

*शालिनी पाण्डेय

स्कूल चले हम कहते वक्त अलग-अलग स्कूलों में चल रही गैर बराबरी पर हमारा ध्यान ही नहीं जाता, एक ओर जहाँ क, ख, ग लिखने के लिए ब्लैक बोर्ड तक नहीं पहुँचे, वहीं दूसरी तरफ चंद बच्चे प्राइवेट स्कूल में महंगी ईमारत, अंग्रेजी माध्यम और शिक्षा की जरूरी व्यवस्थाओं का फायदा उठा रहे हैं।

केन्द्रीय कर्मचारियों के बच्चों के लिए केन्द्रीय विद्यालय है, सैनिकों के बच्चों के लिए सैनिक स्कूल हैं, तो गाँव के मेरिट लिस्ट के बच्चों के लिए नवोदय स्कूल, लेकिन पिछड़े परिवारों के बच्चों की बड़ी संख्या सरकारी स्कूल में पढ़ाई करती है। सभी के लिए शिक्षा कई परतों में बंट चुकी है। देश में 6 से 14 साल तक के सभी बच्चों के लिए मुफ्त और अनिवार्य शिक्षा कानून भले ही लागू हो चुका है, लेकिन अभी भी बहुत से बच्चे प्राथमिक शिक्षा से वंचित हैं। हकीकत में पाँचवीं तक पहुँचने वाले अधिकतर बच्चे भी दो चार वाक्य लिख पाये, ऐसा जरूरी नहीं है, शिक्षा रोजगार से जुड़ा मसला है, इसलिए बड़े होकर बहुत से बच्चे आजीविका की पंक्ति में सबसे पीछे खड़े मिलते हैं।

शिक्षाविदों का मानना है कि पूरे देश के हर हिस्से में शिक्षा का एक जैसा ढाँचा, एक जैसा पाठ्यक्रम, एक जैसी योजना और एक जैसी नियमावली बनायी जाय, इससे मापदण्ड, नीति और सुविधाओं में होने वाले भेद-भाव बन्द होंगे। शिक्षा के दायरे में सभी परतों को मिटाकर एक ही परत बनायी जाये। इससे हर बच्चे को अपनी भागीदारी निभाने का समान मौका मिलेगा।

मिड-डे मील कार्यक्रम

शिक्षा में सभी समान अवसरों की उपलब्धता को सुनिश्चित करने हेतु एवं समाज के अत्यन्त दुर्बल एवं अपवंचित वर्ग के बच्चों को जहाँ अभिभावकों को अपने परिवार के लिए भोजन मुश्किल होता है। ऐसे बच्चों को विद्यालय में आकर्षित करने के लिए भारत सरकार द्वारा मध्यान्ह भोजन संचालित की गयी है।

स्वतन्त्रता के बाद से भारत पूर्ण साक्षरता के लिए प्रयासरत रहा है, लेकिन अब तक का सबसे महत्वाकांक्षी एवं प्रभावशाली प्रयास मिड-डे मील कार्यक्रम है। प्रभावशाली ही नहीं, बल्कि यह कार्यक्रम दुनिया का सबसे बड़ा मध्यान्ह भोजन कार्यक्रम है। प्रारम्भिक स्कूलों के बच्चों को पोषण उपलब्ध कराने के लिए मध्यान्ह भोजन कार्यक्रम एक राष्ट्रीय कार्यक्रम है जो केन्द्र द्वारा समर्थित है। सरकारी, स्थानीय निकायों और सरकारी सहायता प्राप्त स्कूलों में पहले यह कार्यक्रम लागू किया गया था, लेकिन आज कक्षा 8 तक संचालित किया जा रहा है। मिड-डे मील कार्यक्रम की शुरूआत 15 अगस्त, 1995 में की गयी जो पूर्व में लागू केन्द्रीय योजना प्राथमिक शिक्षा को पोषणीय सहायता (न्यूट्रीशनल सपोर्ट टू प्राइमरी एजूकेशन) का ही रूप है। विद्यालयों में मध्यान्ह भोजन का राष्ट्रीय कार्यक्रम लगभग 9.70 करोड़ ऐसे बच्चों को कवर करता है जो 9.50 लाख सरकारी (स्थानीय निकायों सहित), सरकारी सहायता प्राप्त विद्यालयों और शिक्षा गारण्टी योजना एवं वैकल्पिक तथा नवीन शिक्षा स्कीमों के अन्तर्गत चलाए जा रहे केन्द्रों में शिक्षा के प्राथमिक स्तर पर शिक्षा प्राप्त कर रहे हैं। इन कार्यक्रम का विस्तार 1 अक्टूबर, 2007 से शिक्षा के उच्च प्राथमिक स्तर के बच्चों (कक्षा 6 से 9 तक) के लिए 3479 शैक्षिक रूप से पिछड़े ब्लाकों में किया गया था। इसमें कक्षा 6 से 8 तक के लगभग 1.70 करोड़ अतिरिक्त बच्चों को शामिल किये जाने की आशा है।

कार्यक्रम में प्राथमिक स्तर के बच्चों को 450 कैलोरी और 12 ग्राम प्रोटीन का मध्यान्ह भोजन मुहैया कराया जाता है। प्राथमिक स्तर से ऊपर के बच्चों के लिए 700 कैलोरी और 20 ग्राम प्रोटीन का पोषाहार निश्चित किया गया है। कार्यक्रम के अन्तर्गत लौह, फौलिक एसिड और विटामिन 'ए' जैसे सूक्ष्म पोषक तत्वों की पर्याप्त मात्रा की भी सिफारिश की गयी है। पोषाहार मानदण्डों को पूरा करने के लिए केन्द्र सरकार प्रति प्राथमिक विद्यालय बालक/विद्यालय दिवस 100 ग्राम की दर से और प्रति प्राथमिक विद्यालय से ऊपर के बालक/विद्यालय दिवस 150 ग्राम की दर से खाद्यान्न मुहैया कराती है। योजना के अन्तर्गत दिये जाने वाले भोजन में प्रमुखतः तहरी, दाल, रोटी, खीर आादे पौष्टिक भोजन प्रमुख है। केन्द्र

सरकार ने वर्ष 2007-08 में प्रत्येक दो वर्ष में एक बार खाना पकाने की लागत के प्रति केन्द्रीय सहायता का परिकलिन करने के लिए महंगाई समायोजित करने की बात भी कही है।

प्राथमिक शिक्षा को पौष्टिक योजना से जोड़ने का दुनिया का यह सबसे बड़ा कार्यक्रम है। वर्ष 2004 में इस कार्यक्रम के कुछ उद्देश्यों को निर्धारित किया गया।

- कक्षा 1-5 तक की शिक्षा सभी के लिए अनिवार्य कर दी गयी, जिसमें नामांकन, उपस्थिति, स्कूल न छोड़ना और उनमें अधिगम स्तर में सुधार लाना शामिल है।
- स्कूल स्तर में विद्यार्थियों को पौष्टिक भोजन उपलब्ध कराते हुए उनके पौषणिक स्तर में सुधार लाना है।
- इस योजना के अन्तर्गत कक्षा 1-5 तक के सभी बच्चों को दोपहर के भोजन में प्रोटीनयुक्त भोजन उपलब्ध कराने की बात की गयी।
- आर्थिक दृष्टि से कमजोर परिवार के बच्चों को पोषाहार तथा छात्रवृत्ति देकर शिक्षा के सार्वजनीकरण के लक्ष्य को पूरा करना।
- बच्चों को विद्यालय में आकर्षित करना तथा विद्यालय में ठहराव में वृद्धि करना।
- बच्चों को स्वस्थ तथा पुष्ट बनाना।
- शिक्षा में हरास एवं अवरोध की समस्या को कम करना।
- आर्थिक पिछड़ेपन की वजह से बच्चों का मन पढ़ाई में नहीं लगता है। इसके माध्यम से बच्चों में शिक्षा के प्रति रुचि उत्पन्न करना।

मिड-डे मील योजना के मानक

मिड-डेक मील योजना की गुणवत्ता के निर्धारण के लिए सुप्रीम कोर्ट के आदेश पर प्राथमिक शिक्षा के राष्ट्रीय पोषाहार कार्यक्रम पर एक विशेषज्ञ दल का गठन किया गया है। विशेषज्ञ दल न्यूनतम गुणवत्ता मानक परिभाषित करता है, गुणवत्ता का नवीनीकरण करता है, कार्यक्रम का संचालन एवं प्रबन्धन तथा कार्यक्रम की प्रभावशीलता का पता लगता है। कुछ निर्धारित मानक निम्न हैं–

- वर्ष भर बच्चों की रुचि पोषणयुक्त भोजन की व्यवस्था की जानी चाहिए।
- भोजन में न्यूनतम पोषण की आपूर्ति होनी चाहिए।
- प्रत्येक स्कूल में कम से कम भोजन पकाने के लिए प्रशिक्षित एक महिला स्टाफ एवं एक सहायिका की नियुक्ति करनी होगी।

- प्रत्येक स्कूल में किचेनशेड एवं भण्डारण की व्यवस्था का होना अति आवश्यक है।
- अनाज और अन्य सभी सामग्री समय से विद्यालय में उपलब्ध होनी चाहिए।
- प्रभावशाली संचालन एवं प्रबन्धन तथा गुणवत्ता जाँच की व्यवस्था होनी चाहिए।
- सामाजिक भेदभाव की भावना को खत्म करना होगा।
- स्कूलों में स्वास्थ्य सम्बन्धी कार्यक्रमों का आयोजन किया जाना चाहिए।
- भोजन पकाने के लिए पानी तथा बच्चों के खाने के लिए बर्तन की व्यवस्था की जानी चाहिए।

योजना के इन मानकों के कार्यान्वयन का जिम्मा ग्राम प्रधान का है। कि वे इससे सम्बन्धित सभी कार्यों को ठीक और सुचारू ढंग से कार्यान्वित करें। हालांकि, एक सीमा तक इस योजना के परिणाम सामने आ रहे हैं, इससे बच्चों के स्कूलों में दाखिला लेने की दर में इजाफा तो नहीं हुआ है, बीच में स्कूल छोड़ने की दर में गिरावट जरूर आई है। जहाँ 2001-02 में स्कूल न जाने वाले बच्चों की संख्या 3 करोड़ से ज्यादा थी, वहीं यह संख्या 2014 में एक करोड़ से भी कम हो गयी है। इन योजनाओं के पीछे सरकार का क्या उद्देश्य है और आम जनता क्या सोचती है। इस बारे में सरकार को सोचने की जरूरत है। ग्राम प्रधान, जो इस योजना का मुखिया होता है यह सोचता है कि हमारा कमीशन कितना अधिकतम् हो और इससे जुड़े लोग हमेशा कमाई और भ्रष्टाचार की बात सोचते हैं और सरकार के वास्तविक मंसूबों को नाकामयाब करने का प्रयत्न करते हैं। सरकार चाहे लाखों, करोड़ों रूपये बहाती रहे, जब तक इन समस्याओं को हल नहीं करेगी, यह योजना रास्ता भटकती रहेगी।

मिड-डे मील योजना में आने वाले कठिनाइयाँ और समाधान

- मिड-डे मील कार्यक्रम के संचालन का पूरा दायित्व ग्राम प्रधान का है और ग्राम प्रधान को राशन सरकारी राशन की दुकान से लेना होता है। कनवर्जन मूल्य ग्राम प्रधान खाते में आता है, इसलिए प्रतिदिन राशन, लकड़ी, तेल, मशाला आदि स्कूल में उपलब्ध कराने की जिम्मेदारी ग्राम प्रधान की है। ग्राम प्रधान के जिम्मे अपनी ग्राम पंचायत सम्बन्धी और भी काम है, इसलिए वह इस तरफ ध्यान नहीं दे पाता है और परिणाम होता है योजना का खटाई में पड़ना। अतः सरकार को चाहिए कि इसके लिए एक अलग से प्रतिनिधि चुने जो सिर्फ यही काम करे।

- भोजन पकाने के लिए कम से कम प्रशिक्षित महिला एवं एक सहायिका की सिफारिश की गयी है, लेकिन वास्तविकता यह है कि अधिकतर स्कूलों में मात्र एक खाना बनाने वाली महिला के ही भरोसे यह कार्यक्रम संचालित हो रहा है। ये महिलाएं अपना सहयोगी किसी और को नहीं, बल्कि उस विद्यालय के नौनिहालों को ही बनाती हैं और परिणामस्वरूप शिक्षा व्यवस्था में बाधा के रूप में यह कार्यक्रम सामने आता है।
- कनवर्जन चार्ज भी ग्राम प्रधान के खाते में समयानुसार नहीं आता। यह तो उच्च अधिकारियों की लापरवाही है। अतः इस पर सरकार को ध्यान देना चाहिए कि पैसा उचित समय पर पहुंचे।
- मिड-डे मील के अनाजों की आपूर्ति का जरिया सरकारी राशन की दुकान न होकर कहीं और होना चाहिए, अन्यथा इसका सारा लाभी कोटेदार और ग्राम प्रधान मिलकर ले जायेंगे और इन्हें कोई रोक नहीं पायेगा। जैसा कि आजकल सभी गाँवों में हो रहा है। एक ग्राम प्रधान या कोटेदार का बड़ी-बड़ी गाड़ियों में घूना इस भ्रष्टाचार का सूचक है। ऐसे में सरकार को कड़े कदम उठाने होंगे। अन्यथा यह योजना केवल योजना ही बनकर रह जायेगी।
- भोजन की गुणवत्ता के निर्धारण और जाँच के लिए दल का तो जैसे कोई प्रभाव ही नहीं है। माह के 30 दिन में से स्कूलों में 20 दिन खिचड़ी ही बनाकर खिलाई जा रही है। अतः इस दल को अधिक उत्तरदायित्व दिया जाना चाहिए और उन पर निगरानी बनाये रखने की आवश्यकता है।
- भोजन देने के लिए बर्तनों की उचित व्यवस्था नहीं है। कई स्कूलों में मैंने लड़कों को पॉलिथीन पर खाते हुए देखा है। परिणामस्वरूप बच्चे तरह-तरह की बीमारियों का शिकार हो जाते हैं। देश का भविष्य बनाने की बात तो दूर इन बच्चों का अपना भविष्य ही बीमार नजर आता है। ऐसे में सरकार को उचित बर्तनों की उपलब्धता पर ध्यान देना चाहिए।

निष्कर्ष

ग्रामीण या प्राथमिक शिक्षा के विकास में निःसंदेह मिड-डे मील मील कार्यक्रम सहायक है और यह वैश्विक स्तर पर अपनी पहचान भी बना रहा है। इसमें कोई संदेह नहीं कि सरकार द्वारा निचले स्तर पर सोचकर गरीबों और वांछितों को शिक्षा की तरह आकर्षित करने का यह एक नायाब तरीका है। यह सोच वर्तमान में

ज्यादा प्रासंगिक हो गयी है, क्योंकि आज देश के सभी वर्ग और सबकों विकास धारा में सम्मिलित करने की कवायद चल रही है।

सरकार ने मिड-डे मील कार्यक्रम पर जोर देकर यह साबित कर दिया है कि उसकी प्राथमिक शिक्षा सम्बन्धी जागरूकता कितनी ज्यादा है। अब यह बात यह महत्वपूर्ण है कि हमारा समाज उसे किस रूप में स्वीकार करता है। विकल्प आपके सामने है चाहे आप योजना का शैक्षिक लाभ उठा लीजिए चाहे आर्थिक लाभ। इस योजना में भ्रष्टाचार व्याप्त है वो भी खासकर निचले स्तर पर। इसलिए आवश्यकता इसी बात की है कि सरकार इस सम्बन्ध में कठोर कदम उठाये और दोषियों को सजा दे। यदि ऐसा हुआ तो न केवल शिक्षा का वर्तमान सुधरेगा, बल्कि भविष्य भी सुधरेगा। इस सुधार में हम आमजनों को भी आगे आना होगा और इसके खिलाफ आवाज उठानी होगी, क्योंकि यह कार्यक्रम हमारे ही बच्चों के लिए है। समय रहते यदि इस योजना में व्याप्त भ्रष्टाचार को सरकार गम्भीरता से विचार कर दूर करने में सक्षम नहीं हो पाती तो वह दिन दूर नहीं जब प्राथमिक विद्यालय केवल शोरूम बनकर रह जायेंगे। यह कार्यक्रम निःसंदेह एक व्यापक और अच्छा कार्यक्रमतः है, लेकिन आवश्यकता है इसके उचित कार्यान्वयन की।

सन्दर्भ ग्रन्थ

1. भारत सरकार- सबके लिए शिक्षा, मानव विकास संसाधन मंत्रालय, नई दिल्ली-2010
2. राम किशन- भारत में साक्षरता अभिमानन, कल्याणी पब्लिकेशन, दिल्ली
3. मदान पूनम- भारत में शिक्षा व्यवस्था का विकास तथा समस्यायें, अग्रवालय पब्लिकेशन्स, संस्करण-2012
4. सर्व शिक्षा अभियान- मिनिस्ट्री आफ एजूकेशन गर्वमेण्ट ऑफ इण्डिया, www.education.in
5. प्राथमिक शिक्षक- नई दिल्ली, एन.सी.आर.टी., जुलाई-2013
6. नई शिक्षा- जयपुर, कबीर मार्ग, पार्क (2013)

48

प्राथमिक शिक्षा की चुनौतियाँ

*विनोद कुमार गौतम

हमारे देश में 1937 में प्रान्तों में स्वायत्त शासन स्थापित हुआ। उसी वर्ष गाँधी जी ने 'राष्ट्रीय शिक्षा योजना', प्रस्तुत की जिसमें 6 से 14 आयु वर्ग के बच्चों की कक्षा 1 से कक्षा 8 तक शिक्षा को अनिवार्य एवं निःशुल्क करने का प्रस्ताव किया। महात्मा गाँधी और उनके सहयोगिकों ने इसके लिए मातृ भाषा एवं हस्त कौशल प्रधान पाठयचर्या तैयार की और इसका सम्बन्ध जीवन से जोड़ा। बस तभी से हमारे देश प्राथमिक शिक्षा से अर्थ कक्षा 1 से कक्षा 8 तक की आधार भूत शिक्षा से लिया जाने लगा, यह बात दूसरी है कि आगे चल कर इसे दो भागों में विभाजित किया गया - निम्न प्राथमिक शिक्षा और उच्च प्राथमिक शिक्षा। हमारे संविधान की धारा 45 में यह घोषणा की गयी है कि संविधान लागू होने के समय से 10 वर्ष की अवधि के अन्दर 14 वर्ष तक के बच्चों को अनिवार्य एवं निःशुल्क शिक्षा के लक्ष्य को प्राप्त किया जायेगा। इसका आशय कक्षा 1 से कक्षा 8 तक की शिक्षा से लेकिन देश के अधिकतर प्रान्तों में कक्षा 6 से 8 तक की शिक्षा प्राथमिक और माध्यमिक दोनों प्रकार के विद्यालयों से जुड़ी हुई है। इससे प्राथमिक शिक्षा की समयावधि के विषय में भ्रम पैदा होता है। वैसे कोई भ्रम पैदा नहीं होना चाहिए क्योंकि संविधान के निर्देश में कक्षा 1 से कक्षा 8 तक की शिक्षा प्राथमिक शिक्षा के अन्तर्गत आती है। फिर अब तो देश में राष्ट्रीय शिक्षा नीति, 1986 लागू है। तब स्पष्ट है कि समय हमारे देश में 6 से 14 आयु वर्ग के बच्चों की कक्षा 1 से कक्षा 8 तक शिक्षा प्राथमिक शिक्षा के अन्तर्गत आती है। आज पूरे देश के लिए प्राथमिक शिक्षा के उद्देश्य निश्चित है।

जहाँ तक भारत में प्राथमिक शिक्षा के उद्देश्य निश्चित करने की बात है, इस सम्बन्ध में **सर्व प्रथम भारतीय शिक्षा आयोग (हन्टर कमीशन 1882)** ने विचार व्यक्त किये उसने प्राथमिक शिक्षा के केवल दो उद्देश्य निश्चित किये हैं –

एक जन शिक्षा का प्रसार और व्यवहारिक जीवन की शिक्षा। बस, तबसे अब हम इन्ही उद्देश्यों को भाषायी अन्तर से अभिव्यक्त करते रहे हैं। नवम्बर 2000 में राष्ट्रीय शैक्षिक अनुसंधान एवं प्रशिक्षण परिषद (एन.सी.ई.आर.टी.) ने जो विद्यालयी शिक्षा के लिए राष्ट्रीय पाठयचर्या की रूपरेखा दस्तावेज प्रकाशित किया है—बच्चा को स्वास्थ्य सम्बन्धी नियमों का ज्ञान कराना और स्वास्थ्यवर्द्धक क्रियाओं में प्रशिक्षित करना। बच्चों को उनकी मातृ भाषा और उसके प्राकृतिक एवं सामाजिक पर्यावरण का ज्ञान कराना, बच्चों को सांस्कृतिक क्रियाओं जैसे उत्सव, लोकगीत, लोकनृत्य आदि में भाग लेने की ओर अग्रसर करना और उनमें सांस्कृतिक सहिष्णुता का विकास करना, बच्चों के विभिन्न धर्मो के पैगम्बरों और उनकी शिक्षाओं से परिचित कराना। उनमें सर्व धर्म सम्भाव विकसित करना।

1951 से हमारे देश में सभी विकास कार्य योजनाबद्ध तरीके से शुरू किये गये 1951 में **प्रथम पंचवर्षीय योजना (1951 से 1956)** शुरू हुई, इस योजना में प्राथमिक शिक्षा पर 85 करोड़ रूपये खर्च किये गये, विकास के नाम पर। दूसरी पंचवर्षीय योजना (1956 से 1961) में 95 करोड़ रूपये प्राथमिक शिक्षा पर खर्च किय गये, इस योजना के दौरान 1957 में केन्द्र में 'अखिल भारतीय प्राथमिक शिक्षा परिषद' का गठन किया गया और इसे प्राथमिक शिक्षा के प्रसार तथा विकास सम्बन्ध में सुझाव का कार्य सौंपा गया। इस परिषद में प्राथमिक शिक्षा के क्षेत्रों में क्रान्तिकारी परिवर्तन किये, परिणाम स्वरूप इसके प्रसार में तेजी आयी। तीसरी पंचवर्षीय योजना (1961 से 1966) में प्राथमिक शिक्षा में 201 करोड़ रूपये खर्च किये गये।

इसी बीच 1966 में कोठारी कमीशन की रिपोर्ट प्रस्तुत हुई। इस कमीशन में शैक्षिक अवसरों की समानता पर विशेष बल दिया और सरकार का ध्यान प्रस्तुत हुई, कमीशन में शैक्षिक अवसरों की समानता पर विशेष बल दिया और सरकार का ध्यान पिछड़े वर्ग, अनुसूचित जाति, अनुसूचित जनजाति, अल्पसंख्यकों और कबिलों में रहने वाले बच्चों की शिक्षा की ओर ध्यान आकर्षित किया। चतुर्थ पंचवर्षीय योजना (1969 से 1974) में प्राथमिक शिक्षा पर 239 करोड़ रूपये खर्च किये गये, इस योजना के दौरान प्राथमिक स्कूलों की स्थापना की गयी और इसके बाद पाँचवीं पंचवर्षीय योजना (1974 से 1979) में प्राथमिक शिक्षा पर 317 करोड़ रूपये खर्च किये गये। इस योजना के दौरान प्राथमिक स्कूल के छात्र/छात्राओं के लिए निःशुल्क मध्यान्ह भोजन की व्यवस्था की गयी और कमजोर वर्गो के बच्चों को निःशुल्क पाठ्य पुस्तकें एवं लेखन सामग्री

वितरित की गयी। इससे लड़के एवं लड़कियों दोनों के नामांकन में वृद्धि हुई। पाँचवी पंचवर्षीय योजना के अन्तिम वर्ष 1979 में 6 से 14 आयु वर्ग के ऐसे बच्चों के लिए जो किसी कारण औपचारिक शिक्षा का लाभ नहीं उठा पा रहे थे अनौपचारिक शिक्षा शुरू की गयी।

छठी पंचवर्षीय योजना (1980 से 1985) में प्राथमिक शिक्षा पर 836 करोड़ रूपये खर्च किये गये। इस योजना के दौरान प्राथमिक उच्च प्राथमिक स्कूलों की संख्या में वृद्धि की गयी और निरौपचाकि शिक्षा का विस्तार किया गया। इससे प्राथमिक शिक्षा का संतोष जनक प्रसार हुआ, लेकिन देश की बढ़ती हुई जनसंख्या की मांग की दृष्टि से यह काफी नहीं है।

सातवीं पंचवर्षीय योजना (1985 से 1990) में प्राथमिक शिक्षा पर 2849 करोड़ रूपये विकास पर खर्च किये गये, उसी बीच 1986 में राष्ट्रीय शिक्षा नीति की घोषणा की। इस राष्ट्रीय शिक्षा नीति में प्राथमिक शिक्षा के सार्वभौमिक करण को राष्ट्रीय धेय के रूप में स्वीकार किया गया है। इस योजना के दौरान प्राथमिक विद्यालय के दशा सुधारने के लिए 1987 से 1988 में ब्लैक बोर्ड योजना शुरू की गयी, 1990 में थाईलैण्ड में सबके लिए शिक्षा पर विश्व कान्फ्रेस हुई, इसमें भारत ने भी भाग लिया, इस काफ्रेन्स में सबके लिए शिक्षा का विश्व घोषणा की गयी।

आठवीं पंचवर्षीय योजना (1992 से 1997) में प्राथमिक शिक्षा पर 9201 करोड़ रूपये खर्च किये गये, इस योजना के दौरान 1992 में स्वीडन की एक संस्था एवं प्रान्तीय एवं केन्द्रीय सरकारों के संयुक्त सहायोग से राजस्थान में लोक जुम्बिस कार्यक्रम शुरू किया गया इसमें जनसहभागिता पर विशेष बल दिया गया। वर्तमान में इसे भी सर्वशिक्षा अभियान से जोड़ दिया गया है यह प्राथमिक शिक्षा के प्रसार में काफी सहयोग दे रहा है। दिसम्बर 1993 में भारत ने विश्व के सर्वाधिक जनसंख्या वाले नौ देशों, चीन, भारत, पाकिस्तान, बांग्लादेश, ब्राजील, मैक्सिको, नाईजीरिया, इण्डोनेशिया और मिश्र का प्रथम सम्मेलन हुआ, इस सम्मेलन में अठारह सूत्रीय घोषणा पत्र तैयार किया गया, इस घोषणा पत्र में 20वीं शताब्दी में अन्त तक सभी को प्राथमिक शिक्षा सुलभ करानें का संकल्प लिया गया है। इस घोषणा पत्र के बाद इस प्रयास में तेजी आयी। 1994 में शैक्षिक दृष्टि से पिछड़े जिलों में **'जिला प्राथमिक शिक्षा परिषद'** शुरू किया गया। 15 अगस्त 1995 को पौष्टिक आहार सहायता का राष्ट्रीय कार्यक्रम शुरू किया गया इसे समान्यतः मध्यान्ह भोजन योजना कहते हैं।

नवीं पंचवर्षीय योजना 1997 से 2002 में प्राथमिक शिक्षा के लिए 1184. 4 करोड़ रूपये खर्च किये गये थे योजना के दौरान प्राथमिक शिक्षा के प्रसार एवं विकास सम्बन्धित सभी पूर्व कार्यक्रम चालू रहे, साथ ही नवम्बर 2000 में 'सर्व शिक्षा अभियान' मंजूर किया गया और जनवरी 2001 में इसे शुरू किया गया और इसका लक्ष्य 2003 तक प्राथमिक शिक्षा को सर्व सुलभ बनाना। 2007 तक सभी बच्चों को पांच वर्ष की प्राथमिक शिक्षा पूर्ण कराना और 2010 तक सभी बच्चों को आठ वर्ष की प्राथमिक शिक्षा पूर्ण कराना निश्चित किया गया। 01 अप्रैल 2001 को अनौपचारिक शिक्षा को शिक्षा गारण्टी योजना और वैकल्पिक एवं नयी तरह की शिक्षा के रूप में परिवर्तित कर दिया। इसे संक्षेप में शिक्षा गारण्टी योजना कहते हैं और इसे सर्व शिक्षा का घटक बना दिया।

दसवीं पंचवर्षीय योजना में प्राथमिक शिक्षा के लिए 28750 करोड़ रूपये प्रसार एवं विकास के लिए रखे गये हैं यह धनराशि नवीं पंचवर्षीय योजना की धनराशि से लगभग दोगुना अधिक है। वर्तमान में 11वीं पंचवर्षीय योजना चल रही है, इसमें प्राथमिक शिक्षा के विस्तार एवं विकास निर्धारित किये गये हैं, सरकारी सूचनाओं के अनुसार इस योजना का मुख्य लक्ष्य प्राथमिक शिक्षा के सार्वभौमिकीकरण के लक्ष्य को प्राप्त करना है, इस लक्ष्य के प्राप्ति के लिए सर्व शिक्षा अभियान चालू रहेगा और उन स्थानों पर प्राथमिक स्कूल खोलें जायेंगें जहाँ एक किलो मीटर की दूरी में कोई प्राथमिक स्कूल नहीं है और साथ ही सभी गारण्टी शिक्षा केन्द्रों को प्राथमिक स्कूलों में सम्मिलित किया जायेगा और उन स्थानों पर उच्च प्राथमिक स्कूल खोले जायेंगें जहाँ तीन किलो मीटर की दूरी में कोई उच्च प्राथमिक स्कूल नहीं है।

इस योजना के दौरान 2009 में शिक्षा का अधिकार अधिनियम पास किया गया और एक अप्रैल 2010 से इसे कानून के रूप में लागू किया गया।

अतः लोकतंत्र में सरकार द्वारा संचालित किसी भी स्तर की शिक्षा समान होनी चाहिए हम जानते हैं कि भारत में किसी भी स्तर की शिक्षा की व्यवस्था करने में जनसहयोग अवश्य है और निजी संस्थानों द्वारा स्थापित संस्थाओं में स्पर्धा होना स्वभाविक है। हमारे देश में तो निजी संस्थाओं द्वारा एक ओर एकदम साधन विहीन प्राथमिक स्कूल चलाये जा रहे और दूसरी ओर सम्पूर्ण साधन सम्पन्न चमक-धमक वाले पब्लिक स्कूल चलाये जा रहे हैं, सरकार को इनके बीच के भारी अन्तर को भी कम करना चाहिए, साथ ही उसे प्राथमिक शिक्षा के व्यवसायीकरण पर भी नियंत्रण करना चाहिए, परन्तु यह सब केवल नियम एवं कानून बनाने से

नहीं किया जा सकता, इसके लिए जनचेतना जागश्त करना आवश्यक है। जनसेवी संस्थाओं को आदर्श उपस्थित करना चाहिए, ईश्वर सबको सद्‌बुद्धि दें।

सन्दर्भ ग्रन्थ

1. जौहरी एवं पाठक - भारतीय शिक्षा का इतिहास, अग्रवाल पब्लिकेशन्स, आगरा
2. लाल रमन बिहारी एवं शर्मा कृष्णाकान्त - भारतीय शिक्षा का इतिहास विकास एवं समस्याएं - अग्रवाल पब्लिकेशन्स, आगरा।